U0612943

李新魁 著

广东的方言

岭南文库编辑委员会 广东中华民族文化促进会 合编

南方传媒

广东人民出版社·广州

图书在版编目（CIP）数据

广东的方言 / 李新魁著. —广州：广东人民出版社，2024.4
（岭南文库）
ISBN 978-7-218-17329-0

I. ①广… Ⅱ. ①李… Ⅲ. ①汉语方言—介绍—广东省 Ⅳ. ①H178

中国国家版本馆 CIP 数据核字（2023）第 257490 号

Guangdong de Fangyan

广东的方言

李新魁 著

出 版 人：肖风华

责任编辑：丘克军 李达强 夏素玲
责任技编：吴彦斌
装帧设计：亦可文化

出版发行：广东人民出版社
地　　址：广州市越秀区大沙头四马路 10 号（邮政编码：510199）
电　　话：（020）85716809（总编室）
传　　真：（020）83289585
网　　址：http://www.gdpph.com
印　　刷：恒美印务（广州）有限公司
开　　本：640mm×970mm　1/16
印　　张：31.5　字　数：386 千
版　　次：2024 年 4 月第 1 版
印　　次：2024 年 4 月第 1 次印刷
定　　价：188.00 元

如发现印装质量问题，影响阅读，请与出版社（020-85716849）联系调换。
售书热线：（020）87716172

ISBN 978-7-218-17329-0

《岭南文库》前言

广东一隅，史称岭南。岭南文化，源远流长。采中原之精粹，纳四海之新风，融汇升华，自成宗系，在中华大文化之林独树一帜。千百年来，为华夏文明的历史长卷增添了绚丽多彩、凝重深厚的篇章。

进入 19 世纪的南粤，以其得天独厚的地理环境和人文环境，成为近代中国民族资本的摇篮和资产阶级维新思想的启蒙之地，继而成为资产阶级民主革命和第一次国内革命战争的策源地和根据地。整个新民主主义革命时期，广东人民在反对帝国主义、封建主义和官僚资本主义的残酷斗争中前仆后继，可歌可泣，用鲜血写下了无数彪炳千秋的史诗。业绩煌煌，理当镌刻青史、流芳久远。

新中国成立以来，广东人民在中国共产党的领导下，摧枯拉朽，奋发图强，在社会主义物质文明建设和精神文明建设中卓有建树。当中国社会跨进 20 世纪 80 年代这一全新的历史阶段，广东作为国家改革开放先行一步的试验省区，被置于中国现代化经济建设发展的前沿，沿改革、开放、探索之路突飞猛进；历十年艰辛，轰轰烈烈，创造了中国经济发展史上的空前伟绩。岭南大地，勃勃生机，繁花锦簇，硕果累累。

际此历史嬗变的伟大时代，中国人民尤其是广东人民，有必要进一步认识岭南、研究岭南，回顾岭南的风云变幻，探寻岭南的历史走向，从而更有利于建设岭南。我们编辑出版

《岭南文库》的目的，就在于予学人以展示其研究成果之园地，并帮助广大读者系统地了解岭南的历史文化，认识其过去和现在，从而激发爱国爱乡的热情，增强民族自信心与自豪感；高瞻远瞩，继往开来。

《岭南文库》涵盖有关岭南（广东以及与广东在历史上、地理上有密切关系的一些岭南地域）的人文学科和自然学科，包括历史政治、经济发展、社会文化、自然资源和人物传记等方面。并从历代有关岭南之名著中选择若干为读者所需的典籍，编校注释，选粹重印。个别有重要参考价值的译著，亦在选辑之列。

《岭南文库》书目为 350 种左右，计划在五至七年内将主要门类的重点书目基本出齐，以后陆续补充，使之逐渐成为一套较为齐全的地域性百科文库，并作为一份有价值的文化积累，在祖国文化宝库中占一席之地。

岭南文库编辑委员会

一九九一年元旦

再版说明

　　先师星桥先生的《广东的方言》，是 1994 年作为《岭南文库》的一种，由广东人民出版社出版。当年，粤方言、闽方言和客家方言已经有相当的研究成果，唯粤北土话（韶州土话）、惠州土话和几种方言岛的研究尚待开展，而作为一部专论广东的方言的著作，这本书实乃开拓之作，一时为学术界所重。广东语言学界的老前辈詹伯慧教授称誉此书"对广东粤语的形成和分布，语音、词汇、语法特点以至于广东各地粤语的内部歧异都有扼要的论述"，与同为星桥先生所著的《广州方言研究》一起，为"交相辉映、相互补充的两部粤语研究著作"（见《第七届国际粤方言研讨会论文集》）。其他研究成果（包括粤方言、闽方言、客家方言及其他广东方言）也时有引用此书。今出版社欲加以重版，延请林伦伦教授、庄初升教授和我一起校看样稿，并命我写一个简短的再版说明。

　　星桥师作为一代学术翘楚，驾鹤西去，已二十余年矣，令人怀念之思绵绵。今日重读此书，感慨万千。书中所论，涉及各方言的历史和现状，很多地方对现时的研究，仍有重要的指导意义。譬如，粤方言、闽方言（尤其是广东的闽方言）、客家方言形成的时代，以及它们在现代方言中的地位，在现代学术界还有争议，有的意见分歧还比较大。先生提出的观点，尽管是一家之言，却是信而有征，足为多数学者所采用。有一件事：书中论及番禺话和顺德话中，有不少古全浊平声字读为不送气清音，谓"表现了粤方言较为早期的读法"。我前不久写过一篇《从珠三角广府片粤语古全浊塞音的存古层次看粤语与平话的关系》，执笔之际竟然完全忘记了，先生早就指出了这一点。作为弟子，真是羞面难藏。希望广大读者和研究者能以此为鉴。

此次重版，基本遵照原样，惟改正一些初版误排之处，纠正少数资料错误，并加几个重版注，以为约略显示近年学界研究成果云尔。

麦耘

2023 年初冬

前　言

　　广东是方言比较复杂的一个省份。方言的普遍存在，对于各地人民的交际，造成了一定的隔阂和不便。1957年以来，广东省为了推广普通话，曾对省内的方言作了一次普查。但那次普查，工作尚未臻深入，了解到的仅仅是各县方言极为粗略的情况。更为可惜的是，连这些粗略的材料后来也丧失殆尽。40年来，人们对本省方言的调查研究，尚未能普遍而深入地开展。近数年来，本省的一些语言工作者已经开始重视这方面的问题，积极开展对广东方言的调查研究。这是一个可喜的现象。本书作者从50年代以来，即参加广东方言的调查工作，也把广东方言的研究作为自己研究工作的一部分，但多年来因着力于其他方面的探索，未能专心于这方面的研究，所掌握的材料也不多。所幸的是许多语言学界的同仁在这段时间以来不断有关于广东方言研究的成果发表，这对进一步深入探讨广东方言的各种问题大有裨益。为了使读者们能对广东的方言有所了解，本书作者利用自己多年来积累的和其他学者所发表的材料，对广东方言的情况作一个概述式的介绍。书中所述，有许多是根据已发表的材料。为了节省篇幅，未能一一注明参考何种资料。这里，谨对有关的论著的作者表示歉意和谢意。

　　书中介绍了广东流行的各种方言。其中的叙述，比较侧重于粤方言，这是因为粤方言是广东最主要的方言。而且，其他的几种方言与它都有相似之处。以它为叙述的重点，其他相关或相似的方言现象，参考它的有关情况就可以明白了。另外，本书对各种方言的叙述都有各自的侧重点，也不强求一律。

本书所介绍的各种方言的情况，因为涉及面甚广，一些方言点也来不及亲自进行调查，错漏之处定然不少，敬希读者不吝赐正。

李新魁

1992 年 8 月于中山大学

目 录

第一章　广东方言概说

我国是一个幅员辽阔的伟大国家。在中国大地上，生活着汉民族和 50 多个其他的民族。汉族人民使用着汉语。汉语本身，包含有共同语和方言。汉语的方言相当复杂，流行的范围很广泛，使用的人数也很多。我国的广东省，就有着各种各样的方言。那么，广东省方言的情况到底是怎么样的呢？这就得从头说起。

第一节　一个方言复杂的省份

广东，这个僻处我国南方的省份，是一个相当特殊的地区。一方面，它远离中华民族的发源地黄河流域，这使古代的官吏被贬谪到广东来之后，发出"莫令炎瘴送生涯"（韩愈《答张十一》）的感叹。他们到了广东，就像是到了殊方绝域一样。同是一个韩愈，在他被贬谪到广东的阳山之时，把它说成是"天下之穷处也"（穷，不是贫穷的穷，而是穷尽的穷），似乎是到了无路通达的极边之地，天下的尽头。另一方面，广东又是一个四通八达的地区，与祖国的心脏地带，有千丝万缕的联系。元人陈大震作于大德年间的《南海志》说："广东南边大海，控引诸蕃，西通牂牁，接连巴蜀，北限庾岭，东界闽瓯；或产于风土之宜，或来自异国之远，皆聚于广州。"这种互相矛盾的说法，固然包含有时代差异的因素，从唐代的瘴疠弥漫、偏固闭塞到元代的开通汇聚，包含人的主观认识和心境的差异等因素，同时，这也正是广东这块土地特有的历史发展的矛盾的统一。广东这片中华大地的边陲、岭徼，在三四千年的发展历程中，既印上了土著先民——壮侗民族人民的足迹，也染上了中原华夏居民的履尘。广东由一个本没有汉人居住的偏僻地区，逐渐变为汉族人民栖息繁衍之地；由一个本是操着"南蛮"人的"缺舌"话音的地域，变成汉族方言流行的华夏语区。这期间，是经历了多么巨大的变化呵！

如今，当一个外地人来到广东的时候，一方面不得不赞叹"大江流日夜，风帆起珠江"的景象，珠江流域的经济情势正处于"鼓满风帆"的前夕；而另一方面，又强烈地感到，广东各地所操的方言，与汉民族共同语相距颇远，在言语的交际上，碰到了层层的困难。

这是怎么一回事？这就是因为在广东这片土地上，流行着复杂的、种类繁多的方言！流行着在语言特质上与北方话有颇大距离的土语！

为了使彼此的交际不受影响，为了广东更加顺利地进行经济文化建设，为了使广东能向全国人民学到更多的东西，也为了使广东的经济改革的经验更便于为内地其他地区所接受和吸收，人们要求广东应当更好地推广汉民族共同语——普通话，这个要求是多么正当和迫切！

在人们慨叹于广东方言的复杂之余，许多人（包括广东的当地人和省外的"外地人"）渴望了解广东方言的"外貌"和"脏腑"，了解广东方言的历史和现状，了解广东方言与汉语共同语和其他方言的关系。总之，企望了解广东方言的里里外外。这种企望和要求，本应得到满足。我们这本书就是为了满足社会上的这种需求而写的。

一、方言是什么

方言是一种语言的地方分支。教科书上给它的定义是"语言的地方变体"。一个民族，通常有全民族通用的语言。但是，如果这个民族的居民，其居住的地方比较分散，他们所使用的"话"，既与"共同的"全民族通用的"话"不一样，也与其他地区所流行的"话"有差异，这就是出现了不同的方言。

我国是一个历史悠久的国家，从传说中的炎、黄二帝带领华夏民族的居民创建了中华文明以后，中华文化的脚步不断向前行进。而中华民族的先民，由于社会生活的需要，在部族的或民族的语言的基础上，"培育"了为整个华夏民族使用的共同语，这在古代，称之为"雅言"。这个雅言，当然是在古代某一个较有势力、为较多的人使用的方言的基础上发展起来的。当春秋、战国使用这个雅言之时，各地的方言也普遍存在。上古时期，黄河流域一带的民族或部族很多，商末有一千八百国的说法。至西汉时，扬雄作《方言》记录汉代各地词语，提及秦、晋、吴、越、楚、齐等方言，起码有 14 个大的区域。这些方言经过几千年来的分化、归并、融合，形成了现代汉语七大方言：北方方言、吴方言、湘方言、粤方言、闽方言、赣方言和客方言。这些方言彼此的接近程度各有不同，这是因为它们在形成、发展的过程中，有的比较接近，有互相影响、浸透、融合的一面；有的比较疏远，有隔绝、歧异、各具特点的一面。各种方言的形成和发展以及彼此的同异，都与使用该方言的人群的社会生活有关，与它们的历史有关。著名的语言学家高名凯先生在《语言论》中正确地指出："地理条件只是地方方言和亲属语言产生的间接条件，地方方言和亲属语言产生的直接条件是社会的分化。""在我国境内曾经有过好几次的语言变动，南北朝的纷乱，五代十国的割据，都曾使汉语分化成许多地方方言或加深地方方言的发展。然而我国境内的地理条件并没有起过质的变化。"（379—380页）他又指出："地方方言和亲属语言都是语言随着社会的分化而分化的结果。""社会单位不同程度的分化促成语言的不同程度的分化。……地方方言是语言分化第一个阶段的表现；亲属语言是语言更进一步的分化的表现。""地方方言既然是语言的分化，它就必然是语言发展的历史产物。从历史的角度来看问题，地方方言就是语言在时间上的继续。……语言分化的原因显然不能单拿时间来解释，但是地方方言是语言在时间上的继续则是明确的。我们今天所看到的汉语的一些地方方言是中古汉语在唐宋以来这一段时间里的继续，它们就是中古汉语由于时间的流逝而形成的。不过在不同的地区表现不同的继续罢了。""这情形说明了地方方言是时间和空间两个因素共同起作用的产物。它既是语言在时间上的继续，同时又是语言在地区上的差异。……如果只有时间一个因素，没有空间上的差别，就无所谓地方方言，而只是同一语言的单纯的演变或其他的变化。所以，在理解地方方言的时候，我们也要强调地方方言是语言的地方变体。"（382页）广东的方言就是汉语在时间上的继续和地区上的差异。

二、广东的方言

广东省内的方言多种多样，但按其语言特点的相近程度，可以归纳为三个大类，这就是粤方言、闽方言和客方言。上面提到的全国汉语的七大方言之中，广东省就占有了三种。而且，除闽方言以外，粤方言和客方言，都以广东省为主要的流行区域。闽方言的主要流行地区虽在福建，但它在广东省内有很广泛的分布，使用的人数也很多。这三种方言汇合于一个省份之内，就使得广东各地区的群众在彼此的语言交际上产生相当大的困难。

广东的三种主要方言，都是从古代的汉语分化出来的。分化出来的时间各有先后，分化后流行的地域也不一样。当然，广东的这三种方言，并不是最直接地从中原汉语分化而来的。其中有一些方言还与汉语其他大的方言存在某些渊源关系。根据我们初步的研究，认为粤方言的分化与古代的楚语（湖北、湖南等地使用的方言）有关，闽方言的分化与古代的吴语有关。

吴语是秦代以前出现的方言，它的流行区域和语言结构本身历经变动。它受楚语很大的影响，在汉魏晋时期，吴语已经成为一支很重要的方言。三国时孙权活动于江东一带，用的已是吴语。晋室南渡，大将军王导也学习吴语以联络吴人；汉魏乐府中，吴歌是一种重要的民歌。但因吴地居民的流徙较广，吴语不断与中原汉语融合，其语词及语音特点有很大的变化。南北朝以后，吴语的发展才略呈较为稳定的局面。

吴语流行于吴、越地区，古代的福建和广东东部本属百越的"闽越"部分，这个地区长期统属于吴越，吴语不断向南推移、传播。后代出现的闽方言，实际上就是吴语南移分化出来的。当然，闽方言也受到北方地区汉语的强烈影响，吸收了许多中原汉语的语言成分，但其方言基础应是吴语。

楚语本流行于河南南部、湖北、湖南、安徽等地。春秋战国时已形成一支重要的楚方言。它在形成之后，不断向四面传播，除向东传入江东地区，影响吴语之外，更重要的是向南传播，其范围远及湖南、江西和广东。广东本属南越，为少数民族聚居地区，本无汉族居民，当然也就没有汉语方言。后来广东接受楚人统治，楚方言也随之流入广东。后代出现、形成的粤方言，就是楚语南移的结果。

客方言是古代移民群体使用而形成的一种特殊方言。它经历了从中原至长江流域再至广东地区的迁徙过程，经历了中原地区历史上的几次大变动。这些变动，当然也与粤、闽方言有关，但它们的分化较客方言略早，而且有两种较先形成的方言向南方传播，所以后来的历史变动，只是加强北方汉语对它们的影响或增强其分化过程而已。而客方言则主要是在这些后发的事件中迁移至南方造成了地域的隔绝而逐渐分化、发展形成的。其分化的历史过程，与粤、闽方言还略有不同。但它们都是汉语在不同时期的分化，它们表现了汉语在不同时间的历史继续。

三、广东方言的总体特征

由于广东各方言流行的地区不同，分化的历史过程也不大一样，这就造成了各种方言之间的差异。但是，从广东各地方方言的总体特点来说，它们的形成和出现却有其相同或比较相近的特点。现在，我们对这些特点略加概括。

第一，广东各种主要方言可以说都是中原汉族居民向南迁移造成语言的分化而形成的，尽管它们迁移的时间有先后，但它们的分化都是历史上汉族居民向南移民造成的结果。

第二，它们所处的地理位置，就广东本省内部来说，当然有各自不同的主要流行区域，但相对于全国的境域来说，它们又都是处于中国的南疆。它们"落户"的最终地点，主要是在边陲、岭徼。

第三，广东各个方言区的出现，都是由我国古代社会生产或经济状态所决定的共同产物。各种方言的分化都与汉民族前期的封闭性经济有关，与农业经济的广泛存在有关。当然，这种状态为近代期广东的社会发展所打破。但社会的经济形态，与方言的分化有一定的关系。

第四，广东各方言有类似的分化过程。它们一方面是较为靠北地区方言的"墨渍式"的发展（如吴语之与闽语，楚语之与粤语）；另一方面又是中原汉语"蛙跳式"在广东的分化。广东省境内，不论是粤方言、闽方言或客家话，或是少量的北方话以至其他方言，都在广东各地星罗棋布地出现着。这种情形，当然与历史上人群的不断迁移、再迁移有关。

第五，广东各方言的形成和发展，具有较为相似的语言"底层"。广东在古代本来就是少数民族聚居的地区，在广东大地，广泛地使用着这些民族人民所操的语言。这些语言主要有壮语、瑶语、苗语、畲语和黎语，一般可以统属于壮侗、苗瑶语族，尤其是语言学上常被称为"台语"的壮傣语支。广东地区古代就主要是台语流行的区域。当汉族人民从中原进入广东以后，与当地的原住居民有很密切的交往，许多本属少数民族的居民，在千百年的与南来汉人的交往中不断"汉化"了，融入了汉族，他们使用的语言有一些也被汉语所同化。但是，其本族语言的一些特点包括一些语音特点和词语、语法格式，不同程度地、或多或少地在各地的方言中被保存下来了。换一句话说，广东的几种方言，在其分化、形成、发展的过程中，也保存了这些少数民族语言的特点。这些汉化的少数民族人民，其本身所使用的语言的特征也在各方言中被保存下来，成了某一方言"底层"的一个部分或残存结构。广东各方言由于有着十分近似的少数民族语言的"底层"，因而在方言的现状中表现了不少的近同之处。它们使用的词语，有一些是由于共同地保存民族语言的"底层"而出现的。

第六，广东各方言都较多地保存了古汉语的特点。因为广东各种方言都是较早时代从古代汉语分化出来的，分化以后，由于地域的隔绝、人群流动和交往的相对减少，各种方言又都具有一定的保守性，因此，它们的变动都不很大。从古汉语接受下来的语音、词汇和语法特点许多都保持不变。古代汉语的许多语言要素都保留于这些方言之中。相对于汉语的其他方言来说，它们保留古代汉语的特点更多。其他汉语方言并不是完全不保持这些特点，只是因为长江流域及中原地区各方言彼此的浸透、融合较多、较快，人口的混杂也比较厉害，所以它们的发展较南方方言为快。因此，南方各方言保存古汉语的特点就较多一些。它们成了研究汉语史十分重要的资料。

第七，广东各方言的分布，一方面是平原或三角洲地带的板块性分布，另一方面又是海岸线与山脉的线性分布。两者有机地结合起来。当然，各种方言的分布状态也有其侧重点，粤方言与闽方言侧重于板块式的分布，它们比较集中地分布于广东的中部地区和东西两翼的大片平原地区及沿海地带；而客方言则比较侧重于分布在山区及丘陵地带。这种差异，主要是由各方言区的居民的历史发展和社会经历造成的。

第八，广东各方言在近代都向海外扩展，流传至周边的国家或地区去。广东由于濒临南海，比较早地就与周围的地区和国家如南洋群岛以及其他国家有来往。他们为了谋生渡海到了国外。他们带着本土的方言在海外传播，致使在现代的各国、各地的华裔、华侨仍然大量地使用广东各种方言。方言在海外的广泛传播，是广东各方言共有的特点。

另一方面，由于大量的华侨、华人留居国外，他们也学习和使用住在国的语言。他们又把所在国家语言的某些特点（特别是词语）吸收到本方言中来。这就造成了广东的粤、闽、客各种方言都有大量的外语借词存在的状况。总之，方言

（或语言）的内、外交往频繁，是广东方言的又一个总体特征。

第二节 广东方言在汉语中的地位

一、广东方言的使用

广东的三种主要方言，都是汉语共同语的"地方变体"。自从它们在广东地区的分化、形成一种具有一定流行区域的方言之后，它们便各自服务于当地的地域社会。粤语成为粤语区群众的交际工具，其他的方言也成为各自的方言区的交际工具。在近几十年来大力推行汉民族共同语——普通话以前，许多地方的群众只能使用本地方言。当然，有些两种或三种方言交会的地区，如惠州及韶关、湛江一带，许多群众都懂得两三种方言。这就在方言区域之中形成了方言的"双语制"。多种方言的并用往往造成了方言之间的相互影响，彼此吸收对方的语言成分。有的地区甚至产生了方言的融合，形成具有综合性特征的方言，以致比较难于划分它们的系属。方言的彼此接触、方言的交融，可以说是广东各种主要方言互相分隔的基本状况之中出现的另一种现象。

自从大力推广普通话之后，许多地区的群众从使用单一的方言（或多种方言）的状态转而学习和使用一种面貌全新的共同语。许多人在这数十年中已经逐渐学会使用普通话，这就造成了新的"双语制"，即方言与共同语之间的"双语制"。这种新的双语制促使方言吸收了许多共同语的语言要素，特别是接受了许多北方话的词语。这就呈现了方言向共同语靠拢的发展趋势。

从方言服务于当地群众这一角度来说，千百年来，广东的几种方言为不同地区人群的交际作出了巨大的贡献。人们赖以交流思想，达到互相交际的目的。这是方言的"功劳"。另一方面，方言的分隔，特别是同一个省之内使用几种不能互通互解的方言，却又造成了语言的隔阂；妨碍了许多共同活动的顺利进行，造成了某些损失，这又是方言的"缺陷"。因此，在目前的情况下，我们当然一方面要发挥方言的作用，使它继续为各地区的群众服务，让它呈献更大的"功劳"；另一方面，也要积极推广汉民族共同语——普通话，使不同方言区的人能够顺利地交际，克服方言所造成的隔绝的缺点。普通话的推广，并不是一下子要消灭方言。方言的使用，会继续一个很长很长的历史时期。方言的停止使用或它本身的"消亡"要视人们社会生活的发展而定。任何主观上企图一下子"消灭"方言是不切实际的，也是不可能的。而任何拒绝共同语的推广或使用，也是违背方言或语言本身的发展进程的，是不符合汉族人民自身的总体利益的。

二、广东方言的重要地位

广东方言自从它们或先或后地形成了之后，便担负起服务于"地区性社会"的责任。上文已经指出，在方言的使用方面，广东方言无疑地为广东的民众作出了重大的贡献。广东的人口约占全国人口的二十分之一。而广东省流行的这三种主要方言，除了在广东省流行之外，其他的一些省份也使用这三种方言。总计起来，全国使用粤、闽、客三种方言的人数不下一亿人，占了全国人口近十分之一。因此，从方言的使用上说，广东的几种方言，占了全国七大方言中之三种，流行地域相当广阔，使用人数相当多。从人类语言或方言的使用状况方面来看，广东的这三种方言都占有一定的重要地位。

另外，广东是近代中国最活跃的省份之一，是近代民主革命的发祥地之一，又是现代最先实现经济的改革与开放的省份之一。广东的人民，在这些重大的历史和现实事件中扮演了重要的角色。而为他们服务的几种广东方言，在目前的条件下，也仍然起着重要的作用。

广东几种方言的重要性，还表现在对汉语方言本身及汉语史的研究上面。广东的粤、闽、客诸种方言，具有许多重要的特点，对它们进行研究，可以使人们了解到作为汉语方言学总体研究对象的许多重要语言现象。粤方言也好，闽方言和客家方言也好，在它们身上，表现了丰富多彩的语言特质。把这些特质"挖掘"出来，可以丰富汉语方言研究的宝库。并且，由于广东的这些方言，都保留了古代汉语不同时代的语言特点。比如说，从语音上看，广东的闽方言保存了许多魏晋时代以前的特点，粤方言则保存了许多隋唐时代的特点，客方言则保存了许多宋元时期的特点。如果把表现于它们身上的各个历史时期的语音特点加以概括和归纳，就可以约略地描绘出汉语从秦汉以来语音的发展变化，可以为我们勾勒出一个汉语语音演变的线路。这就大大有助于汉语语音史的研究。著名的语言学家赵元任在《语言问题》一书中说："（方音）原则上大概看得见的差别，往往也代表历史演变上的阶段。所以横里头的差别，往往就代表竖里头的差别。"（第七讲：方言跟标准语）横里头的差别，就是方言之间的差别，这些差别有语音的对应规律可循；竖里头的差别，则是古今语音之间的差别，这些差别则有语音的发展规律可循。横里头的差别可以反映竖的差别，也就是说，可以从方言的差异看到共同语语音从古到今的发展变化。因此，广东的几种方言所反映的古音特点，正是我们进行汉语语音史研究的重要材料。

必须指出，上文我们说闽语反映了许多魏晋之前的特点，粤语表现隋唐时代、客语表现宋元时代的特点，这样说是从该方言表现出来的"某些"特点来说的，并不是说在该方言身上，"全部"表现了某一时代的特点。因为各种方言本身也有自己的发展和变化。它们可以在某一些方面表现了某一个时代的语音特点，而在另外一些方面则发生各自的变化，正是由于这些"保守"与"变化"交织在一起，才表现了方言发展的多样性、不平衡性和矛盾现象。

正因为如此，在现代研究汉语史的学者中间，他们经常引据广东这几种方言的材料来说明或证明汉语的各种发展变化，这就很自然的了。

因之，从现实语言的使用上说，或是从汉语研究的学术价值上说，广东的三种方言，都具有重要的地位。

第三节　广东汉语方言以外的民族语言

广东省除了有比较复杂的汉语方言之外，还有许多少数民族的语言。广东在古代本来就是一个少数民族聚居的地区，秦汉之前很少有汉人居住。后来中原汉人逐渐进入广东，原来居住在广东的少数民族人民有的与汉族融合成了汉族居民，这就是一般所说的"汉化"了；另外一些民族，则从广东逐渐向广西和海南岛迁移。广西的壮族本来有相当多的人居于广东，粤中地带是他们的聚居地，后来由于社会的、自然的各方面的原因，移至广西地区去了。现代广东已很少壮族居民了。而海南岛上的黎族居民，本也有相当一部分居住在粤西地带，后来也迁至海南五指山一带去了。所以，现代的广东，少数民族的居民已经大为减少了。

但是，在现在广东的一些边远山区，仍然有少量的少数民族居民存在。他们大部分仍然保留着本民族的语言，使用其本族语。其情况大体如下。

现代广东省境内有瑶、壮、畲、回、满五个少数民族。广东的瑶族有10多万人，主要分布在粤北山区连南、乳源两个瑶族自治县和连山壮族瑶族自治县。此外，连县①、始兴、曲江、阳山、英德、翁源、仁化、乐昌、怀集、阳春等县也有部分散居的人。他们使用瑶语。壮族有五六万人，主要分布在连山和怀集两县。他们使用壮语。畲族有四五千人分布在潮州市（凤凰山区）和丰顺、海丰、惠东、博罗、增城等县。本省的畲族人，除博罗一带保留本族语外，其他各地的畲人所用的"畲话"，已是一种汉化了的语言。例如潮州市凤凰山一带所使用的畲话，其语音系统基本上是客家话，而其词汇、语法体系，则是客家话和潮汕话的混合，使用的词语许多是借自当地的潮汕话。其他地方的畲话因为多流行于山区，多与当地附近的客家方言接触，所以也大量地吸收客家话的语法格式和词语。回族的居民有数千人，主要分布在广州和肇庆两市。满族也有几千人，主要居住于广州市内。他们的本民族语已经失去，全部使用汉语。此外，怀集和封开两县，还有约二三十万人使用一种称为"标话"的语言，其主要特点表明其属于壮侗语族。

广东的瑶语属于苗瑶语族的瑶（勉）语支。壮语则属于壮侗语族壮傣语支。畲语本来也与瑶语比较接近，也属于苗瑶语族。

由此可知，广东境内不单有汉语方言粤语、闽语和客语，还有其他的一些民族语言。这些语言本身，还有民族语与方言的差异。因此，本书所称的"方言"，是指广东的汉语方言，它并不包括少数民族语言中的方言，这一点是必须说明清楚的。

---

① 连县于1994年4月撤县建市，今称连州。

第四节 广东方言研究概况

广东方言的研究，可以分为两个大的历史阶段。一个是1950年以前的研究，我们称之为历史上的研究；一个是1950年以后的研究，我们称之为现代的研究。

下面，就广东方言的研究情况作一概述。

对广东方言的研究，在比较早的年代就已经出现。几十年来，广东各种方言的研究著述，不断面世，研究的面越来越广，研究的问题也不断深入。这些都为现代学者作进一步的研究提供了有利的条件。

一、历史上的研究情况

1949年以前，对广东各方言进行研究的，有下述几种情况。

粤方言的研究，比较早的，有顺德人周冠山所作的《分韵撮要》。此书大约写于两百年前，现见最早的本子刊行于清乾隆壬寅年（1782年）。此书描述了两百多年前的粤语语音。此书分粤语的韵母为33个韵部，统领具体的韵母50个。从此书的叙述来看，当时的粤语没有［ei］韵母，"机"、"奇"、"比"等字仍念为［i］，没有发生［ei→i］的变化。此外，［œ］元音单独作为韵母尚未出现。"孤"、"母"等字仍念为［u］，也未出现［u→ou］的变化。另外，此书所反映的韵母系统，没有［εŋ］、［εk］韵，它们合在［eŋ］、［ek］韵之中，［εŋ］、［εk］主要是说话音的读法，大概此书以反映读书音为主。也没有［m̩］韵母。此书的韵母系统比起现代粤语来，多了［om］、［op］韵母。这是古代粤语所拥有的韵母。

它们在现代广州话中消变为〔ɐm〕、〔ɐp〕，而在现代顺德、三水等地的方言中仍保存着原来的韵母。周氏这部著作，对于研究近代粤方言的语音，有重要的参考价值。

在周氏之后，清代末年的东莞人王炳耀写了一本《拼音字谱》。王氏在此书中主要是设计了一套拼音字母来拼写方言，但重点是用来拼写粤语的。此书作于清光绪二十二年（1896 年）之前。从他所描述的"粤东羊城"的语音中，可以看到一百年前粤语的语音面貌。据王氏所说，当时的广州话有 54 个韵母（实际上只有 53 个）。其中最重要的一点，也是比现代多了〔om〕、〔op〕两韵而没有〔εk〕韵母和〔m̩〕韵母。情况与周氏大体一致。在声母方面，此书分舌尖塞擦音（及擦音）为两套，大概有〔ts〕组与〔tʃ〕组之分。声调方面，他说"粤东羊城之音有十声"，即有十种声调，其中分平声为三类，这与我们本书所分的上阴平、下阴平和阳平一致（参见下文）。此书对于研究近代的粤音也有重要的参考价值。

清代的著名学者陈澧，也写有《广州音说》（载《东塾集》），对粤语语音作了研究。外国人艾德尔（E. J. Eitel）则写有《广州方言字典》。[①]

进入民元以后，研究粤语语音的，有王力的《两粤音说》（写于 1928 年）；黄锡凌则于 1941 年写有《粤音韵汇》，分析和编排了一个粤音的同音字表。其后，赵元任于 1947 年用英文写了《粤语入门》一书，1948 年又写了《中山方言》；在此之前，岑麒祥写有《广州音系概述》。

对粤方言的词语进行研究的，早年有詹宪慈的《广州语本字》（此书迄今尚未刊行，只发表过其序言《广州话本字自序》）[②]；1933 年孔仲南写了《广东俗语考》，也探讨了一些

---

① 清末民初还有不少外国学者有粤语研究著作。
② 香港中文大学出版社 1995 年出版詹宪慈《广州语本字》。

词语方面的问题。此外，民国年间，还出现了不少《粤语入门》之类的通俗性教科书。还有陈柱发表了《粤西北郁容方言》和《北郁容三邑方言》，对某些方言点作了介绍。

对潮汕方言的语音进行研究的，清代有郑昌时作于嘉庆二十年（1815年）以前的《韩江闻见录》中"备论潮音"一节，谈及当时潮州语音的一些情况，如说潮州音"以东为当，以江为刚，以通为汤，以风为方，以侬为郎叶（训人），以丛为庄叶，以双为桑，又以阳为融叶，以房为邦叶，是东、冬、江、阳通……"他所描述的潮州音情况，与现代的潮音相近。可为研究近代潮州音之参考。

清代以来，潮汕地区在泉州人黄谦编的反映泉州语音的《汇音妙悟》和反映漳州语音的《增注雅俗通十五音》等书的影响之下，出现了《潮声十五音》之类的方言韵书（有的是以韵图的形式出现）。它们按韵归纳了潮州话的各个字音。其检查方法是"由音检字"，便于一般群众掌握潮州话的音读并识字，对普及文化、进行识字教育起了重大的作用。当然，由于这些"十五音"类的著作是模仿福建泉、漳地区的音书而来，其分音列字并不完全符合潮州音的实际情况，但它们大体上还是反映了潮州音的语音面貌的。

除了"十五音"一类的归纳潮语字音的著作之外，对潮州方言的声调作了研究的，有民国初年黄际遇所写的《潮州八声误读表说》一文。1932年，陈恺写有《潮语罗马字》一书，此书的叙述分为潮语音素、国音潮音比较和潮语罗马字三章，并粗略地分析了潮安、揭阳、潮阳等地读音的同异。这对于进一步深入研究潮州语音有一定的作用。民国期间，有陈凌千编了《潮汕字典》一书，对潮汕地区的群众查考潮州话的读音和词义起了一定的作用。

对潮汕方言的本字进行考释的，有潮安人翁辉东所作的

《潮汕方言》。此书考释了许多潮州话的语词，指出其本字。其中的论述有许多是正确的，有助于潮州话词语的研究，但也有不少地方犯了牵强附会、论证不精不确的毛病。总之，此书的写作表现了瑕瑜互见的情况。

对客家方言的研究，过去开展得不很充分。语音的研究未见有重要的著述出现，而对词语的研究，则有杨恭桓的《客话本字》和罗翙云的《客方言》（1922 年）、章炳麟的《岭外三州语》（附于《新方言》之后，见《章氏丛书》）。对客家方言形成的历史作比较广泛而深入的探讨的，则有罗香林的《客家研究导论》（1933 年）。

二、现代的研究及其作用

1950 年以后，学者们对广东方言的研究有进一步的开展，出现的论著不少。40 多年来，人们对广东各方言的研究，表现在总体研究论述、分布和历史发展、语音、词汇、语法各有关的专题研究以及各方言区人学习普通话手册的编写和方言字典、词典的编纂等方面。这些方面都有一些较为重要的著述出现，它们大大丰富了汉语方言研究的内容。

（一）总论性的研究

这是指对广东各方言进行总体性的介绍或研究。1956 年以后，为了推广普通话，广东开展了全省的方言普查工作，各个县都写出了方言调查报告。然后由有关的研究者编写成"广州方言概况"、"客家方言概况"、"潮州方言概况"和"海南方言概况"（当时海南尚属广东省）。这四种"概况"于 1960 年由李新魁汇编成《广东方言概况》一书，全书大约有四十多万字，交由广东省方言调查指导组保存。但"文革"期间，此书原稿丧失，甚为可惜。在此前后，有一些对广东的某一方言作较为全面的分析研究的论著出版。比较重要的，有王力的《广州话浅说》，高华年的《广州方言研究》，詹伯慧、张日昇主编的《珠江三角洲方言字音对照》、《珠江三角洲方言词汇对照》、《珠江三角洲方言综述》（共三种），李永明的《潮州方言》等。在袁家骅主编的《汉语方言概要》中，也有关于广东几种方言简要介绍的章节。总之，总论性的专著不多。特别是客家话和雷州话，现在还没有专门的论著出现。

（二）对广东各方言的分布和历史发展的研究

这方面的研究，近 40 年来有一定的进展，但成果也不很多。主要的论述有张为纲于 1950 年发表的《广东语言的分类》，李新魁发表于 1961 年的《广东各方言的分布和特点》，詹伯慧先后发表的《粤方言的形成和分布》（1985 年）、《客家话的形成和分布》（1985 年）和《广东汉语方言说略（摘要）》（1987 年）等文章；专谈广东北部地区方言的分布的，则有梁猷刚发表于 1985 年的《广东省北部汉语方言的分布》和发表于 1991 年的余伯禧、林立芳的《韶关方言概说》两篇文章；介绍粤西地区方言的则有张振兴发表于 1986 年的《广东省雷州半岛的方言分布》；介绍客家方言的分布的，则有黄雪贞《客家话的分布与内部异同》一文。1987 年，熊正辉发表的《广东方言的分区》一文，则对广东方言的划分提出了较为全面的看法。①

对广东各方言历史的研究，主要有李新魁近 10 年来发表的《论广州方言形成的历史过程》和《广东闽方言形成的历

---

① 1995 年福建人民出版社出版邓晓华、罗美珍《客家方言》，2006 年中华书局出版林伦伦《粤西闽语雷州话研究》。

史过程》以及林伦伦的《试论潮汕方言的形成过程》等文章，对广东的粤方言和闽方言的历史作了较为详细的论述。

（三）对各方言语音、词汇、语法等方面的专题研究

40多年来，广东的语言学者对有关粤、闽、客诸种方言各方面的问题，都做了一些或深或浅的探索。研究的领域涉及语音、词汇、语法等方面的问题。这些论文，在粤方言方面，比较重要的有：黄家教的《从"等"来看广州方言入声消失的迹象》、《广州话无介音说》；李新魁的《一百年前的广州音》、《数百年来粤方言韵母系统的发展》、《粤方言语音特点探论》和《广州话语音的内部差异》等；施其生的《广州方言介音问题再探讨》；詹伯慧等的《珠江三角洲粤方言常用词述略》；饶秉才等的《广州话词汇特点研究》；白宛如的《广州话本字考》；余伟文的《对一些广州话本字的考证》；张惠英的《广州方言词考释》等；还有黄家教、詹伯慧的《广州方言中的特殊语序现象》，陈慧英的《谈谈广州话的形容词》和《广州方言的一些动词》以及《广州话的"噉"和"咁"》等文章；张洪年则有《香港粤语语法研究》一书；邓少君有《广州话声韵调与〈广韵〉的比较》；还有白宛如的《广州话中的省略性变音》；叶国泉、唐志东合写的《信宜方言的变音》，罗康宁的《信宜话数词、代词、副词的变音》，唐志东的《信宜方言前字变音重叠式》；梁猷刚《化州话的d》，何科根的《番禺音系与广州音系的比较》，陈晓锦《广东"莞城话"变入初析》，彭小川关于南海沙头话的一些研究文章，何伟棠的《广东省增城方言音系》、《广东省增城方言的变调》；黄家教、崔荣昌的《韶关方言新派老派的主要差异》等。以粤方言为主兼及其他方言的问题进行比较研究的，主要有詹伯慧的《广东境内三大方言的相互影响》一文和林伦伦

《试谈广东诸方言倒序词产生的原因》等。

闽方言方面，有詹伯慧的《潮州方言》、黄家教的《潮州方音概说》以及李新魁编著的《新编潮汕方言十八音》一书；还有李新魁的《潮州方言词考源》，李新魁、林伦伦的《潮汕话本字考》、《潮汕方言词本字研究》以及他们两人合著的《潮汕方言词考释》一书；林伦伦还写有一系列关于潮汕方言的论文，结集为《潮汕方言与文化研究》一书出版；蔡英豪则写有《潮汕熟语集释》一书。此外，张盛裕写有《潮阳方言的连读变调》、《潮阳方言的训读字》等一系列的关于潮阳方言的研究论文，施其生也有《汕头方言的持续情貌》、《汕头方言的结构助词"咧"》等文章发表。此外，还有杨必胜、陈建民的《海丰话语句中的声调问题》等。客家方言方面，有黄雪贞的《客家方言声调的特点》及其续论，罗肇锦的《客语语法》一书是一部规模较大的著作。此外，还有詹伯慧的论文《饶平上饶客家话语言特点说略》等。客家方言的研究，相对来说，成果比较少。除上面所举的这些论文之外，还有许多有关这方面的文章，有的已在正式刊物上发表，有的正在刊印。1989 年和 1990 年先后在广州和汕头举行了粤方言和闽方言的国际研讨会，会上提供了许多专题论文，都集结在有关的两本论文集中。

（四）各方言区学习普通话手册及广东方音字典的编写

1957 年以来，为了配合广东省各地区群众学习普通话的需要，在当时进行广东方言普查的基础上，在广东省方言调查指导组的组织和领导之下，编写了广东省一些主要方言区的"学话手册"，计有《四邑人学习普通话手册》、《潮州人学习普通话手册》、《海南人学习普通话手册》以及饶秉才编著的《客家人怎样学习普通话》先后出版。1978 年以后，又陆续出版了邓少君编写的《广州人学习普通话手册》，傅雨贤等编的《粤语区人学习普通话趣谈》，曾满祥的《广东人学普通话》，李新魁、麦耘、林伦伦合编的《广州人学讲普通话》，施仲谋编的《广州话普通话语音对照手册》，林伦伦编写的《潮汕人学讲普通话趣谈》，等等。

1973 年，广东省的领导部门应广大群众的要求，指示广东人民出版社出版有关方言与普通话字音对照的工具书。因此，出版社组织了广东语言学界编写了几种方音（与普通话对照）字典。先后出版的有李新魁主编的《普通话、潮汕方言常用字典》，饶秉才主编的《广州音字典》和梁猷刚的《海南音字典》；施仲谋有《广州话普通话语音对照手册》；乔砚农有《广州音国音中文字典》；香港中华书局有《普通话粤音中华新字典》；刘锡祥有《实用粤音词典》；冯思禹有《广州音字汇》；林莲仙有《粤读反切音标两用正音表》；张励妍、张赛洋有《国音粤音索音字汇》；潮音方面，还有吴华重等编的《潮州音字典》，等等。

（五）地方方言志的编纂

近几年来，全国各地组织编纂地方志，地方志中有"方言志"的部分。因此，各地都在开展对方言的进一步调查、研究，在这个基础上编写出各地的方言志。广州市市志编纂委员会委托李新魁主编、由几个人合作编写的《广州方言志》已经完成；其他各县市也有的完成、有的正在编写，其中有一些已经出版，如周日健编著的《新丰方言志》及黄剑云编写的《台山方言》等。

总之，广东方言的研究目前正呈现一个蓬勃发展的局面，许多新的研究项目，目前正在进行之中。可以预期，在未来的数年中，广东方言的研究一定有比较可观的成绩呈现于广大读者面前。这些研究，对汉语方言本身来说，对广东各地区的文化、历史的研究以及对推广汉语共同语来说，都将起重要的作用。

第二章 广东方言的"老大哥"
——粤方言

广东的方言比较复杂，省内流行着几种不同的方言。这些方言中，从流行的范围和使用的人数来说，粤方言都占据着首位。因此，我们把它称为广东方言中的"老大哥"。

第一节 粤语的流行区域及代表点

粤方言又称为广州方言，传统上叫做"广府话"或"省城话"（本省其他方言区群众对它的称呼），省内本方言区的群众或其他方言区的人，又把它叫做"白话"，一般的著作又把它简称为"粤语"。外省人又往往把它叫做"广东话"。总之，它有各种不同的叫法。

外省人之所以把粤语叫做"广东话"，主要是因为粤语在广东省范围内（以及广西部分地区）流传较广，是广东的主要方言，而且，有些人可能也不知广省内还有其他的方言存在，因而径直把粤语称为"广东话"。其实，这种叫法是不确切的。把粤语叫做"广东话"，有以偏概全的毛病。不过，从这种叫法身上，却反映了粤语是广东的一种重要方言这个事实。

一、粤语的分布

粤语流行于广东境内的广大地区和广西的一部分县市。广东境内的粤方言又可以按其语言面貌的相近程度再分为几个片。数十年来，广东的粤方言之下可以再分为哪几个片，一直有一些不同的看法，有的主张分为三个片，有的主张分为四个片（广西的粤语另计）。在目前，由于对广东全省各地粤方言的特点还没有作更进一步的调查、研究，我们认为暂时划分为四大片。它们是：

（1）广府片。主要分布在广州、佛山、南海、番禺、顺德、三水、花县、从化、清远、佛冈、龙门、增城、东莞、深圳、宝安、中山、珠海、肇庆、高要、高明、英德、新兴、云浮等县市，韶关、曲江、乐昌等县市的城区话也属这一片，香港、澳门也在这一片之内。总计本片的人口约为2000万，是广东省境内粤方言最主要的流行区域。

（2）高廉片。主要分布在阳江、阳春、阳西、茂名、高州、湛江、遂溪、廉江、化州、吴川、电白、信宜等县市，人口约有600万。

（3）罗广片。主要分布在四会、罗定、德庆、广宁、怀集、封开、郁南、阳山、连县、连山等县市，人口约700万。

（4）四邑片。主要分布在鹤山、江门、新会、恩平、开平、台山、斗门等县市，人口约400万。

总计本省使用粤语的人数在3800万左右。此外，广西的梧州、苍梧、贺县、南宁、柳州、邕宁、崇左、宁明、横县、桂平、平南、玉林、北流、容县、岑溪、藤县、蒙山、贵县、昭平、博白、钦州、合浦、浦北、灵山、防城、北海等县市也使用粤方言，人口约1300万。海南省也有一些人使用粤语，主要是一些矿山、铁路、码头以及林场、工厂的工人及其家属用作交际工具，如石碌、八所、三亚、白马井、陵水、莺歌海等地的厂矿、林场、盐场及企业单位多流通粤方言。此外，儋县、昌江、白沙、东方、乐东、三亚等地流行的儋州话，与粤语比较接近，可以归入粤语系统。加上这些方言区的群众，海南岛上使用粤语的人数也有几十万人。此外，许多国家和地区如南、北美洲，大洋洲，欧洲，非洲以及东南亚各地的华侨、华裔也多使用粤语，人口约在 1500 万至 2000 万之间。总计全世界使用粤语的人数约有 7000 万。

二、粤语的代表——广州话

粤方言流行的范围相当广阔，各个方言点或片之间，在语音、词汇、语法各方面都有一些差异，尤其是语音上的差别更大一些。例如四邑片的台山话与珠江三角洲地区的粤语，便有颇大的不同。由于各地区之间的方言具有不同程度的歧异，因此，在近一两百年来，广东省省会所在地广州的语音，成为各地的标准音。广州话成为粤方言的代表方言。

狭义的广州话是指广州市所使用的话。广州市位于广东省的中南部，是珠江的出海处。广州市现辖四个县市（花县、从化、番禺、增城）和八个区，这八个区是越秀、荔湾、东山、海珠、白云、天河、芳村和黄埔。狭义的广州话，即指流行于这八个区的话而言。①

广州的老市区本只包括越秀、荔湾、东山和海珠四区。过去，老市区的话一般以荔湾区的"西关话"为代表。西关是

---

① 2014 年以后，广州市设 11 个区：越秀区（含原东山区）、海珠区、荔湾区（含原芳村区）、天河区、白云区、黄埔区、花都区（原花县）、番禺区、南沙区（从原番禺县中分出）、从化区、增城区。

指旧时西城墙（现在的人民路）以西的居民聚居区，其中心地带在现在的上、下九路和第十甫等街道。这个西关话与广州其他市区的话有一些不同，主要是西关［n］声母与［l］声母混而为一（其他市区话两者有别，区分得比较清楚），一般都把［n］声母字读归［l］声母，如把"内"［n］字读与"类"［l］字同音，"女"［n］字读与"吕"［l］字同音等。又把一些零声母字如"欧"读为［ŋ］声母字，如把"欧"字读为"勾"，把"哀"、"埃"、"爱"等字读作［ŋ］等。另外，西关话对舌尖塞擦音及擦音声母字读为［ts］、［ts·］、［s］，而不像市区其他地方念为舌面音［tʃ］、［tʃ·］、［ʃ］。还有，西关话对阴平调有较为明显的区分，一念为 53 调（本书称为"上阴平"），一念为 55 调（本书称为"下阴平"），其他地区则区别不很明显，混同的趋势表现得较为突出。由于西关话具有这些异于市里其他地方的特点，而这些特点大多数是保存较早时期的广州话读音，所以人们常常认为西关的话是广州话的代表。这是因为西关的居民是广州市较早、较集中的居民，广州的其他地区如东山、越秀区等的居民则较多是近数十年来从外地迁入的，多属外来的干部人口。但是，近年来西关话的某些特点有的在市区内扩展开来，随着居民的迁徙流动，其发音特点也与广州市其他各区的发音混杂起来，已经很难保持异于其他地区的特点；而有的特点则逐渐归于消失（如对舌尖塞擦音字的发音）。因此，从当前的现状来说，西关话已与其他各区的话渐趋一致，不存在也不必要把它作为广州话中的标准音或语音代表点。

而新近若干年来，把原属郊区的白云、天河、芳村、黄埔等区划入广州市的范围。这些区属于新市区。新、老市区的话原来就存在较为明显的差异。特别是市区北面的人和、龙归一带，其语音与广州老市区有许多不同。这些地方的语音可以说保存了更早期的广州语音。可以看出，现代的广州语音是从这些距离老市区较远的地方的语音逐渐发展变化而来的。广州市区的语音特点，是近百十年来由远郊的语音逐渐演变的结果。可以说，远郊地区（如白云区各地）的语音是广州市区早期语音的反映。

由于广州的市区内或远、近郊区以至整个粤语区各地的语音都存在或大或小的差异，所以近代时期以来，整个粤语区各地人民之间的交际以及广播、戏剧等文艺活动所使用的语音，都以广州音为标准。广州市区的话成为粤方言区的地域标准语，成为整个粤方言的代表方言。

三、粤语在广东方言中的地位

粤语是我国南方地区使用的重要汉语方言。其流通范围遍及广东省中部、北部和西部地区以及广西的大部分地区。使用本方言的人口多至 7000 万，可以说是世界上使用人数较多的一支方言。

广东省是我国的南方门户，港、澳地区包含在它的境域之内，① 而它又是我国率先实行改革开放的省份，在国内外的经济交流活动中，占有十分重要的地位。10 年来，广东省建立了深圳、珠海、汕头等经济特区，珠江三角洲各个县市的经济建设取得了飞速的发展。这些地区的群众与海内外的贸易交往大大增多。广东省的经济建设与以它为先行点所创造出来的经验，对内地有相当重大的影响。作为广州、深圳、珠海以及珠江三角洲各地所使用的主要方言粤语，在海内外的交际活动

---

① 1997 年 7 月 1 日，中华人民共和国香港特别行政区成立。1999年 12 月 20 日，中华人民共和国澳门特别行政区成立。

中，日益显现它的重要作用。这种作用的发挥，有它若干个重要的因素：一是作为广东以至内地各省份与国际上交往的重要通道，香港使用的就是粤语。二是海外的众多华侨，使用的方言主要也是粤语，他们回国投资、参观、旅游，也多是使用粤方言。这样，粤方言也成为海内外交际的重要工具之一。三是广东省境内各地操粤方言的人，他们与各地进行商业活动，也多是运用粤语。总之，粤语成为穗—港—澳一线各地使用的重要方言，在目前日益高涨的投资经商活动和文化交往中发挥了重要的作用，因而促使世界各国以及广大的华侨及其他方面的人士重视此种方言的使用和学习。当前，美国、加拿大和日本等国家的某些大学中，多开设有"粤方言"这一课程，这些国家也不断派遣人员到香港及广州等地来学习粤语。这样，随着我国经济、文化各方面事业的发展，随着改革开放的进一步推行，粤语在国内外的交际活动中正日益呈现其重要的作用，而它在广东的各种方言之中，较之我省东部地区使用的潮汕方言、西部地区使用的雷州方言以及分散流行于各地的客家方言，无疑地占有更加重要的地位。

第二节　粤语简史

汉语的各种方言，都是从古代汉语分化出来的。它们的共同来源，是古代汉族人民使用的语言。当然，在我国的古代社会中，既有共同语存在，也有各地区使用的复杂的方言存在。现代各地的汉语方言，有的当然是古代汉语共同语直接的分化，有的则可能是某一地区方言的繁衍。但推究其源头，都是来自古代汉语。

现代每一种方言都有它们各自形成和发展的历史，有它们自己从古代汉语分化出来的演变过程。汉语各方言形成和发展的历史有长有短，分化的年代也各不相同，但是，它们的历史基础是继承了古代汉语的共同性。这种共同性体现在语言质素上就是有着比较一致的语法构造和基本词汇，方言的差别主要是表现在语音方面。而各个方言彼此之间以及与共同语之间相当严整的语音对应规律又表明了相当密切的近亲关系和方言发展的稳固性。

现代汉语各个主要方言的产生和发展已经有千百年的历史。它们的类属、流行范围及其扩展与消失，主要是取决于具体的社会历史条件，当然也与各方言区的地理环境有关。一种方言的分化与形成，与使用该方言的人群的历史、社会活动情况有十分密切的关系。由于人群的离合迁徙、社会的变动，促使原来使用同一种方言的人群可以逐渐分离而变为操不同的方言。而这个过程，汉语的各种方言，有的固然彼此相类似，但就大多数情况来说，其演变过程往往是各不相同的。

粤方言这个流行于岭南地区的重要方言，是如何从古代汉语分化出来的？分化之后又如何发展？什么时候形成接近于现代粤方言的样子？这些，都是我们必须弄清楚的问题。

一、广东粤语地区的先民

广东僻处岭外，与历史上汉族聚居的中原地区（黄河流域一带）相距较远。明末、清初的广东诗人陈恭尹《春感》一诗所说的"石羊城下越王宫，天尽东南浪拍空"和《九日登镇海楼》中的诗句："五岭北来峰在地，九州南尽水浮天"，正是广东这种僻居南海之滨的写照。由于广东远隔中原，又是炎日与瘴疠弥漫之地，在古代成为许多朝代统治者贬谪犯罪官吏之所。秦代以前，居住在广东和广西地区的，基本上是少数民族。这些民族在西周时被统称为"蛮夷"，春秋战国以后则称为"越"（与"粤"相通）。越族的种类很多，所以被称为"百越"。它分布的地域很广，江苏、浙江、福建、广东、广西以至四川、云南、贵州等地，都有越人的种族。《汉书·地理志》臣瓒注云："自交趾至会稽七八千里，百越杂处，各有种姓。"《吕氏春秋·恃君》也说："扬、汉之南，百越之际。"可知古代在长江以南及沿海地区，都是越人的聚居之地。

广东的越族，古称为"南越"，它相当于现代的哪些民族？一般认为，它大概包括后代的壮族、黎族和疍家等。清顾炎武《天下郡国利病书》说："广东傜（瑶）、僮（壮）二种，傜乃荆蛮，僮则旧越人也。"瑶族一般认为原来住于湖南、贵州一带，后来才迁入广东。黎族即隋、唐时代居于广东的俚人。它也是百越的一支（有人认为属于骆越）。总之，上古时期，广东的中南部地区（也就是现代流行粤方言的地区如南海以至高要一带），居住的主要是壮人和黎人。《隋书·南蛮传》说："南蛮杂类，与华人错居，曰疍、曰獽、曰俚、曰僚、曰㐌，俱无君长，随山洞而居，古先所谓百越是也。"这些壮族和黎族人散居于广东省的广大地区，当然也有住于广西各地的。后来，他们有的接受汉人的文化，逐渐汉化了，有的则迁移至偏僻的山区。但他们的语言在居住过的地方仍留下一些痕迹。屈大均《广东新语》说："自阳春至高雷廉琼，地多曰那某、罗某、多某、扶某、牙某、峨某、陀某、打某……""黎岐人地名多曰那某、南某、包某、番某……"（卷十一）这个"那"原来就是壮语的词，本指"田地"；"南"则在壮语、黎语中指"水"或"河"。这些地名保留下来，显示这些地区原曾居住过壮人或黎人，如广东台山有那扶、化州有那雾（今称那务）、阳江有那龙，广西灵山有那灵、钦州有那彭，等等。壮族和黎族人的语言属于汉藏语系中的壮侗语族。

上古时期，广东和广西的绝大部分地区，大概没有汉语的方言存在。居民使用的是少数民族语言。这种情况，直至中古唐宋之际的偏远地区仍是如此。如《高州府志》卷六在谈及电白县时说："唐宋以前，僮（壮）傜（瑶）杂处，语多难辨。"说的正是这种情况。汉魏时代以后，广东出现了苗、瑶、僚、畲各个少数民族，它们是后代才从长江流域及其他地区移入的。一直到明、清时期，广东一些僻远的县份，仍然居住着这些称为瑶、黎、僚、畲等的少数民族居民。

二、秦汉时期——粤语离开"母体"

两广地区出现属于汉语的主要方言之一的粤语，是随着中原及其他地区的汉族（古称华族或华夏）人民进入岭南才逐渐形成的。一些学者认为，南越与中原的大规模接触，即中原汉人的大量迁入两广，是在秦始皇统一中国之时。秦灭六国之际，曾先后派遣大将率兵进入岭南。这些南来守卫五岭的士兵，带着中原地区的汉语来到两广，自此，汉语才在广东、广西等地传播开来。这一时期的大规模移民，对粤方言的分化和发展，无疑起着重要的作用。但是，某些研究者却以这一段历史事实为主要或唯一的依据，断定中原汉人直接进入广东、广西才促成了后代粤方言的产生，这则有些不符合历史事实。实际上，岭南境内汉语的出现，以至后来发展成为粤方言，其因素是多方面的，并不是中原汉语由秦始皇的军队带来这种简单的"移植"的结果。

我们认为，在秦始皇派兵至岭徼之前，已有一些中原汉人进入广东和广西。促成粤语的出现和形成的，首先不是秦时的移民，而是楚人南迁和楚方言流传、扩展的结果。

秦代之前，岭南地区有没有中原汉人先于秦兵而至呢？我们认为是有的。

首先，我国古籍中记述尧和舜都曾来过南方，表明岭南之地不可能在秦代之前没有出现过中原汉人。陈恭尹《春日登粤王台》诗云："花发高台磴道遥，粤王曾此拜中朝。谁云七郡初归汉？古者南交已宅尧！江势急流宗渤澥，山光相望忆箫韶。炎州文物从来事，霸气千年倍寂寥。""南交宅尧"是指传说中的尧帝曾到南方来镇抚百姓；"山光相望"一句则是指舜到过广东的韶关奏韶乐的故事。《尚书·尧典》说："申命羲叔，宅南交。"这个"南交"指的是什么，历来有两种不同的解释，一说是指季节的春夏之交，一说是指南方的交趾（包括越南及广西、广东地区）。从《尧典》这段话的上下文看来，应当解作地名较为恰当。此句前后文是："分命羲仲，宅嵎夷，曰旸谷……申命羲叔，宅南交，曰明都……分命和仲，宅西，曰昧谷……申命和叔，宅朔方，曰幽都……"嵎夷、朔方等，都是指地名或方位。所以唐司马贞《史记索隐》对孔安国所说的"夏与春交"的解释加以驳正，说："孔注未是。然则冬与秋交，何故下无其文，且东嵎夷，西昧谷，北幽都，三方皆言地，而夏独不言地，乃云与春交，斯不例之甚也。然南方地有名交趾者，或古文略举一字名地，南交则是交趾不疑也。"司马氏的说法是正确的。《淮南子·修务训》说："尧北抚幽都，南道交趾。"这个"幽都"显系地名，古又称为"幽陵"、"幽州"。《大戴礼记·五帝德》谓"孔子曰：颛顼，黄帝之孙，昌意之子也，曰高阳。……乘龙而至四海，北至于幽陵，南至于交趾，西至于流沙，东至于蟠木"。《楚辞》中也有"北至幽陵"的说法，王逸注云："幽陵，犹幽州也。"指的都是地名。因此，清代学者皮锡瑞在《今文尚书考证》中说："以交趾与幽都对举，则南交即交趾无疑。"唐人的注释显然也比孔安国正确，唐孔颖达等的《尚书正义》引《大戴礼记·少闲》说:"昔虞舜以天德嗣尧,布功散德制礼,朔方、幽都来服,南抚交趾,出入日月,莫不率俾。"指明"南交"即是"交趾"。历代的许多典籍,都有尧抚交趾的记述。如《墨子·节用》:"尧治天下,南抚交趾,北际幽都"。刘向《说苑·反质》:"臣闻尧有天下,其地南至交趾,北至幽都,东西至日所出入。"贾谊《新书·修政语》也说:"尧教化及雕题、蜀越,抚交趾,身涉流沙,封独山……"北魏郦道元《水经注》卷三十七也引《尚书大传》说:"尧南抚交趾于《禹贡》荆州之南垂幽荒之外,故越也。"这些记述,不一定表明远古的尧帝曾亲自到过南方,但却表示了当时的古帝古皇,其统治力量曾经到达南荒边陲之地。可与这种记述相印证的,是古代的广东北部,如韶关周围的乐昌、始兴、英德一带,都有关于尧到南方巡抚的遗迹。如清人范端昂所撰的《粤中见闻》记粤北地区有"尧岭",说"岭在洸口西北,崎岖峥嵘,峭壁苍崖。英德入三山达湖广必经之,四时行旅弗绝"。岭以"尧"名,当与尧的行踪有关。郦道元《水经注》中说:"洭(即洸)水又东南,左合陶水,东出尧山,山盘行数百里,有赫岩迭起,冠以青林,与云霞乱彩。山上有白石英,山下有平陵,有大堂基,耆旧云:尧行宫所。"(第三十九卷)尧山也就是尧岭,陶水也与尧有关(尧号"陶唐")。之所以把此山称为尧山,就是因为山下有尧的行宫。这种传说不一定可靠,但可为"尧抚交趾"之说提供佐证。

继尧而王的舜,据古籍记载,也曾到过南方。《史记·五帝本纪》谓舜命禹"南抚交趾、北发,西戎、析枝……四海之内,咸戴帝舜之功"。舜"践帝位三十九年,南巡狩,崩于苍梧之野。葬于江南九疑,是为零陵"。刘宋时人裴骃《史记集解》解释说:"《皇览》曰:'舜冢在零陵营浦县。其山九谿皆相似,故曰九疑。'传曰:'舜葬苍梧,象为之耕。'《礼记》

曰：'舜葬苍梧，二妃不从。'《山海经》曰：'苍梧山，帝舜葬于阳，丹朱葬于阴。'皇甫谧曰：'或曰二妃葬于衡山。'"郦道元《水经注》说："（九疑山）大舜窆其阳，商均葬其阴。山南有舜庙，前有石碑，文字缺落，不可复识。"据此，知舜南巡时死于南方，并且埋葬在湖南南部的零陵，古代称为苍梧的地区。古代的苍梧，其范围包括广西、湖南和广东西北部的广大地域。不但舜到过南方，而且尧的儿子丹朱以及舜的两位妃子和弟弟象也都到过南方，死后有的葬于苍梧之地。舜在南方的遗迹很多，不单在湖南，在广东也有其传说。上文所引陈恭尹的诗句"山光相望忆箫韶"就是指舜曾到广东的韶关奏韶乐的故事。宋《太平寰宇记》说："韶州有韶石，昔舜南巡，登石奏韶乐，因名。"韶关之得名，就是因舜在此地奏韶乐的传说而起的。

其次，尧与舜巡狩南方之事，迹近荒古，现代已很难考其是否属实。但从许多古籍的有关记述看来，至少表明岭南地区在周代之时或周前已与中原华夏族人有所交往。有人否认秦之前有中原汉人进入广东，作者不敢苟同此说，因此有必要在此花些笔墨。周时已有汉人来南方，近代的南方考古也可以证明这一点。石钟健在《论西瓯和东瓯》一文（载《民族史论文选1951—1983》下册，中央民族学院出版社1986年版）说："越人历史悠久，文化发达，早自三代以来，已与中原文化发生交融关系。如在广东石峡遗址的上层文化中，出现了文化特征相同的器物，可以说明这一情况。例如'石峡上文化层出现的……雷纹硬陶，河南偃师二里头出现的雷纹陶中，有的与它相似'（苏秉琦《石峡文化初论》，见《文物》1978年第7期第20页）。可见，当时南、北之间有着来往关系。南北两地虽然相距甚远，但文化特征往往相同，原因在此。"广东不单在曲江县乌石区床板岭发现了4000多年前新石器时代晚期

"石峡文化"的墓葬群，其出土的文物与中原有密切的关系，而且在海丰县田乾镇也发现了玉琮和玉环，"从形制及纹样看，应与石峡文化或江浙的良渚文化有密切关系"。（杨式挺《五年来广东文物工作的重要发现》，载《广东文博》1984年第2期）杨氏在同文中指出："广东是华南新石器遗存发现最丰富的省区之一。继曲江石峡、佛山河宕遗址之后，近五年来新发现的遗址（包括遗物地点）将近两百处。"此外，青铜时代的文物在广东也有很丰富的发现。杨氏说："自1975年在饶平县浮滨区发掘了二十一座墓葬后，这种类型文化（按：指'浮滨类型'文化）逐步被认识和确立起来。1982年以来继续在饶平、揭阳、普宁、潮州、潮阳等县和梅县、大埔等地发现了这类文化的墓葬（地）和遗址……这类文化的遗物生产工具是长身的锛、凿、兵器以及石戈、石矛（饶平发现过一件青铜戈）。陶器以条纹大口尊及相当数量的釉陶壶、瓶、盘、豆等共存为特征，年代有的定为早商，有的定为商周，有的定为西周……这一类型的发现和研究，对区别粤东新石器与青铜文化的界限，研究广东青铜早期文化、探索中原文化（有的同志认为有一支南下移民）与分布于粤东、闽西南的越族文化的交汇等，具有重要意义。"杨氏又说："1982年8月，在深圳大梅沙遗址，采集到一件青铜戈和一件带翼式青铜镞……与中原西周的一种戈形制相同。从本遗址挖掘到的较多夔纹陶罐残件看，年代当属春秋时期。""这类广东的青铜文化遗存近几年在始兴、连山、紫金、潮州、揭阳、封开、深圳等均有发现。"这些考古上的发现，都可以证明古代中原地区的文化对广东的早期文化都有相当深刻的影响。同时也表明了远在商周之世，中原的华夏族人与岭南的土著居民必有交往，或是有相当数量的中原人士早就进入广东，而岭南的物产也必早已输入中原。《诗·大雅·江汉》所写的"江汉之浒，王命召虎……

于疆于理，至于南海"中的南海，可能就是指南方的海疆，而不会是指别的地方。石钟健《论西瓯和东瓯》一文说："我国人类学家林惠祥对于有段石锛的起源问题，提出了卓越的看法，指出有段石锛起源于我国东南沿海的越人地区，它的发明创造者，就是越人……越人擅长航海，长时期以来，曾不断从大陆向海外迁徙，当他们迁徙时，便把这种进步的生产工具，带到越人迁往的各个地区去。……秦汉以后，除迁到海外去的之外，留在大陆的，如东南沿海的越人，逐渐融合于华夏族中，而在岭南西部以及云、贵、川等地区的百越，或称百濮，则分别形成我国壮侗语族诸族。"南越地区的航海活动，当出现于秦汉之前，因此，对这个南方的重要出海口（主要是交趾和徐闻等地），中原的统治者不会不知道，不会不加以利用和控制，并从这一地区征收来自海外的珍奇异物。叶显恩《广东古代水上交通运输的几个问题》一文（载《广东社会科学》1988 年第 1 期）说："广东航运史的发展，大致可划分为如下的四个时期：战国之前的萌芽期；秦汉吴晋南朝的拓展期；隋唐宋元的发展期；明清的繁盛与危机期。""战国之前，蛰居岭南的越族先民，滨水而居……他们通过内河，已与岭北有交通往来；沿着海岸也已同邻近的东南亚地区有偶发性的联系。""（中国）海贸的起源甚早，其发祥地则在广东。据战国时期著作《逸周书》记载，伊尹奉商王汤（在位公元前 1766—前 1754 年）之命，定'四方献令'曰：'正南……请令以珠玑、玳瑁、象齿、文犀、翠羽、菌鹤、短狗为献。'正南出产珠玑、玳瑁者，正是南海。如果记载属实，殷商控制的南方地区已与南海地区发生贸易关系。刘安《淮南子》一书说，秦始皇搜求'越之犀角、象齿、翡翠、珠玑'是其经略岭南的原因之一，据此也可得知，战国时楚国势力或许已伸及南海北岸，至少已与南海地区发生贸易往来。司马迁在《史记·货殖列传》列举汉初19个大城市中，尤以广州等9个为最重要。他说：'番禺，亦一都会也。珠玑、犀、玳瑁、果布之凑。'从此可见，广州已是集散南海各地奇珍异宝之都会。"诚然，西汉时广州已成为一个都会，这说明它不会是在入汉以后才于短时期内形成的，这期间必有一个发展的过程。而它之所以能发展成为一个重要的都会，与它的通过航运与海内外的交往有关。因此，殷商或周代之时，北方华夏族之统治者了解并重视南海这个地区，也是有可能的。有人极力强调战国之时，岭南仍是"化外之地"，"其社会仍然处于野蛮时代氏族公社的发展阶段"，实在是一种偏见。

在秦始皇派兵进入岭南之前，聚居于湖北、湖南地区的楚人是否与广东、广西地区发生联系，楚人的统治势力是否已经进入广东，这也是必须加以探讨、辩正的问题。

春秋、战国之时，岭南已成为楚国的疆域，这一点，史籍已有明确的记载。《左传·襄公十三年》说："秋，楚共王卒。子囊谋谥。大夫曰：'君有命矣。'子囊曰：'君命以共，若之何毁之？赫赫楚国，而君临之，抚有蛮夷，奄征南海，以属诸夏，而知其过，可不谓共乎？请谥之共。'大夫从之。"何光岳《百越源流史》据此申论说："在楚共王时，其兵力已达南海。……这'奄征南海'……无疑都是指征讨岭南而言。可见这时楚国与岭南有了政治关系。公元前579年，楚庄王克郑，郑襄公被迫哀求臣属于楚，说：'宾之南海，若以臣妾赐诸侯，亦唯命是听。'从湖南、广东发现春秋中晚期楚墓来看，的确就在楚庄王称霸及楚共王时代，楚的兵力已达南海了。"（第79页）何光岳在同书中据《路史·国名纪丙》所说的"越，芈姓，古南越"之后推断说："《史记·楚世家》载周天子赐楚成王胙曰：'镇尔南方夷越之乱，无侵中国。'楚成王时，境域已至洞庭湖区及四水中下游。其东部正是古越人分布之地。到战国初年吴起变法后，楚括地至南海，于番禺建楚庭，命相高固坐镇，当时可能封亲族王子于此为南越王，故称南越为芈姓。到秦始皇统一天下时才被灭亡。"（第11页）何氏又说："春秋末年，楚国席卷五岭以北地区，这些南迁的扬越人又臣属于楚。但仍有一些扬越人再次南迁到岭南。战国初年，楚悼王重用吴起变法，楚国疆域达于南海。至此，迁至岭南的扬越，全部置于楚国的统治之下。……当战国中期，楚又灭越，在皖南的扬越人与南迁湖南、广东的那部分扬越人，全部成为楚国的臣民，其中居住在洞庭湖和河谷平原的越人便融入楚人中。"（第71页）王献唐《炎黄氏族文化考》一书也与何氏有相近的说法："《史记·楚世家》：陆终有子六人，六曰季连，是为芈姓。宋衷曰：'芈姓，诸楚所出，楚之先。'……又《世本》云：'越为芈姓，与楚同祖。'……当时楚、越诸地多为芈姓旧壤，后又愈逼愈南，审入湖南、闽、粤一带。"（第434页）他们的意思是说，扬越或越族的一些支系与楚人同姓芈，是因为越与楚同祖同宗，或是因为越人所居之地，早就成为楚人统治的领域，与楚人发生融合。而且，广东一带，早就成为楚人统治之区。晋顾微《广州记》说："六国时，广州属楚。"可见他们的说法基本上是正确的。在春秋与战国之时，南方的湖南、江西、广东、广西以及福建、浙江、江苏、安徽等地，由于楚国势力的不断扩展，终于成为楚之属地。如《水经注》卷三十九说："赣水又北径南昌县城西，于春秋属楚，即令尹子荡师于豫章者也。"因此，何光岳又说："吴起在南海地区确立楚国的政治权。"（第80页）这话不为无据。广东若干年来的考古发现，也正证明了这一点。杨式挺《五年来广东文物工作的重要发现》说："1982年4月，始兴顿岗张屋村，发现一处战国墓群，征集剑、斧（钺）、矛、匕首等十件青铜器和罐、瓿、盂、盒等八件完整陶器。这批青铜

器具有楚文化特征（与湖北楚王宜城战国墓相似），陶器则与
本地印纹陶的特点一致。”由此可知，在秦始皇派兵入粤之
前，楚国人已在广东地区建立了统治权，并且有楚文化的输
入。廖晋雄《从出土文物看始兴古代的历史》一文（载《韶
关大学韶关师专学报》1991 年第 3 期）说：“始兴境内的浈
江，自古就是南北交通要道，溯浈水东上，经赣江流域可达中
原地区；顺浈水西下，经北江能直抵珠江流域。有关史料记
载，始兴之地，商周是扬州之境，春秋为百越地，战国属楚。
正是由于这种地理和历史的原因，其物质文化既有中原文化的
特征，又有楚越文化的特点。比如始兴出土的青铜兵器剑、矛
等，与中原和楚地出土的相似；而炊器鼎，不仅体形小，胎壁
薄，腹底多有烟炱，而且铸造较粗糙，是一种典型的越式器，
曾经引起考古界重视的、在始兴发现的战国铁制生产工具铁
斧、铁锸，也与中原和楚地出土的相同。”梁钊韬《西瓯族源
初探》（载《学术研究》1978 年第 1 期）一文说：“吴起在楚
国辅助悼王，曾发兵‘南平百越’，把一批楚国贵族、罪人驱
逐到岭南地区，因而民族关系除了骆、瓯之外，还有楚人，其
中当然还有中原人。所以，楚国文化对岭南地区又有了进一步
的影响。”有些人囿于成见，硬说：“强楚之范围，始终没有
越过五岭，南越族也从没有成为楚的藩属。”“从已发现的考
古材料看，并没有找到任何岭南越族曾经是楚国藩属的迹
象。”（见陈代光《试论广州城市的形成》，载《暨南学报》
1990 年第 3 期）这些说法都是不正确的。清人陈恭尹在《春
日登粤王台》诗中反驳那些广东至汉代才与中原地区有交往
的说法，吟出“谁云七郡初归汉”的诗句，正好是对这些说
法的绝好回答。有鉴于此，我们可以肯定地说，《广州港史》
（邓端本编著，海洋出版社 1986 年版）谓“春秋战国以前，
岭南一带称为‘百越’，又叫南越，属楚国的势力范围。”（第

9页）何维鼎《古广州风云》（广东人民出版社1985年版）也说："春秋战国时期，岭南是楚国的属地，居民以越族为主。"（第1页）这些说法，是可以成立的。

在岭南地区隶属于楚国的统治区域之内的时候，楚人的语言必不可免地会在南方传播，对本地的土著居民（越族）产生强烈的影响，经过较长时间的交往、融合，南方的越族逐渐学会南来楚人的楚语。而到了南方的楚人在其语言中也吸收了一些越语的成分。总之，经历过两种（或多种）语言——楚语与越语等的融合之后，逐渐形成了中原汉语的地方变体——粤方言。因此，粤方言的最早源头，应该是楚人南迁、楚语南来所导致的结果。

楚人的先代本属炎帝族的一支，其后代的主要民族是苗族。苗族本来居住在黄河流域。夏禹之时，它与以禹为首领的夏族发生了战斗，结果被禹打败，退出了黄河流域。其后在长江流域定居下来，并且在长江中游建立了一个有许多部族汇合的联盟，其中有一个比较强大的部族就是荆楚。周灭殷时，周族的势力到达汉水流域，荆楚归附于周，接受周族的生活方式和文化。其首领熊绎受周的封爵，封于丹阳。西周时，熊氏的子孙不断扩大疆土，国势逐渐强大。至周穆王时，楚形成独霸南方的局面。周夷王时，楚更加强大，在臣服于周朝及后来的扩展过程中，楚国的统治阶级逐渐接受了汉族的语言，出现了汉语与苗语的融合过程。特别是在楚国与晋国争霸中原的历史时期，战争十分频繁，士兵和居民的大量接触和迁徙，结果大大加强了南北语言的交流。许多苗族人民学会了中原汉语（夏语或华语），并且逐渐使用汉语而放弃自己的本族语言。这个时期，楚国在它原有的"巫文化"的基础上，接受了华夏的文化，逐渐融合成为"楚文化"，而原来所使用的民族语言（以苗语为主）也发生了与汉语融合的过程。由于汉族的文化及生产水平较高等因素，融合的结果是汉语成为胜利者，楚人逐渐汉化，使用汉语，并且终于形成了属于汉语一支的楚方言。这支楚方言至迟在春秋末期、战国初期就已经形成。战国时的学者常常提到这个楚方言。《孟子·滕文公下》谓楚人学齐语，日挞而求之，亦不可得。意思是说，楚人已习惯于使用他们自己的方言，有的楚人想学习齐国的方言，但是没有语言的环境，即使每天都打他，他也学不成齐国的方言。可知在孟子之时，楚人已有自己的方言。所以到了战国时，荀子便说："居楚而楚（言），居越而越，居夏而夏，是非天性也，积靡使然也。"这时候，楚语与越语、夏语等，已经形成为各具特点的方言。《左传·庄公二十八年》说："秋，子元以车六百乘伐郑……众车入自纯门，及至市，县门不发，楚言而出。"鲁庄公二十八年相当于公元前666年，正是春秋时期，这时已有"楚言"出现，可知楚方言不单在战国存在，春秋之时就已出现。这个"楚言"应属于汉语的一支方言。

公元前704年以后，楚国的势力不断向东南扩展，它吞并了南方45个诸侯国，向东占有了吴越之地，向南开发了湘江流域，辟地千里，并且开展了与南越的交通和贸易。楚成王时，当时称为南越的广东各族居民也臣服于楚。《后汉书·南蛮西南夷列传》说："及楚子称霸，朝贡百越。"（"朝贡百越"是使百越朝贡于它的意思。）至公元前401年，楚悼王派吴起率兵平定百越，更进一步把楚文化及中原文化带入了广东。这就使广州地区的居民在战国之时，便接受了楚人的影响，承受了楚国的语言和文化。所以广州城最早的名字称为"楚庭"，而南海人高固也在楚威王时担任宰相之职。他对于沟通楚、越的文化也起了重要的作用，所以屈大均《广东新语》说："南海介荆、扬裔土，周初始通中国……尚力而已，迄附于楚，乃显庸，有文事，则固之为功云。"到了公元前

223 年，秦灭楚时，又有一部分楚国人逃到广东的北部和广西等地，楚国文化和语言的影响更进一步加强了。

随着楚人进入广东，楚方言与土著民族（如壮族）语言也就开始了交融过程。这样，南来的楚人便成为汉语最早的传播者。因此，粤语的出现，应该说首先是来自楚方言的传播和分化。在现代的粤语中，保留了许多先秦时代流传下来的楚方言语词，就是这种历史渊源的反映。

汉代扬雄所作的《方言》中，除了经常提到荆楚和江（长江）、湘（湘江）之间的方言之外，还常提到南楚和"南楚以南"的方言。这个南楚及南楚以南的方言，指的就是湖南南部和广东、广西等地的方言，这些方言与荆楚方言已颇有不同，但也有一定程度的一致性。而且，南楚方言之所以能够出现，与楚方言的影响、传播不无关系。有人认为，南楚方言是楚方言与湖南、广东、广西等地的越族语言——越语融合而成的方言。广东、广西等地的壮语、傣语等，属于壮傣语族，又称为"台语"，这些先住民族的古代语言，一般称之为古台语。因此，也可以说，南楚的语言也就是古台语与汉语融合而成的一支独特的汉语方言。这个南楚方言（及"南楚以南"的方言）应该就是粤方言的雏型或前身。这个方言在其总体特点上，表现其属于汉语的系统，但在语音、词汇和语法结构上，又存在若干原来民族语言的特点。

西汉之前，广东一带就出现了这个南楚的方言。我们看扬雄《方言》一书和其他古籍所述的楚方言、南楚方言的许多词语，就与粤语相当一致，这正是粤方言某些词语的"语源"。如《初学记》卷十九引《通俗文》谓："南楚以美色为娃"，《说文》也说："吴楚之间谓好曰娃"，娃字《广韵》作於佳切，释为"美女貌"，其音义与现代粤语称为"威"以表示美丽的词十分相近，"威"的本词应是这个"娃"。颜之推

《颜氏家训·音辞篇》说："古今言语，时俗不同。著述之人，楚夏各异，苍颉训诂，反稗为逋卖，反娃为於乖。"於乖切在中古《广韵》的皆韵中，现代读为［uai］的音（现代粤语念成［wɐi］）。又如扬雄《方言》谓"陈楚之间，南楚之外曰睇"（《说文》引《方言》作"南楚谓眄曰睇"），这个"睇"也是现代粤语所用的词语。《方言》谓"南楚凡骂庸贱谓之田僵，或谓之愿。""愿"就是粤语对乡下人的贱称，如说"个人好［pɔk⁵⁵］"（这人很土），它是古代楚方言的遗留。《广雅》释此字为"丑也"，《康熙字典》则解为"农夫之丑称也"，意义与粤语称农民为"愿佬"一样。粤语称孵小鸡叫菢［pou²²］，这也是楚方言词，《广韵》释为"鸟伏卵"，又引《方言》曰"南楚人谓鸡抱"。《方言》卷十曰"崽者子也，湘沅之会，凡言子者谓之崽"，粤语称"子"也用这个词。又粤语把"掀开"、"揭开"的动作叫做［k·in⁵］，这就是楚方言词"搴"。《楚辞·九歌》云"搴芙蓉兮木末"，此字《集韵》作九件切，释曰："《说文》拔取也，南楚语。"粤语把盛物的竹器叫做"筲箕"，这也是楚方言词，《方言》："篓，南楚谓之筲。"粤语把瞪大眼睛看东西的动作叫［lok⁵⁵］，这也是楚方言词，写作"睩"，它见于宋玉的《招魂》："蛾眉曼睩，目腾光些。"此字《广韵》作卢谷切，释为"视貌"。又粤语称缝衣服的动作为"纫"［jɐn³⁵］，这也是楚方言词。《方言》卷六云："擘，楚谓之纫。"《离骚》："纫秋兰以为佩。"《礼记·内则》："衣裳绽裂，纫箴请补缀。"说的都是这个词。又粤方言谓"这样"为"咁"［kɐm³³］，此词也是楚地方言，它本写作"渳"。《方言》曰："渳，或也，沅澧之间凡言或如此者曰渳如是。"郭璞注曰："亦言憨，声之转耳。"此字《广韵》写作邯，谓"江湘人言［或］也。"（"或"字脱，据戴震《方言疏证》说补）粤语把事情不认真办叫做"儿嬉"（相当于普通话的"儿戏"），这个"嬉"也是楚方言的遗留。《方言》卷十说："媱、愓，游也。江沅之间谓戏为媱，或谓之愓，或谓之嬉。"这个字在《楚辞》中写作"娭"。

上面这些例子，表明历史的记述与语言关系的一致性。它说明粤语与楚语确有相当密切的关系。这种关系有两种可能：一是粤语与古代楚语没有直接的承传关系，后代粤语中的某些词语只是从楚语中"借用"过来的，或者是有一部分楚语词传入了粤语；另一种可能是粤语本来就是楚语的一支，后来，粤语不断发展，楚语本身也不断发展，结果形成为两支各不相同的方言。粤语与楚语的关系究属哪一种情形，目前材料不足，不宜遽下结论，但粤语与古代的楚语有着密切的关系，这一点却是可以肯定的。总之，最早的粤语的来源，不是从中原汉语通过大规模的移民运动一下子直接"移植"而来，而是经过楚方言为媒介缓慢的推进，与当地的民族语言——古越语等融合而成。这种情况，与客家方言的"集团性"方言的发展过程是不同的。

粤方言不是单纯的中原汉语直接的"移植"，一方面表现在它与楚方言的关系上，另一方面，也表现在它与当地原来的民族语言的关系上。在现代的粤方言中，还保留了若干古代南方少数民族语言的某些语音、语词以及语法特点就是明证。古台语各支语言，属于现在的壮傣语支，包括壮语、仫佬语、毛南语、傣语、黎语等。这些民族语言在语音方面有三个比较突出的特点：（1）在声母方面，有一套唇化声母［kw］、［kw·］等，一般没有［u-］介音；有一套腭化声母［tsj］、［tsj·］、［sj］等，一般没有［i-］介音。（2）在元音（韵母）方面，一般有长短元音的对立，如［aː］与［a］、［iː］与［i］等。（3）声调方面，类别都比较多，一般都有六至九、十个调类。现代粤方言也多具有这些特点，它与汉语其他方言的差别，主

要也是表现在这些方面。比如说，粤语有［k］与［kw］、
［k·］与［kw·］等的对立；没有［i-］、［u-］介音；元音也有
长短的对立；声调多至九类（或十一类）。这些现象都是汉语
的其他方言所少见的，但粤语的表现却与古台语的诸支语言相
似。这种现象，很可能是古台（越）语的特点在粤方言中的
遗留。换言之，粤语的某些特点，正表现了古台语的特点。语
法方面，粤语也有一些语法特点与壮语、苗语等相近而与北方
话不同。如汉语的副词一般都放在动词、形容词之前，如说
"先走"、"多买点"，"先"和"多"是副词作状语，它置于
动词之前，但粤语却说成"行先"、"买多啲"。这种语法格式
与苗语是一样的。汉语的形容词修饰名词时也是置于名词之
前，如说"红花"、"蓝布"等，而苗语则把修饰语放在中心
语之后。现代粤方言的某些词语也与苗语一样，如把"客人"
说成"人客"，"公鸡"说成"鸡公"，"母鸡"叫做"鸡嬷"，
"干菜"称为"菜干"等。粤语称呼亲属或其他人，常使用词
头"阿"，如说"阿哥"、"阿女"、"阿婆"等。这个"阿"
事实上也是来自苗语，如湘西的苗语在亲属名称前都加上一个
虚化的音节［ʔa³⁵］（参见易先培《论湘西苗语名词的类别范
畴》，载《中国语文》1981 年第 3 期）。"阿"这个词头大概
是古台语各种语言所具有的，它首先被吸收到南方的汉语方言
中来，然后在魏晋时期传进北方话，并且进入书面语。又如粤
语中，量词可以不必与数词结合，单独修饰名词，具有指示该
名词的作用，如说"只牛吖度食草"，"条船沉咗"等，这
也正是苗语的特点。又如粤语中有一个泛指各类事物的量词
"个"　［kɔ³³］，这个"个"可以用作指示代词（一般写作
"吤"，变调为［kɔ³⁵］），如说"吤个细佬仔成日喊（哭）"，
"吤度门关咗（了）"，这也是古台语的共同特点。游汝杰
《论台语量词在汉语南方方言中的底层遗存》（载《民族语文》

1982年第2期）说：“温州、潮州和广州的所有量词都可以用于句首，跟名词直接结合，这在汉语中是特殊的，却跟台语相同。”粤语表示领属关系或修饰关系的助词“嘅”（如说“我嘅笔”、“好靓嘅画”），有人也认为是古台语的遗留，它与潮汕方言的“个”［kai^{55}］、壮语的［ki］是同一语源。粤语中有一个兼表语气的副词“添”，常置于句末，表示数量、程度、范围等的扩充，另外，还有表示不满足或遗憾的语气作用，如说“今日唔出日头重落雨添”，“你搞错咗重埋怨我添”等，这个副词据研究是来自壮语，如龙津壮语就有这个“添”［t‘im^{33}］。在词语方面，粤语与壮、苗语有同源关系的词就更多了。如粤语在形容词之前加“几”［kei^{35}］表示对该形容词的强调，如说“呢碟菜几好食”，这个“几”与武鸣壮语的［ki］是同一语源。粤语称“一点”、“一些”为“一［ti^{55}］”，这个词也是壮语的词。此外，粤语还有许多语词与壮语相同或相近，如“啱”［ŋam^{55}］（合适，对得上）、“嚿”［kɐu^{22}］（量词，相当于“块”）、“冚”［hɐm^{22}］（盖）、“烂”（煮得烂）［nɐm^{11}］、“歪”［mɛ^{35}］、“踎”［mɐu^{55}］（蹲）、“叻”［lɛk^{55}］（能干）、“郁”［jok^{55}］（动）等，都见于广西龙津等地的壮语；又如“谂”［nɐm^{35}］（想）、“跨越”［lɐm^{33}］、“漱口”［lɔŋ^{35}hɐu^{35}］、“裤裆”［fu^{33}nɔŋ^{22}］、“竖放”［tuŋ^{22}k‘ei^{35}］、“䆀”［lai^{55}］（最后）、“紧逼”［mɐn^{33}］（到了边缘）等，均与属于苗语分支的瑶语勉话很接近。这些词语，会不会是壮语或苗语、瑶语等从粤语借入的呢？看来不大可能，因为这些词绝少见于其他的北方方言（有一些词同时出现在南方的潮语里面，而潮语同样受到南方各民族语言的影响，与粤语有相似的发展过程），在古代汉语中也很难找到它们的源头。许多学者认为这些词语可能就是古台语和苗瑶语的遗留。

由此可见，粤方言的形成和发展，不单与中原汉语的传入有关，也与古代当地的民族语言有关。在汉语分化出粤语之时，也融入了当地民族语言的若干成分。因此我们说，粤语形成的因素是比较复杂的，是吸收了多方面的语言成分的。徐松石《东南亚民族中的中国血缘》一文说"古粤语较富僚壮音"，这话基本上是合乎事实的。

前期中原汉语（华语）传入广东的过程，除了上文所说的通过楚语传入岭南之外，就是秦汉时期大批中原汉人进入广东，带来了中原汉语。秦始皇二十五年，派大将王翦平定南越。二十九年，越人叛，又派大将屠睢率兵入越。这些南来的汉人多是罪犯和赘婿，他们的语言驳杂不一，它们对当地土著民族语言的影响程度也各不相同。不久，秦又派任嚣、赵佗等率兵戍守五岭。《史记·秦始皇本纪》说："（始皇）三十三年，发诸尝逋亡人、赘婿、贾人略取陆梁地，为桂林、象郡、南海，以适遣戍。"《史记正义》引徐广说："五十万人守五岭。"可见那时来到南方的士兵相当多。不过，这五十万人多数散居于五岭之北的湖南、广西及广东各地，真正入居"南海"的为数不多。秦始皇三十四年，又曾"适治狱吏不直者，筑长城及南越地"。也有一些人来到广东。姚文式《问答》说："秦并天下，略定扬越，开南海以谪徙民。"这些从北方的陕西等地来的徙民到了广东之后，有一部分定居下来。他们带来中原的汉语到广东，对本地的语言当然也有所影响。

从北方来到广东的赵佗，后来自立为南越武王，进而又自称南武帝。当他称帝之时，中原的统治者已从秦朝变为汉朝。《汉书·高帝纪》说："十一年（前196年）五月，诏曰：'粤人之俗，好相攻击。前时秦徙中县之民南方三郡，使与百粤杂处。会天下诛秦，南海尉佗居南方长治之，甚有文理，中县人以故不耗减，粤人相攻击之俗益止，俱赖其力。今立佗为南粤王。'"当时汉高祖派陆贾来到广州，赐赵佗印，封他为南越王。在赵氏统治南越之时，有不少中原汉人已在广东定居下来，他们对于巩固赵佗的统治地位也起了不小的作用。而赵佗统治南方，对南来的汉人也起保护的作用，使得"中县人以故不耗减"。赵佗本人是河北真定人，秦时曾任他为南海的龙川令。后来，秦将任嚣将要病死时，看到秦王朝已经摇摇欲坠（当时是秦二世当政），便鼓动赵佗自立为王。他接受任的建议称王之后，"颇有中国（中原）人相辅"，而且建立了相当稳固的南越王朝。这说明在汉初之时，已有许多中原汉人进入广东，与"百粤杂处"，逐渐改变土著民族居民的生活习惯，增强了中原汉语的传播。

赵佗和他的子孙五世治粤，历时 93 年。他带来的将士虽为数不少，但较之当地土著居民却还是少数。南越朝时，正是汉、越杂居和汉、越语进一步融合的时代。在汉代初期及以后，由于南越王的反叛和南方少数民族的反抗，中原统治者曾多次派兵入粤。如汉建元六年（前 135 年），王恢"击东粤"；汉武帝时，因南越及闽粤王多次叛乱，曾派伏波将军路博德、楼船将军杨仆等人"皆将罪人、江淮以南楼船十万人……别将巴蜀罪人，发夜郎兵，下牂牁江，咸会番禺"。（《汉书·武帝纪》）汉武帝末年，海南岛上的"蛮夷"不堪压迫和役使，也曾起来反抗珠崖太守孙幸；汉宣帝甘露二年（前 52 年），又派张禄"将兵击珠崖"（《汉书·宣帝纪》）。儋耳、珠崖两郡的土著居民，多次起来反叛，在元封（汉武帝年号）年间至汉昭帝始元年间，共发生六次反叛，"汉辄发兵击定之"。（《汉书·贾捐之传》）中原汉人由北来南，有许多人当然是经过陆路。广东的粤北是南来陆路的要冲。因此，当赵佗割据岭南、自立为王之时，便派兵封锁了粤北三个南北来往的关口：横浦关（大庾岭）、阳山关（在今阳山县境）、湟溪关

（连江口）。同时，秦汉之际，广东的海路也已开通，也是北人南来或粤人到海外的通道。有材料说：从秦汉开始，交趾（河内附近的龙编）、徐闻、合浦、番禺，成为海上的丝绸之路。另外，战国之时，岭南地区通过内河，已与岭北有交往。秦汉以后，军事上的航运需要，推进了岭南地区水运事业的发展。秦始皇派兵南征之时，主要是经由早已存在和使用的民间来往的水道，并且疏浚开凿了灵渠，使长江水系与珠江水系连接起来。

秦汉之时，由于有水路和陆路的交往，许多军队或其他人员也陆续进入广东。当时的番禺继承着秦代以来的发展，成为汉代的一个经济发达的大都会。如《汉书·地理志》说："中国往商贾者多取富焉。番禺其一都会也。"除商贾之外，入粤的当然有文官和武将。例如范端昂《粤中见闻》"人部二""梅锅"条说："越勾践子孙避楚，走丹阳，更姓梅。周末，散居沅、湘。秦并六国，越复称王，遂逾零陵往南海。公从之，至台岭家焉。筑城浈水上，奉王居之。居民因呼台岭曰梅岭。秦末大乱，百粤叛秦，众推公为长，公下令举兵，户出壮士一人，领以户将，使合传胡害将之。战，则编为什伍。领以队将，使摇母余将之。将士受命，留稗将庾胜兄弟守台岭，率众归番阳令芮。芮遣公将百粤兵往会沛公伐秦，同攻析郦，降之。又同攻武关，破之。秦灭后，叙功封十万户，食台以南诸邑，谓之台侯。子孙多移居曲江浈阳，代有贵显。宋进士梅鼎臣，盖其后云。"这是北人移入广东杂居的一个具体例子。中原汉人与粤人经过长期的杂居，原来以表现楚方言为主要特点的前期粤语，更进一步接受了中原汉语的影响，增加了许多汉语共同语，特别是书面语的因素，于是便出现了与中原汉语较为接近的特点。但据《后汉书·南蛮西南夷列传》记载，在西汉与东汉之交，广东仍是处于"言语各异，重译乃通"的情况，当时的土著居民还没有迅速地接受中原汉语，汉语的使用主要还是局限于城邑之中及其附近，广大的土著居民还是使用民族语言。到了东汉光武帝之时，由于徙民继续增加，建立学校，传播汉语，授以文化，导以礼义，汉化才进一步发生，当地居民才逐渐掌握中原汉语。《后汉书·南蛮西南夷列传》说："凡交趾所统，虽置郡县，而言语各异，重译乃通。……后颇徙中国罪人，使杂居其间，乃稍知言语，渐见礼化。"由中原徙入的"流人"，不断地进入广东，这对汉语在广东的传播，确是起了重要的推动作用。中原文化进入广东，早期主要是比较集中在粤北地区。西汉时，浈阳（今英德）人何丹在家乡举茂才，东汉时桂阳（今连县）人唐珍，在中央朝廷中官至司空。同时代人郭苍（曲江人）也以文学著名。《三国志·吴书》卷八《薛综传》说："吕岱从交州调出，综惧继岱者或非其人。乃上书言：自汉武立九郡，设交趾刺史，山川长远，民如鸟兽。自此以往，类徙中国罪人，杂居其间，稍使学书，粗知言语。自是四百余年，颇有似类。"可见到了三国之时，交广地区的土著居民，已经"粗知言语（指中原汉语）"和"颇有似类（接受汉化）"了。三国时期，广东粤北一带为吴国所统治。这时候，由于北方时有战乱，"当时江北不断有难民逃避江南，一部分移民越大庾岭后，看见始兴盆地土地肥沃，资源丰富，便在此地定居下来。一时浈水流域人口量增加，经济得到了新的发展，乡村集市遍布，显示出空前的繁荣，这便为东吴永安六年（263 年）始设始兴县建制奠定了基础。始兴县辖境相当于今天的始兴、南雄全境。吴甘露元年（265 年），东吴又新设立始兴郡，把粤北地区的始兴、阳山、曲江、浈阳（今英德）、含洭（今英德县内）、桂阳（今连县）、中宿（原清远县）七个县划入始兴郡，归荆州管辖。……据地方志记载，从南北朝上推到秦汉的 800 年间，曾经浈水流域南来北往的军事行动就有 20 起之多。"(《从出土文物看始兴古代的历史》)不单粤北始兴一带,呈现了繁荣的景象,广州一带也是如此。据郦道元《水经注·浪水》所言:"建安中,吴遣步骘为交州刺史。骘到南海,见土地形势,观尉佗旧治处,负山带海,博敞渺目,高则桑土,下则沃野,林麓鸟兽,于何不有,海怪鱼鳖,䵷黾鲜鳄,珍怪异物,千种万类。"因此,他认为南海"斯诚海岛膏腴之地,宜为都邑"。所以在建安二十二年,迁州治到番禺来,增筑城廓。由于当地经济日渐繁荣,南北交往日益增多,这就大大地加强了居民的往来和语言的融合和交流。这时候,汉、越语言融合的结果,是广东的语言进一步向汉语靠拢,粤语由原来以与楚语相近为其特点,转而表现为与中原汉语更为接近的特点,也就是说,接受中原汉语的影响多了起来。当然,在这个时期,本民族语——古越语的许多特点也在粤语中沉积下来,使粤语成为一支既受中原汉语强烈影响、又保留原来楚方言和当地越语的某些特点的独特的汉语方言。这就意味着:粤方言在秦汉时期已经开始从接受汉语、融合各种语言因素进而形成本方言的一些特点、产生与中原汉语的差异而逐渐"离开母体"了。在这个相当漫长的历史时期中,粤方言由萌芽而走上了发展的道路。

三、魏晋南北朝——粤语"长大成人"

经历了秦汉时期的发展,粤方言已开始呈现与中原汉语不同的语言面貌,出现了方言分化的趋向。到了魏晋时期,这一趋向进一步加强了。在晋朝的统治者晋武帝死后,中原地区发生了"八王之乱"。这一场皇室之中的夺权斗争,继续了十六年之久,给社会造成了无穷无尽的灾难,而且也由此引起了晋朝三百年的动荡和分裂。这一场历时多年的争斗使得数十万无辜的百姓丧失生命，上百万人离开家乡向外地逃亡。接着，又发生了"五胡（匈奴、鲜卑、羯、氐、羌）乱华"的斗争，又动荡了一百多年。当时，居住在中原和西北地区的人民又处于水深火热之中。那时候，不独遍地兵燹，而且天祸连降，天灾连续发生。《晋书·食货志》说："至于永嘉，丧乱弥甚。雍州以东，人多饥乏，更相鬻卖，奔逬流移，不可胜数。"当时，易子而食的事随处可见。晋惠帝年间，北方的居民已无法再在家乡生活下去，便纷纷从北方出走，觅取可以立足的平静之地。而当时属于"吴土"的广东，相对来说比较安定。本世纪50年代，在广州河南敦和乡客村发现一座晋墓，里面有一砖铭，写道：

> 永嘉世，天下灾。但江南，皆康平。
>
> 永嘉世，九州空。余吴土，盛且丰。
>
> 永嘉世，九州荒。余广州，平且康。

这段歌辞证明了永嘉之世中国北方各地人民深重的灾难和南方相对的安乐。这样，北方的一般平民百姓和一些仕宦逃到南方来求生，就很自然了。《晋书·庾亮传》说："时东土多赋役，百姓乃从海道入广州，刺史邓岳大开鼓铸。"《交广记》也说："西晋建兴三年（315年），江扬二州经石冰、陈敏之乱，民多流入广州，诏加存恤。"这一时期，由于北人的南徙，进一步加强了中原汉语对南方方言的影响，北方话进一步在南方流传，唐人张籍的《元嘉行》说："北人避胡多在南，南人至今能晋语。"说的正是这种情况。《广东通志·舆地略十》说："古称缺舌者，为南蛮瑶歧诸种是也。自秦以中土人与赵佗，风俗已变。东晋、南宋，衣冠望族向南而趋，占籍各郡，于是言语不同。"秦汉之后，仍不断有北人进入广东，带来中原汉语，这确是事实。唐人韦昌明《越井记》说："秦徙中县之民于南方三郡，使与百越杂处，而龙（川）有中县之民四家。昌明祖以陕中人来此，已几三十五代矣。"龙川韦昌明祖先的南徙，正是这些南来北人中的一分子。从秦到晋，这一向南徙民的趋势不断有所加强。由于广州地区居民的来源不一，语言上也发生融合。粤、汉杂处的现象，在前人的记述中也有所透露。如宋南海人冯元在《罗汉院记》说："南海诸越之冠邑，番禺大府，节制五岭。秦汉以来，号为都会，邑即郡治，俗杂五方。"这最后一句话，正是当时各方人士聚居于南海郡的首府番禺一地的写照。杂居的结果，是语言的进一步融合。融合的结果，又促进方言的分化。上文说的中土望族向南而趋，占籍各郡之后，"于是言语不同"，所谓"言语不同"，是说南来的望族，其语言与广东当地的居民颇有不同，这也表明广东原来的汉语方言与北方语言有较大的距离。即使那时可称广东的语言为"汉语方言"，也与中原汉语已有较大的差异。这时候的粤语已经逐渐"长大成人"，已经形成一支独特的方言而与后代的粤语没有大的差别。晋嵇含写的《南方草木状》"五敛子"条说："五敛子，大如木瓜，黄色，皮肉脆软，味极酸，上有五棱，如刻出。南人呼棱为敛，故以为名……出海南。"五敛子是指羊桃，现代粤语把"棱"叫做"敛"，正与晋时嵇含所述相同。可见晋时的某些粤语词已与现代一样，从这里也可以窥见当时粤方言之一斑了。

晋代的中原动乱，北语南来，给粤语增加新的影响，使它接受更多的汉语共同语的特点。特别是在语音方面，受北方书面语的读音的影响更多。这个趋势，一直持续到唐代。

四、唐宋时代——粤语"自立门户"

唐代之时，粤方言又有了发展。在这个时期，广州及附近地区已经主要地为汉族居民所占住，一部分先住民族已经汉化了，另一部分则被迫迁移至偏僻的山区或广西等地。当然，离广州稍远的许多县份甚至广州附近，仍有许许多多少数民族的居民。如唐时广州周围还有不少瑶人聚居着。《南齐书·州郡志》"广州"条说："虽民户不多，而俚僚猥杂。"《南史·夷貊传》说："广州诸山并俚僚，种类繁炽。"《陈书·杜僧明传》也说："梁大同中，卢安兴为广州南江督护，僧明与兄天合及周文育并为安兴所启，请与俱行，频征俚僚有功。"《隋书·薛世雄传》说："隋炀帝嗣位，番禺夷獠相聚为乱，诏世雄讨平之。"可知南北朝至唐时，广州及附近所居之俚、僚族人仍甚多，他们"多次为乱"，故有"讨平"之举。这些少数民族居民，使用的当然是民族语言。《高州府志》卷六说："（电白县）唐宋以前，僮（壮）傜（瑶）杂处，语多难辨。"除僚（獠）、壮、瑶等族居民之外，现代海南岛上的黎族先民俚人，也聚居于广东大陆地区。如《太平御览》卷七八五引《南州异物志》说："广州南有贼曰俚，此贼在广州之南，苍梧、郁林、合浦、高凉五郡中央，地方数千里。"这里所说的高凉郡，是指现在广东的茂名、高州、电白、化州、阳江、恩平一带。这些地方在隋唐时还是居住着大量的黎族人民。他们后来才进一步经由琼州海峡迁入海南岛。当然，黎族人从大陆移入海南，并不自隋、唐时始。在战国以至秦、汉之时，黎人已经陆续进入海南。俚族在六朝时出现了一个杰出的女政治家冼夫人，她就是岭南地区高凉郡人，生于梁武帝普通年间，到隋文帝仁寿初年去世。史称她的家族"世为南越首领，跨居山洞部落十余万家"（《隋书·谯国夫人传》）。她与汉族人冯宝结婚，在辅助隋朝统一岭南地区、和辑广东各地少数民族人民做出了重要的贡献。《北史·谯国夫人冼氏传》说她善于"抚循部众，能行军用师，压服诸越"。可知当时岭南的少数民族居民还很多。僚族是隋唐时代经常活跃于广东各地的一个

民族，有人认为它也是广东的先住民族，属古百越的一支
（见严英俊《古代僚族略述》一文，载《民族史论文选：
1951—1983》下册，中央民族学院出版社1986年版），其族源
与壮族比较接近。隋唐时，僚族人还遍布于广东各地，《隋书
·地理志》说："俚僚贵铜鼓，岭南二十五郡，处处有之。"
这些僚人及壮人、俚人都操本民族的语言。唐代，佛家六祖惠
能是广东新州（今新兴）人，《坛经》描述他去见弘忍和尚
时，"弘忍和尚问惠能曰：'汝何方人？来此山礼拜吾，汝今
向吾边复求何物？'惠能答曰：'弟子是岭南人，新州百姓，
今故远来礼拜和尚。不求余物，唯求作佛。'大师遂责惠能
曰：'汝是岭南人，又是獦獠，若为堪作佛！'惠能答曰：'人
即有南北，佛性即无南北，獦獠身与和尚不同，佛性有何差
别！'"这里所说的"獦獠"，即指僚人。可知新兴一带还有
许多僚族人民。唐宋时人把语音不正称为"僚"，大概是惠能
的话中带有浓重的南方民族的口音，所以弘忍和尚一下子就知
道他是僚人（有人说惠能是穿着僚族的服装）。唐时被贬到广
东的韩愈，他在《送区册序》一文中说："阳山，天下之穷处
也。……县廓无居民，官无丞尉，夹江荒茅篁竹之间，小吏十
余家，皆鸟言夷面。始至言语不通，画地为字，然后可告以出
租赋，奉期约。"唐时粤北的阳山县，还是少数民族的聚居地
区。他们的语言与汉人尚不相通。唐代作家柳宗元到湖南南部
永州做刺史，他对湖南、广东、广西各地的语言情况也作过如
下的描述："居蛮夷中……意绪殆非中国人。楚越间声音特
异，侏舌啁噪，今听之怡然不怪，已与为类矣。家生小童，皆
自然晓晓，昼夜满耳。闻北人言，则啼呼走匿。"（《与萧翰林
俶书》）柳宗元所描述的楚（湖南）、越（广东）之间的语
言，似乎还是少数民族的语言。由此可知，操粤语的，恐怕主
要还是在广州城附近一带。

但是，唐代之时，北方的汉语毕竟对广东的语言有更进一步的影响，特别是在唐人张九龄开辟了大庾岭新路、方便了南北的交通之后。张氏在《开凿大庾岭路序》云："初，岭废东路，人苦峻极……载则不容轨，运则系之以背，而海外诸国日以通商，齿革羽毛之殷，鱼盐蜃蛤之利，上足以备国库之用，下足以赡江淮之求，而越人绵力薄材，夫负妻载，劳亦久矣。"大庾岭新路的开通，大大便利了海内外的交往。北人入粤者日益增多，由隋至唐天宝年间，广东人口增加了1.6倍，这就大大改变了广州一带的城市面貌。元人陈大震所撰的《大德南海志》（残本）说："广州为岭南一都会，户口视他郡为最；汉而后，州县沿革不同，户口增减亦各不一，大抵建安东晋永嘉之际至唐，中州人士避地入广者众，由是风俗革变，人民繁庶。至宋，承平日久，生聚愈盛，自王师灭宋平广以前，兵革之间，或罹锋镝，或被驱掠，或死于寇盗，或转徙于他所，不可胜计。"唐代之时，广东确曾出现了一度相当繁荣的景象，南来的中原汉人很多。唐代入粤者，起先以聚居于粤北始兴、南雄一带为重点。唐玄宗天宝年间（742年至756年），韶州、连州分别有3万多户人家，户口数不比广州少许多。中唐以后，外来居民逐渐以广州附近一带为移居目标，广州日见繁荣，人口不断增多。特别是到了在广州地区建立了南汉王朝之后，广州地区经济有较大的发展，人民生活较为安定，出现了相当繁荣的局面。比如说，唐开元时广州的户口数是64250户，到了元和年间，增至74099户。到了南汉之时，户口数已增加到170263户（据《文献通考》）了。直至宋代，使用粤方言的中心地区广州一带，人口仍在不断增加。由于珠江三角洲土地的开垦，外地人的移入，使得广州周围各地的户数大增。当然，这一时期广东人口的不断增加，不止限于粤语区。其他方言区也有同样的情形。就广东全省来说，据田方等人主编的《中国移民史略》一书的统计，谓"从整个广东地区来看，自 6 世纪末至 14 世纪后期的 800 年间，由于全国经济的逐渐发展，汉族人民的陆续南下，海外交通和贸易的不断扩大，使广东的人户继续增加，尤以宋代增加最速，而元代则反而略减，大概由于受战争破坏影响。各朝广东人户占全国比重是：隋占 1.5%、唐占 2.2%、宋占 3.5%、元占 4.1%。总计由隋至元，广东的人口由 131280 户，增至 548759 户，共约增加 3 倍，远远超过了全国人口增加的速度（0.5 倍）"。这样，就造成了元人陈大震在《大德南海志》中所说的"广为海滨邹鲁，诗书文物之盛，不减中州"的局面。必须着重指出的是：唐宋之时，广州的海运事业有了更进一步的发展，广州成为我国南方一个出入口的重要海港。一方面有不少我国人经由此地前往东南亚、印度、波斯各国；另一方面，又有许多外国人经由海道来到广州进入我国。进出口的货物甚为繁富。唐代诗人杜甫的《送重表侄王砅评事使南海诗》说："番禺亲贤领，筹运神功操。大夫出卢宋（指卢奂和宋璟），宝贝休脂膏。洞主降接武，海胡舶千艘。"当时珠江上停泊的"胡舶"竟有千艘之多。《新唐书·王锷传》描述当时广州进出口货物之盛也说："日十余艘，载皆犀、象、珠玑，与商贾杂出于境。"《唐大和尚东征记》也说："（珠）江中有婆罗门、波斯、昆仑等舶，不知其数。"据史书记述，唐时的广州城人口约 30 万，而流动人口竟达 80 万。外来的"蕃人"有 12 万人。此外，唐宋统治者把贬谪到广东作为对犯罪官吏的惩罚，一些文人被贬来广东，他们入粤以后，兴办教育，传授中原文化，特别是传授中原地区汉语的读书音。这与秦汉时的大移民以罪犯和赘婿、戍卒为主的情况不同。欧阳修《新五代史·南汉世家》说："是时天下已乱，中朝人士，以岭外最远，可以避地，多游焉。唐世名臣，谪死岭南者，往往有子孙，或当时仕宦遭乱不得还者，皆客岭表。"唐人孔戣就曾在南海（广州）建立"广思馆"收留那些"宦粤子孙之流落者"。又如南汉时，河南人刘浚"以中原乱离相继，避来岭表，依崇龟。乾宁中，崇龟死，遂流寓广州"（见《南汉书·诸臣传二》）。南汉时的周杰，也因"岭南稍安……携家南徙"。这些名臣、仕宦、学者入粤以后，带来了中原汉语书面语的读音，这就促使粤方言所接受的汉语语音更加规范化，进一步形成一支既有相对独立的语音体系和词汇系统以及语法结构的方言，又是与中原汉语共同语的语音有较为严整的语音对应规律（如现代粤语语音与宋初《广韵》音系的对应规律一样）的方言。总之，唐代是粤方言日趋成熟的历史时期。

唐末，粤方言的发展曾经稳定了一个时期，停止接受中原汉语的同化。到了宋代，它便朝着与中原汉语距离越来越大的方向发展，它已经"自立门户"了。当然，这种与中原汉语的差异，并不自宋代始。当中原汉语传播到广州地区，与当地的语言发生融合以后，一方面是粤语表现为与中原汉语特点相同的过程；另一方面，由于融合中吸收了楚、吴等地的方言以及当地民族语言的某些特点，也表现了与中原汉语互有差异的过程。但是，当粤语已经形成了具有自己的某些语言特点、但又大体上同于汉语的一支有一定流通范围的方言之后，甚至对这种同化产生抗拒的作用，而按着自身的发展规律向前发展。这时，它从原来的"求同"（受中原汉语的影响、接受它的同化）转而向"求异"（自身的演变）的方向变化了。宋代之时，粤语正是处于这样的历史转变时期。因此，宋人在谈到广东的语言状况时，都觉得它与中原汉语大不相同。如宋代周去非在他的《岭外代答》卷三中谈到钦州（也属粤方言区）的语言情况时说："钦民有五种：一曰土人，自昔骆越种类也，居于村落，容貌鄙野，以唇舌杂为音声，殊不可晓，谓之蒌语。二曰北人，语言平易，而杂以南音，本西北流民，自五代之乱，占籍于钦者也。三曰俚人，史称俚獠者是也。此种自蛮峒出居，专事妖怪，若禽兽然，语音尤不可晓。四曰射耕人，本福建人，射地而耕也，子孙尽闽音。五曰蜑人，以舟为室，泛海而生，语似福广，杂以广东、西之音。"显然，当时的广东、广西之音已有它突出的特点，所以周去非在描述蜑家话时用它来作比较。这个广东、广西之音（流行于两省区的粤方言）的情况如何呢？他说："余又尝令译者以礼部韵（按：指《礼部韵略》）按交趾语，字字有异。"可知当时的粤语语音，距离中原汉语的读书音，已经有相当大的差异了。

宋代的粤方言，大概已与现代的粤方言相去无几。它所用的语音和词汇，可能已奠定现代粤语的基础。宋人吴处厚《青箱杂记》说："岭南呼村市为墟。"说的正是现代粤语所用的词；宋人黄彻《蛩溪诗话》卷十："东坡'倦看涩勒暗蛮村'，盖岭南竹名。"粤语称有刺之竹木为"勒"，也与苏东坡所写正同。又如《通俗编》引《水东日记》说："广东人相传：宋嘉定中，有厉布衣者，自江右来，精地理之学，名倾一时。……广人口音称赖布衣云。"这表明在宋代时，广州人已把"厉"字念为与"赖"字相近的读音，这也与现代的粤语相同。总之，唐宋之时，粤方言已经形成为一支与中原汉语或北方话很有差异的方言，它的面貌，已经距现代的粤语不远。唐宋时人，已经感觉到粤方言与北方方言的巨大差异。这就意味着粤方言已经从北方的中原汉语分化出来而成为一支重要的方言，它已经"自立门户"了。

五、从元明清至现代——由"步入壮年"到"老之将至"

宋代以后，粤方言继续发展，它与北方话的距离越来越大。到了明代，粤语已与现代的粤语大体相同。明清以来粤语区各县所修的县志，其中谈及"方言"的情况，可以说已与现代粤方言相当一致。如屈大均作于清初的《广东新语》，其中的"土言"部分所列举的粤方言语词，已与现代粤方言的说法相当一致。如说："广州谓平人曰佬……谓平人之妻曰夫娘……谓新妇曰心抱，谓妇人娠者曰有欢喜……谓子曰崽……玄孙曰塞，息讹为塞也……广州谓母曰妳，亦曰妈……亦曰驰，凡雌物皆曰驰……妇谓舅姑曰大人公、大人婆，亦曰家公、家婆……子女谓其祖父曰亚公，祖母曰亚婆。母之父曰外公，母之母曰外婆。母之兄弟曰舅父，母之兄弟妻曰妗母，母之叔伯父母曰叔公、曰叔婆……广州凡物小者皆曰仔……游手者曰散仔，……大奴曰大獠（案，即'佬'），岭北人曰外江獠，小奴曰细仔，小婢媵曰妹仔……巫曰师公、师婆……广州谓横恣者曰蛮……海外诸夷曰番鬼……广州谓美曰靓，颠者曰废，无直曰硬颈……角胜曰斗……饮食曰吃……谓淫曰姣，姣音豪……谓聪明曰乖……问何如曰点样……走曰趯……骂人曰闹……谓港曰涌……音冲，凡池沼皆曰塘……凡水皆曰海，所见无非海也……小舟曰艇，汩水曰游……谓卵曰春，曰鱼春，曰虾春，曰鹅春，曰鸡春、鸭春……数蕉子曰几梳"，等等。这些方言的词语或音读，北方人听起来已很不好懂。所以明人孙蕡的《广州歌》说："广南富庶天下闻，四时风气长如春……闽姬越女颜如花，蛮歌野曲声咿哑。"这里所说的"蛮歌野曲"是指当地的民间歌曲，外地人听来不知所云，所以用"声咿哑"来描述它。明人陆容的《菽园杂记》也说："书之同文，有天下者力能同之。文之同音，虽圣人在天子之位，势亦有所不能也。今天下音韵之谬者，除闽粤不足较已。如吴语黄、王不辨，北人每笑之……"陆氏说闽、粤人"音韵多谬"，是因为明代之时，这两种方言的读音与北方话相差较远，所以才有这种说法。清人赵翼《檐曝杂记》说："广东言语虽不可了了，但音异耳。至粤西边地，与安南相接之镇安、太平等府……不特音异，其言语本异也。"赵翼认为广东（主要是指广州地区）的方言主要是在读音上与北方话有别，"不可了了"，这说明粤方言的读音是外地人所听不懂的。明清时期的粤语，与现代粤语大体相同，还可以从下述明清时人的描述中得到证明。明人袁子让在《字学元元》中的"方语呼音之谬"一节中说："粤音以人为寅，以银为壬，此喻日互相混也。"现代确是如此。明方以智《通雅》卷三十四说："广人呼啼为台。"也与现代粤音相近。清人方本恭《等子述》云："粤人以双为松，亦以松为双，是呼江摄如通摄，通摄如江摄也。"此外，清人梁绍壬的《两般秋雨庵随笔》记一些粤语词的读音，也与现代的说法相同。如说"凡暴雨忽作，雨不避日，雨点大而疏，粤人谓之白撞雨"，"粤俗呼泥腿曰'滥仔'……呼使女曰'美仔'（案，即'妹仔'），呼十岁内男女曰'颈门仔'（案，即'细蚊仔'）……"，"粤人呼荸荠曰马蹄"，等等，都与现代粤语相同。足以证明明清时代的粤语与现代粤语已无甚区别了。这就说明，粤方言发展到此一时期，已经"进入壮年"，并且向"老年"期迈进。现代的粤语由于受汉语共同语的影响，正发生向共同语靠拢的过程。随着这数十年来共同语——国语或普通话的大力推广，各地的方言开始出现"日渐消磨"的过程。方言中大量地吸收共同语的词语，在语音上也有向共同语靠近，即以共同语的读音来规范方言的某些字音的趋向，这就使粤方言逐渐进入"老年"。当然，在相当长的时期里，方言仍将强固地存在，继续服务于岭南这一特定的语言社会，粤方言仍将发挥它的交际作用。但是，随着社会生活的发展，共同语的使用日益普遍和广泛，方言的"消亡"是必不可免的过程。到那时候，作为汉语的一支重要方言——粤语，也就完成它的历史任务了。

　　总结以上所述的粤语形成和发展的简单历史，可以看到：在先秦时代，粤方言区开始处于接受汉语传播的阶段，起初主要是接受楚方言的影响。秦汉以后，经魏晋南北朝至唐代，粤方言区也是处于接受汉语的传播以及与当地民族语言融合的阶段。在这八九百年的时间中，粤语从刚萌芽发展到成熟，从以接受楚方言的传播、影响为主转为以接受中原汉语为主，终于走上"自立门户"、形成一支重要的汉语方言的道路。隋唐之际，粤语更进一步接受了中原汉语书面语读书音更为重要的影响。宋代以后，粤语在成熟、巩固之后，便朝着与中原汉语差异日益增大的道路变化了。这是因为它一方面继续融入当地少数民族语言的词语或吸收它们在语音或语法上的特点；另一方面也按着与中原汉语不同的自身语言内部发展规律向前发展，这就造成了与中原汉语更大的差异。而在宋、元时代，粤语的面貌已与现代粤语相去不远，它已基本上"定型"化而步入"壮年"了。从明清至现代，粤方言的变化已经不大。而由于现代汉语共同语的不断推广，粤方言就走上方言特点"日渐消磨"的道路。它，已经"老之将至"了。这就是粤方言从产生、形成到发展的简单历史。

第三节　粤语语音概貌

　　语音是语言的三大要素之一。汉语各方言之间的差别，主要是表现在语音方面，词汇及语法的差异较小。语音的不同，成为不同方言之间进行交际的主要障碍，也是不同方言之间赖以划分的主要标准。下面，分别从不同角度来介绍粤语的语音状况。

一、声韵调系统及其拼合关系

粤语各个片、各个点的语音并不完全相同，它们之间有不同程度的差异。我们这里主要介绍粤语的代表广州话的语音情况，然后再在下面的章节里叙述各地语音的差异。这样，便可以从"点"（广州话）和"面"（粤语）较为全面地了解粤语语音的概貌。

广州话（指广州市区的话）的语音可以分为声母、韵母和声调三个方面来介绍。这三者拼合起来，便可以构成一个个的"音节"（字音）。各个音节便作为词或词素的表现方式而进入交际活动之中。

（一）声母

广州话的声母共有 20 个，它们是：

p（波）	p·（婆）	m（摸）	f（科）
t（多）	t·（拖）	n（挪）	l（罗）
tʃ（左）	tʃ·（初）	ʃ（梳）	
k（家）	k·（卡）	ŋ（牙）	h（哈）
kw（瓜）	kw·（夸）		
ø（阿）	j（也）	w（华）	

［p］组、［t］组声母的发音，基本上与普通话相同。［tʃ］组是舌叶音声母，发音时舌面向硬腭抬起，舌面的前部靠近上齿龈和前硬腭，简单来说，就是舌头的边缘抬起与上齿构成阻碍，其发音部位既不同于普通话的［ts］组，也不同于［tɕ］组。广州话的舌根音声母可以分为两套，一套是一般的［k］、［k·］，其发音与普通话的［k］组无异；另一套是圆唇化的声母［kw］、［kw·］（有的书标为［k·w］，本书一律标为

[kw·]），发音时声母呈圆唇状（嘴唇撮成圆唇状态），它们与普通话的［ku-］、［k·u-］略有不同，后者是声母发音之后再带上元音性的介音［u］，［u］的发音较长，听感上较为显著。而［kw］等的［w］则是辅音性的，发音很轻很短，它基本上是结合在声母的发音上面，即发音开始时，声母成阻的过程，嘴唇便立即撮成圆形。如［kwa］与［kua］两个音节的拼合过程，可以表示如下：

$$kw+a \rightarrow kwa$$
$$k+u+a \rightarrow kua$$

在发音的过程中，［kw］中的［w］较难单独分析出来，它不是 k+w+a，更不是 k+wa，如果念成 k+w+a，事实上便成了 k+u+a，而与普通话的发音无异了。当然，由于发音的协同作用，普通话的［u-］介音也常会使前面的音素发生圆唇化，但［u］介音本身的发音较长也较松。由于广州话的［w］发音很轻很短，并且与声母的结合很紧凑，所以广州话区的人在发［kw］与圆唇元音相拼的音节时，［w］的成素（圆唇作用）便常被后面的圆唇元音吞没，如读"光"［kwɔŋ］字时，由于韵母中的主要元音［ɔ］是一个圆唇元音，［kw］与［ɔŋ］拼合时便较为容易地变为［kɔŋ］，念成与"刚"字同音，广州郊区许多地方"光—刚"不分（这种现象已波及其他许多地方的粤语），正是这个缘故。而正因为广州话的［w］主要是表示声母的圆唇作用，一般都不把它看成是介音。因此，罗常培、王均在《普通语音学纲要》一书中的 184 页的页下注说"在广州话的声韵系统里，没有介音，只有［k］、［k·］两个声音有圆唇的跟不圆唇的两套。广州话的音系这样处理最为经济合理。"从"处理"广州音系的音位区别上说，它固然有"经济"的作用，但更重要的是，由于它发音上的固定特征，作这样的描述才比较"合理"。

声母表中的［h］，其发音部位比普通话的舌根音声母［x］靠后，接近于喉音。它们的发音略有不同。

声母系统中的［j］、［w］都属于"半元音"，发音时略带摩擦。［w］实际上也是一个圆唇的半元音声母。

（二）韵母

广州话的韵母，比较常用、管的音节（字音）较多的有53个，它们是：

a（家）	ɔ（哥）	ɛ（茄）	œ（靴）
ai（埋）	ɐi（帝）	ɔi（改）	ei（美）
au（茅）	ɐu（欧）	ou（宝）	am（监）
ɐm（针）	an（山）	ɐn（新）	ɔn（安）
aŋ（生）	ɐŋ（朋）	ɔŋ（帮）	oŋ（空）
ɛŋ（饼）	eŋ（英）	œŋ（香）	ap（甲）
ɐp（立）	at（杀）	ɐt（笔）	ɔt（割）
ak（百）	ɐk（克）	ɔk（学）	ok（谷）
ɛk（石）	ek（益）	œk（脚）	i（衣）
u（乌）	y（雨）	ɵy（居）	ui（会）
iu（标）	im（兼）	m̩（唔）	ɵn（春）
in（烟）	un（碗）	yn（冤）	ŋ̩（吴）
ip（叶）	ɵt（出）	it（跌）	ut（活）
yt（月）			

此外，还有6个管字较少、不很常用的韵母，它们是：

ɛu（寥）　　　ɛm（钳）　　　ɛn（虔）　　　ɛp（夹）

ɛt（□跶 tˑɛt⁵⁵）　　　œt（□嗝 œt⁵⁵）

这些韵母以［ɛ］、［œ］元音系列为主，它们大多是某些字的说话音或口头上惯用的拟声音节。

这个韵母系统，［i］、［u］、［y］三个元音除自成韵母之外，主要是与［-n］韵尾结合成韵母，与［-u］、［-m］、［-p］结合的甚少，而且不与［-ŋ］、［-k］结合（与［-ŋ］、［-k］结合的可能是变为［eŋ］、［ek］、［oŋ］、［ok］）。它们也不作介音。因此，广州话的现状是韵母中不存在介音。

这些韵母中，还有四组可以配对的韵母，其元音可以分为两个系列。

A 系列：a   ɔ   ɛ   œ

B 系列：ɐ   o   e   ө

A 系列属于半低和低元音，它们发音时喉部的肌肉较为紧张，声音清晰度较高，而且音程也比较长。B 系列舌位较高，发音时肌肉的紧张度较弱，音色也较为模糊，音程也相对较短。［ɔ］与［o］、［ɛ］与［o］、［œ］与［ө］的开口度（舌位的高低）有较为明显的差异，所以一般不把它们作为相互配对的元音来看待；而［a］与［ɐ］的情况却略有不同。它们的舌位有差别，但开口度及舌位的前后都比较接近，人们常常把它们当成长、短元音的不同，甚或把［a］标为［aː］（长），把［ɐ］标为［a］，主要从发音的长、短上来区分它们。有人认为［a］与［ɐ］的差异，主要是舌位的高低、前后不同。长短是次要的区别性特征，不宜看成典型的长、短元音的对立。（参见刘叔新的《广州话的长短元音问题》，载《语言研究论丛》第三辑，天津人民出版社 1987 年版）这些说法较有道理。因此，我们把这两类元音标为［a］与［ɐ］的不同。

［o］和［e］元音出现在［ou］和［ei］韵母之中时，其舌位略低，是处于这两个元音的"标准位置"。而它们出现在［oŋ］和［eŋ］韵母之中时，它们的舌位则略高一些，近于［ʊ］和［ɪ］，因此，有人也把它们标成［ʊŋ］、［ɪŋ］。

总括广州话韵母系统构成的音素：

1. 元音有11个，它们是：

a ɐ e ɔ o ɛ œ ɵ i u y

2. 韵尾辅音有6个：

m n ŋ p t k

3. 韵尾元音有3个：

i u y

韵尾〔y〕只出现于〔ɵ〕元音之后，是〔i〕受〔ɵ〕的同化而变成圆唇的元音。而这个〔y〕实际上是〔ɵ〕元音"繁衍化"的结果。

如果加上低元音收尾的音节（用 ∅ 表示，一般称为"开尾"），广州话的辅尾共有10种。多尾而无头（介音），形成广州音比较奇特的现象。

（三）声调

广州话的声调一共有11个，它们是从古代的四声（平、上、去、入）分化而成的。

平声类	上声类	去声类	入声类
上阴平53 （私）	阴上35 （使）	阴去33 （试）	上阴入55 （篋）
下阴平55 （诗）			下阴入33 （劫）
阳平11 （时）	阳上13 （市）	阳去22 （事）	阳入22 （夹^动）
			新入35 （夹^名）

过去一般说广州话有9个声调，主要是把阴平调的两种不同读法（一念为53，一念为55）当成一种声调的不同发音

（变调）。其实，近一二百年来，广州话的阴平调是分为两个的，所以东莞人王炳耀作于一百年前的《拼音字谱》即把阴平分为两个调，广州话当时一共有 10 个调。发展至现代，这两个调的不同读法在某些字音中、在某些地区和某些较为年青的使用者口中，有逐渐混同的趋向。所以有些研究者认为它们是同一个声调的不同变体而把它们合在一起，只是承认它有不同的发音，但不属于两个调。我们经过调查研究，认为这些原来的阴平字中，大多数念为 53 调，一部分字读为 55 调，有一些字可以两读，但有一些字却不能两读，53 与 55 有较为严格的辨义作用。如：

皆 kai⁵³—街 kai⁵⁵　　飞 fei⁵³—妃 fei⁵⁵

这些字可以都读为 55 调，意义不致引起混淆；但下列的字词却必须严格区别这两种不同的读法，如：

钉（动词）tɛŋ⁵³—钉（名词）tɛŋ⁵⁵

甘 kɐm⁵³—柑 kɐm⁵⁵

斤 kɐn⁵⁵—巾 kɐn⁵⁵

私 ʃi⁵³ 人—诗 ʃi⁵⁵ 人

遮（动词）tʃɛ⁵³—遮（名词）tʃɛ⁵⁵

梳（动词）ʃɔ⁵³—梳（名词）ʃɔ⁵⁵

类似的字词还有"煲、钩、锥、筛、香、偷、抽、蒸"等，它们作名词用时一般都念成 55 调。因此，55 调可以说是广州话不稳定的名词性标志。一些本属名词的字眼，当它处于复合词的最末一个音节时，往往也读为 55 调。如"猪"字在"猪头"、"猪耳"等词中它念为 53 调，而在"白猪"、"肥猪"中则念为 55 调；"鸡"字在"鸡蛋"、"鸡毛"等词中念为 53 调，而在"公鸡"、"竹丝鸡"中则念为 55 调。这种情况表明，广州话中通过以下阴平的读法来作为名词性的标志往往出现于复合词的后一个音节。因此，人们从下阴平调出现的场合可以看出它表示不同词义、词性范畴的倾向性。

除此而外，我们可以看到许多名词性的字眼，当它们单用时往往也读为55调，如"蚊、樽、菇、罂、猫、疤、家、卡、瓜、蛙、奶（妇人尊称）、钗、街、剂、衫、班、滩、湾、睁、坑、框、鳅、龟、尻、泵、针、参（人参）、音、金、庵、巾"等。

有一些本属阴平调的单音词素，本可以表示名词性也可以表示动词性或其他词性，当进入一个复合词时，有把属于名词性的字眼读为下阴平（55）调的明显趋势。例如"司"字本属阴平调字。现代的读音，不是一律归之于上阴平或下阴平，一般是把用作名词性的词素读为下阴平，而把非名词性词素读为上阴平，前者如"司长"、"教育司"、"礼宾司"、"外事司"等；后者如"司仪"、"司令"、"司炉"等。又如"分"字，用作名词性词素时，多读为下阴平调，如"分数"、"一百分"、"五分制"等；用作非名词性词素时，则读为上阴平调，如"分裂"、"分界"、"分店"等。再如"酸"字，用作名词性词素时多读为下阴平，如"醋酸"、"硫酸"、"盐酸"等；用作非名词性词素时，则多读为上阴平调，如"酸菜"、"酸牛奶"、"心酸"等。总之，名词性的阴平调字，有读归下阴平的倾向。以上所举各方面的情况，表明两种不同的阴平字有区别词义、区分词性的明显作用。而且这些字单读时，一般都可以厘定其当属于上阴平或下阴平。这表明这些字已由本来属于"变调"现象进而凝固为不同调类的差异了。因此，宗福邦在《关于广州话字调变读问题》一文（载《武汉大学学报》1983年第4期）中说："面对语言事实，人们只能得出这样的结论：在广州话里，一个统一的阴平调已不复存在，它已分化为两个独立的声调。……我们觉得，把一个由于调类分化而形成的独立的声调（高平调）称为'变调'，理论上是很难站得住脚的。"宗氏的结论是对的。不过，我们还得补充一句：广州话阴平分为两个调，是"古已有之"，现在的趋势是"由分趋合"，而不是现在才"由合趋分"。这种由原统一的阴平调分化为两个，起码在一两百年前已经出现，现在有的方言点有趋向合一的现象，但在广州郊区的一些方言点里，这两者的区别还是较为明显地存在。这个问题，我们在后面的章节中还会再作分析。

我们的声调表中，还列有一个"新入"的入声调。这个调类才是新产生的。这个新调原是由于广州话中因区别词义、区分词性产生的一种变调现象而出现的，所以有的人称之为"变入"。广州话中，在非入声和入声调字上，本有一个"高升变调"，如："房"字本是阳平调字，其调值为11，在某些词语中它仍然保持11调（低平调）的读法，但为了区别词义，在某些词语里，它又习惯地念为高平调35。如"房屋、房东、楼房"等词里，它念11调，但在"书房、厨房、尾房"等词里，它念成35调。类似的例子不少（详细叙述参见"变调"一节）。在入声字中，如"鸭"，但在"烧鸭、腊鸭、陈皮鸭"等词里，它却习惯地变调为35调。这个由变读而来的35调，大多数的字（词）可以推原其本调，或者可以两读，但是，在广州话的入声字中，有一些词原有本调，我们也知道它的本调念为什么，如"局"作为一般名词时读为 [kok²²]，但这个"局"字在"教育局"、"邮局"等词中，却习惯地变读为35调。"教育局"的"局"字，我们可以推原其本调为22调，在这个词中读回它的本调也可以，只是不太符合一般的表达习惯。"白鹤"一词中的"鹤"字，其本调是阳入调22，但它习惯地念为高升变调，读成 [hɔk³⁵]。这个字可以推原其本调，而且，它在某些词里并不变调，如"白鹤洞"（地名）它就仍读回本调。这些情况中的"变调"，都可以承认它仅仅是一种变调。但是有些入声字经过"变调"之后，已不可能读回本调，或是根本就不知其本调为何调，它仅有 35 调的一种读法，这样，我们就得承认它作为一个新的、独立的调类的地位，不能再以变调来看待。也就是说，它已由变调发展成为一个新的调类了。例如"夹"作为动词用时念为本调 22 调，但用为名词，则必须读为 35 调；"刷"也有类似的情形，它作动词时读本调 33，但作名词时却非读成 35 调不可。又如"墨"作为文具的名称时念为本调阳入 22，但用以表示"墨痣"时它就必须念为 [mɐk^{35}]，不能念回本调。又如表示"耳环"的 [wat^{35}]（耳~），它只有 35 调的这种念法，其本字（词）本调一般已较难查考，从现状来说，不能说它是某一个字的变调，而只能承认它有一个独立的调位。因此，宗福邦说："'变入'同样是词义分化与词性对立的产物。它的出现给广州话入声带来了新的因素。产生了新的对立。……我们看到，广州话入声实际上存在的是笈 [kip^{55}]（上阴入）、劫 [kip^{33}]（下阴入）、夹（动词）[kip^{22}]（阳入）、夹（名词）[kip^{35}]（变入）这样一种四方对立的关系，而不是通常所说的上阴入、下阴入、阳入这样三足鼎立的格局。'变入'与上阴入、下阴入、阳入之间的对立关系，排除了把它看作是某个入声的音位变体的可能性，它们应当属于不同的音位。如果按照传统的观点把入声看成是声调现象，那么，广州话就有十一个声调（比通常说的九个调多了两个：阴平调一分为二，再加一个'变入'）。"（出处见上文）他的分析是正确的。因此，我们认为现在广州话的声调，应该分为十一类。宗福邦先生所说的"变入"，我们称为"新入"。至于非入声字的高升变调 35 调，虽与原调不同，但因广州话中原有一个阴上的调值 35，可以把这个高升变调看成是通常的变调现象，这个变调与阴上合一，它就没有独立成调的必要。

（四）声、韵、调的拼合关系

广州话除声母的数量不算多外，韵母和声调的数目，在汉语各种方言中可以算是比较多的。这些声母、韵母和声调各有它们的发音特点，它们按其不同的特点彼此结合为音节。音节中声母与韵母与声调的拼合，表现了音节结构中各种要素相互结合的规律性。

广州话声、韵的拼合，最重要之点是与"唇"有关的声母在它们与韵母拼合之时往往呈现其选择性。这主要表现在：

1. 唇音声母［p］组（包括［p］、［p·］、［m］、［f］）很少与［-m］、［-p］等唇音韵尾的韵母相拼，很少出现［p+m］或［m+p］等音节。这是因为这些音节中开头与结尾两种同部位的辅音互相排斥（异化）的缘故。

2. 唇音声母［p］组不与［œ］、［ɵ］、［y］等圆唇元音相拼。这也是因为唇音声母的发音对圆唇元音韵母产生排斥（或叫做"吸纳"）的作用，使圆唇元音变为非圆唇元音，或根本就不与之拼合。唇音声母中的［f］还很少与［i］类元音韵母相拼。［f+i-］往往变为［f+e-］。

3. 唇化声母（［kw］、［kw·］、［w］）不与［-m］、［-p］等唇音韵尾的韵母相拼，也不与［-u］韵尾的韵母相拼，其原因也是唇化声母与唇音韵尾互相排斥的缘故。唇化声母与［-u］尾韵也常互相排斥，一般不出现［kw+u］的音节。

4. 唇化声母一般也不与［œ］、［o］、［ɵ］、［y］等元音韵母相拼，其道理与2项相同。唇化声母也较少与［ɛ］、［i］等为主元音的韵母相拼。

5. 双唇声母不与单元音u韵母相拼，而［u-］类韵母则只与唇音及唇化声母相拼，这一项与普通话的拼合关系相反。普通话中，唇音声母与［u-］拼合的，都促使［u-］消失或变为邻近的元音，这都是一般唇音的展唇作用使［u-］发生消变的结果。而广州话则不相同。广州的圆唇声母发音时就具有圆唇作用，所以能保持圆唇的［u-］音不变。而其他的唇音声母仍能保持与［u-］韵母相拼（与［u］相拼的一般已异化为［ou］），是因为广州话中的［u-］音发音比较稳定，不像其他圆唇元音［œ］［ɵ］［y］等容易受唇音声母的排斥，所以仍有［pun］（般）、［p·un］（盆）等音节存在。而事实上，这些［u-］音节，往往是［o-］、［ɔ-］等高化的结果。如"般"、"盆"等字在粤语区的其他方言点中多读为［pɔn］、［p·ɔn］等，而在广州话中，［ɔ］元音的舌位高化，成了［u］，所以造成唇音声母仍可与［u-］音相拼的局面。

除了唇音、唇化声母与韵母的拼合较有特点之外，其他的声、韵之间的拼合也有规律可言。如前高元音［i］或［y］较少与其他声母相拼，而主要是与舌叶音声母［tʃ］组相拼，［i］、［y］与其他声母相拼的字（音节），一般都发生了［i→ei］、［y→ɵy］（还有［u→ou］）等我们称之为"元音繁衍化"的作用。所以［i］、［y］与其他声母相拼的音节就很少了。［i］、［y］与［tʃ］组相拼仍能保持其本音不变或少变，主要是因为舌叶音声母的发音与高元音［i］、［y］等的配合较为稳固、不易发生变动的缘故。

广州话的［ŋ］声母很少与高元音的［i］、［u］、［y］以及［e］、［ɛ］、［ɵ］、［œ］（它们多是从高元音变来）等相拼。这主要是因为在广州话中，中古时期的［ŋ］声母（疑纽字）在开口度较大的元音之前仍能保持，而在开口度较小的高元音之前则消失的缘故。所以现代的广州音中，［ŋ］声母一般不具备与高元音相拼的音节。

鼻音韵母［m̩］和［ŋ̍］一般不与声母相拼，只是偶尔拼上［h］声母用以表示感叹语气。［a］、［ɐ］两个系列的韵母

广东的方言

与声母的拼合能力较强，它们可与各组声母相拼。不过，[ɐ]元音不单独构成韵母，因而也不单独与各个声母拼合。

声母、韵母与声调方面的拼合关系，可以概述如后：

1. 不送气声母与送气声母在与声调的配合上存在互补的情况：前者不见于阳平和阳上调；后者不见于阳去和阳入调。这里边主要是因为中古时期的全浊音声母字在后代变为清音时，就广州话来说，以平、上声与去、入声为分界，平、上声母变为送气清音，去、入声字变为不送气清音。因此，就造成送气清音声母字不出现于阳去和阳入调之中，而不送气声母字则不出现于阳平和阳上调之中。

2. 中古的次浊音声母字（[m]、[n]、[ŋ] 和 [l] 声母）在广州话中都读入阳调，因而它们一般不出现在阴类调之中。中古的影纽字则相反（影纽字如"豌、音、鸭、妖、要、医、哀"等）。

3. 声调与元音韵母的配合上，呈现这样的趋势：上阴入调大体上与 [a]、[ɔ]、[ɛ]、[œ]、[i]、[u]、[y] 等元音韵母相配，下阴入大体上与 [ɐ]、[o]、[e]、[ɵ] 等元音韵母相配。这是因为上、下阴入两类的分野，大体上以元音的发音状况为分化条件。

广州话声母与韵母两者拼合起来构成的音节，大约有 660 个。这比之普通话常用的音节 400 个大约多了二分之一强。

二、变调情况种种

广州话的变调，就其表现形式本身来说是比较简单的。声调变化的结果，并没有出现新的调值，它们仍读为 53 调（上阴平）、55 调（下阴平）、11 调（阳平）和 35 调（阴上）（35 调出现于入声字中则形成一个新的入声调值）。连读变调所涉及的范围也比较小。但是，广州话需要变调的场合却比较多。它常用变调的方式来区分词义，或是作为某一范畴的词语的读音标志。因此，从总体上说，广州话的变调仍然是比较复杂的。

广州话的变调，可以分为两种情况：一是自然语流中的连读变调，它是指在多个音节连读时音与音之间互相影响产生的声调变化，这是大多数方言都同样存在的，只是表现形式不同而已；另一是语义变调，其作用主要是为了区别词义。这在其他方言中则较为少见。

（一）连读变调

它主要是出现于上、下阴平调字之间连读时引起的变化。上阴平字如果后加上、下阴平的音节，前者变为下阴平，其调值从 53 变为 55。例如：

春天 tʃʰɐn$^{53→55}$tʰin^{53}

欢呼 fun$^{53→55}$fu^{53}

专家 tʃyn$^{53→55}$ka^{55}

军装 kwɐn$^{53→55}$tʃɔŋ^{55}

上阴平字后续上阴入字（其调值也是 55）时，它也变为 55 调。如：

多出 tɔ$^{53→55}$tʃʰɵt^{55}

深刻 ʃɐm$^{53→55}$hɐk^{55}

下阴平调（55）字后续的字如果是一个低调（不是 55 或 53 调），这个下阴平字往往变为上阴平（53）。这是因为后面低起点的调字会使前字的调字降低其收尾，即：

55+11～22～33～13→53

例如：

街 kai$^{55→53}$道 tou^{22}

沙 ʃaᵃ⁵⁵→⁵³ 虫 tʃʻoŋ¹¹
窗 tʃʻœŋ⁵⁵→⁵³ 布 pou³³
花 faᵃ⁵⁵→⁵³ 蟹 hai¹³

当然，在某些人口中，这些下阴平字也可以不变调，依然念为 55 调。这种变调，属于语流变调或自然变调，往往是在说话人不知不觉的情况下进行的。因此，如果不加以注意，一般人也不知其调值已略有变化。

（二）语义变调

语义变调是通过声调的改变来区分词义和区别词性。在古代汉语中，本来就有通过声调的改变来区别词义或词性的。如"衣"字，作为名词"衣服"用时，仍读本调 yī，古代称为"如字"；如果这个"衣"字用作动词，作"穿衣"解，它就必须读为去声，念成 yì。这叫做"读破"。古人又把这种通过声调的变读来区别词义、词性的手段叫做"四声别义"。现代语言学著作则把这种现象称为"屈折变化"。读破的方法一直保留到现代汉语之中，大量的语词仍用读破来区分词义、词性。如"种"字，用为名词时读为 zhǒng，用作动词时则读为 zhòng，"处"这个字，用为动词时（如"处理"、"处分"）读作 chǔ，用作名词时（如"处长"、"校务处"）则读为 chù。广州话中仍然保留由古代汉语继承下来的读破这种方法。当然，古代或现代汉语中某些该读破的字在广州话中已经不再保存，如"奔"字，作为"奔跑"（急走）解时念为阴平，读 bēn，作为"奔向"（直往）解时，在普通话中必须读为去声 bèn。现代的广州人一般已少把"奔向"读为去声，也就是说，不讲究这个字的"读破"了。相反，有些在普通话中已不再读破的，却在广州话中保留着，如"近"字，古代两读，现代普通话只存一读，念为 jìn，但广州话却把"远近"

义的形容词读为阳上（13调），把"接近"的动词义读为阳去（22调）。又如"被"字有多种词义和词性，古代用读破加以区别，故有两种读音。现代的普通话"被"字只存一读，但广州话仍分别将名词义"被褥"读为［p·ei¹³］，动词义"覆盖"及介词义（表示被动）读为［pei²²］，等等。这种"读破"现象也应属语义变调的一种，但由于读破存在的历史已久，读破所造成的结果是形成一字多音（主要是多调），情况已经固定，可以看作是属于"一字多音"的现象，不必再阑入"语义变调"之内。这里所说的语义变调，主要是指下面几种情况。

1. 复合词中名词素变调

广州话中，某一个字本属古代的其他调字，但如果它是一个名词性词语，当它进入一个复合词时，往往有把它变读为阴平调（主要是55调，少量读为53调）和阴上调（35）的倾向，也就是说发生了"变调"现象。例如"儿"本属阳平调（11），但当它进入"乞儿"这个复合词（合成词）时，儿字变读为55调。又如"爷"字本也属阳平调，但在"伯爷公"一词中，它变读为55调。又如"年"字本是阳平调字，在"今年"一词中，它变读为35（阴上）调。"闻"字本读阳去，在"新闻"一词中它变为35调。"母"字本属阳上，在"老母"一词中，它念成35调。一些外来语（主要是音译词）也接受这一变调规律的支配，如"士"字本读阳去，但在"的士"一词中，它变读为35调。

当复合词中的名词素是表示姓氏而且处于末尾音节的时候，也出现这种变调现象，如：

本　调	变　调
杨（阳平）	老杨（阴上，35）
徐（阳平）	老徐（同上）
冯（阳平）	阿冯（同上）

刘（阳平）	小刘（同上）
陈（阳平）	老陈（同上）
何（阳平）	阿何（同上）
黄（阳平）	老黄（同上）
王（阳平）	小王（同上）
邓（阳去）	老邓（同上）
孟（阳去）	阿孟（同上）
廖（阳去）	老廖（同上）
叶（阳入）	老叶（新入，35）

"梁、唐、谭、彭、黎、林、余"等也是如此。

上举这些姓氏如果后加"伯"、"仔"等字眼，如说"黄伯"、"林仔"，有时也要变调。

名词性的词语如果是属于亲属之间的称呼，如"爸、妈、爷、婆、哥、弟、姐、妹"等，当它们重叠时，前一音节一律变为阳平调（11），其后一音节一般也要变调，如"爸"、"爷"、"婆"等本属阳平调，重叠之后读为 55 或 35 调。如"爸爸（55）、爷爷（35）、婆婆（55 或 35）"；"妈、哥"本属下阴平调，重叠之后末尾的音节也都读为 55 调；"姐"也从阴上变为 55 调；"弟、妹"则从阳去（22）变为 35 调。但"公公、嫲嫲、伯伯、叔叔"则一般不变调。某些少男少女的名字（如"婷婷、龙龙"等），其后一音节往往也要变调。

名词性的词语如果出现在词头"老"之后或词尾"仔"之前，一般也要变调，特别是在读书音之中。如"老鸭"的鸭字，从 $[ŋap^{33}]$ 变为 35 调；"老鹤"的鹤字，从 $[hɔk^{22}]$ 变为 35 调；"绳仔"的绳字，从 $[ʃeŋ^{11}]$ 变为 35 调；"袋仔"的袋字，从 $[tɔi^{22}]$ 变为 35 调。

2. 复合词中非名词性字眼变调

一些复合词中的某些词素，本来就不是名词，它可能是形容词或动词，但它与其他词素结合构成一个词语，这个词语却是名词性的，这时，这个居于末尾的非名词性字眼要变调。例如：

　　裁缝（名词）foŋ$^{11→35}$

　　烧卖 mai$^{22→35}$

　　独睡（单人床）ʃɵy$^{22→35}$

　　形容词的字眼也是如此：

　　酸甜（酸甜食品）t·im$^{11→35}$

　　荔枝红（一种红茶）hoŋ$^{11→35}$

　　名词性的字眼更应变调。变调之后，增强了它的名词性。

　　一些形容词如"大"、"长"通过变调来区别不同的程度。如"咁大〔tai^{22}〕"是表示"这么大"；"咁大〔tai^{55}〕"是表示"这么小"。

（三）叠音变调

　　粤语中如果两个音节重叠，变成叠音词，第二个音节往往要变调（有时第一个音节要变，有时是前后音节都变）。比较常见的是下述几种情况。

　　1. 亲属称呼。

　　爸爸 pa^{11}pa$^{11→55}$

　　爷爷 jɛ^{11}jɛ$^{11→35}$

　　婆婆 p·ɔ^{11}p·ɔ$^{11→55}$

　　（以上是第二音节变）

　　妈妈 ma$^{55→11}$ma^{35}

　　哥哥 kɔ$^{55→11}$kɔ^{55}

　　（以上是第一音节变）

　　姐姐 tʃɛ$^{35→11}$tʃɛ$^{35→55}$

　　弟弟 tɐi$^{22→11}$tɐi$^{22→55}$

妹妹 mui$^{22\to11}$ mui$^{22\to55}$

（以上是两个音节都变）

一般来说，第一个音节如不是 11 调的，往往要变为 11 调。

2. 儿语用词。

虫虫（小虫儿）tʃoŋ^{11} tʃoŋ$^{11\to55}$

鞋鞋 hai^{11} hai$^{11\to55}$

壶壶 wu^{11} wu$^{11\to55}$

3. 重叠形容词或动词。（参见下文两类词的重叠）

三、不同韵类之间的"对转"

汉语的韵母可因韵尾的不同而分为阴声韵（元音收尾）、阳声韵（鼻辅音收尾）和入声韵（塞音收尾）三种。这三种不同的韵母，在汉语发展的过程中，出现过主元音相同而韵尾不同的字音相互转化的现象，前人称之为"阴阳对转"。阴阳对转是一种笼统的说法，具体分起来，应该是"阴—阳—入对转"。古人因为把入声韵母字合在阳声韵之内，所以称阴阳对转就概括了这三者的对转。但我们在分析方言字音的转化时，最好指明其为三者对转。

发生"对转"的字音，其基本条件应该是韵母中的主元音相同。有人在"对转"之外分出一种"旁转"，则是指主元音相近的字音转变的情况。作为"对转"的典型表现，应是主元音相同、韵尾产生变异的现象。

古代汉语中发生过"对转"这种语音变化的字音不少，如上古音中同一类的韵部（主元音相同而有阴、阳、入声韵三者的差异的韵部）彼此就常发生转化，如：

寺、侍（上古之部）—特（职部）—等（蒸部）

军（上古文部，中古举云切）—挥（微部，许归切）

赶（《集韵》："《说文》举尾走也"，渠言切）—赶（《集韵》举尾走，其月切）

妲（《集韵》得案切，又当割切）

瘅（《集韵》多寒切，又丁贺切）

上举各例，有的是同一个谐声偏旁而有不同的读音；有的是同一个字在中古的韵书中归入阳声韵或入声韵不同的韵部；有的是同一个字有阳声韵与阴声韵或入声韵的多种读音。这些情况，都是某些字音在人们长时间使用的过程中发生阴—阳—入对转的结果。

粤语中也有这种"对转"的现象。这种对转是韵尾互相转化的表现。就广州话来说，这种对转主要集中在阳声韵与入声韵的相互对转上。例如：

逛 kwʼaŋ⁵⁵—kwʼak⁵⁵ 游逛可以念为相应的入声韵。

扰 tɐm³⁵—tɐp³³ 扰是古汉语的词，义为"用力打击"。《说文》："竹甚切，深击也。"粤语常说："扰心肺"、"扰死你"，它转化为入声韵，念成［tɐp³³］。如说"［tɐp³³］铁钉"、"［tɐp³³］骨"。

盖 kʼɐp⁵⁵—冚 kʼɐm³⁵ 本词为盖，如说"吟只桶［kʼɐp⁵⁵］住"。它转化为阳声韵，念成［kʼɐm³⁵］，粤语区的人用一方言字"冚"来表示，如说"冚被"、"冚住吟杯"。

昂 ŋɐŋ¹¹—ŋɔk²² 昂义为高举或仰起。如说"昂起头瞓"。它对转为入声韵，念成［ŋɔk²²］，如说头仰起的状态，可说成"［ŋɔk²²］起头"或"头［ŋɔk²²ŋɔk²²］"。

拎 neŋ⁵⁵—nek⁵⁵ 粤语把"拿东西"的动作叫做［neŋ⁵⁵］，一般写成"拎"，如说"拎嘢"，它可转为入声韵，说成［nek⁵⁵］，如说"［nek⁵⁵］起件衫"。

腌 jim⁵⁵—jip³³ 腌制东西的行为叫［jim⁵⁵］，它是一个古词，见于《广韵》，於严切。此字《广韵》也可念为於业切，这是对转的结果。粤语也可说成入声韵，如说"［jip³³］咸菜"、"［jip³³］咸鱼"。

teŋ³³—tek⁵⁵　　小粒状物称为［teŋ³³］，如说"瓜［teŋ³³］"（瓜蒂）。称小的东西也可用［tek⁵⁵］。

眨 tʃap³³—tʃam³⁵　　一眨眼可以说成一［tʃam³⁵］眼。

四、各地语音的歧异

粤语在广东境内流行的范围相当广阔。本省之中约有 60 个县市全部或部分地区使用粤语。而粤语又是一种具有悠长历史的方言。在长久时期和广大地区流行的粤方言，自然而然地形成了各地语音的内部分歧。粤语所流行的方言点中，其语音面貌从总的方面来考察，表现了粤方言的基本特征，但各个方言点之间，总是或多或少地表现出自身的特殊之处。这些特殊之处不一定是每一点所独有，而往往是相邻近的居于同一个片的若干个方言点所共有。正是由于有这些"共有"的特点，方言的归类、归片才有可能。这里我们分别从广州市区内各地语音的差异和广东境内各地粤方言点的差异选择其重要或有代表性者加以介绍。

（一）广州市区语音的内部差异

广州市区使用的方言一般称为广州话。传统的广州话本指旧市区的话，近郊的方言不包括在内。但是，由于近年来广州的市区扩大了，在原来的荔湾、越秀、东山、海珠四区之外，增设了白云、天河、芳村、黄埔四区，过去的近郊区变为新市区。新、老市区各地的语音有程度不同的差异。

老市区我们以荔湾区的西关为代表；白云区各乡镇的差别

较大，我们选择人和（鸦湖、蚌湖、高增）、龙归（南村）、神山（五丰）、江高（江村）、石井（小坪、槎头）、新市（棠涌）、钟落潭（五龙岗）、竹料（竹料）、太和（石湖）、九佛（棠下、凤尾、黄田）等地介绍它们各地语音的差别。芳村区则以东漖（龙溪）、海珠区以新滘（沥滘、大塘、小洲）、天河区以东圃（黄村）、黄埔区以黄埔（文冲、夏园）等地为代表叙述它们的歧异。基本上是一个镇选择一个比较大的、当地人认为其语音较有代表性的自然乡（村）作为代表点（见上举各镇括号内的地名）。下面，分别从声母、韵母、声调三个方面来介绍广州市区各地语音的内部差异。

1. 声母方面的差异

在广州话的 20 个声母中，各地所分的类别基本上是一致的，只是各个声母在发音上有一些不同。当然，也有一些声母所管的字出现混读的现象。其差异主要表现在下述各点。

（1）老市区的鼻音声母 [m]、[n]、[ŋ] 是纯粹的鼻音，但白云区各点则多带有同部位的塞音。各点的发音状况也不完全相同：

有的侧重于鼻音成分，读为 [mᵇ]、[nᵈ]、[ŋᵍ]，如钟落潭、太和。

有的侧重于塞音成分，读为 [ᵐb]、[ⁿd]、[ᵑg]，如龙归、新市、神山、九佛。

有的两者并重，读为 [mb]、[nd]、[ŋg]，如人和、江村、石井。

（2）广州市各地，多有 [n]、[l] 不分的现象，中古泥母字多念为 [l]。但各地的情况也有不同：白云区西片的江村、石井、新市，东片的九佛以及海珠区的新滘念为 [l]；白云区中片的人和、钟落潭、竹料、太和等则 [n] 与 [l] 基本不混，泥母字仍念 [n]，其中的竹料、太和念 [n] 时略带塞音，念为［n^d］，这种发音是［n］、［l］不分的前奏。

（3）中古影纽开口一、二等字哀、安、奥等在广州各地，有的读为［Ø］（零声母），有的与疑母字相混念为［ŋ］或［^{ŋ}g］、［ŋg］，有的是［ŋ~Ø］两读，白云区各点大体上是［ŋ］、［Ø］分得清楚，有混者主要集中在西片江村、石井、新市等地。

（4）广州话的圆唇化声母［kw］、［kw·］、［w］与主元音为［ɔ］的韵母相拼时，有的地方失去圆唇成分而与［k］、［k·］相混，如钟落潭、石井、黄埔等地。如：光［k^{w}ɔŋ］→冈［kɔŋ］，国［k^{w}ɔk］→各［kɔk］。其他韵母字则仍有区别，如：瓜［k^{w}a］≠家［ka］，龟［k^{w}ɐi］≠鸡［kɐi］。

2. 韵母方面的差异

广州各点在韵母方面的差异比较大，特别是白云区。概括起来说，与老市区距离越远的地方，其韵母的差异就越大。例如人和—龙归—石井—新市一线，人和与老市区的差异就相当大，而新市因为很接近老市区，差别就比较小了。韵母方面的差异细说起来有下述各点。

（1）老市区没有［i］介音，而人和、龙归、石井、新市等地都有。人和、龙归的［i-］特别明显。其他各点多是处于似有似无之间。［i-］的发音并不稳定。人和还有［y-］介音，龙归有［y］、［θ］两种介音，都出现在［o］、［ɔ］元音之前。

（2）中古歌、戈韵字各地多念为［ɔ］，其中"我"、"个"两字，人和、龙归、钟落潭、竹料、太和、石井、新市、神山、江村等地都念为［ai］；戈韵的"过"、"果"两字，老市区及人和、太和念［k^{w}ɔ］，而钟落潭、竹料、石井、黄埔念为［kɔ］；"朵"字各地说话音多念为［tœ］，龙归念［tyɔ］，黄埔、东圃念［tɔ］；戈三的"茄"字老市区念

［kˑɛ］，人和念［kˑia］，钟落潭、东圃、黄埔念［kˑœ］；"靴"字各地多念［hœ］，龙归则念为［hyɔ］。

（3）麻二的"马、拿、沙、茶、牙"等各地多念为［a］，没有差异；麻三的"遮、车、蛇、舍、社、蔗"等字人和念［ia］，龙归念［iɛ］，石井念［iə］，均有［i］介音，其余各点多同老市区作［ɛ］。

（4）模韵的"补、普、模、土、奴、路、租"等字各点念为［ou］，文冲、小洲念［u］。本韵的疑母字"吴、五、吾、梧、伍、午、误"等各地都念为［ŋ］（［u→ŋ］）。中古的豪韵字"高、告、傲、刀、讨、陶、道、恼"等石井、新市与老市区一样念为［ou］，其他各点有的念为［au］（如钟落潭）；有的［au］（说话音）与［ou］（读书音）两读（如竹料、太和、江村、神山、新市）。离老市区较远的念［au］的较多，较近的念［ou］较多。另外，老年人念［au］的较多，青年人念［ou］的较多。九佛把豪韵字念为［ɔ］，少数字念［ou］；小洲念为［u］，主元音进一步高化，二等肴韵字（如"包、抛、爪"）各地多念为［au］；宵、萧韵字"苗、小、召、烧、鸟、条"等多念［iu］。人和的鸦湖对［p］、［t］组及一部分［tʃ］组字念为［ɐu］，［k］组和另一部分［tʃ］组字念为［iɐu］；蚌湖则多念为［iau］；龙归念为［ɐu］和［iɐu］。这些地方的［i］还处于介音的地位，而老市区则变为主元音了。

（5）侯、尤韵字"斗、头、走、口、流、秋、九"等各地多念为［ɐu］，蚌湖除一部分字也念为［ɐu］之外，一部分字念［ou］，龙归也然。

（6）鱼、虞韵的章、知、晓组声母字"猪、处、书、鼠"和"住、输、树、遇、雨"等各点多同老市区念为［y］，人和、龙归则念为［ɵy］（老市区也有个别字念此音，如"除"

字）。本韵"巨、区"等各地多念［ɵy］，而龙溪念为［ui］，石井、文冲、小洲、东圃念为［y］。鱼韵的庄组字"阻、初、梳、所"等各地都念为［o］；虞韵的唇音字"付、父"等各地念［u］（微母字"巫、务"念［ou］），相当一致。

（7）咍韵"台、灾、才、在"等字在老市区念为［ɔi］，白云区各点念本韵字开口度都比较小，近于［oi］，黄埔则是［ui］。泰韵字"蔡、害"也是如此。相反，灰韵的"杯、倍、每、会"等字，老市区及其他地方多念为［ui］，而人和、新滘等地则念为［ɔi］，与咍韵字合流。灰韵的舌、齿音字"对、退、最"等老市区等地念为［ɵy］，但人和、龙归、东圃、小洲等地念为［ɔi］，龙溪、黄埔则念为［ui］。二等皆、佳韵字"排、阶、派、柴、佳"等各地都念为［ai］，没有差别；而老市区念为［ɐi］的祭齐韵字如"币、例、世、米、底、体、礼、齐、西"等各地也比较一致，只有少数字（如"批"）钟落潭、太和、江村、新市等地念为［ei］。

（8）支脂之微韵的"离、企、比、几、气、其、己、你、尾"等，老市区及各地多念为［ei］，而文冲、小洲念为［i］；同韵的［tʃ］组字"此、斯、师、士、事、史"等老市区念为［i］，而人和、钟落潭、竹料、九佛则把这些字部分地念为［ei］（各地念［ei］的字多寡不一），九佛、钟落潭还把一部分字念为［y］。本韵的合口字"吹、类、醉"等各地多念为［ɵy］，小洲、东圃则念［ɔi］，文冲念［ui］，其韵尾不变为［-y］。主元音的舌位也较后、较低。本韵的牙、喉音字"规、轨、季、威"等各地多念［ʷɐi］，而人和、龙归、文冲、东圃、小洲却念为［ʷei］。

（9）收［-m/p］的覃、谈/合、盍韵字"贪、南、担、谈、三"以及"答、纳、杂"等字，各点多同老市区念为［am/p］；本韵的牙、喉音字"感、坎、含、庵、甘、敢"和

“合、盒、鸽”等，各地多念为［ɐm/p］，这个音是由较早的［om/p］（南海等地读此音）变来的。还有少量的字［ɐ—ɐ］混读。老市区念为［am/p］的，还有咸、衔/洽、狎韵的“站、斩、咸、衫、监”和“眨、闸、夹、甲、押”等。盐、严、添/叶、业、帖等韵的“廉、尖、歼、渐、脸、点、添、甜、念、兼”和“聂、辄、接、涉、劫、业”等，各点多同老市区念为［im/p］，但人和念为［iɛm/p］（在［tʃ］组声母后）或［ɛm/p］（在［t］组声母后），而且［ɛ］的开口度很大，近于［a］；龙归、九佛则念为［iem/p］或［em/p］。九佛也有念为［im/p］的，与［iem/p］互补。收［-m/p］尾的凡/乏韵字“凡、帆、范、犯、泛”和“法、乏”等，现代广州音已变为［-n/t］尾，而东圃、黄埔等地，则进一步变为［-ŋ/k］。侵/缉韵的“品、林、侵、心、沉、枕、任、今、禁、淫”等和“立、缉、集、习、湿、十、入”等，除人和一带念为［ɐm/p］或［iɐm/p］（与［ɐm/p/mɐ］）之外，其余各点多同老市区念为［ɐm/p］。

（10）老市区念为［an/t］的字，一部分属一等寒/曷韵的舌、齿音字如“单、滩、但、难、兰、赞、残、散”和“达、擦、萨”等；一部分属二等删、山/鎋、黠韵字如“班、蛮、删、奸、晏、盼、办、山、艰、间、限”和“八、札、察、杀”等；一部分属三等元/月韵的唇音字如“藩、反、烦、饭、晚、万”和“伐、罚、袜”等。这些读音各地没有什么歧异，只有东圃、文冲一带从［-n>-ŋ］。寒/曷韵的牙、喉音字“干、看、岸、罕、韩、安”和“割、渴、喝”等，老市区及钟落潭、竹料、石井、新市、江村等地念为［ɔn/t］，神山、小洲念为［un/t］，人和、龙归念为［ɵn/t］，太和念为［yn/t］。这几种不同的读音都是［an/t］演变的结果。仙、元、先/薛、月、屑各三、四等韵字如“箭、展、建、宪、

仙、浅、面、片、变、天、田、年、先、见、显、烟"和
"灭、哲、舌、杰、结、洁"等字，各地都念为［in/t］，人和
念为［iɛn/t］（tʃ组）或［ɛn/t］，龙归念［ien/t］，九佛念
［ⁱen/t］或［in/t］，两者互补。老市区念为［un/t］的桓/末
韵字"官、观、管、欢、碗"和"括、阔、活"（牙、喉音）
等，钟落潭、竹料、太和、江村、石井各地都同作［un/t］，
人和则念为［ᵘɔn/t］；唇音字"般、叛、盘、满"和"钵、
泼、末"等也一样，但其中有些字如"漫、幔"等各地则念
为［an］，没有差别。老市区念为［un/t］的，还有魂/没韵
的"本、门、闷"和"勃、没"等，各点也读同此音，但人
和作［ᵘɔn/t］，龙归作［uon/t］。同类之字如"奔、喷、笨"
和"不"等，老市区念为［ɐn/t］的，人和念为［ən/t］。桓
/末韵的舌、齿音字"短、团、暖、乱、钻、酸"和"脱、
撮"等，各地多念为［yn/t］，但人和念为［øn/t］，龙归念
［yøn/t］。仙、元、先/薛、月、屑韵的合口字"全、宣、旋、
转、专、川、船、员、劝、元、原、冤、远、犬、县"和
"劣、绝、雪、说、悦、月、越、曰、决、血、穴"等，各地
也多念为［yn/t］，但人和的蚌湖多念为［uan/t］，鸦湖多念
为［iuɔn/t］，龙归多念为［uon/t］或［yøn/t］。

（11）痕韵字"根、很、恩"和真、臻、殷/质、栉、迄
韵的唇、喉、舌、齿音字"彬、贫、民、辛、珍、陈、真、
神、人、忍、巾、仅、因、斤、近、隐"和"笔、匹、密、
七、疾、质、失、日、一"等字，老市区和各地多念为
［ɐn/t］，人和则念［ən/t］；文/物韵字"分、焚、文、问、
军、群、训、云、运"和"掘、佛、物"等，各地也念为
［ɐn/t］，人和则念为［ən/t］。真/质韵的舌、齿音字"鳞、
津、进、信、尽"等，谆/术韵的舌、齿音字"伦、俊、迅、
准、春、唇、顺"和"律、术、出"等，老市区及人和、龙

归、钟落潭、江村等地念为［ɵn/t］，竹料、新市、小洲却念为［ɐn/t］。念［ɐ］与［ɵ］各地多有分用的倾向，如人和甚少［ɐn/t］的字，多念为［ɵn/t］或［ɵn/t］；小洲对老市区念为［ɵn/t］的字，则全念为［ɐn/t］。魂/物、谆/术的牙、喉音字"滚、坤、困、昏、魂、温"和"骨、忽"以及"均、匀、允"等，各地多念为［ʷɐn/t］，人和则念为［ɵn/t］；魂/物韵的［t］组字"敦、臀、盾、论"和"突、律"等字，老市区念为［ɵn/t］，与［tʃ］组字"村、寸、存"等念为［yn/t］有别，而人和、龙归、太和则一律念为［ɵn/t］，与［t］组字相同。

（12）各地对唐/铎韵字"帮、旁、忙、当、糖"和"博、托、落"以及江/觉韵字"江、讲"和"浊、捉"等都念为［ɔŋ/k］，而对三等的阳/药韵字如"娘、亮、将、枪、想、长、昌、上、强、羊"和"略、着、脚、药"等的读音，各地的差别就大了。老市区和多数地方念为［œŋ/k］，新市、文冲念为［ɔŋ/k］，石井、东圃念为［iɔŋ/k］，龙归念为［ɵɔŋ/k］，人和把来母字念为［uɔŋ/k］，其他声母字念为［yɔŋ/k］。本韵的庄组字"装、壮、疮、创、床、状"等除芳村的龙溪念为［œŋ］外，其余各地念［ɔŋ］；江/觉韵的庄组字"窗、双"和"桌、琢、啄"等，各地也念为［œŋ/k］，新市、石井、人和则念为［ɔŋ/k］、［iɔŋ/k］或［yɔŋ/k］等。此外，人和把江韵字念为［oŋ］，元音的开口度较小（只庄组字例外），而东韵字反而多数念为［ɔŋ］，这与老市区等处相反，人和对冬、钟韵字则多读［oŋ］，与东韵不同。

（13）登/德韵字"登、等、邓、曾、肯"和"得、特、则、塞、克、黑"等字，老市区念为［ɐŋ/k］，但钟落潭、竹料、江村念为［eŋ/k］；蒸/职韵字"冰、澄、蒸、称、升、兴、应"和"力、息、直、色、职、食、式、极"等，老市区与石井、新市、钟落潭、黄埔等地念为 [eŋ/k]，而人和、太和、文冲、小洲则与登/德韵一样念为 [ɐŋ/k]。对登、蒸韵字，广州老市区的读音分为两种情况：登韵字以念 [ɐŋ] 为主，蒸韵字以念 [eŋ] 为主，但钟落潭、竹料、江村、石井、新市一线，则以读 [eŋ/k] 为主，不读或少读 [ɐŋ/k]；人和、太和、文冲、小洲等地，则与之相反。二等的庚、耕/陌、麦韵字"彭、猛、冷、生、省、更、坑、行、争"和"拍、白、泽、格、客、责、革"等，各地多念为 [aŋ/k]；庚三、清、青/陌三、昔、锡等三、四等韵字"兵、丙、平、病、明、京、敬、卿、庆、映、名、令、井、清、性、郑、正、声、成、并、丁、听、定、青、星、形"和"璧、积、惜、席、夕、亦、的、敌、历、析、击"等，老市区和钟落潭、竹料、江村、新市、东圃、新滘等地念为 [eŋ/k]，人和、太和、龙归、文冲、小洲等地则念为 [ɐŋ/k]，与登、蒸等的区别大体一致。上举梗摄字在广州音中多有文、白异读，念为 [ɐ]、[e] 类的基本上属于文读系统。各地又多白读音，如人和、龙归、太和把庚三等韵字又念为 [iaŋ/k]，黄埔念为 [iæŋ/k]，钟落潭、竹料、石井、江村多念为 [ɛŋ/k]（与老市区相同）。如"名、命、正、声、轻、青"这些常用字，人和、龙归、太和多有 [iaŋ ~ ɐŋ] 两读，黄埔多有 [iæŋ ~ eŋ] 两读，文冲、小洲多有 [ɛ ~ ɐŋ] 两读，老市区及钟落潭、竹料、江村等地，则多有 [ɛŋ ~ eŋ] 两读。总之，[ɐŋ]、[eŋ] 是较为后起的读音。庚、耕/陌、麦的合口字各地多念为 [ʷaŋ/k]，有的地方念为 [ʷɐŋ/k] 或 [ʷeŋ/k]，如"宏、轰"等字。人和、太和、江村、石井、黄埔等地念 [ʷɐŋ] 的，钟落潭、竹料等地念为 [ʷeŋ]。庚三、清、青韵的合口字"兄、荣、永、琼、营"和"疫"字，老市区及钟落潭、竹料等地读与开口字相同（有的是 [w→v]），念为 [eŋ/k]，人和、太和等地则念为［ɐŋ/k］。由上述可知，老市区念为［ɛŋ/k］与［eŋ/k］的字，钟落潭、竹料、江村等地多合流为［eŋ/k］；人和、文冲、小洲等地，则多合为［ɐŋ/k］。念［eŋ/k］的，其白读音主要是［ɛŋ/k］，念［ɐŋ/k］的，其白读音主要是［iaŋ/k］或［iæŋ/k］。九佛、石井、新市等地，这两者没有合流，有［ɐŋ］与［eŋ］的分别。其白读音［ɛŋ/k］近似于［iæŋ/k］，与人和的［iaŋ/k］极为接近。

3. 声调方面的差异

各地声调方面的差异情况如下：

（1）上阴平的调值，各地大体相同，只是钟落潭、竹料念为33调；下阴平的读音各地多同老市区念作55调，人和、龙归、江村则念为45调。特别是江村，是一个明显的升调。神山则念为33调。人和、龙归、江村等处，念为下阴平者多是名词，如"猫、蚊、枪、龟"等。其他词性的词则多念为上阴平，如人和：铁钉（45）—钉（53）鞋；水煲（45）—煲（53）水；单车（45）—车（53）水；戏班（45）——班（53）人；等等。另外，这些地方用阴平字来作人名时，一般以上阴平调表男性（如"英、珍"，53调），以下阴平调表女性（如45）。这种情况不见于老市区。上、下阴平的辨义作用，原来的郊区表现得更为明显。这两个调的区别，当是古音的遗留。对于现在的老市区来说，两者的区别已逐渐淡化了。阳平调的调值各地基本相同。

（2）阴上的调值各地与老市区一致，都念为35调；阳上则有一些差别：老市区念为13调，鸦湖念成11调，高增念为21调，竹料则把阴、阳上合为一调。

（3）阴去各地都念为33调，没有分歧，九佛的凤尾则合阳上与阴去为一，念13调，"有、厚、社、似"等字读与"盖、抗、汉"等同调。阳去调各地都同老市区一样念为22

调，但此调后半部许多地方都略降，实为 21 调。有的地方降得很明显，如人和、龙归、江村、石井、新市等地，本调的调值都近于 31 调。

（4）上阴入调各地均念为 55 调，下阴入（原来一般称为中入）各地的读法也多相同，念为 33 调。只是九佛的凤尾念为 24 调。阳入各地全作 22 调，没有分歧。新入念为 35 调，各地也大致相同。

（5）新市区钟落潭、太和、石井、新市一带，有一个念为 24 或 213 的调，只出现于少数的词上，都是口语中很"土"的音。这些词（字）的调类来源比较复杂，可能是本地早期某一个变调形式的残存。如石井的"裹粽"、"拐杖"，钟落潭的"梅"、"脐"、"棍"，太和的"考试"、"蔗"、"刨"、"洗衫"、"一件衫"等，都念为此调。

综观广州市各地语音的歧异，在声母方面，主要的不同与鼻音声母有关；而在韵母方面，主要的差异则与介音〔i〕的存废及变化有关。主元音方面〔a〕、〔ɔ〕的发音比较稳定，各地的差异主要表现在〔ɐ〕元音身上，〔e〕元音类也有较大的关系。而〔ɐ〕和〔e〕这两个元音，对于广州方言来说，可能都是后起的音。声调方面的分歧，则主要表现在上、下阴平及阳上与阴去之间的分合上面。

（二）粤语区一些重要方言点的差异

粤语区包括的众多方言点，其语音的差异就更大。这里我们选择若干个比较重要的方言点（以县或市的"话"为主）介绍其与广州话的差异或本身具有的特点。连带说明其方言分布的情况。

1. 花县话　花县位于广州市区的西北面。东面与从化相接，北面是清远市，西部与三水相邻。全县有 48 万人左右。

除部分人讲客家话外，主要流行粤方言。现以县城新华的话为代表介绍其要点。

花县话的声母，与广州话没有什么差异，韵母方面却有一些不同。主要表现在：

花县以〔ɐ〕为主元音的韵母所管的字与广州话互有出入。广州话念为〔ɐŋ〕、〔ɐk〕韵的，花县话念为〔eŋ〕和〔ek〕，如"登、崩、腾"等字念为〔eŋ〕而与"丁、冰、亭"不分；"北、得、则"等字念为〔ek〕而与"逼、的、织"无别。广州话念为〔ɵn〕、〔ɵt〕的字，如"唇、樽"等却念为〔ɐn〕，与"神、真"读为同音，"卒"字也念为〔ɐt〕。广州话念为〔uŋ〕韵的字却念为〔ou〕，如"亩"字。

对于某些广州话念为〔ɔi〕韵的字，如"开、菜、腮"等，花县话念成〔ɵy〕而与"虚、趣、衰"等字读为同音。

古豪韵字"高、刀、劳、滔、遭、操、暴、抱、毛、好"等，广州话读为〔ou〕，花县话则仍读〔au〕。

在广州话中，寒韵字的一部分念为〔ɔn〕，曷韵字念为〔ɔt〕，与桓韵字的念〔un〕、末韵字的念〔ut〕有别，但花县话的一些寒、曷韵字，其主元音都高化了，念成了〔un〕、〔ut〕，造成了两者合一的现象，如寒韵的"干"与桓韵的"罐"读为同音、"赶"与"管"读为同音，而曷韵的"渴"字则念成〔hut〕。

声调系统与广州话没有什么大的差异。

2. 从化话　从化位于广州市的东北面，东南与龙门、增城两县接壤，北面是新丰和佛冈县，西北面是清远市界，西面与花县为邻。从化除吕田镇等地有几万人讲客家话外，本县主要流行粤方言。现以县城街口镇的话介绍其与广州话相异之处。

声母方面，从化的鼻音声母〔m〕略带塞音成分，其实际

发音为 [mᵇ]。[n] 与 [l] 声母的分别基本分明。中古的疑母字大多数仍念为 [ŋ]，细音字中的 [ŋ] 有的消失。如"迎、凝、孽"等字念为 [j]。

韵母方面，没有广州话的 [ei] 韵母，本韵字念为 [i]，如"基、己、纪、记、欺、其、棋"等字。

有 [ɐ] 类韵母与 [a] 类形成对立。但没有 [ɐŋ] 韵母，本韵母的字多念为 [eŋ]，如"庚、梗、更、亨、行、衡、萌、幸"等庚韵字。

中古的六种辅音韵尾齐全，但有一部分 [-n]、[-t] 尾字混入 [-ŋ]、[-k] 尾。如寒韵字"丹、旦、滩、坦、炭、叹、坛"和删韵字"奸、颜、晏"等开口度较大的韵母字；细音的 [in] 等其韵尾还保持收 [-n]。

从化话有声化韵，但只有 [m̩]，广州话念为 [ŋ] 的"吾、五、梧、娱、吴"等字都为 [m̩]。

声调方面，从化的上声不分阴、阳，只有一类。调值方面，阳平与阳去调的调值刚好与广州话相反。

3. **番禺话**　番禺是紧靠广州市的一个县。历史上有许多番禺人迁入广州。番禺话与广州话的语音系统相当接近，但也有一些不同的特点。声母方面，番禺的声母类别与广州是一致的，但归字却有一些差异。如中古全浊音声母字，清化后在广州话中平声字基本上念为送气清音，但番禺话则多有读为不送气音的，如：古并母字"婆、爬、牌、皮、盆、棚、平、篷"等；古定母字"枱、抬、头、甜、田、填、塘、糖"等；古澄母字"茶、沉、缠、尘、肠、虫"等；古从母字"蚕、钱"等；古床母字"柴、床"等；古群母字"裙、渠"等。当然，还有大量的字与广州话是一样的，读为送气清音。此外，广州话一些念为 [kw] 唇化声母的，番禺话则读为 [k]，如"果、戈、裹、过"等字都读为 [kɔ]；"广"字念为 [kɔŋ]；

"扩、旷"等字念为［k·ɔŋ］等。

中古的疑母洪音（一、二等）字，在广州话中还保留读为［ŋ］，如"我、牙、芽、衙、俄、鹅、饿、雅、崖、艾、涯、傲、偶、藕、颜、岸、眼、雁、昂、硬、岳、额"等字，但在番禺话中却念为零声母，失去了［ŋ］。本属三、四等的字，因其韵母仍念为开口度较大的［ɐ］，所以广州话仍保持念［ŋ］，如"艺、伪、魏"等，番禺也读为零声母。合口的"卧、外、瓦"等字也同样失去［ŋ］。

中古的晓母字在广州话中间有念为［f］的，如"昏、熏、挥、花"等，在番禺中则念为［w］；中古的匣纽字，在广州话中多念为［j］声母，但在番禺话中，则多念为清化的［h］，如"贤、现、苋、弦、完、县、悬、玄、眩、丸、穴"等。喻三纽字也有相同的情况，"羽、禹、雨、宇、袁、辕、员、圆、园、援、远、口"等字广州话念为［j］，但番禺则念为［h］。喻四纽字广州话念为［j］，番禺也有一部分念为［h］，如"余、与、榆、愉、喻、誉、愈、预、缘、阅"等。

韵母方面，番禺话有一套［ɛ］元音构成的韵母：

ɛ　ɛi　ɛu　ɛm　ɛn　ɛŋ　ɛp　ɛt　ɛk

念［ɛ］的主要是戈韵（赅上、去）字。念［ɛi］的是止摄字（广州话标为［ei］）。念［ɛu］的，主要是效摄的二等看韵字，如"爪、抄、巢、稍、炒、交、胶、教、觉、咬、坳"等。念［ɛm］的主要是二等咸韵字，如"咸、馅"等。念［ɛp］的也是二等的洽韵字，如"夹"。念［ɛn］的，也是二等的山删韵字，如"拣、间、闲、苋、眼、艰、柬、简、限、奸、颜、雁"等；四等先韵字也有一部分念［ɛn］，如"茧、见、肩、牵"等。念［ɛt］的，则是它们相应的入声韵黠、鎋韵，如"八、刮、滑、挖"等。念［ɛŋ］的，主要是庚韵及清青韵字，如"柄、镜、命、饼、颈、郑、名、领

（衣领）、声（大声）、岭（山岭）、正、性（发性）、净、请、轻、艇、厅、钉、听、顶、星、青"等。念［εk］的则是陌、昔、锡 韵 字，如"剧、屐、石、只、尺、炙、踢、笛、锡"等。

番禺话与广州话一样都有［œ］韵母，但番禺管的字比广州多，一些广州读为［ɔ］的字，番禺也念为［œ］，如"糯、骡、螺"等。"朵、靴"等字也读为［œ］。

中古的豪韵字，在现代广州话中读为［ou］，而番禺则多读为［ɔ］，如"报、毛、刀、岛、稻、到、盗、脑、劳、老、糟、操、早、枣、曹、扫、高、膏、稿、豪、号、好、浩、捞、傲"等，这一点却与闽南方言相同。另一方面，番禺仍旧保存有少量的字念为［ou］，如"讨、陶、熬"等。

以［ɔ］为主元音的韵母，在番禺话中还有［ɔm］韵母，一等覃韵字和谈韵字"感、含、庵、甘、柑"及其相应的入声韵"合、盒、蛤、鸽"等即念为［ɔm］和［ɔp］。

番禺话有［y］和［øy］韵母，但读［øy］的字比广州话少得多。如"徐、虚、嘘、许、居、车、圩、渠、举、巨、距、拒、锯、据、去、除、厨、拘、驹、俱、矩、句、具、惧"等，在广州话中都读为［øy］，但番禺则读为［y］。番禺话还把止摄字中一部分广州话念为［i］的，也念为［y］，如"紫、雌、此、刺、赐、尔、稚、雉、资、瓷、私、次、姿、自、四、师、狮、兹、滋、子、慈、字、司、丝、思、词、辞、寺、饲、似、士、使、事、厕"等。

广州话中，止摄中念为［ei］的，番禺话则多念为［i］，如"奇、歧、妓、技、寄、饥、肌、几、冀、祈、器、弃、基、己、纪、记、欺、起、其、旗、棋、期、忌、熙、喜、机、既、气、汽、希"等，止摄的合口字，番禺则与广州一样，多念为［ɐi］。

　　番禺话有一系列以［ɐ］为主元音的韵母，与［a］列韵母相对，这一点，是与广州话一致的，当然，有个别韵母所管的字读法有参差。其他韵母的读音及其所管的字，番禺话与广州话大体相同。

　　声调方面，番禺话也分为传统所说的 9 个声调，只是调值上与广州话略有差异。如阴平调念为 45 调，是一个微升调，与广州话的下阴平 55 调相应；阴上是一个中平调 33，与广州话的高升调不同；阴去是一个中升调 34 或 35，也与广州话有异；阳平是高平调 45 或 55，这与广州调的低平调也有较大的差异；阳上是一个中降调，调值为 32 或 31，这与广州的念为 13 调不同。阳去的调值为 24 调，是一个中升调，与广州话念为 22 调有异。其他的调类的调值则大体上与广州话一致。

　　4. 增城话　增城位于广州市东北，相距约 70 公里。县内属粤语系统的方言主要有两种，一是增城话，一是新塘话。使用人数共有 40 万。前者主要流行于增江两岸的平原地带及中部地区。新塘话则分布在县内南部的永和区新塘镇。这里主要谈谈增城话的特点。

　　增城粤方言的声母系统与广州话很相近，略有差别的，是本方言的舌尖塞擦音声母，其音值是舌尖前音［ts］组，而不是像广州话一样念为舌叶音［tʃ］组。它与广州话差别较大的，主要是表现在韵母方面。增城话韵母最显著的特点之一，就是有一套以［ɛ］为主元音的韵母：

　　ɛ　ɛu　ɛm　ɛŋ　ɛp　ɛk

　　它们与［e］类韵母有对立。增城话另有［ei］、［eŋ］、［ek］等韵母。

　　这些念为［ɛ-］韵的，主要是与广州话念为［i-］韵的字相对应。如：

增城	广州	例字
ɛu	iu	表飘票苗秒庙雕刁挑跳
ɛm	im	占店添甜黏念廉脸尖渐俭
ɛŋ	in	天填田连煎千前先仙坚献

当然，广州话中念为［iu］、［im］的，还有一部分字在增城话中念为［iu］、［im］。这些字的读法可能是受广州话影响的结果。增城话念为［ɛŋ］韵母的，主要是来自中古时的仙、先韵，它们本都收［-n］韵尾，广州话也收［-n］尾不变。它们在广州话中，主元音读为［i］，而增城话则读为［ɛ］。

韵母方面的另一个特点是没有［y］、［y-］韵母。广州话中读为［y］的字（主要是鱼、虞韵字）在本方言中念为［i］，如"庶、恕、输、舒、鼠、暑、黍、署、曙、余、孺、禺、愚、俞、瑜、鱼、如、羽、雨、宇、禹、与、语、汝、御、愈、许"等。广州话中的［-y］韵尾，在增城话中同样不存在。遇摄的精（照）组、见组字以及止摄的合口韵字如"徐、取、娶、趣、居、车、俱、举、句、据、巨、具"等和"堆、兑、对、内、雷、吕、旅、累、泪、追、醉、最、罪、吹、税"等，在广州话中本念为［ɵy］，而在增城话中却念为圆唇的［œ］韵母。

这个［œ］及以［œ］为主元音的韵母所管的字，在增城话中特别丰富。除上举广州话读为［ɵy］的字念为［œ］之外，广州话读为［on］、［un］的寒、桓韵字也都念为［œŋ］而与阳韵字的［œŋ］合流。如"般、本、潘、盆、盘、判、端、短、团、屯"以及"安、案、寒、韩、看"等字与"娘、梁、昌、姜、央"等读为同一个韵母。

增城话念为［ei］韵母的字比广州话多。止摄字中，广州话念为［ei］的字，如"死、四、机、讥、几、基、箕、己、纪、记、既、寄、忌、技、崎、其、期、棋、旗、奇、祈、翼、暨、希、喜、欺、起、气、戏、器、弃"等字，增城话同念为［ei］；而广州话念为［i］的"姿、资、兹、子、自、字、寺、伺、词、辞、磁、次、厕、思、司、丝、私、斯、事、而、宣、仪、疑、耳、二、义、衣、依、医"等字，增城也念为［ei］。此类字广州话有［i—ei］之别，而增城则同念为［ei］。当然，［i］韵字在这方面减少了，却在鱼、虞韵字中念为［i］得到补充。以［e］为主元音的［eŋ］，在增城话中管字特别多，因为广州话念为［oŋ］韵的字（如"红、冬"等）都念为［eŋ］了。

　　广州话对咍韵字念为［ɔi］，如"胎、台、来"等，增城话同念此音，而对灰韵唇音字，广州话念为［ui］的，增城话仍念为［ɔi］，如"杯、贝、背、培、陪、赔、裴、倍、配、沛、梅、煤、媒、枚"等字。增城话的灰韵唇音字没有发生元音高化的过程。

　　增城话的另一特点是收［-n］、［-t］韵尾的字，多数并入［-ŋ］、［-k］尾，因此，它没有广州话中的［an］、［ɐn］、［ɔn］、［ɵn］、［yn］及其相应的入声韵母，只有［in］、［it］、［un］、［ut］韵保持不变，这显然是受客家方言影响的结果。

　　增城话的声化韵，只有［m̩］而没有［ŋ̍］。

　　另外，增城的［ɔ］、［e］韵不与［kw］、［kw·］韵相拼，因此，像"光"、"广"等字念为［kɔŋ］，不像广州话一样念为［kwɔŋ］，"郭"、"国"不念［kwɔk］。

　　增城话的声调在调类和调值上与广州话差不多，它分为传统所说的9个声调。增城话的一个突出特点，就是连读变调现象很显著，变调的类型也较为复杂，这是与广州话有较为明显的差异之处。

　　新塘话较为接近广州话，它没有增城话的［ɛ］行韵母，却有［y］行韵母，［-n］尾韵也大体上保留着，也有声化韵

广东的方言

［ŋ］。

5. 南海话 南海位于广州市西面，北面与花县毗邻，西
面是三水和高明县，西南与鹤山交界。其县城本在佛山，现已
迁至桂城镇。全县（现已改为市）及佛山市区通行粤方言。
全县人口约 90 万，加上佛山市区 30 多万人，两者合共有 130
万人左右。今以佛山（旧县城所在地）话为代表介绍它与广
州话语音的主要差异。

南海话（佛山话）与广州话在声母方面没有什么差异。

韵母方面，南海话有 ［ɐ］ 类韵母与 ［a］ 类相对。除此
之外，南海有一套以 ［ɛ］ 为主元音的韵母，如：

ɛ iɛ ɛu ɛm ɛn ɛŋ ɛp ɛt ɛk

这一点，与邻近的顺德话相同。不过，念为 ［ɛm］、
［ɛn］ 等韵的字较少，并且多是口语音。这组韵母可能是古代
遗留下来的，现在已消失得差不多了。

另外，南海与顺德、三水等地一样，有 ［om］、［op］ 两
个以 ［o］ 为主元音的闭口韵，这也是近代期粤语所拥有的韵
母，其他的方言点已经消变为 ［ɐm］、［ɐp］，而南海及顺德、
三水等地仍保存着。

声调方面，南海话与广州话没有大的差异，阴平也可以分
为两类，阳平的调值则与广州不同。南海念为 42 调，广州话
则念为 11 调。阳平调各地的念法多有不同。

6. 顺德话 顺德在广东省的中南部，位于珠江三角洲区
域之内。周围与佛山、中山、番禺、南海、新会等县市交界。
其县城本在大良镇。现在，顺德已建立市，市区的主体也是在
大良镇。

传统的顺德话（有人称为"老派"顺德话）与广州话的
差异，主要表现在下述几个方面。从声母方面来说，顺德话的
鼻音声母 ［m］、［n］、［ŋ］ 都略带同部位的塞音，实际的音

·100·

值是:

  m^b n^d ŋ^g

  这不同于广州市区（旧市区）而与广州原郊区龙归、新市、江村一带的发音近似。顺德话中的［n］和［l］两个声母，本来有较为严格的区分，但"新派"的顺德话（体现顺德话近数十年来的变化）却混同了这两个声母，青年人口中，往往把泥母字念为［l］，如"怒、南、农"等字都念成［l］声母。传统的顺德话保留了［ŋ］声母，中古疑母的开口洪音字都读为［ŋ］，这与广州话是一致的，但新派顺德话却把它们念为零声母，"我、牛、咬、岸、颜"等字都念为［∅］了。

  顺德话对中古时的全浊音声母字，变读为送气清音与不送气清音。大体的情况与广州话相同。但它与番禺话一样，把不少在广州话中念为送气清音的字读为不送气清音，如古并母字的"牌、赔、盘"，古定母字的"同、铜、甜、藤、田、塘、糖"，古澄母字的"虫、缠"，古从母字的"前、钱"，古床母字的"柴"，古禅母字的"匙"等，都念为不送气音。这些都表现了粤方言较为早期的读法。

  顺德话对中古的晓纽字"花、化、熏、勋、荤、婚、训、忽"等都读为［w］（新派则多变为［f］），对匣纽字"贤、弦、嫌、穴"等字则念为［h］，中古的喻三纽字及喻四纽字如"雨、羽、禹、宇、员、圆、完、院、移、姨、以、已、易、与、余、悦、阅、喻、延、盐、艳"等念为［h］（新派顺德话则多受广州话的影响念为［j］），这也与番禺的情况一样。

  顺德话中，对中古止摄脂、支、之各韵的见组声母字，不与广州话一样念为［ei］，而是念为［i］，如"棋、其、期、祈、忌、妓、冀、既、弃、戏"等。同样的，对遇摄鱼、虞韵的见组字"矩、巨、俱、句、区、拒、驹、拘、瞿、圩、虚、嘘、许"等字,广州话念为 [ɵy],顺德话则念为 [y],这些都与番禺话一样,保留了粤语较早期的状态,它较少发生从 [i>ei、y>ɵy] 的我们称之为韵尾"繁衍化"的过程。对于那些止摄的合口字和蟹摄的灰韵字,广州话也多念为 [ɵy],顺德话则保持念为 [ui],如"堆、推、对、碓、兑、退、腿、蜕、雷、碎、偏、罪、最、崔、催"等字。新派的顺德话也有把这些字念为 [ɵy] 的,这是受广州话影响的结果。

传统顺德话的 [y-] 韵母字,相对于广州话来说较少,例如桓、谆、魂等韵的"端、短、段、锻、断、团、暖、钻、酸、船、全、泉、宣、选、旋、转、怨、嫩、尊、寸、村、存、孙、损"等,广州话念为 [yn],顺德话仍然念为 [un](新派顺德话则念与广州话相同)。

顺德话的声调也可分为 10 类,阴平分为两类,调值与广州话一样,一为 53 调,一为 55 调。阴上念为高升调,也与广州近似。阴去的调值是 32,发音的后半部分呈略降的状态。阳平调的发音比广州话高,广州是念为 21 调或 11 调,而顺德是 42 调。阳上、阳去以及入声调的调值,均与广州话相近,就不必赘述了。

7. 三水话　三水位于广州市的西北面,东部与花县毗邻,西面和四会县相接,南部与南海和高明两地接壤,西南面与高要县交界。全县人口约 32 万。除两万多人讲客家话外,大约有 30 万人使用粤方言。现以县城西南镇为代表介绍其语音特点以及与广州话的差异。

声母方面,三水话大致与广州话相同。声母的类别基本一致,只是各个声类所管的字有出入。如:

广州话读为 [f] 声母的原晓母字,三水话失去声母念为 [w],如"婚"字;广州话念为 [w] 的,它却有些字念为 [f],如"禾"字。这个 [w] 的发音实际上是 [v]。

微母字在三水话中读与明母同音，这一点与广州话相同。

三水话中有［n］和［l］两母，基本上分用不混，但也有不少［n］声母字读为［l］，如"女、你"等字。

中古的疑母读为［ŋ］，如"岸、讹、牙、芽"等。现代的零声母字大多不加上［ŋ］母，如"安"字读［ɔn］而不读［ŋɔn］，"哀"字读［oi］、"埃"字读［ai］等，它们都不加上［ŋ］声母。

三水话的喻三组字，有些读为［h］，保存中古的读音，如"远"字念为［h］，"丸"也一样念为［h］。

一些中古的溪母字在三水话中念为零声母，如"凯"字读为［oi］，其他的字多同广州话读为［f］，如"快、块"字。

韵母方面，三水话的主要特点是：

有以［ɛ］为主元音的一系列韵母，它们是：

ɛ 骑　ɛu 苗　ɛm 咸　ɛn 边　ɛŋ 冰　ɛp 夹　ɛt 八　ɛk 力

［ɛŋ］、［ɛk］存在于广州话之中，其余的韵母则是三水话有而广州话不具备的。这些韵母在周围各个方言点中大都保存着。

此外，三水话与广州话不同的，还在于它具有［om］、［op］韵。中古谈、覃韵及合、盍韵的某些字读这两个韵母。

广州话中念为［øy］韵母的"除、储、徐、去"等字三水有一些念为［y］，当然也有一些与广州话一样念［øy］。

三水话把中古的阳韵字念为［ŋɛi］而不像广州话一样念成［œŋ］，广州新市区（原郊区）及周围一些县份许多方言点把本韵字念为［iɛŋ］，［i］是介音。三水话有许多以［i］为介音的韵母，这种情况与广州话不同。

三水话有一组以［ɐ］为主元音的韵母，存在［a］类与［ɐ］类韵母的对立，这一点与广州话一致。

三水话的声调系统与广州话一样，它的阴平调也有 53 与 55 两调之分。参照广州话的情况，我们也可以说它具有 11 个声调。

8. 中山话 中山市位于顺德市南面。靠西与江门交界，向南及向东面向大海。中山除有一部分人使用闽方言（隆都话）和客家话之外，主要是流行粤方言。中山市区以旧县城所在地石岐为主体。现以石岐话为代表介绍中山话的情况。

中山话的鼻音声母 ［m］、［n］、［ŋ］ 在某种情况下（韵母的元音为高元音，即细音字）其发音带有同部位塞音，这与相邻的江门话、台山话一样。这几个声母的实际音值是 ［mᵇ］、［nᵈ］、［ŋᵍ］。［ŋᵍ］ 声母可以与细音韵母相拼。

广州话的舌叶音声母 ［tʃ］ 组，在本方言中念为舌尖前音 ［ts］ 组，但发音没有普通话那样靠前。发音时舌尖顶着上齿龈与上牙齿之间。

中山话的零声母字多带有喉塞音 ［ʔ］。

韵母方面，中山话的特点之一是 ［i］、［u］、［y］ 单独作韵母字，没有发生与广州话一样的韵尾"繁衍化"的现象。也就是说，并没有发生下述的变化：

i→ei　u→ou　y→ɵy

中山话虽然有 ［ou］ 和 ［ɵy］ 韵母，但不是由侯、鱼、虞等韵字变来的。中古的支、脂、之、微等韵字仍念 ［i］，其唇、牙音声母字不像广州话一样读成 ［ei］，所以中山话中没有 ［ei］ 这个韵母；鱼、虞韵的 ［ts］ 组声母字也不念为 ［ɵy］，如"取、娶、趣、聚、须、需"等字念为 ［y］ 韵母；"卢、炉、鲁、路、露、租、祖、组"等字不念 ［ou］ 而念 ［u］。

中山话与南海、顺德、三水、高明等地一样，存在 ［om］、［op］ 韵母，中古覃韵及合韵字"庵、暗、龛、含"

及"合、盒"等念为这两个韵母。

中山话的另一特点是保存［i］、［u］介音。［y］不用作介音。

中山话中，"光、广"等字念为［kɔŋ］，与广州话的［kʷɔŋ］音不同；相配的入声韵字"郭"等也是如此。

声调方面，中山石岐话只有6个声调。它们是阴平、阳平、上声、去声、阴入、阳入，这个声调系统的类别，与客家话一样。调值与广州话差距最大的是阳平调，中山念作51调，而广州话则是11调。在粤方言，调值出入最大的要算阳平。

9．东莞话　东莞市位于广州市东南面，北面与增城、博罗县相接，东面与惠阳接壤，南面是深圳市，西面是番禺市。东莞市的人口约130万，其中除有少数人讲客家话之外，其余大部分居民都使用粤方言。东莞的市区以过去的县城所在地莞城镇为主体。现以莞城话为代表介绍其语音情况。

声母方面，东莞话有一些与广州话相同的特点，如古明、微母字同读为［m］，"无、巫、武、舞"等字读为［m］。东莞话中有［v］声母，但它所管的字不是中古的微母，而是中古的影母合口字。这些字本念为［w］，由于摩擦成分的增强并且唇齿化，所以影组有一部分字读为［v］。

东莞话与广州话在声母上的相异之点，主要是：

中古的溪、晓、匣纽字，东莞话比广州话更多地念为［f］声母。这两个声母，在广州话中有许多念成［f］，如"快、块、花"等。

但东莞话不单这些字念为［f］，还有其他一些字也念［f］：

溪母：看［fun］　开［fi］

（这类字不多）

晓匣喻三母：海［fi］　　汉［fun］　　亥［fi］

　　　　　　　寒［fun］　　韩［fun］

　　　　　　　芋［fu］　　　毁［fɐi］

　　　　　　　害［fi］　　　核［fɐt］

　　　　　　　喝［fut］

总之，东莞话的［f］声母字特别多。还有个别晓纽字念为［k·］，如"吼"。

见组声母中的疑母字，其洪音字读为［ŋ］，如"牛、昂、艺、傲"等，但其细音字则失去［ŋ］。这些字在广州话中念为半元音的［j］，但东莞话的这个［j］不断增强其摩擦作用，终于变成［z］，如"宜、仪、遇、寓、愚、虞、娱"等，日纽字"儒、乳"等也读［z］；喻三纽字有许多也念为［z］，如"于、盂、雨、宇、禹、羽"等。影组字也然。一些合口字在东莞话中变［v］。如：话［va］、外碍［vi］、怀淮坏［vai］、惠卫［vɔi］、岸［vun］等。

东莞话中，有一些来母字念为［ŋ］，如"李、鲤、来、朒、罗、裸、螺"等。这是因为中古的一部分［l］声母字在本方言中与［n］声母混读，由［l］读成了［n］，这个［n］的发音部位后移，混入了［ŋ］声母。

东莞话的［ts］组声母是舌尖音，发音时舌尖抵齿背或上齿龈，部位比普通话的［ts］组略为靠后。与广州话的舌叶音也不一样。

韵母方面，东莞话有一组［ɛ］类韵母，如：

ɛ　　ɛŋ　　ɛk

显然，它比其他保留本类韵母的方言少了［ɛm］、［ɛn］、［ɛp］、［ɛt］等韵母，原因是这类韵尾在东莞话中已减少很多。

东莞话中，存在广州话中的［ɐ］类韵母，但其数量比广州话少，只有［ɐm］、［ɐn］、［ɐi］和［ɐk］、［ɐt］等几个。

这个［ɐi］所管的字，也与广州话很不一样：

甲、广州话读［ɐi］的，东莞话不读［ɐi］。如中古四等齐韵字，广州话多念为［ɐi］，但东莞话念成［oi］，如"鸡、闭、批、迷、米、细、低、系、底、帝、弟"等，这与客家话相同。

乙、广州话不读［ɐi］的，东莞话却又读［ɐi］，如止摄的支、脂、之韵除精组声母以外的字，广州话念为［ei］，东莞则念成［ɐi］，如"你、饥、肌、几、己、纪、基、记、欺、碑"等。一些精组字也念为［ɐi］，如"子、脐、兹、慈、思、字"等。

东莞话中有［y］元音，但只有这一个撮口呼的韵母，并没有以［y］为主元音构成的一系列韵母。东莞话也没有广州话的［œ］类韵母，麻三韵字"茄、写、邪、者、车、蛇"等字念为［ø］（不念为［ɛ］），开口度比［œ］为小，阳、药韵字也念为［øŋ］、［øk］而不是［œ-］。

东莞话保存了中古的 6 种辅音韵尾：［-m］、［-n］、［-ŋ］、［-p］、［-t］、［-k］。除此之外，还有一个喉塞音收尾［-ʔ］（如"磕、匣"等）。不过，各类韵尾与元音的结合，东莞话与广州话有颇大的不同。［-m］尾韵已逐渐减少，只存下一个［ɐm］韵，其他收［-m］尾各韵已变为［-ŋ］（相应的入声［-p］尾也大部分并入［-k］尾）。收［-n］尾的韵母也不多，只存下几个开口度不大的元音与［-n］尾结合的韵：［ɐn］、［øn］、［in］、［un］，其余收［-n］尾的韵类也归到［-ŋ］尾去了（入声韵也如此）。因此，东莞话中，收［-ŋ］尾的韵母管字特别多。

［-ʔ］尾韵收的字主要来自［-p］、［-t］尾的一部分（咸、山两摄的入声字）。这个［-ʔ］显然是由［-p］、［-t］消变而来的。这与本省保存有［-ʔ］尾韵的闽方言不太相同。

东莞话中的一部分入声韵还有消失韵尾的现象。失去塞音韵尾之后，其声调从入声变为去声，而其韵母也从促声韵变成了舒声韵。失去塞尾的，主要是入声调中念为中入调的字。其韵母则以念低元音或半低元音为主。韵尾则以收〔-k〕的占多数。

声调方面，东莞话的特点是去声不分阴、阳，所以比广州话少了一个调类。调值方面，东莞话与广州话差别较大。阴平调念为 213 调，与广州话的 55 及 53 调不同。去声读为一类，作 32 调，与广州话的阴去调作 33 也有不同。

10. 龙门话　龙门县在增城东北面，南边与博罗交界，全县约 30 万人。本县基本上使用两种方言，一是粤语，另一是客家话。讲粤语的人数约有 15 万，主要住在本县县城龙城镇及左潭、铁冈、地派、蓝田、平陵和龙华各镇，以上地区一般称为北片；此外，沙径、麻榨、永汉各镇也用粤语，称为南片。现以龙城镇话为代表介绍其特点。

声母方面，龙门话共有声母 17 个，与广州话的差异主要是没有广州的唇化声母〔kw〕、〔kw·〕。广州话念上举声母的字，龙门读为非唇化音〔k〕、〔k·〕。所以在本方言中，"瓜"与"家"同音，"乖"与"佳"同音，这可能是受当地客家话影响所致。

龙门话中，有〔n〕、〔l〕不分的现象，古泥母字也读入〔l〕，这一点，比广州话更为明显。

中古时的匣纽字，龙门话与客家话一样念为〔f〕，如"胡、湖、壶、弧、户、沪、互"等，与粤方言念为〔w〕的情况不同。

日母字"儿、尔、二、而、耳、认、仁"等本方言念为〔ŋ〕（〔n̥〕）声母。这一点也与广州话有异。

韵母方面，龙门话最突出的特点是有一套以〔ɛ〕为主元音的韵母，如：

εu　εm　εn　εŋ　εp　εt　εk

　　这种情况与顺德、三水等地的粤方言相同。广州话一般只有［εŋ］和［εk］。［ε］类韵母字广州多读入［i］类韵母字。

　　本方言有一套以［ɐ］为主元音的韵母，这一点与广州话一致。

　　龙门话基本上没有广州话收［-y］韵尾的字，广州话中的［ɵy］，在本方言中有一些读为［ɔi］，如"催、脆、翠、最、罪、税、岁"等；另一些字（主要是鱼、虞韵字）则读为［y］，如"举、去、女、蛆、趣、绪"等。

　　广州话中念为［ɵn］、［ɵt］的字，龙门话基本上也不出现，它们读为［ɐn］和［ɐt］，如"吨、敦、津、春、唇、进"等和"律、卒、出"等。

　　广州念为［i-］的字，龙门话多念为［ε-］，如：边［pεŋ］、篇［pʻεŋ］。广州话中念为［ε］类韵母的，本方言多念为［a］，如"爷、野、夜"等读［ja］，"遮、蔗、借"等读［tsa］，"斜、邪"读［tsʻa］，"写"读为［sa］。这种读法，保留了更早期（南宋以前）的读音。

　　龙门话保存了［-m］、［-n］、［-ŋ］、［-p］、［-t］、［-k］六种韵尾，但收［-n］尾的字有一部分混入［-ŋ］尾，如［εn］（中古仙、先、元等韵字）韵字即读为［εŋ］。

　　龙门话没有［ŋ̍］这个声化韵，但却有［m̩］，模韵字"吾、梧、吴、蜈、五、午、误"等念为［m̩］。这一点与增城、东莞相同，而与广州话有异。

　　龙门话的声调系统基本上与广州话一致。但阴去（323）、阳去（51）、阳入（54）等调的调值与广州话不同，其他大致上与广州话相同。

11. 香港话　香港位于广州市东南面的珠江出海口处，与深圳市毗邻。全港以讲粤方言为主，此外，还有潮汕话、客家话、海南话、福建话、上海话等方言在一部分人中间流通。总之，香港是一个方言很复杂的地区。因为它的居民来自四面八方，但社会上通行的则是粤语。

香港使用的粤语，其基本语言结构与广州话没有什么大的差异。由于香港发展的历史较短，它本身没有形成一支带有本地明显特点的、有别于广州粤语的方言，所以，它所流行的粤语，也就采用广州地区通用的粤语。因此，香港所用的粤语（一般称为香港话）就其基本特点来说，与广州话很接近。

香港话与广州话的差别，主要是表现在使用的词语上。香港话中吸收的英语词很多（其中有一些已经传进内地的粤方言），形成了它与广州话在表达上的许多差异。但从语音上说，它们的歧异并不大。其差异之点主要是：

香港话［n］、［l］不分的趋向比广州话更为突出。香港绝大多数人口中，这两个声母基本上没有区别，一般是把［n］母字念为［l］母字。另外，香港人口中，对于粤语中的唇化声母［kw］、［kw·］的读法，有与［k］、［k·］混同的趋势。特别是在这两个声母与后圆唇元音韵母［ɔ］、［ɔŋ］、［ɔk］相拼的情况下，声母的圆唇成分更容易丧失，念成单纯的［k］、［k·］，如"光"念［kɔŋ］，"国"念［kɔk］。这种混读，主要出现在40岁以下的中青年人口中。

广州话的［ŋ］韵字如"五、吾、悟、梧、吴、误"等，在一部分青年人口中念为［m］，读与"唔ᵐ̀"字相同。

香港话在语音上的另一个特点是零声母字与［ŋ］声母字互混。粤语中对中古疑母字的洪音字（本方言读为洪音）如"我、鹅、牛、牙、艺"等读为［ŋ］，细音字如"疑、宣、仪、义、彦、严"等则失去［ŋ］，念为零声母。有些粤语区

的人进一步把保留 [ŋ] 的"牛、我"等字也念为零声母，香港人中，既有人把这些字念为 [ɐu]（牛）、[ɔ]（我），也有人把本是念为零声母的"哀、爱、鸦、安、恶"等字念成 [ŋ]。广州地区的粤语虽然也有这种现象，但似乎没有香港那么突出。

12. 澳门话　澳门在从前是属于香山县（现中山市）的一个渔港。使用的方言是与中山话相近的粤方言。现代的澳门话与广州话大同小异。其差异之处概述如下。

声母系统与广州话相同，但因为本方言发生了 [n]、[l] 不分的现象，所以失去了 [n] 声母，并入 [l] 声母。

韵母方面，与广州话没有什么差异。澳门话与广州话的差别，主要表现在声调上。澳门的上声不分阴、阳，合为一调。阴平调也没有上阴平与下阴平之分。它一律念为55调。其他没有什么差异。

13. 台山话　台山县在广东省南部沿海地区，属珠江三角洲地带。其西南面与恩平县相接，西北是开平县界，北面和新会接壤。这几个县城一般合称为"四邑"。四邑地区使用着属于粤方言系统的台山话。台山话与广州话有较大的差异。

台山县现有26个镇，居民约100万人，主要是使用台山话。

台山话与广州话的差异，主要表现在下述几个方面。

声母方面，台山话最突出的特点是存在一个边擦音 [ɬ]，中古的心邪纽字多读为这个声母，如"思、伺、词、祠、似、丝、司"等。

台山话的鼻音声母都带有同部位的塞音，念为 [mb]、[nd]、[ŋg] 或 [ᵐb]、[ⁿd]、[ᵑg]，其实际发音是塞音成分占据主要地位。

此外，中古的精组声母字变读为 [t]，而古代的端组声母则失去［t］而念为喉塞音［ʔ］（主要在去声字），而透、定纽的平、上声字（广州话中念为送气清音声母［tʻ］）则变为［h］，例如"兹、滋、子、梓、字、寺"等字读为［t］；"颠、典、电、殿、奠"等念［ʔ］；"天、铁、田、填"等念为［h］；中古的庄、章、知组字则读为［ts］、［tsʻ］、［s］，如"证、症、织、职、称、秤"等字。

中古的日母字在台山话中读为［ȵ］，而喻四纽字则读为［z］，这是半元音［j］增强摩擦成分的结果。

韵母方面，台山话的主要特点是没有广州话的［œ］韵母及以［œ］为主元音的韵母，广州话念为［œŋ］、［œk］的阳、药韵字在台山话中念为［iaŋ］和［iak］，如"章、障、昌、唱、倡、商、伤、赏、常、尝、裳、上、尚、让"等和"若、勺、芍、弱"等。

台山话中也没有［y］类韵母，表现了较早期的语音特点。广州话念为［y］的字，它一般念为［i］，如"余、与、预"等。

中古止摄的脂、之、支等韵字"兹、子、梓、慈、字、司"等在台山话中念为［u］韵母。

台山话韵母方面的另一个突出之点是保存［i-］介音，如"禅、蝉"念为［siam］；"苗、描"读为［ᵐbiau］等。但其带［i］介音的韵母要比邻近的恩平等地少得多。

台山话有一套以［e］为主元音的韵母，如：

ie ei eu em en ep et

中古的侯韵字念为［eu］，仙、先韵字念为［en］；［eŋ］韵字则变入［en］。

台山话与广州话韵母方面的一个重大差异，就是它与广州话不一样，没有［a］与［ɐ］两类韵母的对立。

台山话中有一套以［ɔ］为主元音的韵母，如：

[tɔ]、[tic]、[ɔn]、[ɔt]

它们在主元音之前带有一个轻微的过渡音 [u]，其实际音值是 [ᵘɔ]、[ᵘic]、[ᵘɔn]、[ᵘɔt]。中古的歌、戈韵字读为 [ɔ]，哈、灰韵字读入 [ic]，桓、元韵与先、仙韵的合口字以及寒韵的喉、牙、唇音字都读为 [ɔn]，如"端、短、断、锻、团、暖、鸾、卵、乱、钻、算、完、丸、干、肝、竿、看、岸、汉、寒"等都念为 [ɔn]。

台山话的辅音韵尾，与广州话一样，保存六种韵尾：[-m]、[-n]、[-ŋ]、[-p]、[-t]、[-k]。其系统相当整齐。

中古脂、支两韵的合口韵字一部分在台山话中念为 [ui]，如"醉、累、嘴、髓、吹、睡、类、水、槌"等字，不念为广州话的 [ɵy]。台山话没有广州话的 [ɵy] 韵母，一些念为本韵的鱼、虞韵字本方言念为 [ui]，如"居、举、据、锯、墟、去、渠、巨、拒、距、鱼、语、御、虚、嘘、许"等。

中古的通摄东、冬、钟等韵字在台山话中变读为 [øŋ]。

声调方面，台山的去声只有一类，念为31调。其他的调类在调值上与广州话略有出入。

14. 阳江话　阳江市位于广东的恩平县以西地区，西面与阳春、阳西县相接。阳江市本属阳江县，后从阳江县中划出阳西县，而存下的县境转为市的建制。阳江市现有人口约90万，除少数地区的人使用较"纯正"的广州话和客家话外，绝大多数人使用阳江话。阳江话也属粤语系统，但与广州话略有差异。

阳江话与邻近的四邑地区一样，具有一个边擦音声母 [ɬ]，这一点与广州话有较明显的差异。

阳江话除有 [k]、[kʰ] 声母外，广州话的圆唇化 [kw]、[kwʰ] 声母在阳江话中念为 [kv] 和 [kvʰ]，圆唇化成分变成了 [v] 介音，而且摩擦成分加强，且有唇齿化的倾向，念成

［kv］的音，［w］也变成了［v］。在广州市的新市区，如白云区的某些方言点也有这种现象，但绝大多数方言都念作［kw］等。

韵母方面，阳江话没有［y］韵母。这一点与台山话相同而与广州话有异。鱼、虞韵字一般都读入［i］韵母，如"余、预、与"等字。

此外，阳江话中也不存在广州话的［œ］韵母。

总之，阳江话中的圆唇元音一类韵母较广州话为少。

阳江话中保存了［-m］、［-n］、［-ŋ］等鼻音韵尾，但入声韵尾中，［-k］变成了［-ʔ］，口部塞音只存［-p］、［-t］尾。

15. 吴川话　吴川县在广东省西部雷州半岛的东北面，西部与化州为界，南部与湛江市郊区相接，东北面是电白县。全县人口约 70 万。大部分人操粤方言，一部分人使用雷州话。境内的粤方言，当地称为"白话"。白话的语音，一般以旧县城吴阳话为代表。因其流通较广，使用人数较多。现以吴阳话为代表介绍其语音方面的特点及与广州话的差异。

吴川话声母方面的特点，最突出的是具有边擦音［ɬ］声母。这与粤西一带的白话相同。读［ɬ］的主要是中古的心母字。

广州话的舌叶音声母，在吴川话中念为［ts］组，它是舌尖音。发音时舌尖不如普通话的［ts］那么前，但也不是舌叶音。

声母方面的另一个重要特点，是存在一个全浊音［b］声母和一个［d］声母。中古的帮母字（全清音）在本方言中念为浊音的［b］，因而没有念［p］的字。如"爸、伯、婄、表"等字念为［b］，中古的滂母及并母字（平上声）清化后则读为［pʻ］。中古的明母字仍读为［m］，不像闽方言一样念为［b］。［d］声母所读的字，则是中古端母所管的字。中古的透纽及原全浊音声母的定纽字（平、上声字）则读为［t·］。舌根音见组声母则没有这种情况，原见母字仍读为［k］。这种现象，与广西某些地区的粤语相似。①

吴川话声母的又一个重要特点，就是中古的精组声母字在本方言中念为［t］和［t·］，如"子、仔"与"亲"等字念为［t］和［t·］，一些精母字也念为［d］。

吴川话除把非纽字念为［f］外，中古的许多晓、匣纽字也读为［f］，一些在广州话中念为［h］的，在本方言中也念成［f］，这一点与东莞话有近同之处。如"花、兄"等字都念为［f］。中古的溪纽字也有一些念为［h］，这与广州话相同。

中古的疑母字在吴川话中一部分保持念为［ŋ］，但一些日母字也读为［ŋ］（或［n̠］）而与之混同。如"二、儿"等字便读为［ŋ］。而有一些疑母字则失去［ŋ］而念成［v］，如"外"字读为［vei］，这是因为［ŋ］消变为［w］，［w］则在增强其摩擦成分之后而念成［v］。

韵母方面，吴川话具有一组以［ɐ］为主元音的韵母与［a］类韵母相对，这与广州话相同。另一方面，吴川话还有一组以［ε］为主元音的韵母，如：

ε iε εn iεn εt iεt ɜ

本方言中，收［-n］韵尾的韵母不多，有的［-n］韵字变入［-ŋ］韵，因此，收［-ŋ］尾的韵类特别多。这样，吴川话虽然与广州话一样，维持着中古的六种韵尾［-m］、［-n］、［-ŋ］、［-p］、［-t］、［-k］，但各韵所收的字已经发生了

－－－－－－－－

① 据邵慧君《粤西湛茂地区粤语语音研究》（中山大学出版社2016年版），吴川和下面谈到的化州"下江话"的浊声母［b］、［d］是内爆音。

很大的变动。

吴川话韵母还有一个重要的特点，就是它没有〔y〕元音，也没有以〔y〕为主元音的一类韵母，当然也没有〔-y〕韵尾。这是与广州话大不相同的。

吴川话与广州话的不同之点，是存在〔i〕介音，本方言中带〔i〕介音的韵母相当丰富，〔a〕、〔ɐ〕、〔ɛ〕、〔e〕、〔o〕各种元音之前都可以出现〔i〕介音，这是与大多数粤方言相一致的。

声调方面，吴川话有粤语的 9 个基本声调，即阴平、阴上、阴去、上阴入、下阴入、阳平、阳上、阳去、阳入，但其调值与广州话多有不同，这也是它的特异之点。

16. 化州话　化州县位于高州县以西，西面是广西境，西南为廉江县，南面是吴川县。人口有 100 万左右。主要使用粤方言。化州境内因有鉴江流过，因其地域所处的不同，方言上也有"上江话"与"下江话"的差异。化州的下江话其突出的特点是声母方面有〔b〕和〔d〕两个全浊音声母，它们是从古代的清音声母帮〔p〕和端〔t〕变来。原来的古代全浊音声母并母〔b〕变成了〔p〕；定母〔d〕变成了〔t〕，清音声母却浊化了。如"婆、别"等原浊音字现代变为〔p〕，"波、板"等原清音字现代却读为〔b〕；"但、特"等原浊音字现代变为〔t〕，而"多、得"等原清音字现代却变成了〔d〕。有人认为，原清音声母字现代在化州话中读为全浊音，跟广西桂南地区的北流、容县、玉林、岑溪等地相近似，很可能是受了当地壮侗语族的影响。我们认为，这种读法，也许是原始汉语的一种状态，即中古时的清音声母字，在先秦时代也有可能是念为浊音。

下江话的声母除了有圆唇化声母〔kw〕、〔kw·〕之外，还有一个〔ŋw〕。中古的疑母字（包括一等和三等字）都有一部分读为［ŋw］。

上、下江话把中古时的精组字念为［t］组，这一点与广西地区的某些粤语方言（桂南一带方言）和吴川等地方言相同。"祭"字读为［tɐi］，"浅"字读为［t'in］，"聚"字念为［tui］，"自"字念为［tei］，"造"字念为［tou］，等等。

中古的心母字在化州话（包括上、下江话）中读为边擦音［ɬ］，这与台山、开平、高州一带以及广西桂南地区的粤方言一样。

中古的微母字如"无、忘、文、万"等，与明母字不分，都读为［m］，这与广州话一样。

韵母方面，化州话没有［y］元音构成的韵母。遇摄鱼、虞韵字多读为［i］而不读［y］。粤方言中本韵的精组、见组以及晓、影声母字由［y］变来的［ɵy］在本方言中也不出现，它读为［ɵi］；止摄的合口字在其他粤方言中，其精、知、照组字及来、日母字由［ui］变来的［ɵy］，在本方言中仍然读为［ui］；广州话中桓、仙（元）等韵的精、照、知组及来母字读为［yn］、［yt］的，在本方言中也读为［in］、［it］、［un］、［ut］而不读［yn］、［yt］。这种情况与广西桂南地区的粤方言也相近。［y］或［y-］是古代汉语在明代之际才出现的新元音，中古时并没有这个元音构成的韵母，化州话不出现［y］、［y-］，表现的正是较早期粤语的状态。

化州话收唇音的［-m］、［-p］韵在青少年口中出现了两读，有的仍读唇音尾，有的则兼读［-n］、［-t］或［-ŋ］、［-k］，这是本方言［-m］、［-p］开始走向消亡的前奏。有的［-m］、［-p］尾字已完全变为［-n］、［-t］、［-ŋ］、［-k］尾了，如一等覃、谈韵的"堪、敢、盒"等字。与此一现象相关的，是一等的寒韵字也有一些字从［-n>-ŋ、-t>-k］。例如"安"字读为［ɔŋ］，而"渴"字读为［hɔk］。

化州话中以〔ɛ〕为主要元音的韵母很多，形成一个系列。如：

ɛ ɛi ɛu ɛm ɛn ɛŋ ɛp ɛt ɛk

这也是反映了较早期粤语的语音状况。

化州话中，有一组以〔ɐ〕为主元音的韵母与〔a〕组韵母相对。情况大体与广州话相近。

下江话中的豪韵（贱上、去声）字除少数常用的"考、烤、靠"等读为〔au〕韵母外，其余的豪韵字多念为〔ɔau〕，即在〔a〕之前有一个较明显的过渡音〔ɔ〕，此类字广州话念为〔ɔu〕，这种〔ɔau〕的读法，可能是〔au＞ɔu〕的过渡状态。

化州下江话的声调共有9类，阴平有55和52两种调值，似应与广州话一样分为两类，果系如此，则共有10个声调。从调值上说，下江话的阳平念为高平调（44或55），与广州话念为低平调不同，而阳上是一个曲折调，有人记为214，与广州话的13调略异。上江话则没有阳上调而合入阳平。

17. 信宜话 信宜县在罗定县以西，南面与高州县交界，东南是阳春县，全县人口共有90多万。本县流行的方言主要是粤方言，雷州话及客家话的使用者在本县很少。下面介绍其语音与广州音的差异。

信宜话的声母共有21个，其中有些是广州话没有的，一个是边擦音〔ɬ〕，如"私、心、三、师"等字念此音。这个声母是粤西各地方言所共有的。此外，它还有〔ŋ〕声母，在信宜话中，有〔-n〕、〔-m〕、〔-ŋ〕三者的分立。它同广州话一样，也有〔k〕、〔k·〕与〔kw〕、〔kw·〕两套声母的存在。

韵母方面，信宜话与广州话一样。有〔a〕类与〔ɐ〕类韵母的对立。它与广州音比较重要的差异是有一类以〔ɛ〕为主元音的韵母：

ɛ 车 ɛu 鸟 ɛm 钳 ɛn 浅 ɛŋ 娘 ɛp 夹 ɛt 裂 ɛk 削

这类韵母的主元音，在广州话中多数念为［i］。

广州话中的［œŋ］在信宜话中念为［ɛŋ］。信宜话中，有入声韵［œk］，但其相对的阴声韵读为不圆唇元音而并入［ɛ］类韵母系统。本方言中与"娘、秧"等字相对的开口韵，即中古的唐、江韵字，则念为［ɔŋ］，与广州话相同。

信宜话中也有［œ］元音，它除了自成韵母（靴、朵）之外，还可以带［-k］尾。

信宜话的［θi］相当于广州话的［θy］。一般粤方言把古鱼、虞韵字的一部分念为［θy］，如"女、举"等字。信宜话不产生［-y］韵尾，它把这个韵母的尾音仍读为［-i］（但略带圆唇的色彩）。这是与广州话不同之处。

信宜话中还有一个以［ɔ］为主元音的韵母系列，如：

ɔ 波 ɔi 代 ɔm 庵 ɔn 安 ɔŋ 帮 ɔt 割 ɔk 恶

这里，与广州音不同的，是保留一个［ɔm］韵母，这与顺德、三水一带的粤方言相同。这个［ɔm］所管的字主要是覃韵字，它在近代的粤语中保留着，而广州话却消失了。

声调方面，信宜话有粤语的9个基本调类，其调值也与广州话相近。这里就不赘述了。

信宜话的语音中还有一个比较突出的特点，就是常常通过"变音"的方式来区别词义，表示事物的大小、数量的多少、感情色彩的差异、程度的深浅或动作的轻重等。变音的形式是将这个词语的最后一个音节念为特别高扬的调子。具体的情况可以参考叶国泉、唐志东的《信宜方言的变音》（载《方言》1982 年第 1 期）和罗康宁《信宜话数词、代词、副词的变音》（载《中国语文》1986 年第 3 期）两文。

18. 韶关话 韶关位于广东省北部，是本省的一个重要城市，有悠久的历史。现在的韶关市区分为三个区：武江、浈江和北江。韶关本地在早年本是使用客家方言与韶州土话，但近数十年来，粤方言逐渐代替了它们。这里所说的韶关话是指韶关的粤方言。

韶关粤语的声母系统与广州话没有什么大的差异；韵母系统也大致相同。但也有一些细微的差别。

声母方面，韶关［n］、［l］不分，泥母字读为［l］，这与广州稍有差异。广州话有两者相混，但只限于局部地区的话。

韶关话的唇化音声母［kw］、［kw·］如果与［ɔ］类韵母相拼，其唇化成分有失去的现象，如"戈"与"歌"同念为［kɔ］，"光"与"冈"同念为［kɔŋ］，"国"、"各"同读为［kɔk］。

广州话的溪母字，除合口部分读为［f］外，多数字读为［h］，但韶关话却有许多字［k·］、［h］（或［f］）两读，如"砍、筐"等字有［k·~h］两读，"楳、枯"等字有［k·~f］两读，这表明韶关话保持粤语较早期的读法，也可能是受当地客家话影响的结果。

韵母方面，韶关话与广州话一样有［a］类韵母与［ɐ］类韵母的对立，但现在的韶关话，［ɐ］类韵母有向［a］类韵母发展的趋势，特别是在鼻音韵尾或塞音韵尾之前的［ɐ］，要不就是读为［a］，要不就是保存［ɐ］、［a］两读。如"盒"字读为［hap］（广州念［hɐp］）、"墨"字读为［mak］（广州念［mɐk］），"坎"字念为［ham］（广州是［hɐm］）等。这表明［ɐ］元音有朝向消失的发展趋势。当然，也有某些广州话念为［a］韵腹的，韶关话也念为［ɐ］韵腹，如梗摄字"坑、孟"等字，广州念为［a］韵腹，韶关却念成［ɐ］韵腹。

韶关话保存着［-m］、［-n］、［-ŋ］、［-p］、［-t］、［-k］

完备的韵尾系统。但它们所管的字却与广州话不同。[-m]尾韵虽存，但有向[-n]尾消变的趋势，许多闭口韵字如"敢、含、坎"有[-m~-n]两读的现象，[-p]尾字也是如此，如"协"字既收[-p]尾，也可收[-t]尾；"蛤"字既可收[-p]尾，也可收[-k]尾。有的[-m]尾韵字则全变为[-n]，如"贪、站"基本上只念[-n]；[-p]尾字也一样，"摄、接"等字也只念为[-t]。有的[-ŋ]尾字则兼有[-ŋ]、[-n]两读，例如"崩、生、盟、更"等字都是如此。一些本收[-n]尾的字，如"欣、禀"等则出现[-n]、[-m]两读；一些本收[-ŋ]尾的，如"灯、邓"等，则出现[-ŋ]、[-m]两读；一些本读为[-t]尾的，则变为[-k]，如"伐、拔"等字。总之，对照着中古《广韵》的韵尾体系来说，韶关话的韵尾出现了大乱杂的现象。这与广州话并不相同。这种现象，可能是因为韶关市的人来自四面八方，有的来自湖南等地的，他们受本方言的影响而失去[-m]、[-p]类韵尾；有的本是操客家方言的，他们有把[-ŋ]尾韵并入[-n]尾的倾向（如[iŋ]、[əŋ]两韵字）；来自粤东闽方言区的，则有丢失[-n]、[-t]尾而变入[-ŋ]、[-k]尾的可能。这些都与方言的"混杂"和"融合"有关。

韶关话中有声化韵[ŋ̩]和[m̩]两个韵母，但多数广州念为[ŋ̩]的都读入[m̩]，这与增城一带的粤语是一样的。

声调方面，韶关话的阴平只有一类，念为55调。其他的类别及调值大体与广州话一致。不过，韶关话念为33调的阴去和念为22调的阳去以及念为33调的下阴入与念为22调的阳入，由于调值比较接近，往往可以33调与22调混读，一些字既可读为33，也可读为22，当然，也有一些只有一读。如阳去的"骂"字，既可读为22调，也可读为33，属阳入调的"舌"字也是如此。这种情况意味着这些不同调类的对立在不久的将来将要消失。这种混读，正是声调类别发生归并的前奏。

19. **乐昌话**　位于广东北部的乐昌县，是一个方言比较复杂的县份，但主要是属于客家方言系统和粤方言系统。使用客家方言的人数较多，用粤方言的较少（据统计，使用较纯正的"白话"——粤语的人数约有 8 万）。粤方言主要是流行在县城内，坪石镇也有一部分人使用，此外，河南乡也使用粤语。

乐昌粤方言的主要特点，表现在声母方面，主要是［n］、［l］不分，许多原属泥、娘母的字一般都念为［l］，如"年、女、娘、拿"等字。韵母方面，主要是中古时的［-m］、［-p］尾韵（咸、深摄字）变为［-n］、［-t］尾，如"男、三、甘、尖、音、合、钠、塔、夹"等。这种情况可能是受汉语共同语——普通话及邻近地区（与乐昌交界接壤的湘方言区）的方言影响的结果。

此外，中古时期收［-k］尾的梗、曾、宕摄的开口一、二等字，在本方言中变为收［-t］尾，如"作、学、北、革、客、塞、托"等，变为与鎋、黠、薛等韵字一样，读为相同的韵尾。这种情况，则可能是受当地客方言影响的结果，不过与客方言的读法略有不同。

上面我们选择了粤方言区近 20 个具有代表性的、比较重要的方言点，介绍它们的特点及与广州话语音上的差异。这些差异大体上反映了粤语区各地方言的基本异同情况。现在我们把这些情况略加归纳。

声母方面，粤语区各点的异同主要是：

1. 广州的鼻音声母，在从化、顺德、中山、台山等地带有程度不同的同部位塞音，一般念为［mᵇ］、［nᵈ］、［ŋᵍ］或［mb］、［nd］、［ŋg］或［ᵐb］、［ⁿd］、［ᵑg］。

2. 广州话的舌叶音［tʃ］组，在增城、中山、东莞、台山、吴川等地念为［ts］组。

3. 龙门、顺德、澳门、韶关、乐昌等地，［n］、［l］不分的现象比较严重。

4. 广州话中的日母字已念为零声母，但龙门、东莞、台山、吴川、信宜等地都保存着，念为［ɲ］、［ŋ］、［n̠］、［z］等不同音值。

5. 中古晓母合口字，广州话读［f］声母，在顺德、番禺、三水等地多念为［w］；中古的晓匣字广州念［h］的，吴川多念为［f］；中古的匣纽字广州念为［j］、［w］的，番禺、顺德、三水等地念为［h］，龙门、东莞念为［f］，东莞还把一部分匣纽字念为［z］。喻三母字东莞也多念为［z］，影母字念为［v］。喻四母字番禺、顺德一部分字念为［h］，东莞念为［z］。

6. 中古疑母字在广州话中，洪音字保留［ŋ］，细音字失去。番禺、顺德两者都失去。东莞、吴川则念为［z］。［ŋ］与零声母之间常有混读现象，各地情况不一。

7. 广州话的唇化声母字在［ɔ］元音前面，番禺、龙门、韶关等地一般都变为［k］、［k·］而不读［kw］、［kw·］这两个声母，阳江念成［kv］、［kv·］。化州除有［kw］、［kw·］外，还有［ŋw］。

8. 中古帮母字（广州念为［p］）在吴川、化州话中读为同部位的浊音［b］，端母字读为［d］。

9. 中古精组字台山、吴川、化州念为［t］、［t·］。中古的端母字台山读为［ʔ］，［t］声母消变为此音。透母字读为［h］。

10. 台山、阳江、吴川、化州、信宜（以及粤西大部分粤语区）有边擦音声母［ɬ］，以心纽字为主，有的兼及邪、生、书等声母字念此音。

韵母方面，各点的异同情况如下：

1. 广州话中的［ɐ］类韵母，各地多存在，有的地方读［ɐ］元音韵的较少，有的完全没有，如台山话。

2. 广州话的［y］及［y-］类韵母，顺德和东莞很少，增城、阳江、台山、吴川、化州等地完全没有，广州读为［y］的字在这些方言中多读为［i］。

3. 中山、吴川、台山等地有［i］介音。

4. 广州话中的［œ］元音韵母，有的地方比较多，如番禺；有的地方没有，如台山、阳江等地。［œŋ］有的地方（三水、信宜等）也没有。

5. 广州话把止摄字的一部分读为［ei］，有的地方与广州相同而且管字更多，如增城；有的多念为［ɐi］，如东莞；有的读为［i］，如从化、番禺、顺德、中山等地。蟹摄的齐韵字广州话多念为［ɐi］，东莞则念为［oi］；灰韵字广州话念为［ui］的，增城、顺德、东莞则念为［ɔi］。止摄的合口字广州话念为［ɐi］，番禺也是如此，但顺德念为［ui］。广州话念为［ɵy］的鱼、虞韵字及灰韵的一部分字，在花县、龙川念为［ɔi］，信宜、化州念为［ɵi］。番禺、三水有［ɵy］韵，但管字少，多读为［y］；中山、顺德没有这个韵母，念为［y］；增城念为［œ］；台山、化州读为［ui］。止摄各韵的精组字，广州话中多读为［i］，但番禺却读为［y］，台山则读为［u］。中古的模韵字广州读为［ou］的，中山话读为［u］。

6. 中古豪韵字广州话念为［ou］，花县念为［au］，番禺则念为［ɔ］。

7. 广州话与其他周围各粤语方言点最大的差异，是这些方言点如番禺、增城、南海、顺德、三水、龙门、台山、吴川、化州、信宜等地，都有一套以［ɛ］为主元音的韵母。另

外,番禺、南海、三水、顺德、中山、信宜等地,都有
［om］、［op］,中古的覃(或谈)韵字读此音。

8. 广州话念为［ɔn］韵的字,花县都作［un］,增城则
读为［œŋ］,台山［ɔn］韵字则特别多。

9. 广州话念［ɵn］韵的字,花县、龙门多念作［ɐn］;
广州话念［ɐŋ］韵的字,花县则作［eŋ］。

10. 中古的通摄字在广州话中念为［oŋ］,增城念作
［eŋ］,台山念作［øŋ］。

11. 广州话的声化韵有［ŋ̩］和［m̩］,从化、龙门、番
禺、增城则只有［m̩］,一些［ŋ̩］母字读入此音。

12. 广州话中的6种辅音韵尾［-m/p］、［-n/t］、［-n/k］,
许多方言也都保持着,但从化、增城、龙门、东莞、吴川、化
州都有一些［-n］尾韵消变为［-ŋ］尾,［-t］变为［-k］;另
外,化州及乐昌的一部分［-m］韵尾变为［-n］韵尾;乐昌
有少量的［-k］尾变读为［-t］;阳江及东莞的［-k］尾则有
一部分变为［-ʔ］。

声调方面,各地的差异都比较小。一般都保持与广州话相
同的声调系统,但也有些方言点一些调类发生归并,如东莞、
台山去声只有一类,不分阴、阳;澳门上声不分两类;中山话
则只有六个调,上、去声各只有一调,平、入声则化为阴、阳
两类。

各地的调值大同小异。差别比较大的,主要是表现在阳平
的调值上。

五、近代粤语语音的发展

粤语的形成已经有相当长的历史。它的语音经过长时间的
演变,形成现代的粤语音系。粤语早期的语音面貌,现在已经

很难推求。这是因为缺乏记录反映早期语音面貌的材料。不过，现代粤语音系各个方言点语音的差异，正反映了粤方言不同时代语音变化的痕迹。当然，这些方言点的语音分歧，并不都是粤语古音的遗留，有的是各个方言点自身后起的变化，与古音状态无关。但就多数情况来说，各方言点语音的歧异，正反映了粤语语音历史发展的不同阶段。我们现在要研究粤语语音的发展、演变，除了参考有关古籍的记述以及粤语早期借入其他地域相邻近的少数民族语言词语的读音之外，主要就是通过粤语系本身各方言点语音的比较、推求，来探讨粤语语音在近代数百年间的发展变化。

粤语语音演变的确切年代，由于受到材料的限制，现在已经难于确指。但我们可以用中古时表现汉语共同语语音系统的《切韵》（或《广韵》）的语音状况作为参照点，来考察粤语语音在中古以后的演变。当然，由于《切韵》音系不是粤音的直接祖先，粤语的某些语音特点可能比《切韵》的语音年代还早，但是，粤语在中古以后，受中原共同语特别是共同语读书音的影响至为巨大，所以通过与《切韵》音系的比照，还是约略可以看出粤语语音发展演变的大势的。有《切韵》音系这个参照点（而不是源头），我们的探究就会方便得多。

下面，我们分别从声、韵、调三个方面来探讨粤语语音的演变。

（一）声母方面的变化

自宋代以来约一千年的时间中，粤语声母的发展演变并不很突出。主要的变化集中在下述几点上。

1. 鼻音声母的发音

中古以前，中原共同语的鼻音声母都不是单纯的鼻音，而都带有同部位的塞音。如：

mb　nd　ŋg

具体的说明请参阅李新魁著《汉语音韵学》第七章《〈广韵〉的声母系统》第八节《鼻音声母的问题》。南方地区壮侗语族及其他少数民族语言如水语、毛南语等也都是如此。中古以后，汉语许多方言这一类鼻音声母失去塞音成分，[mb→m、nd→n、ŋg→ŋ]，如北方话；有的方言则失去鼻音成分，[mb→b、nd→d、ŋg→g]，如闽南方言。就粤语来讲，现代广州市区的语音已变为纯鼻音，但是，就我们最近调查过的广州北面白云区（原为郊区，现划入市区）各个方言点，如九佛、钟落潭、竹料、太和一线，人和、龙归、江村、石井、新市一线，几乎所有的点的鼻音声母都不是纯鼻音，有的念为[ᵐb]，以塞音为主，如竹料、龙归（南村）、九佛（凤尾、棠下、黄田）、神山（五丰）；有的念[ᵑg]，以[g]为主，如龙归（南村）、太和（石湖）、竹料、九佛（凤尾）、新市（棠涌）、石井（小坪、槎头）、江村、人和（鸦湖、蚌湖）、神山（五丰）；有的念为[mᵇ]，以[m]为主，如太和（石湖）、钟落潭（五龙岗）；有的念为[ŋᵍ]，如钟落潭（五龙岗）。[n]母因为许多地方[n]、[l]不分，念为[l]，所以尚未发现念为[ⁿd]；念为[nᵈ]的，倒有太和（石湖）、竹料等地。总之，塞音成分有轻有重，但都带塞音。这表明广州市老市区（原广州城区，不包括近年新划入的白云、天河、芳村、黄埔区）鼻音声母中塞音成分的消失，时间并不很早，一两百年前的粤音，大概还保留这种发音特点。粤语区中的斗门、新会、台山、开平、恩平等地鼻音声母都是如此，都念为[ᵐb]、[ᵑg]，这应是粤语古音的遗留。

念为[m]的明母以及微母字，在后代的发展中并没有什么变化，念为纯鼻音[m]。而泥母字在粤语的许多地方方音中，常与来母[l]混而不分，[n]、[l]混读，多数是[n]

声母字念为［l］，广州市区及其他许多地方，都有［n］、［l］不分的特点。如广州市区内的九佛（凤尾）、新市（棠涌）、石井（槎头）、江村、神山（五丰）以及市区内许多人的话里，［n］声母字都念为［l］。

中古的舌根鼻音疑母［ŋ］，在一些地区除失去塞音成分、变为纯鼻音之外，疑母所管的许多字音也失去［ŋ］声母。就粤语大多数地区来说，［ŋ］声母在低元音音节（洪音字）之前基本上保存着。也就是说，大多数中古的一、二等韵字中，还保留［ŋ］声母，如：

熬傲　　蛾　　牙　　岸
ŋou　　ŋɔ　　ŋa　　ŋɔn

还有一些中古属于三、四等韵的字，由于它们的主要元音在粤语中变为开口度较大的元音，所以［ŋ］母仍能保存，如：

牛　　　银　　　毅倪艺蚁诣
ŋɐu　　ŋɐn　　　ŋɐi

但在开口度较小的元音（细音字）之前则失去［ŋ］而变为［j］，如：

宜仪　　验　　言谚　　元
ji　　　jim　　jin　　jyn

在汉语共同语中，疑母［ŋ］的演变也与粤语有近似的过程。共同语这个声母的消变，发生于宋、元时代。元代的《中原音韵》中，［ŋ］声母已基本消失，只在少数的洪音字中存在。而在比《中原音韵》略早几十年的元代《蒙古字韵》中，疑母字的读法与现代粤语的情况基本相同。洪音字中，［ŋ］母仍然存在，而在细音字中，［ŋ］声母便归于消失。广州话［ŋ］声母的消变，是否与共同语发生于大体相同的时期不得而知，但它的变化，一般来说，应发生于元代之后。它演变的时代，不会早于中原共同语。

就粤语本身来说，[ŋ] 声母消变的速度，各次方言也不一致。有些地方进一步把洪音字的 [ŋ] 声母也念为零声母，"芽菜、牛肉"的"芽"字、"牛"字也都念为不带 [ŋ] 母了。这一点，又成为粤语各地语音的一个差别。

2. 浊音清化

中古时的全浊音声母並、奉、定、澄、从、邪、床、禅、群、匣等，在近代汉语各方言中多已消变为清音，粤语也不例外。从粤方言的现状来观察，浊音已不在现代各个方言点留下痕迹，它们的消变大概较早出现，估计在明代之前就已完成浊音清化的过程。

粤语全浊音消变的规律，与北方方言不大一样。北方话是平声字变为送气清音，仄声字变为不送气清音，而粤语则以平上与去入声为分界，前者（阳平、阳上字）变为送气清音，如"肚（腹肚）、距、柱、似、抱、臼、舅、践、盾、窘、重"等阳上字读为送气清音。《广韵》中一部分浊上字在粤语中因为变为阳去，所以与阳去声字一样读为不送气清音，如"杜、巨、聚、待、殆、在、弟、祀、道、稻、皂、造、赵、纣、笞、诞、辨、辩、键、拌、撰、尽、荡、丈、动"等，有些字在《广韵》本属同一小韵，但在粤语中，有的变为送气，有的变为不送气。如"祀"与"似"字同小韵，"笞"与"舅"同小韵，"拌"与"伴"同小韵，但前者读不送气清音，后者读送气清音。有些字则分化为阳上、阳去两调，所以有送气与不送气两读，如"淡、断、近"等。

粤语区中有一些方言把原来的清音声母读为浊音，如把 [p]、[t] 声母读为 [b]、[d]，广西的粤语区玉林、北流、容县、岑溪、藤县、苍梧等和广东的吴川、化州就是如此。这种现象，很可能是上古时期古代汉语语音特点的遗留。

3. 唇音声母的发展

粤语的唇音声母，已分化为重唇音 [p]、[p˙] 与轻唇音

[f] 两类。重唇音从中古以来基本上没有什么变化，只有全浊音并母化为清音。重唇音中的鼻音声母，中原汉语一般分化为明母 [m] 和微母 [ɱ]，但粤语不出现这一变化，中古微组字仍多数读为重唇音 [m]，如"无、巫、诬、武、舞、侮、务、雾、微、尾、未、味、文、纹、闻、袜、物"等。各次方言点的读音基本一致。鹤山将帮母、滂母字念为 [h] 或 [v]（如"备、鼻"念 [vʌi]，"袍、抱"念 [hɛ]）。开平又将某些 [p] 母字念为 [v]，如"比、悲、备、鼻、俾、痹"念为 [vei]，把 [p·] 声母字念 [h]，如"屁"读 [hei]，"抱"读 [hɔ]。

轻唇音的非纽与敷纽字则混而不分，非母字"富、否、分、粪、奋、方、风、反、发、法、福"等与敷母字"番、芳、纷、访、丰、副、泛、覆、佛"等都读为 [f]。非、敷之混，元明时代已然。此外，全浊音奉母字"浮、妇、凡、范、烦、饭、焚、房、乏、伐"等也混入 [f] 声母。有个别地方对轻唇音字仍保持读为重唇，如"甫"字广州、番禺、从化、增城、佛山、南海、顺德、三水、中山、斗门等地念为 [p·] 母，"斧"字增城、中山、斗门、江门、新会、台山、恩平、宝安等地有的读为重唇，有的重唇与轻唇两读。中山对一些 [f] 声母字则读为 [h]，如"符、扶、芙、父、釜、腐、辅、附"等念为 [hu] 的音，这是中山特有的变化，与其他各地不同。

4. 舌齿音字的变化

舌音声母端组在广州市区语音中没有什么特殊的变化，但其他次方言的变化则颇大，最重要的表现是台山、开平、恩平、新会这些属于"四邑"地区的方言，它们有进一步的发展。端母 [t] 在台山、开平、鹤山（雅瑶）各地，一般都消变为喉塞音 [ʔ]，如"当、党、荡"念为 [ʔɔŋ] 或 [ʔœŋ]

（鹤山）等，"踱"念为［ʔɔk］、［ʔœk］等，"敦、墩、顿"念为［ʔun］、［ʔɔn］（鹤山）等；"刀、岛、倒、到、道、稻、盗、导"念为［ʔau］（台山）、［ʔɔ］（开平）、［ʔɛ］（鹤山）等，这是四邑方言的一个重大变化：［t］母消变为［ʔ］。四邑方言的另一个重大变化，就是［tʻ］→［h］，如：

	胎台	梯替剃	腿追	桃逃	滩摊坦炭
斗门	hui	hɐi	hui	hou	han
江门	hɔi	hei	hui	hau	han
新会	hui	hæi	hui	hou	han
台山	hᵘɔi	hai	hui	hau	han
开平	hᵘɔi	hai	hui	hɔ	han
恩平	huai	hai	hui	hau	han
鹤山	hyɵ	hei	hui, tʻui	hɛ	han

广州市语音与四邑语音的主要差别，就表现在这里。很显然，［t］变［ʔ］是舌尖作用的丧失，［tʻ］变［h］也是如此，只不过［tʻ］的送气成分化为摩擦音［h］而已。

中古时的知组声母在宋元之前变为塞擦音。粤语的变化大概也在这个时期。现代，"智、致、转、珍（知母）、抽、丑、畅、畜（彻母）、传、阵、撞、站、宙、蛰、稠、缠、沉、迟、池、茶（澄母）"等已变为［tʃ］组声母，与精、庄、章组声母混同。个别地区保留知组声母读为塞音的特点，如斗门县把彻母字"趁、陈、尘"读为［tʻɐŋ］，澄母字"长、肠、场"读为［tʻɕiɔŋ］，知母字"卓"读为［tʻiɔk］，彻母字"戳"读为［tʻɔk］，澄母字"澄、惩"念为［tʻeŋ］，"橙"字念为［tʻaŋ］，"瞪"字念为［taŋ］，彻母字"逞"、澄母字"呈、程"都念为［tʻeŋ］，彻母字"畜"读为［tʻok］，澄母字"虫"读为［tʻoŋ］，等等。而知母字"琢、啄、涿"则各县市普遍念为［t］声母。由此可知，知组声母虽已变为［tʃ］

组，但仍有读为塞音的痕迹。娘纽字则基本上仍读为〔n〕，
与泥母混而不分。

粤语把中古时期的精组、章组、庄组声母都读为舌叶音
〔tʃ〕组，三者混同。精组声母就粤语大部分地区来说，没有
什么大的特殊的变化，只是心母字有一些在该方言中念为塞擦
音〔tʃ〕（如"僧、伺"等）和〔tʃ·〕（如"栖、鞘、赐、
赛、速"等）。另外，全浊声母邪纽的演变规律与普通话不大
一样，后者主要是变为清擦音〔s〕，而粤语则多念为〔tʃ〕
（如"谢、袖、已、象、橡、诵、习、席、夕、续"等）和
〔tʃ·〕（如"斜、邪、辞、词、似、寻、旬、循、巡、详"
等），念为〔ʃ〕的反而少一些，如"绪、殉、镟、羡"等字。
广东西部以至广西一部分地区如台山、开平、恩平、鹤山、新
会、斗门、吴川、化州、玉林、北流、容县、岑溪、藤县、苍
梧等地，把精组字念入端组，如：

	左佐	座	坐	姐借	且	租祖	醋
台山	tʰɔ	tʰɔ	tʰuɪ			tu	t·u
开平	tu	tu	tu	tia		tu	t·u
鹤山	tɔu	tɔu	tɔu/t·ɔu	tɵi		tau	t·au
恩平		tua					
新会					t·ia		
斗门		tʰɔ	tʰɔ			t·ou	

又如玉林、北流等地念"糟"（精）为〔tɐu〕，"草"
（清）为〔t·ɐu〕，"聪"（清）为〔t·uŋ〕，"槽"（从）为
〔t·ɐu〕，"从"为〔tuŋ〕，"袖"（邪）为〔tɐu〕，"颂"（邪）
为〔tuŋ〕。广西仫佬语所在的地区罗城、柳城、忻城、宜山与
玉林、梧州两个地区相近，仫佬语所借进的粤语老借词也把精
组字念为〔t〕、〔t·〕等，如精母字"浸"念为〔təm〕，"再"
念为〔tai〕，清母字"秋"念为〔t·ɐu〕，"漆"念为〔t·ət〕，

从母字"字"念为［ti］，邪母字"席"念为［tek］等。精组字念为［t］等，说明两种情况：一是这一特点有很明显的地域性，都在广东西部以至与广西相邻一大片地区，这可能与古代当地聚居的少数民族语——古台语有关，而不是古代汉语的特点。从古代汉语以及各方言的情况来看，古代的精组字很少有念为［t］组的可能，这一大片地区的粤语把精组念为［t］等，可能是受古代当地少数民族语言影响的结果，或者说是古台语语音成分的沉积。二是念为［t］组的只是精组字，章、知、庄组字基本上不读为［t］组（知组字有古音的遗留例外），这表明在较早期的粤语中，精组与章等组字当有区别，其他声母才不会与精组一样念为［t］等。章、知组声母在汉语来说，古音有与［t］组相近的来源，但它们较早地变入塞擦音。粤语也较早地变为［tʃ］，其他地区与精组、庄组合流。就台山、开平等地来说，知组字"猪、著（显著）、除、储、苎、箸、诛、蛛、株、驻、滞、知、智、池、致"等，章组字"诸、煮、处、朱、珠、主、制、支、肢、纸、只、侈、脂、指"等，以至庄组字"阻、初、楚、础、锄、助、债、钗、柴"等都念为［tʃ］组，不读［t］组。这表明精组之读入［t］组，当在与知、章、庄组字合流之前。因此，可以推知，这些地区精组字之读入端，其年代很早，起码是在唐宋之前。精组字中的从、邪母字在广西岑溪等地还有一个较为特殊的变化，就是变为轻唇音［f］，如"齐"字读为［fɐi］，"自"字读为［fi］，这是个别地方的变异。

　　章、庄组声母的全浊音在消变为清音之后，其变化轨迹与中原共同语不尽相同，章组的船、禅母字在普通话中，除念为［ɛ］外，还有一部分字念为［tʂ·］，如"船、唇、乘、蝉、辰、臣、丞、仇"等，但广州话则都念为［ʃ］，庄组的崇母字除与普通话一样变为送气与不送气清塞擦音之外，变入擦音

[ʃ] 声母的也比较多，如"愁、岑"等，普通话念为 [tʂ‘]
而粤语念为 [ʃ]。

精组的心母字在粤西地区的次方言中，还普遍读为 [ɬ]，
如"嫂、绥、心、散、伞、萨、仙、先、三、屑、孙、逊、
损"等字，在台山、开平、鹤山、湛江、遂溪、廉江及广西
的合浦、南宁、玉林、北流、平南、桂平、贵县、横县、邕
宁、崇左、柳州等地都读 [ɬ]。有些地方心母字读 [ɬ] 多一
些，有的少一些。有些地方又把心母字（以及原来的从母、
邪母字）念为齿间音 [θ]，如广西的昭平、藤县、容县、岑
溪、苍梧等地。[θ] 应该是 [ɬ] 的变体。[ɬ] 是黎语的一个
辅音（声母），粤语中的这个声母，很可能是古代黎语（属古
台语）语音的遗留。因为黎族居民在魏晋之前以至六朝时期，
一直聚居于广东的西部，即现在的四邑以及阳江、阳春、高州
等地。当地居民历代相传，保留这个 [ɬ] 母。

现代粤语中，中古的日母字在大部分地区已演变为 [j]
母，只在中山、珠海一带尚保留中古以前念为 [n]（或 [ŋ]，
[ŋ] < [n]）的音。斗门、新会、台山、开平、恩平一带把日
母字念为 [ᵑg]，是 [ŋ] 母进一步演变的结果。广西京语对
粤语的老借词念为 [ɲ] 的音，如"然"字读为 [ɲiən]，这
也是前期读音（娘、日归泥）的反映。东莞对日母字读为
[z]，这是 [n]、[ʐ] 进一步演变的结果；[z] 之后，就是
变为半元音 [j] 了。整个演变的过程大体是：

nj→ɲj→ɲʐ→ʐ（z）→j

各地读音的歧异正反映了演变过程的不同阶段。

粤语从 [nj] → [j] 的时间，在明代之前就已完成此一
变化。明人袁子让《字学元元》"方语呼音之谬"一节说：
"粤音以人为寅"，表明在明代之时，[nj]（[ɲ]）已变为
[j] 了。

5. 唇化舌根音的存在

粤语声类系统中，除有一套舌根音声母［k］、［k·］之外，还存在一套圆唇化的舌根音［kw］、［kw·］。这套声母既存在于上古汉语（详细论述参见李新魁著《汉语音韵学》第十五章，374—375页），也存在于南方地区各少数民族语言如壮侗语族的侗语、仫佬语、水语、毛南语、黎语以及瑶语、京语之中。圆唇化声母的存在，是古代汉语及少数民族语言的共同特点。中原共同语的圆唇化声母，促使中古合口介音［u］的产生，而粤语的圆唇声母，则一直保存至今，没有转变为合口介音。粤语中存在这一套声母，前代语言学者已有所觉察。一百年前东莞人王炳耀在作《拼音字谱》时，已把舌根音声母分为［k］、［k·］和［kw］、［kw·］两套，他把后者称为"满口音"以与［k］组的"牙音"相区别。可知粤语这一套声母保存的历史相当久远。当然，在现代粤语区的某些方言点中，圆唇化声母的唇化作用已转化为［u］介音，有的则失去圆唇作用而变为一般的［k］、［k·］。

（二）韵母方面的变化

粤语韵母方面的演变比较巨大，这些变化造成了各地次方言点语音的差异。韵类的变化，可以概括为下述几个方面。

1. 介音的演变

粤语的介音，与汉语共同语或其他方言有颇大的差异。就粤语的标准音广州市音来说，没有介音存在，既没有［i］介音，也没有［u］介音或［y］介音。我们认为，上古汉语本来也是没有介音的，中古的［i］介音，是由上古汉语的舌面化声母（用［j］表示，如［pj］、［tj］、［kj］等）促生而来的。而［u］介音，则是由上古的圆唇化声母（用［w］表示，如［pw］、［kw］等）促生而来的。广州市区周围的许多

地区，如广州北郊白云区的许多村镇，其语音现状，则多有
[i] 介音，或是 [i] 介音仍处于声母舌面化的阶段。许多发
音合作人的发音，对 [j] 介音常常是似有似无，或是同一个
人，一下子有，一下子又没有，当然，有的地区、有的个人，
其 [i] 介音是相当明显的。可以这样说，从广州市郊区所反
映的语音状况来看，较早期的广州话已产生了 [i] 介音，这
个 [i] 介音与中古汉语一样，是由舌面化声母促生而来的。
广州以外的其他许多县市，其 [i] 介音也较为明显。这些情
况都表明，唐宋以来的粤语已产生了 [i] 介音。在唐宋以后
的发展中，这个 [i] 介音有的保存，有的消失，有的演变为
主要元音。

　　中古以前的圆唇化声母，则在粤语中保留原有的状态，除
某些地方演变为 [u] 介音外，许多地方仍是处于圆唇化声母
的阶段，元音性的 [u] 介音尚未出现。由于没有 [u] 介音，
汉语共同语中由 [i] 与 [u] 介音复合而成的 [y] 介音，在
粤语中也不存在。当然，个别地方由于 [w] 已转化为 [u]，
[i] 介音也已形成，[i]、[u] 结合起来变成 [y] 介音，这
种情况也不是没有，如鹤山把"靴"字念为 [hyɵ]。一些
[u] 介音的音节也转化为 [y]，如一等韵的"火、夥、货"
等字，鹤山念为 [fyɵ]，"和、禾、祸"等字念为 [yɵ]，
等等。

　　近代粤语 [i] 介音的变化，就其结果来说，表现为两种
情形，一是 [i] 介音失落，一是 [i] 介音主元音化。这两种
情况，实际上是同一个演变过程的两个不同发展阶段。下面，
对这两种不同的演变结果分开来加以论述。

　　（1）[i] 介音主元音化。

　　较早期的粤语，由舌面化声母转化而来的 [i] 介音在
三等韵中保存着，而且，四等韵从原来的不带 [i] 介音也

逐渐产生了［i］介音而与三等韵合流。现代粤语各地的情况，三等韵字与四等韵字绝大多数已浑然无别，可知三、四等韵之混，在较早的年代（如宋元时代）便已发生。在后来的发展过程中，三、四等韵字的［i］介音，促使介音后面的主元音发音逐渐高化，元音的发音与［i］介音逐渐接近，原来的主元音不断弱化，［i］介音不断加强，终于上升为主元音，原来的主元音被吞没。如以效摄的宵萧韵为例，其变化的情形是：

iɐu→ieu→i°u→iu

与宵萧韵平行的仙元先韵［iɛn/t］（本书在谈及阳声韵时，一般均兼赅其相应的入声韵，如仙韵则兼赅薛韵［iɛt］，以斜杠后的［t］表示）、盐严添韵［iɛm/p］。这几个韵类所辖的字，如宵萧韵的"醮、悄、消、宵、笑、挑、条、掉、尿、聊、标、表、飘、朝、超、赵、兆、骄、乔"等，仙元先韵的"碾、箭、涎、羡、展、缠、建、健、宪、毡、扇、仙、煎、溅、浅、钱、面、连、编、篇、扁、轩"等，盐严添韵的"廉、敛、尖、奸、签、潜、渐、脸、严"等，在广州市白云区远端的人和镇念为［iɐu］、［iɛn］、［iɛm］，一些发音人口中［i］介音处于似有似无之间，有的人念起来带有［i］，有的人没有，有的字带有［i］，有的字又没有，有时是同一个人，此刻念来带有［i］，过一会儿他念来又不带［i］。总之，［i］介音处于可有可无、似有似无的状况。这些字往往是［iɐu］～［ɐu］、［iɛn/t］～［ɛn/t］、［iɛm/p］～［ɛm/p］两读。这表明［i］介音正处于趋向消失的状态，而与之相邻的、略近广州的龙归，则把这些韵字念为［ieu］、［ien］、［iem］，主元音变高了。而更加接近广州老市区的钟落潭、竹料、太和、江村等地方，则把这些韵字读为［iu］、［in/t］、［im/p］，［ieu］等韵中间的［e］元音已经消失。［i］上升为主元音的地位。这些字的演变过程，正好是：

$$i\varepsilon u \rightarrow ieu \rightarrow i^{e}u \rightarrow iu$$

$$i\varepsilon n/t \rightarrow ien/t - i^{e}n/t \rightarrow in/t$$

$$i\varepsilon m/p \rightarrow iem/p \rightarrow i^{e}m/p \rightarrow im/p$$

幽韵字的一些字如"彪、丢"等也有相似的变化。

广州市区内白云区各村镇这些韵母读音的差异，同样存在于粤语区较大范围的各县市语音之间。如宵萧韵字，台山、江门等念为〔iau〕，〔i〕介音仍然存在，而且主元音舌位较低。广西的合浦（廉州镇）则念为〔æu〕，〔i〕介音消失，而主元音略为高化。开平则念为〔ɛu〕，广西毛南语借自粤语的老借词也念为〔ɛu〕，有的字则念为〔jeu〕，如"条"字读〔tjeu〕，而其他各地的粤语方言则多念为〔iu〕，主元音弱化以至于消失，〔i〕上升为主元音。

仙元先韵字在恩平话中念为〔ian/t〕，而佛山、南海则读为〔ɛn/t〕，有的字则〔ɛn/t〕、〔in/t〕两读，如"见、茧、牵"等字，顺德两读的字就不少。广西一些少数民族语言借自粤语的老借词也表现了〔ien〕或〔en〕两读的现象。如广西壮语在扶绥地区的老借词把"煎"字念为〔tsen〕，武鸣、龙州的壮语也都念为〔en〕，柳江地区则念为〔in〕；"边、鞭"等字，来宾的壮语念为〔pin〕，而"扁"则念〔pen〕。"钱"字龙州念〔tɕen〕，武鸣念〔çin〕，来宾念〔tsin〕，扶绥念〔ts'en〕，砚山念〔tʃen〕，宁明念〔çen〕，毛南语借词也念为〔zjen〕；而"千"字扶绥壮语念〔ts·in〕，毛南语念〔ts·jen〕。这种〔ien〕、〔en〕、〔in〕读法的差异，正与广州市白云区各地对"展、碾、箭、缠"等字，人和读为〔iɛn〕，龙归念为〔ien〕，钟落潭、竹料、江村、石井等地念为〔in〕，情况极为相似。各地读音的差异，正反映了这些韵字发展演变的不同阶段。

盐严添韵字的情况也是如此。台山把"占、陕、闪、淹、阉、檐、添、嫌"等字念为 [iam]，开平念为 [ɛm]，合浦念为 [ɛm]，恩平念为 [iᵊm]，广西来宾壮语的老借词念为 [im]，其不同读法都反映了 [iɛm]（[iam]）→ [iem] → [iᵊm] → [im] 的过程。

对于这些韵母的演变状况，我们是否可以设想另外一种变化来加以解释呢？即是说，我们是否可以认为粤语始终没有产生过 [i] 介音，现代的那些以 [i] 为主元音的 [iu]、[in/t]、[im/p] 等是由开口度略大一点的 [eu]、[en/t]、[em/p] 变来的呢？也就是说由古代的 [eu] 直接变为 [iu]，中间没有存在 [i] 介音产生的阶段。我们认为，用这种说法来解释这些韵母的演变并不合适。这是因为：第一，许多地方特别是广州市周围的地区大多数方言点都带有 [i] 介音；第二，有些方言点显示了 [i] 介音不断增强、主元音不断弱化的过程；第三，地域与广州老市区的远近与语音的渐变情况相一致，远端的方言点 [i] 介音比较明显，而近端则逐趋消失。不好说远端地点的 [i] 介音是后来才产生的，它们语音的变化跑在广州老市区的前面，广州老市区的语音保存更古的状态。比较合理的解释应是离广州老市区远一点的"乡下"话保存古音特点更多一些，在后代的发展中，随着地域的推移，越接近广州，其语音就越接近于广州老市区现时的状态。广州老市区的以 [i] 为主元音的韵母，是由 [i] 介音逐渐演变而来的。不能倒过来说，近郊一带的 [i] 介音是由 [i] 元音逐渐递变而成的。广州附近的方言还勉强可以这样解释，而远离广州的各地以及少数民族语言中老借词的读音却不能作这样的解释。它们读为 [ieu]、[ien] 等，其 [i] 介音不好说是由 [e] 元音衍生而来或由 [i] 元音变来。

那么，能不能认为，原来广州方言的 [i] 介音一直没有真正出现，［i］介音还只是处于声母的舌面化阶段，由于声母的舌面化作用，促使主元音［ɛ］等发音高化了变为［e］，然后由［e］再进一步高化变成了［i］呢？我们认为，这种解释方法也不很合适。因为，第一，［i］介音在广州老市区周围的许多方言点确已存在；第二，声母的舌面化成分可以影响到［ɛ］元音发生高化，但从［e］再演变为［i］，就欠缺充分的影响或制约力量。没有［i］介音的存在并且不断地影响［e］元音，从而促使［e］元音不断弱化以至消失，［e］变为［i］的可能性就不很大，而且也难以圆满地解释下文所要谈到的［i］介音消变的另一种情况。因此，我们认为：　［iɐu］→［ieu］→［iᵉu］→［iu］这个公式，应是比较合理的演变公式。

（2）［i］介音的失落。

粤语［i］介音消变的另一种情形，是［i］的失落，主元音仍然保存。这种情况主要发生在麻三、庚三、清、青、蒸以及戈三、阳韵身上。

麻韵三等字在宋代尚读为［ia］。在中原共同语中，南宋时已出现［ia］→［iɛ］的变化。因此，元代的《中原音韵》从家麻韵中分化出一个车遮韵，其音值就是［iɛ］。粤语本韵字的演变，有与中原共同语相近的过程。麻三韵字有许多地方保存念［ia］，如开平、恩平、东莞、从化等地以及白云区的人和对"姐、借、且、些、写、泻、卸、耶、斜、谢、遮、者、车、扯、蛇、射、奢、舍、赊、赦、社、爷、野、夜"等字都念为［ia］，保存的是较古的读音。而龙归读为［iɛ］，则与花县、三水、高明、台山等地一样。广州的近郊石井则进一步变读为［iə］。江村、新市等地，则和广州老市区、佛山、南海、顺德、增城等处一样念为［ɛ］了。本韵读音的演变线索，可以表示如下：

[ia] → [iɛ] → [ⁱɛ] → [ɛ]

这个变化，是介音 [i] 不断弱化的结果。[iɛ] 在变为 [ɛ] 的过程中，[i] 介音减弱以至于消失，结果，主元音从 [a] 发展到 [ɛ] 就停止前进了，不像石井一样，从 [iɛ] 再发展为 [iə]。按石井的路子发展下去，车遮韵字有可能变为 [ə]（如现在的普通话），或再进一步变为 [i]。

广州市近郊的读音，从人和 [ia] →龙归 [iɛ] →江村 [ɛ]，正反映了这个韵母读音消变的一般过程。

庚韵三等字与麻三是一个平行的韵，它在中古时本应也读为 [iaŋ]，后来在 [i] 介音的影响下，主元音高化变为 [ɛ]，念成 [iɛŋ] 的音，后来，[i] 介音消失又进一步变为 [ɛŋ] 了。清韵在中古时属于三等，本读为 [iɛŋ]，青韵属四等韵，在宋元时代便与清韵合流。当庚三韵念为 [iɛŋ] 之后，遂与清、青韵读为同音。相应的入声韵陌三、昔、锡韵字也混读为 [iɛk]。庚三、清、青各韵字在广州市近郊有与麻三平行的变化。

有些字如"名、命、正、轻、青、腥、声、醒"等，在人和、龙归、太和等地，有 [iaŋ] 与 [ɐŋ] 两读，石井是 [iaŋ] 与 [eŋ] 两读，黄埔（夏园）是 [iɛŋ] 与 [eŋ] 两读，钟落潭、江村是 [ɛŋ] 与 [eŋ] 两读。念为 [ɐŋ]、[eŋ] 的，一般是后起的音或读书音。多数情况是带 [i] 介音与丢失 [i] 介音的两种读音并存，这说明这些地方本韵字读音的发展还处于过渡状态。

韵部	例字	人和、太和、龙归、石井	黄埔（夏园）	钟落潭、江村、新滘、东圃
庚三清青	柄饼病顶听艇井郑	iaŋ/k	iɛŋ/k	ɛŋ/k

从麻三与庚三、清、青等韵字的变化看来，[i] 介音在整个音节中是逐渐弱化以至消失，使音节变成 [ɛ]、[ɛŋ/k]，这与上面所述的 [i] 介音上升为主元音的情况不同。其变化在发展过程中产生了 A、B 两种情况的分歧：

A：iɛu、iɛn/t、iɛm/p→ieu 等→i^eu 等→iu 等

B：iɛ、iɛn/t、iɛm/p→ɜiɛ 等→ⁱɜ 等→ɜ 等

前者是主元音弱化的结果，后者是 [i] 介音弱化的结果。

戈三韵与阳药韵（也属三等韵）也是一组平行的韵。戈三在中古时的共同语一般的拟音念为 [iɔ]，阳药韵念为 [iɔŋ/k]。它们的主元音都是圆唇元音。但粤语在后来的发展中，[i] 介音促使 [ɔ] 元音的舌位前移并略为高化，念为 [œ]，而由于 [œ] 是一个圆唇元音，使 [i] 又受其影响，成了圆唇的介音而融入 [œ] 音之中，结果归于消失。戈三韵字从 [iɔ] 变成了 [yœ] 再变成 [œ]，阳韵字从 [iɔŋ] 变成了 [yœŋ] 再变成 [œŋ]。这个发展过程，在粤语各地的读音中都有所反映。人和、太和、钟落潭、江村等地以至广州老市区把戈三韵字"靴"念为 [hœ]，而龙归则念 [hyɔ]，保持 [ɔ] 元音不变，但 [i] 介音受主元音的影响变成为圆唇的 [y]，这是介音"融入"主元音的前奏，再进一步发展，[y] 音归于消失而念成 [œ] 了。广州以外各县市的读音也

表现了基本相同的过程。"靴"字新会、开平、恩平念为
［hia］，台山念为［ɜiɛ］，宝安念为［ɔiɛ］，鹤山念为［hyɵ］，
而江门、斗门则念为［he］。［ia］→［iɛ］→［e］，主元音
变为不圆唇元音；［iɔ］→［iɵ］→［iɵ］，则是主元音保持
圆唇元音不变，其变化的最终结果，都可以失去［i］介音。

戈三的开口字"茄"字，广州老市区虽念为［k·ɛ］，主
元音为［ɛ］，但人和则保留更古的音［ia］，太和、江村等地
读为［ɛ］，这与麻三的变化一致。但有些地方如钟落潭、竹
料、黄埔、东圃等地则念为［œ］，与"靴"字读为相同的韵
母。文冲则说话音读［œ］，读书音念［ɛ］，其变化与"靴"
字相同。总之，戈三韵的"茄、靴"字，有的方言念为
［œ］，反映了［i］介音消失的过程。

阳韵字的章知组字"枪、抢、墙、匠、相、长、畅、丈、
仗、章、昌、商、常"等，在广州市老市区和近郊各地读音
的差异比较大，共有五种不同的读法。这些字在石井等地念为
［iɔŋ］，保存中古时原来的读音，人和则读为［yɔŋ］，龙归读
为［ɵŋ］，［i］介音被主元音同化而念成圆唇介音，而文冲、
新滘等地则失去介音读为［ɔŋ］，江村、钟落潭等地和老市区
则念为［œŋ］，介音使主元音舌位前移，而本身却归于丧失。
本韵的来母字，在人和镇念为［uɔŋ］，［i］介音也被主元音
同化为圆唇后的［u］，并且发音部位后移。［uɔŋ］（来纽字）
与［yɔŋ］（章知组字）是舌位两种不同方向的变化。本韵的
庄组字，人和、江村各点都念为［ɔŋ］（其中只有一个"霜"
字其变化与其他阳韵字相同，不读［ɔŋ］），失去［i］介音。
喉、牙音字"羌、强、香"等除石井仍读为［iɔŋ］外，人
和、龙归都变为［uɔŋ］，［i］介音也变为［u］了。戈三和阳
韵字的变化过程，可以用下列的公式表示：

$$iɔŋ \rightarrow yɔŋ \rightarrow ^{y}ɔŋ \rightarrow œŋ$$

$$œŋ \rightarrow uɔŋ \rightarrow ^{u}ɔŋ \rightarrow ɔŋ$$

$$\rightarrow θŋ$$

各地对这两韵的不同读法，正反映了这些变化的不同阶段和不同结果。

总之，粤语［i］介音的消变，形成了不同的两种情形：介音主元音化是［i］介音完全上升为主元音，是变化的终极；而介音的失落则是发展的中间阶段由于［i］介音的弱化以至消失，遂使主元音没能高化至［i］元音的地步，在［ɛ］、［e］元音的发音位置上停留下来。这两种情况在不同的方言或相同的方言、相同的韵母的变化中同时存在。不同方言点有的读［iɐu］等，有的读［ɐu］等；同一方言点同一韵母字有的字读［iɐu］等，有的读［ɛu］等。这样，便形成了宵萧、仙元先、盐严添、麻三、庚三、清青、戈三、阳等各韵所管的字可能有不同的读音：一是以［i］为主元音，另一是［i］介音失去而以［ɛ］、［e］或［œ］、［ɔ］为主元音。这两种情形，都是粤语［i］介音演变的不同结果。

2. 主元音的发展

粤语主元音的发展变化，可以概括为三个方面。

（1）主元音高化。

这方面的变化涉及麻三、咍灰和桓韵。麻韵三等字"遮、车、奢、社"等，中古时本读为［ia］，后代，［a］在［i］介音的影响下变成了［ɛ］，念成［iɛ］。这个［iɛ］后来又进一步失去［i］而成为［ɛ］。

咍灰韵字"台、待、耐、灾、宰、彩、菜、才、在、腮、鳃"等，广州等地念为［ɔi］，桓韵字"般、搬、潘、判"等则为［un］，而另有一些字主要是喉、牙音字"官、观、冠、宽"等念为［ɔn］（或［un］）。这个［ɔi］和［ɔn］可以说

是中古时这两类韵母本来的读音（咍韵大概较早地从
［ɒi］→［ɔi］）。但在有些粤语的方言点，它们的主元音发生
高化现象，产生了［ɔi］→［oi］→［ui］及［ɔn/t］→
［on/t］→［un/t］的过程。如上举咍灰韵字在文冲话里念为
［ʊi］，黄埔则念为［ui］。粤语区各县市的读音与此相类似。
香港、澳门、番禺、花县、从化、增城、佛山、顺德、三水、
中山、珠海、江门、台山、开平、惠州、深圳等地都与广州老
市区一样念为［ɔi］，而高明、斗门、新会、东莞等地则与黄
埔一样读成［ui］。灰韵的唇音字"杯、辈、背、坯、配、
培、陪、赔、裴、倍、佩、梅、枚、媒、煤、每、妹"等，
广州老市区及其他许多县市都念成［ui］，近郊的江村、钟落
潭等地都一样，这个［ui］也是［ɔi］高化的结果。近郊的人
和以及台山、开平、惠州等地，则保存本音［ɔi］，这也反映
了那些读为［ui］音的方言点，其读音也从［ɔi］变到［ui］，
发生了主元音高化的过程。

　　不单咍灰韵的唇音字如此，泰韵的唇音字也一样，发生了
相似的变化。唇音字"贝、沛"等在广州市新滘等地念为
［ɔi］，这是它较早的读音（泰韵在中古时的读音一般是
［ɑi］，后来变为［ɔi］，与寒韵字有平行的变化），人和读为
［oi］，文冲读为［uʊi］，广州市其他地方则读［ui］，其变化
过程当也是［ɔi］→［oi］→［ʊi］→［ui］。泰韵的其他声
母字"蔡、盖、害"等，广州老市区以及龙归、江村等念为
［ɔi］，保存较早的读音，而人和则读为［oi］，黄埔甚至也变
为［ui］，其主元音也进一步高化了。

　　桓韵字与灰韵字有平行的变化。其见组字"官、棺、冠、
观"等在某些地方念为［ɔn］，这是它中古时的读音。人和、
太和以及从化、台山等地都保留此一读音。但是，钟落潭、竹
料、太和、江村以及其他一些县市变读为［un］，从［ɔn］→

［un］，主元音高化。但桓韵的唇音字"般、搬、蕃、藩、瞒"等，本也应念为［ɔn］，人和、龙归以及台山、江门、鹤山等地仍然读［ɔn］，而广州老市区、钟落潭、竹料、太和、江村和其他各县则发生元音的高化，从［ɔn］韵变成了［un］，顺德则［ɔn］、［un］两读，旧音、新音并存。广西毛南语的粤语老借词如"搬、换"等都念为［on］，也保存较早的读法。

桓韵的舌齿音字"断、短、段、锻、团、暖、乱、钻、算"等，其变化过程较唇、牙、喉音字复杂一些。这些字在广州老市区念为［yn］，是从较古的［ɔn］不断高化而来的。台山、鹤山等地仍保持念［ɔn］，毛南语老借词对"乱、算"等字也念为［on］，新会、斗门等县则进一步高化为［un］。有些地方［ɔn］的［ɔ］元音发生前移并略为高化变成［œ］，如人和；有的再高化为［ɵn］，如龙归；有的则变为［yn］，如钟落潭、竹料、太和、江村、新滘等地。其变化公式是：

ɔn→on→un

　　→œn→ɵn→yn

一是元音舌位一直在后，一是向前移动，但两者都发生了元音的高化现象，这就造成了各地读音的歧异。

（2）主元音圆唇化。

粤语语音系统的主元音在发展的过程中，有的韵类的主元音发生了圆唇化的过程。这主要表现在一等韵泰、豪、寒诸韵上。这些韵类在中古时的主元音一般认为是一个后元音［ɑ］，而在粤语的发展中，它们的圆唇化程度不断增强，许多方言点读为圆唇元音。它们有着相当一致的演变路线：

泰韵 ɑi→ɔi→oi→ui（唇音字）

豪韵 ɑu→ɔu→ou

寒韵 ɑn→ɔn→on→un

　　　→œn→yn

泰韵的舌齿音字"蔡、泰"等在中古时本念为 [ɑi]，但在现代粤语中念成了 [ɔi]，[ɑ] 圆唇化而成了 [ɔ]，其唇音字"贝、沛"等则在唇音声母的作用下高化为 [u]。[ɔ]、[u] 都是圆唇元音。

豪韵字"保、报、袍、毛、刀、到、滔、讨、桃、老、遭、曹、早、澡、灶、草"等的本音是 [ɑu]，这一读音在现代广州的近郊人和、龙归、钟落潭等地以及其他县市如花县、台山、江门、恩平、惠州、东莞、深圳等地保留下来。广西壮语地区的粤语借词也多念为 [ɑu] 或 [au]，如来宾、扶绥的"报、糕"等词和龙州、武鸣的"桃"，韵母都念为 [au]。广州老市区及其他县市如佛山、南海、三水、顺德、增城等地方则念为 [ou]，广西的梧州、苍梧、贺县一带也读为 [ou]。[ou] 是 [ɑu] 韵中的 [ɑ] 元音圆唇化的结果。

广州近郊各地对豪韵字时有 [ɑu]、[ou] 两读，如"暴、道"等字人和、龙归等处读为 [ou]，有些地方对"刀、倒"等字，口语音读 [ɑu]，读书音则读 [ou]，如江村；对"桃"字，太和地区用于水果名时读为 [ɑu]，用作人名则读为 [ou]；对"道、早"等字，钟落潭的口语音念 [ɑu]，读书音则是 [ou]；钟落潭以及太和镇对许多豪韵字，老年人读为 [ɑu]，而年青人则念 [ou]。从各种现象看来，[ɑu]（[ɑu]）是本有的读音，[ou] 是后起的变化。[ɑu]、[ou] 两读，表明本韵的发展正处于过渡状态。在近郊白云区各地，本韵的字文、白异读较为明显，特别是钟落潭、太和、江村各地。新市本韵字念为 [ɑu] 的已比较少，念 [ou] 韵的渐多。如"草"字，新市有 [ɑu]、[ou] 两读，而"道、盗"等则只有 [ou] 一音。

寒韵本读为 [ɑn]，在舌齿音字（如"丹、单、滩、摊、坦"等）中念为 [an]，舌位略有升高。而牙、喉音字"干、肝、看、刊"等在广州老市区及石井、钟落潭、龙归、江村等变为圆唇元音 [on]，广州市周围一些地区如新滘、东圃以及新会、斗门、东莞以至广西的合浦等地元音高化为 [un]，有的地方则是舌位前移变为 [ɵn]，如人和；有的变为 [yn]，如太和，其演变公式是：

ɑn →an→æn→ɛn（舌齿音）

　　→ɔn→on→un（牙、喉音）

　　→œn→ɵn→yn

舌齿音字因为受舌齿音声母的制约，仍然读为非圆唇元音，而牙、喉音字因为声母的发音部位较后，促使 [a] 元音发音部位后移并且圆唇化。舌齿音字有的地方从 [an] 再变为 [œn] 或 [ɛn]，如合浦就读为 [æn]。

除上面所述的泰、豪、寒诸韵外，咍韵的主元音也有类似的变化。不过咍韵的主元音在中古时与泰、寒等韵略有不同，它本来是一个略带圆唇的 [ɒ]，咍韵念为 [ɒi]。在后代的发展中，一方面舌位高化，另一方面进一步圆唇化，变成了 [ɔi]，结果与泰韵及灰韵字合流，有相同的变化过程。其演变公式是：

ɒi→ɔi→oi→ui

黄埔（夏园）把咍韵字念为 [ui]，是发展的极端。

（3）主元音 [ɐ] 音化。

[ɐ] 这个元音是一个央元音，其舌位较 [æ]、[ɛ]、[a]略后，而较 [ə] 元音略低，又比 [ɔ] 元音舌位靠前。它在现代广州话中的存在，形成了与 [a] 元音相对的一组韵母。[a] 的舌位较前较低，[ɐ] 的舌位较后较高，而在发音的音程中，[ɐ] 音较 [a] 略短，因此，有人认为在广州音中，有长短元音的对立，这主要是指 [a]-[ɐ] 的对立而言。

[a] 与 [ɐ] 的对立，就现代的粤语来说，当然是形成一

个鲜明的特点。但是,如果我们进一步来考查这个〔ɐ〕是否古已有之?〔ɐ〕的存在有多长的历史?这些问题,就有赖于粤语区各个方言点的对比研究。我们可以从这种研究中推导出一个大致的结论。

我们认为,粤语〔ɐ〕元音的存在,应该说已有比较长的历史,宋代之前,便已有这个元音出现。如《通俗编》引《水东日记》说:"广东人相传:宋嘉定中,有厉布衣者,自江右来,精地理之学,名倾一时。……广人口音称赖布衣云。""厉"字在《广韵》中属祭韵字,力制切,在宋时,北方话已读为〔i〕韵母,但当时的广州人把它读如"赖"。现代粤语读"厉"字与"赖"字很相近("赖"是〔lai〕,"厉"是〔lɐi〕),可以推知宋时的"厉"字当已念为〔lɐi〕的音(北方人听来与"赖"字音相近),主元音已经是〔ɐ〕。

但是,现代粤语念为〔ɐ〕元音的字,有许多是后代逐渐从其他元音演变而来的。也就是说,在古代,粤语中虽有以〔ɐ〕元音为韵母的音节,但为数不多。许多〔ɐ〕元音的音节是后代从别的元音转化而来的。

现代粤语〔ɐ〕元音的来源,可以归纳为三个方面。

甲、从〔e〕元音变来,这包括下列几类韵母:

齐祭韵 iei→ɐi

支脂之(合口)韵 ʷiei→ʷiɐ

真殷韵 ien→ɐn

侵韵 iem→ɐm

庚三韵 iɛŋ→ieŋ→ɐŋ

蒸韵 ieŋ→ɐŋ

中古的三等韵祭韵本读为〔iɛi〕,四等韵齐韵读为〔ei〕。后来,四等韵产生了〔i〕介音,祭、齐韵遂合流读为〔iei〕。在广州话中,〔iei〕韵母中的〔i〕介音失去,变为〔ei〕,这个［ei］中的主元音后来又进一步变为［ɐ］，完成了从［ei］→［ɐi］的变化。现代广州市区各地，祭韵字绝大多数念为［ɐi］，如"蔽、敝、弊、币、毙、例、祭、滞、制、世、势、誓、逝、艺"等，也有少数地方把某些字念为［ei］的，如江村读"蔽"为［ei］，鸦湖、钟落潭等地念"厉"为［ei］。对齐韵字的"陛、迷、米、谜、低、底、帝、梯、体、替、涕、剃、题、提、蹄、啼、弟、泥、礼、丽、济、挤、妻、齐、剂、西、栖、洗、细、鸡、计、溪、启、系"则多数地方念为［ɐi］，个别地方也有念为［ei］的，如"批"字，太和、江村等地读［ei］，新市［ei］、［ɐi］两读。"砌"字，竹料老人念为［tʃʻei］，青年人念为［tʃʻɐi］。肚脐的"脐"字，人和、龙归、太和、江村等地念为［tʃʻi］，钟落潭念为［tʃʻei］。由上述可知，［ei］是较早期的读音，［ɐi］则是后来之变。

［ei］变为［ɐi］，年代可能比较早，起码是在明代中叶之前。明人方以智《通雅》说："广人呼蹄为台"（卷三十四）。表明齐韵字已读近［ai］，实为［ɐi］的音。

三等支、脂、微韵的开口字，在较早的年代就念为［i］，其合口字念为［ʷi］。首先是粤语中的这些字从［i］变为［ei］，［ʷi］变为［ʷei］，这是属于"韵尾繁衍化"的表现。后来，这个［ʷei］中的喉、牙音字又进一步变为［ʷɐi］，如"规、亏、跪、毁、龟、轨、愧、季、逵、柜"等，人和、龙归、新滘、东圃、文冲等地念为［ʷei］，而钟落潭、竹料、太和、江村以及广州老市区则念为［ʷɐi］了。［ei］音比［ɐi］早一些，［ɐi］是由［ei］变来的。

真（臻）、殷、侵、蒸各韵字，在中古时可能念为［ien］、［iem］、［ieŋ］等。这些韵字在粤语中较早就失去［i］介音，变为［en］、［em］、［eŋ］，在后代，再进而变为

［ɐŋ］、［ɐm］、［ɐŋ］，如真（臻）韵字"真、衬、诊、神、身、辰、巾、紧"等，人和读为［nə］（蚌湖把许多字读为［nə］），这个［nə］（［nə］）是［en］音的前期读法。恩平把真韵字念为［ien］或［ian］（如"真、振、震、神、身、申、巾"），新会念为［æn］，开平念为［en］，其他各县则多念为［ɐŋ］。其变化的线路正是：

ien→en（nə、ən）→ɐŋ

侵韵、蒸韵字与真韵字有平行的变化。侵韵的"侵、寝、心、寻、沉、针、甚、甚、今、襟、锦"等字在人和读为［mei］，有时又失落［i］介音，形成［mei］与［mə］自由变读，这个［mei］实是［mai］→［mei］→［mə］→［ɐm］的前奏。其他各县也有类似的变化，如恩平、惠州把侵韵字念为［iam］，而新会则念为［mæm］或［æm］，开平变为［ɛm］（［em］），而其他大多数地方则变为［ɐm］。其变化也是［iem］→［em］→［ɐm］。

蒸韵字"冰、镜、陵、凌、菱、蒸、证、澄、惩、症、称、秤、乘、绳、剩"等本念为［ieŋ］，后代［i］音消失变成［eŋ］。现代广州市区各点多念为［eŋ］，如钟落潭、竹料、江村、新滘等。但有的地区则更进一步从［eŋ］变为［ɐŋ］，如人和、太和、龙归、石井、东圃、文冲、新滘、小洲等地，都把"冰、凭、陵、征、澄、蒸、称"等字念为［ɐŋ］。其发展过程是：

ieŋ→eŋ→ɐŋ

庚三韵字本念为［iɛŋ］。粤语在后来的发展中，［ɛ］元音受［i］介音的影响发生高化，变成［ieŋ］，这样，就与蒸韵的读法相同。有的地方又从［ieŋ］变为［eŋ］，再进一步变为［ɐŋ］，与蒸韵字有类似的发展过程。如"兵、丙、平、鸣、明、京、境、景、卿、庆、竞、聘"等庚三韵字，人和、太和、文冲、小洲等地念为［ɐŋ］，有些地方则［ɐŋ］、［eŋ］（［ɛŋ］）两读，如"命"字，太和镇在"革命"一词中读为［mɐŋ］，在"命水"一词中则读为［mɛŋ］；又如"平"字，在"和平"一词中读［p·ɐŋ］，但在"好平"（很便宜）一词中则读为［p·ɛŋ］。又如"请、领、惊"等字，人和的文读音是［ɐŋ］，而白读音是［iæŋ］。显然，后者的读音较早，［ɐŋ］是后来的变化。当然，庚三韵字的文、白异读还表现在［ɛŋ］与［eŋ］的差别上。对于［ɛŋ］来说，［eŋ］的读法又是较为后起的。如钟落潭对"京塘"（本地地名）的"京"读为［kɛŋ］，而在"北京"一词中则读为［keŋ］。竹料、江村对"惊"字也有文、白异读，江村把"好惊"（很害怕）读为［kɛŋ］，把"惊险"读为［keŋ］；钟落潭对"平坦"的"平"念为［p·eŋ］，把"好平"（很便宜）念为［p·ɛŋ］。显然，［eŋ］的读音又是较为后起的。总之，庚三韵字在粤语中，也发生了［iɛŋ］→［ieŋ］→［eŋ］→［ɐŋ］的变化。

乙、从［ə］元音变来，这主要是一等的痕韵和登韵字。它们本念为［ən］和［əŋ］，后代粤方言也变为［ɐn］和［ɐŋ］。如"跟、根、垦、龈、痕、很、恨、恩"等痕韵字人和读为［ən］或［ɛn］（蚌湖读"很"为［hɛn］），其他各地多读为［ɐn］，新会念为［æn］，开平、东莞、深圳等念［en］。［ən］和［ɛn］、［en］都是较早的读音，其演变过程是：

ən→ɛn（ɛn、en）→ɐn

登韵字"登、灯、等、腾、邓、能、曾、增、憎、层、赠、僧、肯、恒"等在花县、高明等县读为［əŋ］，表现的是较早期的读音，从化、东莞等地读为［ɛŋ］（［eŋ］），合浦读［æŋ］，广州市郊的钟落潭、竹料、江村等地也读为［eŋ］，这是［ɛŋ］音的进一步发展，而其他地方如人和、太和、龙归、石井、东圃、黄埔、文冲、新滘、小洲各地则读为 [eŋ]，这是 [eŋ] 音进一步变化的结果。变化的过程也是：

 əŋ→ɐŋ（eŋ）→ŋɐŋ←ɡɐ

丙、从圆唇元音 [o]、[ɵ]、[u] 等变来，这包括覃谈韵的见组字、侯尤韵字、魂文韵字、真谆韵字等。

一等覃谈韵在中古时本读为 [ɑm]（覃、谈合流），但它们的喉、牙音字在粤语中发生了与寒韵字平行的变化：

ɑm→om

广州市近郊的芳村（龙溪）等地以及佛山、南海、顺德、三水、高明、中山都把这两韵的牙喉音字"甘、柑、敢、橄、酣、感、堪、龛、坎、勘、庵、暗"等念为 [om]。广西毛南语的粤语老借词也念"敢"为 [kɔm]、"盒"为 [hɔp]。把覃、谈韵的一部分字念为 [o] 元音，是珠江三角洲某些方音的一个特点。前期广州市区也当有这个 [om] 韵母。一百年前东莞人王炳耀《拼音字谱》一书中所描述的羊城音就有这个 [om] 韵，如"甘"字王氏即拼注为 [om]，与"干"字的主元音相同。近几十年来，这个 [om] 韵母在一些地方如广州市区、番禺、花县、从化等地进一步变读为 [ɐm] 了（入声字"合、蛤、鸽、盒、磕"等也有平行的变化，从 [op] → [ɐp]）。这个主元音 [ɐ] 就是由圆唇元音 [o] 变来的。

从 [o] → [ɐ]，还有侯、尤韵字。侯韵字本读为 [ou]，广州唇音字"母、戊"等所念的 [ou]，正是它较早的读音。而其他声母字如"兜、斗、偷、透、头、投、豆、逗、楼、漏、走、奏、嗽、勾、钩、沟、狗、苟、够、口、叩、寇、藕、偶、侯、喉、猴、后、厚、候、欧、呕"等，江门、鹤山等地念为 [ou]，也保持 [ou] 音不变，新会、合浦则念为 [æu]，台山、东莞念为 [eu]，是 [ou] 音的另一种变化，其他各地则从［ou］→［ɐu］，［ɐ］是由［o］变来的。

三等尤韵字"纽、刘、留、流、酒、秋、就、修、秀、袖、昼、抽、丑、纣、愁"等本都带有［i］介音念成［iou］，人和读为［uɐi］，其中一些字保存［i］介音，有一些字则失去［i］，而蚌湖和龙归则念为［ou］，［i］介音失去，但保持［o］元音不变。其他地方如钟落潭、竹料、太和、江村、黄埔、东圃、新滘、小洲以及广州老市区则都念成［ɐu］，其变化过程是：

iou→ⁱou→ou→ɐu

魂韵和文韵字在现代广州音中也有许多念为［ɐ］元音的，这个［ɐ］同样是由圆唇元音演化而来。魂韵字"本、盆、门"等念为［un］（人和读为［nɐ］），正保持它较早的读音（与侯韵的唇音字一样），而舌齿音字"敦、顿、豚、钝、盾、嫩、仑"等广州市念为［ɵn］（一般标音为［œn］），"寸、存、孙、损、逊"等［tʃ］组字念为［yn］，是［un］的变化，即舌位前移和略为低化：

un→ɵn→yn

但这些字在花县、从化等地却念为［ɐu］，这是圆唇元音［u］或［ɵ］演变的结果。

除舌、齿音字和唇音字读为［un］、［ɵn］（［yn］）之外，本韵的牙喉音字"昆、滚、棍、坤、困、昏、魂、混、温"等，广州市区各地多念为［ʷɐn］（人和念为［uɐn］）。这个主元音［ɐ］也是由圆唇元音变来的。其过程是：

ʷun→ʷuɐn→ʷɐn→ʷɐn

牙喉音圆唇化声母，有促使主元音变为［ɐ］的可能，这与古脂、支韵牙喉音的合口字的变化是一致的（参见上文）。

三等文韵"分、粉、粪、奋、芬、纷、焚、坟、愤、份、文、闻、吻、问、君、军、群、郡、熏、训、云、韵、运"

等字本都带有［i］介音。本韵只有唇、牙、喉音字，它们的声母也由于具有圆唇化的作用，所以也促使主元音从［u］变成［ɐ］，［i］介音在发展中消失，与尤韵一样：

$$^{w}iun→^{w}iuən→^{w_i}nə→^{w}nɐ$$

人和把文韵字念为［nə］或［^{w}nə］，正是变化的中间阶段，其他各点念为［ɐn］或［^{w}ɐn］，则是变化的终极。

真韵字"邻、鳞、磷、齐、秦、尽、信"等舌齿音字在广州市区念为［ɵn］（一般写作［œn］或［øn］），［ɵn］是真韵本音［en］圆唇化的结果。市区之外的其他各点方言多把上举各字读为［ɐn］，这又是圆唇元音［ɵ］的进一步变化：

$$ien→^{i}en→en→ɵn→ɐn$$

谆韵的"伦、沦、轮、遵、俊、荀、笋、迅、旬、殉、准、春、唇、盾、顺、舜、纯"等字在广州各地多念为［ɵn］，如人和、钟落潭、太和、江村、龙归以及新滘等地。［ɵn］是中古时谆韵［iən］失去［i］介音而成的音。这个［ɵn］韵所辖的字，在竹料、小洲、黄埔、东圃、文冲（韵尾变为［-ŋ］）等地，主元音都变为［ɐ］。花县、从化、中山、珠海、斗门、东莞等地也是如此。这些地方"伦、沦"等字不念为［lɵn］，而念为［lɐn］：

$$^{i}ɵn→ɵn→ɐn$$

主元音也是由圆唇元音变成了［ɐ］。

谆韵的牙、喉音字"均、钧、菌、匀、允、尹"等，本也念为［iɵn］或［iun］，东莞、中山、深圳等地正念为［iun］。有的地方失去［i］介音念成了［un］，如台山、开平、恩平、鹤山等地。但更多的方言点却把它们念成与一等魂韵字一样，变为［ɐn］。牙、喉音声母由于带有圆唇化作用，有促使主元音变［ɐ］的可能，这与魂韵字一样。其变化过程是：

$$^wi\theta n\ (^wiun)\rightarrow^{wi}\theta n\ (^{wi}un)$$
$$\rightarrow^w\mathrm{e}n$$

综观这些在中古时本读为圆唇元音或声母带有圆唇化作用的字，在近代粤语的发展中，多变成了〔ɐ〕元音。归纳其演变公式如下：

覃谈韵 am→om→ɐm（牙、喉音）

侯　韵　　　ou→ɐu

尤　韵　　　iou→ɐu

魂　韵　　　un→ɐn（唇、牙、喉音）

文　韵　　　iun→ɐn（唇、牙、喉音）

真　韵 ien→iθn→ɐn

谆　韵　　　iθn（iun）→ɐn（牙、喉音）

由此可知，现代粤方言中许多带有〔ɐ〕元音的韵母，其中相当一部分是由圆唇元音变来的。这些从圆唇元音变为〔ɐ〕的韵母中，也许有一些字是经由〔e〕、〔ɵ〕、〔ε〕再变为〔ɐ〕的。总之，〔ɐ〕元音之出现，多与圆唇元音或唇化声母有关，也与央元音〔ɵ〕、〔ε〕等有关。

3．韵尾的变化

粤方言数百年来韵尾的发展演变，主要表现在下述三个方面。

（1）〔-m〕韵尾的消变。

中古汉语中具有收〔-m〕尾一类的韵母，如覃谈咸衔盐严凡侵添等。这个〔-m〕韵尾，在粤方言中一直保存着。但现代粤方言里少数古读〔-m〕尾的字，现在却变成〔-n〕，这主要是凡韵的唇音字"泛、凡、帆、范、犯"等。由于唇音声母的异化作用，促使这个〔-m〕尾变成了〔-n〕尾。在广西京语的老粤语借词中，"帆"仍念为〔buəm〕或〔fam〕，保存中古时的读法。而在现代广东境内各地的粤语方言中，绝大多数已经变为［-n］，只有东莞（清溪）、深圳（沙头角）这些受客家话影响较多（或本就是粤语化的客方言）的方言仍读为［-m］。而东圃、文冲、黄埔（夏园）等地，则又从［-n］尾再变为［-ŋ］尾。增城、南海（沙头）、东莞（莞城）、宝安（沙井）等地也变成［-ŋ］尾。

（2）韵尾的圆唇化。

早期粤方言的阴声韵尾，大概只有［-i］、［-u］两种，但现代却出现了［-y］韵尾。这个［-y］尾，是由［-i］尾圆唇化而来的。它主要表现在灰韵和支脂微韵的合口字中。这些字本都读为［ɔi］、［ui］和［i］。一等灰韵字，有的地方念［ɔi］，有的念［ui］。如人和、龙归、东圃、小洲等地，将"堆、对、推、腿、退、队、内、累、催、罪、碎、最"等字念为［ɔi］，广西毛南语老粤语借词也念"对、队"等字为［ɔi］，保存的都是灰韵较早期的读音；广西合浦、来宾、扶绥壮语中的老粤语借词把"对、退"等念为［oi］，则是［ɔi］的进一步高化，而黄埔念为［ui］则是高化的顶点。这些灰韵字在广州老市区及其他某些县份中又变为［ɵy］（一般标为［œy］）。主要元音［ɔ］或［u］的发音部位前移，而韵尾［i］受到前面圆唇元音的同化，也变成了圆唇元音：

ɔi→oi→ɵy

支脂微韵合口舌齿音字"嘴、髓、吹、醉、类、帅"等，它们本念为［ʷiei］的音，后来，主元音受唇化声母的影响变成了圆唇元音［o］，而且［i］介音消失念成了［ʷoi］，如新滘、东圃以及花县、高明、合浦都是如此；有的高化为［ui］，如黄埔以及东莞、斗门、江门、新会、台山、开平、恩平、鹤山等地。但其他的粤语方言点，则从［oi］、［ui］进一步变成［ɵy］了。广州市老市区、人和、钟落潭、竹料、太和、江村、龙归以及香港、澳门、番禺、从化、佛山、顺德、三水、中山、珠海等都念为［ɵy］，其变化与灰韵相似：

^wiei→^{wi}oi→^woi→ɵy

祭韵的合口字"脆、岁、缀、赘、税、芮、锐"等与支脂微合口韵字也有相似的演变过程，现代的斗门、台山、新会、开平、恩平、江门、东莞等地都念为［ui］的音，韵尾还保持［-i］音不变，但其他方言点则与支脂之韵一样，从［^woi］或［ui］变成了［ɵy］。这个［ɵy］韵母的出现，至少已有一百年的历史。清末王炳耀作《拼音字谱》，把这数韵字标作［ŭi］（把"津、卒"等字的主元音也标为［ŭ］），这个［ŭ］当即是圆唇元音的［ɵ］，而它的韵尾，可能也已变作［y］了。

（3）韵尾的繁衍。

粤语的韵母，有一些本来是念为单元音不带韵尾的。但在后来的发展中，从单元音衍生出一个韵尾来，变为双元音，成为复合韵母，这种韵尾繁衍的现象，有人也称为单元音复元音化，即单元音韵母的双折化。粤方言衍生的韵尾，主要表现于三个方面：一是［i］→［ei］，二是［u］→［ou］，三是［y］→［ɵy］。

甲、i→ei

这主要是支脂之微韵字，它们在较早的年代便念为［i］（中原共同语在宋代时，这数韵字即念［i］的音）。广西毛南语老粤语借词就把这些韵中的某些字念为［i］，如"里、比"等。现代粤方言对这些韵类的［tʃ］组声母字"紫、雌、此、刺、斯、差、迟、稚、师、矢、兹、子、慈"等，各地多念为［i］，这是宋元以来读音的保留（共同语则从［i］→［ɿ］、［ʅ］）。但其他的声母字则从［i］→［ei］，产生了一个韵尾。这个韵尾的衍生，大概是因为［i］元音单念时，发音较长、舌位略低，导生出一个韵尾，念为复合元音［ɪi］，再逐渐变成为［ei］。现代粤语中的"臂、披、被、靡、离、死、四、饥、寄、企、歧、器、基、己、几、岂、祁、气、忌、欺、其、技、牺、你、理"等字，广州老市区及人和、龙归、钟落潭、竹料、江村、石井、东圃和其他一些地区如香港、澳门、花县、增城、佛山、三水、斗门、江门、新会、开平等地，变读为［ei］，这是：

i→Ii→ei

但广州的文冲、小洲以及南海、顺德、中山、珠海、高明、鹤山、台山、恩平、东莞、合浦等地则仍保持读［i］不变。广西武鸣壮语中的老粤语借词念"几、旗"等为［ei］，龙州壮语念为［i］，"比"字则两地都念为［i］。［i］是较早的读音。

［ʧ］组字现代广州市及其他多数地区仍读［i］，没有变为［ei］，但广州近郊一些地方（如人和）把广州市区念为［i］的"兹、滋、子、慈、字、司、丝、思、伺、祠、似、寺、嗣、耻、持、痔、厕、士、柿、事、使、史"等字也都念为［ei］。龙归念［ei］的字较少一些，如"事、思、司"等。"斯"字龙归也读为［ʃei］，但［e］的开口度很小，近于［Ii］。这是由［i］变至［ei］的中间过渡音。

乙、u→ou

这主要表现在模韵字上。本韵的"布、谱、铺、普、蒲、部、步、捕、埠、模、暮、墓、都、堵、赌、肚、妒、土、吐、兔、徒、屠、途、涂、图、度、奴、努、怒、卢、炉、鲁、路、露、租、祖、组、醋、苏、酥、素、诉"等字，中古之前本念为［o］，后来进一步变为［u］。粤语早期的读音大概也念为［u］，因为牙、喉音声母字"姑、孤、古、估、股、鼓、故、固、雇、顾、箍、枯、苦、库、呼、虎、浒、胡、湖、狐、壶、乎、瓠、户、沪、互、护、乌、污、恶"

等字正念为［u］。而其他声母字则发生了元音的繁衍化，产
生了［-u］韵尾，念成了［ou］。这些在广州市念为［ou］的
"布、谱"等字，在其他地方如从化、高明、中山、珠海、台
山、开平、恩平、合浦、梧州、苍梧、贺县以及广州市内的文
冲、小洲等地，都念为［u］。这是它们本来的读音。其他地
方则从［u］→［ou］了。

模韵中的"吴、蜈、吾、梧、五、伍、午、误、悟"等，
广州、香港、番禺、花县、佛山、南海、顺德、三水、高明、
中山、珠海、鹤山、江门等地都念为［ŋ］，澳门、从化、增
城、斗门、恩平、东莞等地则念为［m̩］，［m̩］是从［ŋ］变
化而来。这些字的读音本是［ŋu］（如惠州），后来，［u］元
音弱化，逐渐被声母吞没，声母（辅音）演化成韵母，即
［ŋu］→［ŋ］。有的方言再从［ŋ］变成［m̩］。有的方言经
历了两读的阶段，如台山、新会，这些字即有［m̩］、［ŋ］两
读。有的方言则变为［n̩］，如东莞、深圳，这可能是受客家
方言的影响。这个［ŋ］的出现已有相当长的历史，一百年前
王炳耀的《拼音字谱》即已指明广州音中有这个"阴声声母
字变作阳声韵母字"的韵母。

丙、y→θy

这是三等鱼、虞韵字的变化。这两韵的"徐、除、储、
女、居、墟、去、渠、巨、虚、取、娶、厨、区、具、趣、
聚、须、需、拘、驹、俱、矩、句、驱、瞿、惧"等字，本
都念为［y］的音。东圃、文冲、新滘、小洲等地都把它们念
为［y］，没有衍生出韵尾。但广州老市区及人和、龙归、太
和、钟落潭、竹料、江村、石井等地，则念成［θy］，它是
［y］音两折化的结果。

鱼韵的知、章组字"猪、著、诸、煮、处、书、舒、暑、
鼠、黍、庶、恕、署、汝"等字，广州、香港、澳门、番禺、

花县、从化、佛山、南海、顺德、三水、高明、中山、珠海、东莞等地都念为〔y〕，这是它的本音，没有衍生出〔y〕韵尾。有些地区如增城、斗门、江门、新会、台山、开平、恩平等则从〔y〕变为〔i〕，也不发生韵尾的繁衍现象。

鱼韵的庄组字如"阻、初、楚、锄、助、梳、疏、所"等在粤语中读为〔ɔ〕，保存宋元以前的读法，这些字也没有产生韵尾。而虞韵的唇音字"夫、肤、府、俯、腑、甫、斧、付、赋、傅、敷、俘、抚、赴、讣、符、扶、芙、父、釜、腐、辅、附"等在各地都念为〔u〕，既没有衍生出〔u〕韵尾，也没有衍生〔y〕韵尾，仍保持单元音的读法。

粤语韵母系统的发展演变，除表现于上举各个方面之外，其他的变化甚少。韵类系统中的二等韵麻、皆、佳、夬、肴、山、删、庚、耕、江、衔、咸等韵几乎没有发生什么变化，它们的主元音绝大多数是〔a〕，〔a〕是一个发音较稳定的元音。此外，一等韵歌戈〔ɔ〕、覃谈〔ɑm〕、唐〔ɔŋ〕、东冬〔oŋ〕等基本上也没有发生大的变化，它们的主元音是〔ɑ〕、〔ɔ〕或〔o〕，也比较稳定。当然，有些地方，这些韵母也有一些变化，如东韵〔oŋ〕在增城话中就变为〔eŋ〕，这些是个别的现象。可以说，中古时的三等韵，在粤方言中的变化比较大，一、四等韵次之，二等韵的变化最小。三等韵的变化，与〔i〕（和〔u〕）介音所产生的影响有密切的关系。

（三）声调方面的发展

中古汉语的声调系统，据《切韵》或《广韵》的分类，有平、上、去、入四类。中古时可能这四声已按声母清、浊的不同，分化为阴、阳两类，不只平声如此。但这一点在目前还没有找到确凿的证据。就广州话来说，它在后来的发展中，确是把中古的四声各分为阴、阳两类。这样，其声调就有8类。

不单如此，在清代之时，粤语的声调已分化为 10 类。清末时王炳耀作《拼音字谱》，其中说"羊城之音有十声"，也即是有 10 种声调。平声有上平、中平和下平之分。这个"中平"很可能就是我们现在称作下阴平的调类。在近数十年来，这 10 个声调基本上保存着，近些时，还分化出一个新的调类，我们称之为"新入"，这样，现时的粤语（广州市话），就有 11 个声调。

阴平分为上、下两调，已见于清末。上、下阴平之分，首先是因为有一些上、下阴平调字的读音有分别，如：

皆 kai⁵³——街 kai⁵⁵

丹 tan⁵³——床单~tan⁵⁵

归 kwɐi⁵³——龟 kwɐi⁵⁵

阴平已经分化为两个独立的调类，而不是一个调类的不同变体。

还有，在某些多音节词或词组中，为了防止出现歧义，上阴平字也不能念成 55 调而与下阴平混同，如私人的"私"只能读 53 调，诗人的"诗"只能读 55 调；人心的"心"只能读 53 调，人参的"参"只能读 55 调。这也说明 53 调与 55 调确是两个独立的调类。这种上阴平与下阴平的分立，在广州近郊区（现在也属市区）表现得更为清楚。不过，就目前广州老市区的情况来说，一些年青人确有将这两调混读的情况，这也表明，这上阴平与下阴平正处在合一的发展过程中。

入声中有一个新的调类，我们称之为"新入"。这个调所辖的字来自中古的各个调类。这个入声调本是由某些调字的习惯性变调而来，但发展到了现代，它已经形成一个独立的调类。因为有些词或某些词的某一个义项只能念为此调，而没有读入别调的可能，因此，只好将它分出。如："鈪"［ak³⁵］（手镯）、"瘝"［mɐk³⁵］（痣）、"□"［wat³⁵］（耳~，即指耳环）等词，只能读为此调。

由此可见，上阴平、下阴平是阴平分化的结果，而发展到现代，它们已有合一的趋势，而新入这个调，则是新近由变调逐渐凝固化而形成的，它是新出现的调类。它的形成也还不十分稳固。所以，广州方言的 11 个声调，有的处于逐渐消失的过程中，有的却又处于逐渐形成的过程中。

六、粤语语音与普通话语音对应关系辨析

广东省大部分地区使用着粤方言。粤语地区的群众长期使用粤语、接受母语粤语的语言习惯，形成了一套以母语为思维和交际的语言特点和方式。近年来，随着政治、经济、文化各方面事业的发展，南方方言区与北方广大地区之间的交往越来越多，在方言地区教学和使用普通话越来越显示出它的重要性。由于普通话推广工作的不断深入，许多人产生了学习普通话的强烈要求，在许多方言区群众的交际活动中，出现了"粤语—普通话"的双语现象。"惯用母语，学习新语"的语言活动在许多人身上逐渐出现。学校中的语文教育，以学习现代汉语的口头语和书面语为主要内容。在这种双语环境中，如何使学习普通话取得更大的成效、克服原来所使用的语言——母语的语素对这种学习活动的不利影响，成为当前语文教学或推广普通话工作的一个重要课题。

在双语环境中，如何克服母语的影响，更有效地学习一种新的语言，其中的一个重要办法，就是加强对这两种新、旧语言的语言因素的对比、辨析，了解双语各自的特点，做到知己知彼，也即是遵循"根据已知，掌握未知"的原则来进行语言教学或言语活动的训练。因此，语言因素的辨析，是双语环境中进行语言教育的一种有效的教学方法。

这几十年来，南方在推广普通话的过程中，针对各地方言的特点，编写各个方言区的"学话手册"，介绍普通话的语言特点，并将各地方言拿来与它相对比，归纳出语音的对应规律，总结出词汇、语法系统的对比关系等，使方言区的人能够了解普通话的各个主要特点，了解本方言区在语音、词汇和语法各个方面与普通话的主要差别，从而有意识地去学习新的语言要素，避免方言特有的而普通话不具备的语言要素，这样，便能在双语活动的过程中，更有效地学习普通话。这样做的结果，取得了较好的成绩。所以，这种经验，是可以继续供我们当前语文教学中讲授汉语共同语这种活动借鉴的。

这里，就"粤语—普通话"语音方面的对应规律加以辨析。

（一）语音因素的辨析存在的问题

学习普通话，首要的问题就是要学好普通话的语音。学习普通话的语音，必须了解普通话的声、韵、调系统，学会普通话声母、韵母和声调的发音以及它们如何拼读成为一个音节。其次，就是要进一步掌握普通话各个声母、韵母、声调所管的字。方言区的人学习普通话的语音，碰到的主要问题，也是属于这两个方面。一是各音素的发音，一是声、韵、调各要素所管的字。而这两方面的学习，都必须掌握语音要素辨析的方法。

一般人在学话的过程中，也在不自觉地运用语言辨析的方法。由于汉语的方言与普通话都是由古代汉语发展演变而来的，在方言与普通话之间，一般都存在语音的对应规律，人们在学习和使用普通话的过程中，都在运用这种规律。但是，由于这种对应规律并不是十分严整的，例外的现象不少，或者是表现于双语之间的语音对应规律并不是简单地一对一的关系，其中可能有甲语一类音对乙语两类、三类或四类音的关系。一般初学普通话的人，都有运用双语之间语音对应规律的经验、体会，都在自觉或不自觉地运用这些规律。但是，他们对这种存在于双语之间的语音对应规律的复杂情况不太了解，因此，在运用这些规律时，往往会出现"类推的错误"。要克服这种错误，比较有效的办法，就是在语言教学中进行两种语言或方言之间语言因素的辨析，使学话者知道哪些可以类推，哪些字音不能类推；哪些语音要素的发音相同，哪些略有差异，哪些完全不一样。把原来自发的"类推"化为自觉的"类推"。使这种"类推"能够比较准确地按照语言本身固有的对应规律来进行，不能因为盲目类推而导致错误。

（二）声母方面双语之间的辨析

双语之间各种音素（或音段——如韵母）的辨析，包含几个方面：（1）双语之间相同的音素（这方面当然不是辨析的重点，但是必须了解）。（2）双语之间某些音素"有"与"无"的差异。（3）双语之间某些音素相近而不相同的分辨。（4）双语之间各音素（音段）管字上的异同。下面，我们先看看粤语—普通话表现于声母上这几个方面的情况。

粤语与普通话声母之间，有一些在发音上是相同的。它们是：

p p' m f t t' n l k k'

粤语一共有 20 个声母，普通话则有 22 个声母。两者相较，有上举 10 个声母的发音是相同的。（另外，普通话的 h [x] 和粤语的 [h] 发音非常相似，可以认为相同。）这些相同的声母，粤语区人在学习普通话时，其发音是不成问题的。

普通话的声母系统中，有 6 个声母是粤语所没有的，它们是：

舌尖后音　tʂ　tʂʻ　ʂ

舌尖前音　ts　tsʻ　s

舌尖后音这组声母发音时舌尖翘起抵住前硬腭（擦音是接近而不是抵住），让气流以各种不同的方式流出来。舌尖前音声母的发音，则是发音时舌尖前伸，抵住（或接近）上齿背，让气流以各种不同的方式流出。粤语没有这两组声母。掌握这两组声母的发音及它们所管的字是粤语区人学习普通话的主要难点之一。

普通话中还有一组舌面音声母 [tɕ]、[tɕʻ]、[ɕ]，粤语中没有这种声母，但有一组舌叶音声母 [tʃ]、[tʃʻ]、[ʃ] 的发音与之相近。[tɕ] 组的发音是舌面前部贴住（或接近）前硬腭，而舌叶音 [tʃ] 组发音时则是用舌尖和舌面前部向上齿龈和前硬腭靠近或接触，阻碍气流而发出声音。其音色比较近似于舌面音 [tɕ] 组声母，可以归为两者相近而不相同的一类。

由于粤语的舌冠塞擦音（及擦音）只有舌叶音一套，而普通话则分为 [ts]、[tʂ]、[tɕ] 三套。在讲普通话时就常常以 [tʃ] 组的音去发这三组声母。焦 [tɕiɑu]、招 [tʂɑu]、遭 [tsɑu] 等字念起来就很接近。由于粤语中没有 [ts] 组和 [tʂ] 组声母的区别，所以在粤人口中，"制造—自造，预兆—预造，纸色—紫色，好处—好醋，池塘—祠堂，山城—三层，伤势—丧事，熟语—俗语，诗人—私人，世代—四代"等词语都读为同音。这就必须在掌握了 [tʂ] 与 [ts] 组声母的发音之后加以正确辨认。

特别是粤语中没有 [ʐ] 声母，常常把 [ʐ] 声母字念成 [j] 声母字，如把"叫嚷"念为"教养"，"绕道"念成"要道"，"猪肉"念成"猪药"，"自然"念成"自言"等。

粤语区人发 [tɕ] 组声母时，也常用 [tʃ] 组代替，但这一点问题还不大。

粤—普双语的声母发音相近而不相同的,还有普通话的〔x〕声母,这是一个舌根音,发音时舌根上抬靠近软腭,在舌根的部分让气流产生摩擦成音。而粤语的〔h〕声母却是一个喉门清擦音,发生摩擦的部位要比〔x〕后得多。这两者的音色相近而不相同。

从粤语方面来说,它也有一些声母是普通话所没有的。这主要是指〔ŋ〕声母("牙、外、岳、牛"等字念这个声母)。〔ŋ〕母在古代汉语中一直保持着,到了元代,这个声母在北方某些方言中逐渐消失。但粤语却在一部分字中保留这个〔ŋ〕声母(主要是洪音字,细音字"言、疑、宜"等也已经失去)。粤语区人讲普通话时不要把它带进普通话里去。粤语念为〔ŋ〕声母的字,普通话多念为零声母。

此外,粤语中有两个圆唇化声母〔kw〕("瓜、鬼")和〔kw·〕("夸、葵")。这两个声母也是普通话所没有的。但普通话的〔k〕、〔k·〕声母和〔u〕相拼,其发音就与这两个声母相近。粤人发普通话的〔ku-〕、〔k·u-〕时,用〔kw-〕、〔kw·-〕来代替,也距离不远。这方面在发音上不存在太大的问题。还有,粤语中有两个半元音声母〔j〕和〔w〕,发音时略带摩擦成分。用〔j-〕音来发普通话的〔i-〕音节、用〔w-〕音来发普通话的〔u-〕音节,发音上的差别也很小,对于初学普通话的人来说,不必计较。前者如"医、衣、夜"等字音,后者如"威、卫、乌"等字音。

以上是就粤语与普通话声母的有无及发音上的差异来说的。这是问题的一个方面。另一方面,是双语的声母在管字上的参差,更是学习普通话时必须更加留意的问题。

有些声母,是粤语与普通话两者都具有的,比如〔p〕与〔p·〕、〔t〕与〔t·〕、〔n〕与〔l〕等。但两种话各个声母所管的字不完全一样。某些读为相同声母的字，可以放胆类推，那些管字有出入的，则必须加以留意。下面谈谈这管字互有出入的情况。

1. 粤语与普通话送气与不送气音管字的参差

两种话中都有不送气音 [p]、[t] 与送气音 [p·]、[t·] 等声母的对立。粤语中念为 [p] 声母的字在普通话中也多数念为 [p]，但有些字在粤语中却念为送气音 [p·]，如"遍"字粤语念为 [p·in]，普通话却念为 [piɛn]，用粤语的读法照推过去，就会发生差错。如粤人口中常把"松柏、豹子、拥抱、倍数、棉被、彼此、复辟、编辑"等词中的"柏、豹、抱、倍、被、彼、辟、编"等念为送气音。相反，一些粤语读为不送气音声母的普通话却又读为送气音。如"背叛、肥胖、啤酒、物品、强迫、仆人、瀑布"等词的"叛、胖、啤、品、迫、仆、瀑"等音就是这样。

[t] 与 [t·] 声母也有类似的情形，如粤语念为 [t·] 而普通话应当念 [t] 的："贷款、怠慢、咸淡、河堤、提防、缔造、肚子、断裂、矛盾、舵手"等。也有相反的，如："踏步、特别、突然"，粤语念为 [t] 而普通话念 [t·]；"大概、灌溉、送给、水沟、篝火、购买、结构、规定"等加点的字 [k] 与 [k·] 也有个别字送气与不送气互有参差。又如"咖啡"的"咖"粤语念 [k] 而普通话念 [k·]。

有些人不注意这些互有出入的情况，把下列名词混同了：

叛徒—半途   编辑—偏激

蝙蝠—篇幅   被袋—佩戴

踏步—大步   怠工—太公

肚子—兔子   结构—解扣

有些声母，粤语与普通话的发音部位不完全相同，但送气与不送气的区别却是基本上一样的，只是也有一些字送气音与

不送气音互有参差。如普通话中，有一些念为塞擦音声母
［ts］、［tʂ］、［tɕ］组的（粤语则基本上念为［tʃ］组，有一
些［tɕ］组字念为［k］组），其送气与否，在两种话中也有
出入。如："洗澡、干燥、烦躁、噪音、盗贼、坐下"等词，
加点的字粤语念为送气音而普通话念为不送气音。"侧面"的
"侧"则相反。"车辙、诊断、麻疹、衷心、重量、柱子、桌
子、卓越"等词中加点的字，普通话当念为不送气的［tʂ］组
声母而粤语把它念为送气音。而"风驰电掣、宠爱"等念为
不送气音。［tɕ］组声母也有类似的情形，"通缉、编辑、歼
灭"等当念为不送气音，而粤语念为送气音，粤语区人讲普
通话常常照推过去。相反，"麻雀、喜鹊"则误读为不送
气音。

2. 擦音与不送气塞擦音的参差

普通话中，有一些念为擦音声母的字在粤语中念为不送气
塞擦音。粤语区人在讲普通话时，也常会在这方面出现差错。
如"颂"字普通话念为擦音［soŋ］，粤语却念为不送气塞擦
音［tsoŋ］。出现这种情形的，主要是古音中的全浊音字。这
些全浊音声母字在普通话中演变为擦音声母，而在粤语中则演
变为不送气塞擦音。类似的例子还有"朝夕、潮汐、主席、
袭击、学习、大象、画像、橡胶、感谢、袖子、继续、叙述、
次序（以上是［tɕ］组声母字）、僧人、寺院、饲料、朗诵、
风俗（以上是［ts］组声母字）、剩余（以上是［tʂ］组声母
字）"等，普通话该读为擦音声母，而粤人照自己的方言类
推读为不送气塞擦音［tɕ］、［ts］、［tʂ］等。相反，有的字在
普通话中念为不送气塞擦音，粤人却又按本方言类推读为擦
音，如"盗窃、沁人心脾（以上［tɕ］组）、姓岑、篡夺、纯
粹（以上［ts］组）、婵娟、阐明、禅理、尝试、补偿、经常、
嫦娥、君臣、时辰、早晨、成功、诚实、盛饭、乘坐、承接、

丞相、忧愁、仇敌、船只、垂直、嘴唇、纯朴（以上［tʂ］组）"等。

3. 擦音与送气塞擦音声母的参差

有的字是普通话念为擦音声母，粤语念为送气塞擦音声母。如"松"（树种）普通话读为［soŋ］，但粤语却念为［tʃʻoŋ］。类推过去，有些人就把"松树"念成"丛树"、"要塞"念为"要菜"了。类似的例子还有，下列各词读起来也容易混而不分：

比赛—比菜　　相似—相刺

速成—促成　　开始—开尺

柿子—赤子

粤人口中除往往把上举各词混而不分外，如"随便、建设、曙光、结束、牙刷"等词带点的字，往往也念成送气塞擦音。

舌面音声母［tɕ］组，也有这种情形。如粤语区人常把"内详"说成"内墙"，就是把粤语念为送气塞擦音照推普通话，而普通话却是念为擦音声母的。下列各词必须加以辨析：

吉祥—极强　　飞翔—妃嫱

肖像—俏像　　纤维—千围

一旬——一群　　循环—裙环

其他如"斜、邪、徐、畜、蓄、寻、巡"等字的读音，在粤人口中都有误念为［tɕʻ］声母的可能。

4. ［k·］、［x］、［f］声母管字的参差

这三个声母是双语都具有的（［x］在粤语中是［h］），但由于古代汉语的［k·］声母字在粤语中有一部分演变为［h］、［f］声母，粤语区人讲普通话时按本方言的读法类推，往往就念错了字音。如把"考试"念为"好事"、"垦荒"念为"很慌"等（把［k·］误念为［x］），或是把"苦头"念成"斧

头"（把［k·］误念为［f］）。类似的例子还有"仓库、裤子、快乐、筷子、一块儿、宽广、款式、何况、科学"等词的读法，都有误读为［f］的情形。

有些人知道粤语念为［h］、［f］的字在普通话中有一些应该念为［k·］声母，但又不知道是哪些字，往往又矫枉过正，把不该念［k·］而应念［x］的字也念为［k·］。如"渴"与"喝"两字，在粤语中都念为［h］声母，但"渴"字普通话该念为［k·ə］，而"喝"则该念为［xə］，粤语区人照样类推，把"喝水"也念为近于"渴水"的音。常见的情况还有把"话、欢、换、坏"等字误念为［k·］声母。所以，粤语区人必须注意分辨下列这一对对的字：

呼—枯　　虎—苦　　欢—宽

货—阔　　苦—府　　库—富

宽—翻　　夸—发

普通话念为［x］与［f］声母的字，粤语区人也会发生混淆。因为一些在普通话中应当念为［x］声母的字，在粤语中念为［f］。类推的结果就会把"婚礼"念成"分礼"、"虎头"念成"斧头"、"花县"念为"发现"、"理化"念为"理发"、"欢心"念为"翻新"、"开荒"念为"开方"、"晃荡"念为"放荡"等。

5. 零声母与［x］声母的参差

古代汉语中一些念为［x］声母的字，其声母在粤语中消失了，而在普通话中却还保存着。粤语区人讲普通话时，常常把这部分字与零声母字混同起来，如把"胡、壶、湖、糊、葫、蝴、狐、户、沪、护、互、扈"等字念为［u］（乌、呜）的音，把"华、铧、滑、画、话"等字念为［uɑ］（娃）的音，把"桓、还、环、寰、缓、患、换、焕、唤、幻"等字念为［uɑn］（玩、弯、碗）的音，等等。这些字基本上都是古代的全浊音声母匣母字。它们在现代普通话中演变为清音声母［x］，而且都带有［u］元音或［u-］介音。粤语中因为不存在［u］介音，所以这些字的韵母，在粤语中都读［w］声母，而把［h］声母排挤了。学习普通话时，就必须注意这两者之间管字的异同。当然，有许多粤语中念为零声母的字，在普通话中仍旧念为零声母。

6. 零声母与［m］声母的参差

古代汉语中有一些念为［m］声母的字，在普通话中失去了这个［m］声母，变读为零声母（这些字主要是古代的"微"母字），但在粤语中却保存着这个［m］声母。因此，就出现了零声母与［m］声母管字的参差。许多粤语区人在讲普通话时，把这些字中的［m］声母带进普通话，如把"作文"念成"做门"、"欺侮"念成"七亩"，总之，下列各词在粤人口中往往混而不分，必须加以辨析：

微笑—没笑	武备—母辈	新闻—新门
晚上—满上	物业—木叶	浓雾—农牧
大网—大蟒	咸味—贤妹	纹理—门里
公务—公墓	无恙—模样	万山—漫山

总之，粤语念为［m］声母的字，其中有许多在普通话中应当念为零声母，不能都类推念为［m］声母。

7. 零声母与［tɕ·］、［ɕ］声母的参差

普通话中的［tɕ·］声母字，有一部分是由古代汉语的［k·］声母变来的，有一部分的［ɕ］声母字，是由古代的［k·］、［x］声母变来的。但普通话中这些念为［tɕ·］、［ɕ］声母的字，在粤语中却失去声母，这是因为古代的［x］声母在粤语中消变为零声母的缘故。所以，在粤语区人讲普通话时，常把这些在普通话中当念为［tɕ·］、［ɕ］声母的字误念为零声母，如把"退休"念成"退忧"、"欣赏"念成"音赏"等。

下列各组词语在粤语区人口中常常混而不分，应加以辨析：

死刑—死蝇　　相形—相迎　　大型—大营

县长—院长　　旭日—浴日　　穴位—越位

不贤—不严　　流涎—流言　　苋菜—咽菜

实现—实验　　大县—大雁

粤语中念为零声母的字，应注意它们在普通话中可能念为 [tɕ·]、[ɕ] 声母。

8. [n] 声母与 [l] 声母的参差

[n]、[l] 这两个声母，是普通话和粤语都具备的。但由于一部分粤语区的人口中，[n] 与 [l] 混而不分，所以在讲普通话时，常常把这两者混同起来，一般是常把普通话中应当念为 [n] 声母的字念成 [l] 声母，如把"男子"念为"篮子"、"女子"念为"驴子"等。下列各词的两个词素的读音是不同的，粤语区的人必须注意加以分辨：

连年　　努力　　鸟类　　浓烈　　拿来　　那里

脑力　　女流　　奴隶　　内乱　　老奴　　老农

纳凉　　泥路　　嫩绿　　留念　　奶酪

声母方面还有一些双语之间管字不很一致的情况，这里便不一一缕述。对于双语之间某一音素（音段）管字相同的，可以放胆类推，而对于上述这些两者管字有参差的，则必须细加辨析，这样，才能把普通话的字音准确地表达出来。

（三）韵母方面双语之间的辨析

韵母方面，普通话与粤语之间有一些是相同的。普通话的韵母有 38 个，粤语有 53 个。其中相同的韵母是（普通话的 [o] 与粤语的 [ɔ] 相差不远，可视为相同）：

a　　ɔ　　i　　u　　y

ai　　ei　　au　　ou

an   in   yn   aŋ   oŋ

普通话具备而粤语没有的是：

ɤ   ʅ   ɿ   ɚ

ən   əŋ

此外，由于粤语（广州话）不存在［i-］、［u-］、［y-］三类介音，所以普通话带有这些介音的韵母，粤语可以说也没有，它们是：

i-行：ia ie iau iou iɛn iaŋ ioŋ

u-行：ua uo uai uei uan uən uaŋ uəŋ

y-行：ye yan

由于粤语中没有［ɤ］韵母，粤人常把普通话的［ɤ］念为［o］或［e］，如把"这"念成［tʂe］、把"遮"念成［tʂe］、把"车"念成［tʂ'e］、把"射"念成［ʂe］、把"蛇"念成［ʂe］、把"鹅"念成［o］、把"饿"念成［o］，等等。或者把［ɤ］念成近于［ie］的音，如把"遮住"念得近于"接住"，把"撤位"念得近于"窃位"等。［ɤ］的发音与［o］的不同，主要是嘴唇圆与不圆，［o］是圆唇元音、［ɤ］是非圆唇元音。与［e］发音的不同，则主要是舌位前后的区别，［ɤ］是央元音而［e］是前元音。纠正这种错误主要是掌握［ɤ］的正确发音。

［ɿ］和［ʅ］合起来被称为特殊韵母，它们是舌尖元音，［ɿ］的发音是舌尖前伸接近前齿背，所以被称为舌尖前元音，［ʅ］是舌尖卷起接近前腭，所以被称为舌尖后元音。它们只与［ts］、［tʂ］组声母相拼。粤语中没有这两个韵母，讲普通话时常把它们念为［i］（声母上也念为［tʃ］）。如把"工资"念成"公鸡"，"老师"念成"老希"等，在粤语区人口中，下列各词常常混而不分，必须加以辨析：

字画—计划   刺杀—气煞   思乡—西厢

直言—疾言　　执行—急行　　驰名—齐名

古诗—古稀　　公使—恭喜　　师范—稀饭

粤语中没有普通话的［ər］韵母，这是一个卷舌韵母，发音时舌头向后卷起。它不与声母相拼，这个韵母本是由［ʐ］声母字消变而成的，［ʐ］声母在粤语中也已经丢失，这类字多读为［i］韵母。因此，粤语区人念这个韵母时，常常把它念成［i］的音。如把"儿子"念成"姨子"、"儿戏"念成"一系"；或者是把［ər］念成［e］、［ɤ］或［o］，如把"第二"说成"第［e］"、"幼儿"说成"幼鹅"、"耳语"说成"俄语"、"小二郎"说成"小饿狼"等。关键都是粤语区人不习惯发这个卷舌韵母。

另外，粤语中没有［ən］、［əŋ］一类以［ə］为主要元音的韵母，只有发音与之相近的［ɐn］、［ɐŋ］、［œn］、［eŋ］等韵母。因此，粤人常以这些相同的韵母来念这两个韵母所管的字。如把"喷射"念成［pʰɐŋʂe］，把"跟踪"念成［kɐn tsoŋ］，把"神圣"念成［ʃɐm ʃeŋ］，把"朋友"念成［pʰɐŋ iou］，把"登高"念成［tɐŋ kau］，把"层次"念成［tʃʰɐŋ tsʰ］，等等。因此，粤人在学习普通话时，首先要学会这两个韵母的准确发音。它们中的主要元音［ə］，是一个不圆唇的央元音，而［ɐ］的发音较短，而且舌位稍低。

普通话中带［i-］、［u-］、［y-］介音的韵母，粤语区人发起来不太习惯，常常把［i-］介音丢弃，"下午"常常念成［ʃa wu］，上午与下午听起来很相近。这主要是要练习带［i-］介音韵母的发音；而带［u-］介音的韵母，粤人常用圆唇化声母［kw］、［kwʼ］中的［w］音去发它，这两者比较接近，可以不必苛求；而［y-］介音的音节，粤语也没有。不过，这样的音节在普通话中也不多，注意它们如何发音就可以了。

粤语中也有一些韵母是普通话中所没有的，讲普通话时，就要注意别把这些韵母带进普通话里去。它们是：

[ɐ] 元音系列：粤语中的 [a] 类元音有长短音之分，有 [a] 与 [ɐ] 的对立（有人也标 [a] 为 [aː]、[ɐ] 为 [a]）。而普通话却没有这种对立。粤语的长元音 [a] 类，与普通话的 [a] 类元音发音基本相同，一般可以照发。而 [ɐ] 元音系列则是普通话中没有的，这类韵母有：

    ɐi 批   ɐu 斗   ɐm 心   ɐn 新   ɐŋ 朋   ɐp 立
    ɐt 笔   ɐk 北

这些韵母所管的字，在普通话中不会发成 [a] 或 [ɐ] 的音，而是念为 [i]、[i-]、[ei]、[ou] 等。粤语区人讲普通话时，常把本方言的读音照搬到普通话中去，如把"批评"念成 [pʼɐi pʼiŋ]，把"石头"念成 [ʂʅ tʼɐu]，等等。因此，要弄清楚这一系列韵母在普通话中的对应关系。一般来说，这些韵母在双语中的对应规律是这样的：

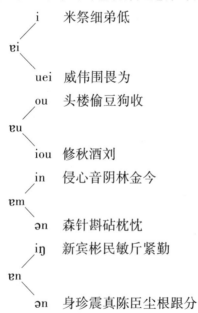

    i   米祭细弟低
ɐi
    uei 威伟围畏为
    ou 头楼偷豆狗收
ɐu
    iou 修秋酒刘
    in 侵心音阴林金今
ɐm
    ən 森针斟砧枕忱
    iŋ 新宾彬民敏斤紧勤
ɐn
    ən 身珍震真陈臣尘根跟分

iŋ 幸杏行

ɐŋ

ɵŋ 朋盟层

其他入声韵 [ɐp]、[ɐt]、[ɐk] 以念为 [i]、[ei] 韵为主，如"及、必、立、北"等。

[ɛ] 元音系列：粤语中有一些以 [ɛ] 为主要元音的韵母，这也是普通话中所没有的，它们是：

ɛ 写 ɛŋ 饼 ɛk 石

念为 [ɛ] 韵母的，在普通话中多念为 [ie] 或 [ɤ]，如"借、姐、些、且"和"遮、车、蛇"等。

粤语区人讲普通话时，往往会把"饼"字念为 [ɛŋ]，注意这类韵母字在普通话中多应念为 [iŋ]。

[ɛk] 这个入声韵所管的字，在普通话中多念为 [ʅ]。

[œ]（包括 [ɵ]）元音系列：粤语中有一组以圆唇元音 [œ] 为主要元音的韵母，这也是普通话所没有的，它们是：

œ 靴 ɵy 队 ɵn 顺 œŋ 昌 ɵt 出 œk 脚

这些韵母所管的字，在普通话中多应念为 [ui]、[ən]、[in]、[un]、[yn]、[ɑŋ] 等。讲普通话注意别把它们带进去，并注意掌握它们应当在普通话中念为何种韵母。

[œ] 韵母管字较少，它们在普通话中一般念为 [ye] 或 [uo]。

[ɵy] 韵主要要改读为 [ui]，如"追、吹、嘴、醉、罪、垂、谁、虽、脆、隋、税"等。有些 [ɵy] 韵字在普通话中当念为 [y]，如"聚、趣、取、徐、需、绪、女、序"等。

[ɵn] 韵字一般要念为 [in]（如"津、进、麟、尽、晋、秦"）、[ɛn]（"臻、榛、蓁"）、[un]（如"顺、笋、舜、春、准、遵、吨、敦"）、[yn]（"骏、竣、俊、峻"）等。

[œŋ] 韵母字则一般念为 [ɑŋ] 韵母，如"张、章、昌、

长、常"等。

入声韵〔ɵt〕、〔œk〕等韵字在普通话中一般读入〔u〕、〔iau〕、〔uo〕等韵母。

由于粤语把普通话的〔ui〕、〔y〕韵母字念为〔ɵy〕，发音上不准确，〔y〕、〔ui〕两韵母所管的字区分不清，所以在粤人口中，下列各组韵母字常混而不分：

徐行—随行　　累赘—类聚　　需要—虽要

吐絮—吐穗　　咀嚼—嘴嚼　　清除—轻捶

同样，普通话的〔ən〕、〔in〕、〔un〕、〔yn〕各韵母的字，粤人也常混而不分，如：

邻里—伦理　　鱼鳞—渔轮

进攻—竣工　　通信—通讯

这些也必须加以辨析。

〔ɔ〕元音系列：粤语中有一批以开口度较大的圆唇元音〔ɔ〕为主要元音的韵母，它们是：

ɔ多　ɔi改　ɔn安　ɔŋ帮　ɔt割　ɔk学

这些韵母的发音都不应带进普通话。

〔ɔ〕韵母字在普通话中多应读为〔o〕（如"波、坡、颇、破"）、〔uo〕（如"多、拖、罗、挪、左"）和〔ɤ〕（如"哥、歌、鹅"）。

〔ɔi〕韵母字在普通话中基本上念为〔ai〕，如"代、害、盖、慨、哀、爱、耐、菜、开、采、彩、海"等。对普通话这些字的发音，注意不念成〔ɔi〕。

〔ɔn〕韵母字则应念为〔an〕，如"案、汗、杆、岸"等。

〔ɔŋ〕韵母字在普通话中则念为〔ɑŋ〕，如"堂、唐、昂、刚、藏、棠"等。

这类韵母的对应关系都比较简单，重点是注意其发音上的差异。

粤语中还有一类收〔-m〕韵尾的韵母，它们是：

am 三　　ɐm 针　　im 点

普通话中的〔-m〕韵尾已经消变为〔-n〕。讲普通话时，注意把它们改读为〔-n〕。另外，要注意其主要元音改读为其他的音。

粤语中有两个声化韵母〔m̩〕（唔）和〔ŋ̩〕（吴），这也是普通话所没有的，它们所管的字很少，〔m̩〕只有"唔"一个字，〔ŋ̩〕则有"五、吾、梧、吴、误"等字。注意不要把它们带进普通话里去。

此外，粤语中还有一些收〔-p〕韵尾（如"及、十、合、执"）、〔-t〕韵尾（"出、必、活、血、雪"）、〔-k〕韵尾（"学、力、克、目、读、屋"）的入声韵，普通话也都没有。这类韵母的发音，特点是元音较短，发音短促，粤语区的人讲普通话时，注意别把这种发音短促的特点带进普通话，而且，要注意它们应当归读为哪一个韵母。

下面谈谈双语之间各韵母管字的异同出入。

1.〔u〕、〔au〕、〔ou〕韵母管字的参差

粤语和普通话都存在这三个韵母，但所管的字却不相同。它们彼此之间的关系是：

粤语　　　u 故　　　　ou 套、兔　　　au 闹

普通话　　u 故、兔　　ou 透　　　　　au 套、闹

粤语的〔ou〕韵母字在普通话中一般不念为〔ou〕，而是一部分字念为〔u〕（如"补、布、部、步、铺、蒲、模、母、慕、务、雾、都、睹、度、渡、杜、肚、屠、徒、兔、土、吐、奴、努、卢、鲁、路、露"等），一部分字念为〔au〕（如"保、宝、堡、报、暴、抱、毛、帽、刀、岛、导、祷、到、盗、道、悼、涛、滔、桃、陶、讨、套、恼、脑、牢、

広东的方言

劳、痨、老、高、膏、羔、稿、告、豪、好、浩、遭、早、
造、灶、操、曹、草、骚、扫、嫂"等）。念［au］的多，念
［u］的比较少。

此外，粤语念［u］、［au］的，多数在普通话中也念
［u］、［au］。不必细述。

由于粤语的［ou］字在普通话中要分别读入［u］和
［au］，有人不了解这种情况，常把两者混同起来，这样，下
列各词就常混而不分了：

残部—残暴　　庐山—崂山　　慕名—冒名
暮气—冒气　　渡口—道口　　大都—大刀
一度——道　　布告—报告　　祖上—早上
图像—头像　　打赌—打倒　　炉房—楼房

这些必须加以辨析。

粤语念为［ɐu］的，在普通话中却要念为［ou］，如
"偷、周、勾、楼、谋"等字。粤语区的人常用［ɐu］音来发
普通话的［ou］韵母，这样，听起来很近于［au］的音。像
下列的词语，就必须注意它们的正确发音：

谋划　　眸子　　某人　　兜风　　抖动
逗留　　小偷　　投资　　透彻　　楼房
丑陋　　漏水　　水沟　　狼狗　　构造
购买　　猴子　　厚薄　　行走　　奏乐
搜查　　智叟　　一艘　　抖擞

2. 普通话［au］、［iau］韵与粤语［au］、［iu］韵管字
的参差

粤语中有［au］、［iu］两个韵母，跟普通话的［au］、
［iau］韵相应，粤语念［au］的"包、茅、找"等字，普通
话也念为［au］，但有些粤语念［au］的字，普通话却念为

180

[iau]，如"交、郊、教、饺、绞、较、酵、敲、巧、哮、淆、效、孝、肴、咬"等字。有些粤语念为[iu]韵的，普通话也念为[iau]，如"焦、叫、悄、消、小、笑、遥、舀、要"等；有的则念为[au]，如"朝、招、昭、沼、赵、兆、诏、照、超、潮、烧、少、绍、饶、扰、绕"等。这样，它们的对应关系就比较复杂。粤语区人常常把普通话应读为[au]的字误读为[iu]或[iou]，如"朝、兆"等。注意辨析下列各词：

退烧—退休　　超过—敲过　　比较—比照
朝气—娇气　　诏书—校书　　校长—哨长
烧房—消防　　沼子—饺子　　肇事—教室

3. [ou]、[iou]韵管字的参差

这两个韵母，粤语与普通话都有。但粤语念为[ou]、[iu]的字，普通话一般念为[u]、[au]、[iau]。而粤语念为[ɐu]的字，普通话却念为[ou]和[iou]，由于这两个韵母的字，粤语都念为[ɐu]，所以粤人口中，常把普通话的这两个韵母混同起来，例如"酒"和"走"两字，粤语读为同音，都是[tʃɐu]，但普通话一读为[tsiou]（酒），一读为[tçou]（走），粤人口中混而不分，常把"白酒"说成"白走"。一般来说，粤人把[ou]韵字念为[iou]的不多，把[iou]韵字念为[ou]的却为数不少，如"就、秋、秀、嗅"等。下列的词读混的不少，必须加以辨析：

上楼—上流　　就业—昼夜　　抽水—秋水
发愁—发球　　领袖—领受　　修道—收到
秀气—受气　　救人—揍人　　留下—楼下

4. [i]、[ei]韵管字的参差

这两个韵母也是双语都具有的。但普通话一部分念为[i]韵母的字，粤语念为[ei]。这样，粤语念为[ei]韵的，有些在普通话中照样念〔ei〕，有的念为〔i〕。粤人口中常把这些念为〔i〕的字也念为〔ei〕，结果造成〔i〕、〔ei〕分不清楚。下列各词就常常混读：

秘书—背书　　比方—北方

手臂—守备　　糜烂—霉烂

几人—给人

〔i〕韵字被粤人念为〔ei〕的，基本是唇音声母字。注意别把"鼻、鄙、比、彼、避、臂、陛、披、皮、疲、枇、琵、屁、糜、靡、弥、秘"等字念为〔ei〕。

5. 〔ei〕、〔ui〕韵管字的参差

这两韵也是双语都具备的，但管字却有不同。许多普通话中该念为〔ei〕韵的字，粤语中念为〔ui〕，如"杯、背、倍、悖、辈、贝、陪、裴、佩、配、煤、媒、玫、枚、梅、霉、每、昧、妹"等。这些字也都是唇音声母字。普通话中一部分念为〔ui〕的，粤语也念为〔ui〕，如"灰、悔"等，这些都是〔x〕声母字。粤语区的人讲普通话时，注意不要把它们都念成〔ui〕韵母。

6. 〔i〕、〔ai〕韵管字的参差

这两个韵母也是双语都有，但管字不同。许多普通话念为〔i〕韵母的字，粤语念为〔ɐi〕，听起来与〔ai〕韵母很相近。如"闭关"念起来很像是"拜官"、"提高"像是"抬高"等。有些粤语中念〔ai〕韵的字，普通话也念〔ai〕，这就不要犯类推的错误，注意辨析〔i〕、〔ai〕韵所管的字。下列各词必须加以区别：

递补—逮捕　　例子—癞子　　蹄子—台子

白米—白买　　公祭—公债　　细丝—晒丝

犁过—来过　　实际—实在　　弟子—带子

低头—呆头　　皇帝—黄袋　　取齐—取材

总之，普通话应当念为［i］的字，不要念成［ɐi］，普通话念［ai］的字，有些在粤语中也念为［ai］，这部分字可以类推。

7.［u］、［y］韵管字的参差

这两个韵母也是粤语与普通话两者都具有的，但管字的范围不同。一些粤语念［u］的，普通话仍念［u］，但有许多在粤语中念为［y］的，普通话也念为［u］，如"诸、猪、朱、诛、珠、蛛、主、煮、注、著、住、驻、蛀、柱、处、输、抒、书、殊、鼠、黍、暑、薯、曙、庶、树、如、儒、乳、汝"等。这些在普通话中都是舌尖后音声母的字。相反，普通话中念为［y］的，粤语却又往往念为［ɵy］（见上文）。必须注意区分普通话中念为［u］与［y］的字：

论著—论据　　　如果—雨果　　　特殊—特需

树木—序幕　　　舒心—虚心　　　柱子—句子

儒家—渔家　　　主要—举要　　　老鼠—老许

粤语中没有［i］介音，对普通话中带［i］的韵母如［iɛn］韵母的字常常念为［ɑn］韵（"艰、奸、间、拣、茧、柬、简、涧、闲、娴、限、颜、岩、眼、雁"等），这虽不是双语都具有的韵母，但普通话中这两个韵母的字，粤语区人口中常互混，这也必须注意加以区分。又如粤语中没有［iɛn］韵母，它把此韵所管的字念为［in］，如"编、鞭、辩、变、便、偏、篇、骗、片、棉、眠、免、勉、面、颠、典、电、垫、天、填、田、恬、年、连、脸、练、肩、煎、千、鲜、显、线、先、烟、燕"等。这些字也应注意区分，在普通话中读入［iɛn］韵母。普通话中的［iɑŋ］韵母字，粤语常念为［œŋ］，如"姜、将、墙、祥、央、羊"等。一些普通话中念为［ɑŋ］韵的字，粤语也念为［œŋ］，如"章、掌、长、帐、丈、昌、尝、场、畅、商、伤、尚、上、壤"等，这些都是舌尖后音声母字。粤语区人在讲普通话时，必须注意区分哪些字念入［iaŋ］，哪些念入［aŋ］。普通话的声母是舌面音的就应念［iaŋ］，是舌尖后音的，就念［aŋ］。普通话中的［ioŋ］韵字，粤语则常念为［oŋ］（因为粤语没有［i］介音），如"穷、穹、凶、汹、匈、胸、雄、熊"等字。因此，也必须注意［oŋ］、［ioŋ］两韵母管字的区别。

粤语中没有［u］介音，普通话中念［uo］韵的字，粤语区人常常念成［o］，如"多、拖、挪、罗"等字，注意补上这个［u］介音。又普通话中念为［uan］韵母的字，粤语中则念为［un］。粤人口中，常把"一贯"说成"一棍"、"饭馆"说成"饭滚"等。必须注意区分［uan］、［un］韵所管的字。"官、棺、冠、观、管、馆、灌、宽、欢、桓、缓、涣、换、惋、碗、腕"等字的韵母是［uan］而不是［un］。另外，由于粤语把普通话中的［uan］韵母字的一部分和［yan］韵字的一部分都念为［yn］，所以这两韵母的字也常混而不分，注意分清下列各词：

元旦—完蛋　　捐款—专款　　全家—船家

弃权—汽船　　劝慰—篡位　　要员—药丸

寒暄—寒酸　　经卷—经传　　打圈—打穿

此外，粤语念为［yn］韵的，除在普通话中念为［uan］、［yan］之外，还有一部分字当念为［un］，如"村、存、寸、孙、损"等，这也必须注意区分，不然，就会"东川"与"东村"不分了。

以上谈的是粤语与普通话各韵母之间管字有出入的主要情况，一些次要的问题这里就不赘述了。

（四）声调方面双语之间的辨析

普通话有 4 个声调，它们是：

阴平 55 妈　　　阳平 35 麻　　　上声 214 马　　　去声 51 骂

粤语则有 11 个声调（见前文）。

从调类来说，粤语的上下阴平、阳平、阴上、阴去相当于普通话的阴平、阳平、上声和去声。粤语阳上声中的次浊声母 [m]、[n]、[l]、[ʐ] 和零声母字"野马、母乳、买米、老柳、以往"等字，仍读入普通话的上声，而粤语的阳上声字"上、市、断、抱、厚、重、坐、下"等则读入普通话的去声；粤语的阳去调字"夏、事、路、座、避、梦"等也读入普通话的去声。两者的关系可以表示如下：

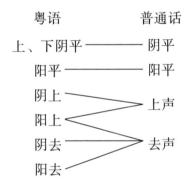

这是双语非入声调对应的基本情况。

粤语中有 4 个入声调。它们与普通话声调的对应情况，基本上是：粤语入声字凡在普通话中的声母读为 [m]、[n]、[l]、[ʐ] 和零声母的（次浊音字），绝大多数在普通话中读为去声，如：

[m] 声母：麦蜜觅灭蔑莫漠墨默木目牧穆

[n] 声母：逆聂涅疟虐诺捺

[l] 声母：蜡立力历列烈六陆绿律洛粒雳

[ʐ] 声母：日热肉褥入若弱

零声母：药液业叶亦逸玉域跃阅益邑握物勿袜愕恶厄

有一些字的归派有例外，如"挖、鸭、压、壹、屋、约、揖、押、捏、抹"等字读入阴平，"没"字读入阳平，"辱、捋、抹、恶"读入上声。

其他的声母字规律性不大明显。大体来说，上阴入字"必、碧、譬、毕、不、复、惕、刻、泣、恰、隙、恤、旭、质、陟、祝、斥、触、室、式、仄、侧、测、促、宿、速、色"等读为去声比较多，也有一些字是读入阴平的，如"剥、逼、督、剔、秃、黑、忽、哭、迹、击、缉、七、漆、戚、屈、息、吸、戍、织、粥、失、湿"等。还有读入阳平的，如"福、德、咳、吉、棘、辑、级、急、即、桔、菊、媳、竹、执、职、识、则、卒、足"等。读入上声的比较少，如"北、笔、卜、迫、匹、癖、得、骨、谷、给、乞、瞩、嘱"等。

下阴入调字在普通话中有入阴平的，如"八、憋、鳖、钵、泊、拍、劈、泼、扑、发、踢、贴、脱、托、割、鸽、疙、刮、喝、夹、圾、接、结、揭、切、缺、锡、削、歇、薛、折、只、桌、拙、吃、捉、杀、撮、刷、说、撒"等。也有读入阳平的，如"博、搏、驳、伯、答、革、格、隔、阁、国、帼、核、貉、壳、脊、觉、节、洁、劫、捷、涸、决、爵、胁、酌、哲、勺、责、察"等。也有读入去声的，如"魄、拓、帖、各、客、扩、括、廓、赫、霍、妾、怯、窃、确、雀、吓、血、泄、屑、浙、设、涉、朔、塑、硕、作、策、册、飒、涩、萨"。读入上声的比较少，如"百、柏、撇、獭、塔、渴、法、脚、角、雪、窄、尺、撤、索"等。

阳入调字除次浊音字读入去声外，绝大多数字读入阳平，如"拔、白、薄、别、拨、仆、伐、佛、伏、达、敌、谍、迭、毒、蹀、夺、滑、籍、疾、集、及、极、截、杰、局、掘、绝、习、席、侠、辖、学、穴、着、嫡、直、侄、轴、

逐、浊、舌、实、十、石、食、熟、族、殖、闸、择、凿、
泽、贼"等。少数读入阴平,如"滴、踏、突、凸、窟、夕、
汐、瞎、摘、淑"。读入去声的则有"弼、瀑、特、画、划、
或、惑、获、酷、鹤、寂、讫、迄、续、窒、蛭、掷、霎、
术、述"等字。

　　声调方面的这些对应关系,可以为粤语区人学习普通话提
供方便,使声调方面的读法做到准确无误。

七、粤方言语音的特点

　　研究粤方言语音的特点,可以从两种不同的角度来进行,
一种是平面的、描写的角度,这主要是对粤方言某一个代表点
的语音系统加以分析,显示其结构规律上的某些特征;另一种
是历史的、比较的角度,则是以粤方言的语音现状为出发点,
从纵的方面与古音进行比较,从而归纳出古今语音的差异;又
从横的方面与现代汉民族共同语进行比较,归纳它们彼此之间
的异同点,从而总结出粤方言的语音特点。这后一种角度更能
显现粤方言语音的特异之处。因此,这里打算从后一种角度出
发来论述粤方言语音的特点。

(一)从与古音比较的角度来观察

　　这里所说的"古音",指代表隋唐时代语音面貌的《切
韵》(或《广韵》)音系。拿《切韵》音系来与粤语音系作
一比较,可以看到两方面的情况,一是两相一致的现象,另一
是相异的状况。这两方面都可以反映出粤方言语音不同时代的
特征。

　　1. 粤音与中古音一致的特点
　　粤音与《切韵》音系相一致的地方,也就是它保存中古

音特点的地方。

（1）粤音与中古音俱有的声母是：

p　　pʻ　　m　　f

t　　tʻ　　n　　l

k　　kʻ　　ŋ　　h

它们之间发音相当一致，所管的字也大体相同。这是两者的共同点所在。

（2）韵母方面，中古时期一、二等韵的区别在粤语中还存在着。下列各韵读音的不同，正显示了一、二等韵的差异：

歌 ɔ　　哈泰 ɔi　　豪 ɔu　　唐 ɔŋ　　寒 ɔn

覃 ɐm（ɔm）　　灰 ui　　桓 un（ɔn）

麻 a　　皆佳夬 ai　　肴 au　　庚耕 aŋ　　删山 an

衔咸 am　　皆佳（合）ʷai　　删山（合）ʷan

上述各韵中，寒韵字念为〔ɔn〕的，主要是牙、喉音字（"干、肝、看、刊"等），其舌齿音字则念为〔an〕（"丹、滩、难"等）。覃、谈韵的牙、喉音字（如"甘、柑、酣、感、堪、暗"等）也发生了与寒韵平行的变化，念为〔ɔm〕（现保留于顺德、南海、三水、高明、中山一带的方言之中，广州变为〔ɐm〕）。桓韵字的牙、喉音字"官、棺、冠、观、欢、换"等广州念为〔un〕，原郊区一些地方（如人和）以及台山、江门、鹤山等地仍保持读〔ɔn〕，这是本韵中古的音。

中古时的一等韵，其主元音在现代粤语中大多数读为〔ɔ〕，而二等韵的主元音则几乎全作〔a〕。中古一、二等韵元音的差异，在粤音中仍保持着。当然，中古时的一等韵，其主元音除灰、桓韵为〔ɔ〕外，其他的韵可能是〔ɑ〕（或〔ɒ〕）。现代粤语大多数方言点发生了〔ɑ→ɔ〕的变化，但一、二等的差别没有泯灭。

现代粤音的二等韵不存在〔i〕介音，这与中古音一致。

（3）粤音所保存的［-i］、［-u］、［-m］、［-p］、［-n］、［-t］、［-ŋ］、［-k］各种韵尾也与中古音一致。粤语较好地保存了《切韵》音系的韵尾系统。这是一个相当突出的特点。

（4）粤方言对各个中古韵类的读法，有相当一部分保存了中古时的音值，如：

一等韵：戈ɔ　模u　灰ɔi　豪ɔu（ɑu）

　　　　侯ou　东oŋ　桓nc　魂un

二等韵：麻a，ʷa　夬ai，ʷai　肴au　庚aŋ，ʷaŋ

　　　　删an，ʷan　衔am

上列的一、二等韵，除上文提到某些一等韵主元音［ɑ→ɔ］之外，其余中古时属于合口韵、念为圆唇元音的戈、模、灰、豪、侯、东、桓、魂等韵，现代粤语仍大体上保持念圆唇元音。

中古时的一、二等韵之中多有"重韵"，如（包括相应的入声韵）：

哈—泰　　覃—谈　　东—冬　　夬—皆佳

庚—耕　　删—山　　衔—咸

这原是《切韵》吸收当时及前代不同方言不同读音而分的韵类，其实际读音在当时的同一个方言点或共同语中不一定能够区分。粤语对这些重韵，基本上都混读为一音，其中偶有一些字音有差异（如读［a］与读［ɐ］元音的不同），但总体上是没有什么区别的。唐宋时期的实际语言材料都可以证明这些重韵的读音在当时已并无分别（参见李新魁著《中古音》一书，商务印书馆1991年版）。粤音的读法与这些材料基本相合。

三、四等韵字在现在的广州话中有许多已与中古的读法距离较远或不完全一致，但广大的粤语区许多方言点却仍然保持与中古相同的读法。如：

之念［i］：中山、珠海、南海、顺德、高明、鹤山、台山、恩平

麻三念［ia］：开平、恩平、从化

戈三念［io］：东莞、宝安

幽念［iu］：台山、恩平、开平

尤念［iou］：江门

宵念［ieu］：台山、江门

阳念［iɔŋ］：花县、三水、斗门、新会、恩平

庚三念［iɛŋ］：广州新市区的龙归、九佛、黄埔、石井

仙念［iɛn］：人和、龙归、九佛

盐念［iɛm］：台山、人和、龙归、九佛

2. 粤音与中古音不一致的情况

粤音与《切韵》音不一致，可能有两种情形，一是粤音反映了《切韵》之前的语音现象，一是粤音在中古之后有了变化和发展，造成了与中古音的差异。下面分开来谈：

（1）反映中古以前的语音现象的：

第一，粤语的鼻音声母多带有同部位的塞音，这反映了中古以前这类声母发音的特点。现代广州老市区对鼻音声母［m］、［n］、［ŋ］的发音，是纯粹的鼻音，很少带有塞音成分，但新市区白云区各个乡镇以及斗门、新会、台山、开平、恩平等地，对这些鼻音声母都念成［mb］（或［ᵐb］、［mᵇ］），是汉语古音的遗留，也是《切韵》以前魏晋时代中原汉语语音特点的遗留（详细论述参见李新魁著《汉语音韵学》第七章第八节）。

第二，具有一套唇化声母［kw］、［kwˑ］（和［w］）。中古以前，汉语存在一套唇化声母，在上古汉语中即已存在。中古时，这套声母的圆唇化成分促成［u］介音的产生。陆志韦《古音说略》已指出中古汉语中有这套声母，李方桂《上古音

研究》更明确地认为，上古汉语中没有［u-］介音，只有声母的圆唇化。中古的［u-］即由这套声母中的圆唇化成分转变而来。本书作者在《汉语音韵学》中也赞同这种看法。圆唇化声母的存在，是古代汉语及其他许多少数民族语言的共同特点。中原共同语的圆唇化声母，促使中古合口介音［u-］的产生，而粤语的圆唇化声母却基本上保持至今。除某些方言点也转变为［u-］之外，多数方言点没有变为［u-］。

第三，现代粤语中明、微两组字合而不分，都念为［m］。《切韵》时代，明、微两纽可能尚未完全分化，但《广韵》之时，轻唇音有与重唇音分离的明显迹象。唐末宋初之际，守温所定的三十字母发展为三十六字母，就分化出非组声母。但粤语保持了微母字合于明母的特点。其他的轻唇音字，在粤语区中也有保持念为重唇的，如"甫"字，广州、番禺、从化、增城、佛山、南海、顺德、三水、中山、斗门等地念为［pʻ］母；"斧"字，增城、中山、斗门、江门、新会、台山、恩平等地也念为［p］，有的地方重唇与轻唇两读。这些都显示了中古或中古以前轻、重唇音不分的迹象。

（2）表现中古以后的发展变化的：

第一，声母方面，轻唇声母非、敷、奉从重唇音帮、滂、并中分化出来，形成［p-f］的对立，而且在粤语中，非、敷、奉三者合并为［f］。

第二，浊音声母清化。中古时的全浊音声母并、奉、定、澄、从、邪、床、禅、群、匣等在粤语中变为清音声母，全浊声母已不存在。不过，粤语区中某些方言点还保存了全浊音。除此之外，还把［p］、［t］等清音声母也读为浊音［b］、［d］，如广西玉林、北流、容县、岑溪、藤县、苍梧等地，这可能是上古汉语语音的遗留。

第三，中古的知组声母，读为塞擦音（及擦音）［tʃ］

组，知、精、庄、章各组声母合流。这是中古以后的变化，个别地方保留知组声母字读为塞音的特点，如斗门话把彻、澄纽字"趁、陈、尘、长、肠、场、虫、澄、惩、橙、逞、呈、程、畜"等字念为〔t'〕母，而知纽字"琢、啄"等各地普遍念为〔t〕母。由此可知，知组虽已变为〔tʃ〕组，但仍有读为塞音的痕迹。娘纽则读为〔n〕，与泥纽混而不分。

第四，粤方言对中古的疑母字，一部分读为〔ŋ〕（洪音字），一部分字读为〔j〕（细音字），这说明中古的这个声母正处于消变的过程中。现在有不少方言点连洪音字所带的〔ŋ〕声母也逐渐丢失了。"我"字念为〔ɔ〕而不念为〔ŋɔ〕，"傲"字念为〔ou〕而不念〔ŋou〕了。

第五，在韵母方面，粤语不同于中古音的一大特点是：现代粤语没有〔i〕介音，而中古的三等韵是有介音的。中古的四等韵本来并没有〔i-〕介音，但发展至宋代，四等韵也产生了〔i-〕介音。同时，三、四等韵的主元音也发生了变化。到宋代之时，中原汉语的三、四等韵合流了。现代的粤语，三、四等韵念为同音，这一点与中古音一样。另一方面，粤方言却没有〔i-〕介音。当然，广州新市区的许多方言点及其他各县都保留了〔i-〕介音，广州市的〔i-〕是后代消失的结果。这一点与中古音不同。

第六，粤音与中古音的主要差异点，就是它把中古的三、四等韵字混为一读，祭—齐、宵—萧、盐严—添、仙元—先、庚三清—青等都合而为一。四等韵在中古《切韵》音系中，原都以〔e〕为主元音，现代粤语各方言点，对上举这些韵字基本上读为两种元音，一是〔i〕，一是〔ɛ〕（或〔e〕），即念为〔i〕或〔ei〕（有的变为〔ɐi〕）、〔iu〕或〔iɐu〕、〔im〕或〔ɛm〕、〔in〕或〔ɛn〕、〔eŋ〕或〔ɛŋ〕（有的变为〔ɐŋ〕），其中〔iu～ɐu〕、〔im～ɐm〕、〔in～ɐn〕等的不同读法,是前述 [i] 介音消变的两种不同结果。另有一些方言点则保持读 [iɐu]、[iɛm]、[iɛn]、[iɛŋ]。很明显,现代粤语对四等韵字的读法,显示它们本来的主元音确是 [e](有些地方念为 [ɛ] 是与三等韵合流的结果)。

第七,现代粤语的 [i]、[u]、[y] 在不同的方言点中有不同的地位,表现了不同的组合音段的能力。就广州老市区及其他一些方言点来说,它们不作介音,但都作主元音。广州老市区有下面三个系列的韵母:

i 系列	i		iu	im	in	ip	it
u 系列	u		ui			un	ut
y 系列	y				yn		yt

但在另外一些方言点中,[i]、[u]、[y] 除本身自成韵母之外,不作其他韵母的主元音,如广州市白云区人和镇,上列各韵念为下面的音:

i	iɐu(ɐu)	iɐm(ɐm)	iɐn(ɐn)	iɐp(ɐp)	iɐt(ɐt)
u	oi		uɔn		uɔt
y		ɵn		ɵt	

这些不同表现,都是粤语在中古以后语音演变的不同结果。由此可见,介音的不同演变会造成如何重大的不同后果。

第八,中古以后,粤语的韵母系统曾经发生了主元音高化、圆唇化和 [ɐ] 元音化的三种过程,这就使得粤语各类韵母的音值产生与《切韵》(或《广韵》)音系的重大差异。当然,各个方言点的演变情况并不完全一样,有的与广州老市区一样发生了上面这三种较为典型的变化,有的稍有变化,有的变化很少。变化程度的差别,就造成了各地读音的歧异。

由于粤方言在中古以后发生了这些变化,它与《切韵》音系的距离变大了。当然,韵值变了,但韵类的相应关系仍然保持着。

第九，中古《切韵》音系只有［-i］、［-u］两种元音韵尾，而粤语却有三种韵尾，多了［-y］。这个韵尾是近代由［i］尾圆唇化而来的。它主要出现在灰韵和支脂微韵的合口字中。存在圆唇韵尾，是粤方言的另一个特色。

第十，《切韵》音系的声调系统，包括平、上、去、入四类。这四声在粤语中保存完好，而且有所发展。四声除分别化为阴、阳两类之外，还有阴平分化为两个调，入声的阴调也分化为两类，此外，还有一个由变调定型化而来的"新入"，即在八声之外增加了 3 个调，一共有 11 个调类。调类繁多，是粤方言异于中古音的另一个特点。

（二）从与普通话比较的角度来观察

粤语与现代汉民族共同语——普通话的语音系统有相同及相异的一面。普通话的基础方言是北方话，其语音代表则是北京音。粤语与北方话之间有颇为不同的历史背景，虽然它们都是从古汉语分化、演变而成的，但由于地域的隔离和形成方言的年代有较大的差距，所以有颇不一致的语音发展路线，因而也就有颇不相同的语音特点。不过，由于历史上汉民族共同语的传播很广，影响很大，特别是唐宋以来中原共同语读书音在南方的传播，使粤语的读音也受到北方话强烈的影响，因而也呈现了方言语音特别是读书音向北方话靠拢的现象。共同语语音成了粤语语音发展变化的一个重要制约因素。这是汉语方言在发展过程中与共同语既分离又向心的矛盾现象。这里我们着重介绍粤方言与普通话语音的相异之处。

（1）声母方面，粤语与普通话在唇音、舌音、舌根音各组声母方面有比较一致的语音格局，各声母所管的字也大体一致。但粤语比普通话多了一些声母，又少了另一些声母，这多的少的，便造成了两者语音的差异，但从总体上说，普通话的声母类别比粤语多。声母较普通话少，是粤语的一个特点。

（2）粤语比普通话多了一套唇化声母［kw］、［kwʼ］，普通话的舌根音声母只有一套［k］、［kʼ］。粤语这套声母是从古汉语继承下来的，而普通话已经消变了（声母的圆唇化成分促成了［u］介音的产生），两者遂有差异。

（3）粤语与普通话都发生了古全浊音声母清化的演变，按声调的分野变成送气清音和不送气清音。在这一点上两者一致，但分化的条件各有不同。普通话以平声（变送气清音）与仄声（变不送气清音）为分化条件，粤语则以平、上（变送气）与去、入（变不送气）为分界，差别在于上声字。粤语的阳上字"肚、距、柱、似、抱、臼、舅、践、盾、重"等读为送气清音，这与普通话不同。

（4）普通话对［n］、［l］声母区分得很清楚，而粤语区某些地方，有［n~l］不分的现象，多是把［n］读为［l］。

（5）粤语与普通话都有一些中古时的声母变为零声母（包括［j］、［w］）。但两者的具体情况并不一致。中古疑母字在普通话中除少量变［n］外，大部分变读为零声母，粤语则在洪音字中保留［ŋ］，细音字变为［j］；中古微母字普通话都变［w］，粤语则保持念［m］。另一方面，中古日母字普通话念为［ʐ］，粤语全变为［j］；中古匣母字普通话分别读为 h（洪音字）和［ç］（细音字），粤语只有洪音开口字念［h］，合口则念为［w］，细音变［j］。这样，普通话与粤语的零声母音节各有此消彼长之处，所管的字多有歧异。中古影母字双方基本上都念为零声母，而粤语有的地方又把其中的洪音开口字念成［ŋ］了。

（6）普通话的塞擦音及擦音声母共有三组，即：

舌尖前音　　ts　　tsʼ　　s
舌尖后音　　tʂ　　tʂʼ　　ʂ

舌面前音 　　tɕ　　tɕʻ　　ɕ

它们分别来自中古的精、章、庄、知组和见组（细音）声母。粤语除见组字仍读［k］组外，其余声母字都合而为一，念为舌叶音：

　　tʃ　　　tʃʻ　　　ʃ

古精组声母在粤语中本是独立的。清末王炳耀《拼音字谱》分广州此组声母为两套，一套标作 ch、chh、sh，一套标作 z、zh、s，后一套显然是指精组（舌尖前音）。现代广州话及大部分粤语区精组都跟章、庄、知组声母混同，但在广东境内以及广西一部分地区如台山、开平、恩平、鹤山、新会、斗门、吴川、化州、玉林、北流、容县、岑溪、藤县、苍梧等地，则把精组字念为［t］组，而章、庄、知组声母字则不念［t］等。

从、邪母字在广西岑溪等地还有一个较为特殊的变化，即变读为唇齿音［f］，如"齐"字念［fai］，"自"字念［fi］，这是个别地方的变异。心母字在粤西地区各方言点还普遍读为边擦音［ɬ］，如"嫂、心、仙、三"等字。这个声母很可能是黎语在粤方言中的遗留。

（7）粤语的韵母系统比普通话丰富很多，复杂得多，以广州话不带介音的韵母来说，就有 50 多个，如果就新市区各个带［i］、［u］、［y］介音的方言点的韵母来统计，一般都在 80 个以上。现代普通话的韵母（带介音）共有 38 个，粤语的韵母数大致上相当于普通话的两倍。韵母繁多，包含的元音丰富，可说是粤语的又一个重要特点。

（8）粤语中有一套以［ɐ］为主元音的韵母，它与［a］元音大体形成相对的两组韵母。普通话只有［a］类元音，而没有这种［a—ɐ］的对立。［a］与［ɐ］除舌位的前后高低有所不同以外，音程也有长短的差异，因此有人把它们称为长短元音的对立。这种说法虽不十分确切，但也部分反映了粤语的某一特点。

（9）粤语相对于普通话来说，圆唇元音比较丰富，有下列几类圆唇元音韵母：

ɔ 系列	ɔ	ɔi		ɔn	ɔŋ	ɔt ɔk
o 系列			ou		oŋ	ok
œ 系列	œ				œŋ	œk
ɵ 系列		ɵy		ɵn		ɵt
u 系列	u	ui		un		ut
y 系列	y			yn		yt

6 个圆唇元音系列构成 22 个之多的圆唇元音韵母。这不能不算是粤方言语音的一大特色。

（10）粤语中有两个声化韵母［m̩］和［ŋ̍］，普通话中不出现这两个韵母。

（11）现代普通话韵母中的元音，以［a］和［ə］为主体，粤语中有［a］而无［ə］，这是一个比较明显的差别。

（12）普通话中的［ər］、［ɤ］、［ʅ］韵母是粤语所没有的。由于普通话有卷舌的韵母［ʅ］和［ər］，还有儿化韵，使得"卷舌"这种语音特色，在普通话中显得相当突出，而粤语完全没有"卷舌"的发音现象，这也是其相异之点。

（13）粤语保存了古音收［-m］的韵母以及收［-p］、［-t］、［-k］的入声韵，而这些在普通话中都消失了。

（14）普通话消失了入声，古代平声化为阴、阳两类，上、去声则不分阴阳，所以也是四声。粤语则有 11 个声调，调类比普通话多得多，这又是异于普通话的一个特点。

（15）在广州话中，入声调的音高与一些非入声调相同：上阴入与下阴平同为 55 调，下阴入与阴去同为 33 调，阳入与阳去同为 22 调，新入与阴上同为 35 调。不过入声调较为短促一些而已。如果仅从音高上着眼，可以把广州话的声调归为七类，也可以说是"十一声七调"。

第四节 粤语词汇简况

词汇是语言的三大要素之一。方言的差别，除了表现在语音上之外，词汇和语法也有差异。当然，词汇和语法的差别，没有语音那么大，但它们在不同方言之间，在方言与共同语之间，都有一定程度的歧异。

粤方言的词汇，除了表现了与汉语共同语的共同点之外，还有它自己的特色。方言的词语是记录和表现社会生活最直接的语言要素，不同的社会生活和不同的自然环境，都会在语词上反映出来。因此，每一种方言，都有一些表现当地生活的词语在交际活动中使用着。当然，它们也有从"母语"中保存下来的许多古词语或是从另一种语言或方言吸收借用而来的词语。下面分别介绍粤语词汇的一些情况。

一、本地的"土特产"

作为一种地方方言，往往拥有许多本方言所特有的语词。这些语词往往与当地的社会生活、该人群特殊的历史经历、当地的自然环境有关，也与本方言区人群的特殊的思维习惯或语词的特殊的结构方式等有关。这些特异的语词，正是从方言本身的质素上产生与社会生活的特殊联系，是方言的地域性的具体和生动的表现。

粤方言有许多本身特有的与汉语共同语或其他方言不同的语词。例如：

大天二（土豪、黑社会头目）

自梳女（从前珠江三角洲农村终身不嫁的妇女）

老举（妓女）

马仔（狗腿子）

炒友（炒卖票证的人）

龙虎斗（蛇和猫合烹的菜肴）

马蹄（荸荠）

水货（非法流入的货物）

湿柴（旧时代的货币）

炒更（业余兼职，找外快）

冲凉（洗澡）

帮衬（给人增添光彩，或给人以利益，如到某商店买东
西）

跳槽（到别的单位工作）

炒鱿鱼（解雇）

鸡项（未下过蛋的母鸡）

执笠（收摊子，商店倒闭）

拍拖（谈恋爱）

牙烟（危险）

侨（穿着时髦、漂亮）

威水（美观、漂亮）

靓（漂亮、好看）

低张（品格、手法低下）

识做（懂得给别人以好处，如送礼等）

交关（厉害）

籾（用功）

丢架（失去面子）

乌龙（糊里糊涂，不清不楚）

巴闭（不得了）

呖（能干）

孤寒（吝啬）

近年来，随着广东的改革开放，广东粤语区的人与港澳人士的交往增多，特别是香港影视等在广东的传播，带来了许多香港特有的语词进入广州话。例如："高买"（店铺中的盗窃行为）、"卧底"（便衣探员渗透入匪帮巢穴进行暗中侦探）、"㨗赌"（破获聚赌场所）、"买马"（赛马投注）、"做马案"（赛马中的舞弊案件）、"人蛇"（偷渡者）、"通天巴士"（来往机场的公共汽车）、"白牌车"（非法营业的私人汽车）、"屈蛇"（偷渡者）、"大耳窿"（高利贷者）、"阻街"（阻碍公众通道）、"阻差办公"（妨碍警务人员执行任务），等等。这些语词有的已在广州话区中使用，有的还没有进入广州话的交际场合。

我国各地的民众，由于种种历史或现实的原因，由于人的正常的"趋吉避凶"的心理，在语词的运用过程中，时常避免使用各种"忌讳"词语。这方面，在粤语中也是很常见的现象。例如人们为了避免使用一些不吉利或不雅（粗俗）的字眼，常常使用与这些字眼意义相对、相反的词语，这里面，还与词语的表现形式（读音）的同异有密切的关系。这种避讳的心理，古代便已存在。明陆容《菽园杂记》说："民间俗讳各处有之，而吴中尤甚。如舟行讳住、讳翻，以箸为快儿，幡布为抹布。讳离散，以梨为圆果，伞为竖笠。讳狼藉，以榔槌为兴哥。讳恼躁，以谢灶为谢欢喜。"这种情况，也见于粤语。粤语区的人忌讳"蚀"（亏本），把与蚀字同音的"舌"改说成"利"（营利），因而把"猪舌"叫做"猪利"，并创造了一个方言字"脷"来表示；忌讳"输"，把与它同音的"书"改说成"胜"，如过去称"通书"为"通胜"；忌讳"干"，把与它同音的"猪肝"叫做"猪润"（湿润的润，与干相反），有些地方叫做"猪湿"（如阳江话）。有些地方因为"丝"与"输"同音，又把"丝瓜"称为"胜瓜"。粤语中"空"字与"凶"字同音，因此，便把"空屋"改称为"吉屋"，以免与"凶屋"同音。粤语区的人称"药"为"茶"，把"煲药"叫做"煮茶"，把"买药"叫"执茶"，把"猪血"叫做"猪红"，也都是出于忌讳心理。

粤方言中的一些常用的口头话，在日常的交际活动中发挥了很重要的作用，它们为人们所经常使用。如"唔该"一词，相当于普通话"劳驾"的意思或作用，它用于感谢别人为自己做了某事，或请别人替自己做某一件事。"唔该"是"唔该麻烦你"的省略。它与"多谢"有所分工，后者是表示别人对自己有所赠予的感谢之意。

方言中拥有的具有自己特点的语词还很多，限于篇幅，不能一一列举。这里只是举例性质地说明一些情况。

二、保存大量的古汉语语词

粤方言的词汇系统中，一个显著的特点就是保存了大量的古汉语语词。由于粤方言是从古代汉语分化出来的，而且分化的年代比较早，因此，许多古代汉语的语词仍然保留于现代的粤方言之中。这类古语词的保存有两种情况，一是这个词在现代汉民族共同语中已经不用，只保存于粤方言（或其他方言）之中；另一是某个词在共同语和粤语中同时保存着，但其中某些义项在共同语中已消失，或是共同语的词义已经发生明显的变化，古义已经不用，而在方言中依然保存。粤语中的古语词就包含有这两方面的情况。

（一）保存古语词的，例如：

腒 指动物背脊两旁的肉（如指猪肉）。广州话有"腒肉"一词。《广韵》灰韵:"莫杯切,脊侧之肉。"

髈　指肋骨。《集韵》音韵:"滂丁切,肋骨。"

錔　通常写成"塔"。指大口的瓶子。如说"屎~"。《集韵》盍韵:"托盍切,《说文》:巩也。"

厴　螃蟹的脐广州话叫做"厴"。《广韵》琰韵:"於琰切,蟹腹下~。"

䭔　粤方言把一种油炸的食品叫做"煎~"。《广韵》灰韵:"都回切,饼也。"

溦　小雨。粤语称下小雨为"落雨~"。《集韵》微韵:"无非切,《说文》:小雨也。"

潲　粤语称洗过米、洗过菜等之水为"~水"。《玉篇》水部:"山教切,臭汁也。"

鉎　生铁锈叫"生~"。《广韵》青韵:"桑经切,铁~。"

𩼰　鱼类或其他动物身上的黏液。如鳝鱼身上即有这种滑脱脱的东西。《集韵》山韵:"栈山切,鱼龙身濡滑者。"

渠　第三人称代词。方以智《通雅》:"唐时谓人曰渠,今呼为其,或坑蛇反。"方言字作"佢"。

屙　排泄大小便。~屎,~尿。《玉篇》:"乌何切,上厕也。"

戳　用尖锐的物体刺的动作。《广韵》敕角切,"授也,刺也",又直角切,"舂也,筑也"。

拎　手拿。《广韵》郎下切,"手悬捻物"。《玉篇》:"手悬捻物也。"

扰　用力打击。《说文》:"竹甚切,深击也。"

畀　给予。《集韵》必至切,《尔雅·释诂》:"畀,赐也。"

消夜　现写作"宵夜",即夜宵。吴自牧《梦粱录》:"除夕内司意思局进呈精巧消夜果子盒。"

倚　站立。一般写成"企"。《广韵》纸韵："渠绮切，立也。"

剃　削水果或铅笔等物的动作。《集韵》齐韵："篇迷切，削也。"

瞑　闭上眼睛的动作。如说"～埋眼"。《集韵》至韵："密二切，目合。"

焗　在锅里干炒或烘干食物。《广韵》铎韵："呵各切，热貌。"

朦　皮肤上突起的肿泡。如说"大腿起咗一个大水～。"《集韵》觉韵："匹角切，皮破起。"

愠　一般写成"屈"。心里头憋气说成"～气"。《集韵》物韵："纡勿切，心所郁积也。"

菢　粤语称"孵小鸡"为"～鸡仔"。《广韵》号韵："薄报切，鸟伏卵也。"

揞　用手覆盖东西。《广韵》感韵："乌感切，手覆。"

摝　用灰泥等物填平物体使平滑。《集韵》铣韵："《博雅》：～培封涂也。弥殄切。"

煠　用水煮。《广韵》："士洽切，汤～。"

佮　合伙、聚合。如说"～份食饭"。《集韵》合韵："葛合切，《说文》：合也。"

摷　用器物击人。如说"～穿佢嘅头"。《集韵》觉韵："北角切，击也。"

睩　眼珠转动的动作叫"睩"。《广韵》屋韵："卢谷切，视貌。"

欶　粤语把"吸气"、"吸水"的动作称为"欶"。《广韵》觉韵："所角切，口噏也。"

觕　牛用角挑人。《集韵》肴韵："丑交切，角挑也。"

敠　舒展、歇息。如说"～气"。《集韵》厚韵："他口切，展也。"

穮　冒出。粤语把出众的人或事称为"标青"，这个"标"的本字即为此字。《集韵》宵韵："卑遥切，稻苗秀出者。"

睇　看。粤语称"看东西"为"~嘢"。《广雅·释诂》："睇，视也。"

媁　美，漂亮。《广韵》微韵："于非切，美也。"此词又写作"娃"。

腯　形容肥胖的样子，音[tyt⁵⁵]。如说"肥~~"。《集韵》没韵："陀没切，肥也。"

攲　粤语称头不正为"~头"。《广韵》支韵："去奇切，不正也。"

髧　头发下垂的样子。《广韵》感韵："徒感切，发垂。"

痃　粤语把骨头酸疼叫做[jyn⁵³]，其本词即此。《广韵》先韵："乌玄切，骨节疼也。"

皵　皮肤出现皱纹叫"打~"。《广韵》洽韵："侧洽切，皱~，皮老。"

薦　肉类或其他食物腐败。《广韵》仙韵："於乾切，物不鲜也。"

鬖　身材细长的样子。如说"~高"。《广韵》萧韵："落萧切，细长。"

苴　物品粗劣叫"~嘢"。《集韵》马韵："侧下切，土苴和粪草也，一曰糟魄（粕）。"

饐　食物发馊。《通俗文》："饭臭曰饐。"（《太平御览》卷八百五十引）

此外，还有许多词语来自古代汉语的习惯说法，如"九大簋"（丰盛的菜肴）的"簋"，"斟茶"的"斟"，"卒之"（终于）、"初来甫到"、"无端"、"颈"（脖子）等词的使用，都是古代汉语词语的遗留。

（二）保留古代词义的，例如：

走 古代汉语"走"的词义为"跑"，现代用以表示"行走"。粤语仍用"跑"义。

执 古代汉语有"抓"、"拾"、"握"等词义，现代汉语已很少用这个词，只在某些成语或较为抽象的词语（如"收执"、"回执"、"执照"等）中出现。但粤语则仍常用于具体的动作，如"件衫跌落地下，执佢起来"。

食 古代汉语的"食"用于表示物件进入口中的动作，现代用"吃"（喫）这个词来代替古词"食"。"食"只用于"食物"、"食品"等词，只起作为一个词素的作用。但粤语仍用"食"这个词，吃固体的东西用"食"，吃液体（如水）和气体（如香烟）也可用"食"。它还保存古代"食"这个词的基本义项。

头 普通话现在说人的头部，称为"脑袋"，一般不单说"头"；指群体的领导人则用"头儿"。粤方言的"头"则仍是指"脑袋"，它保留了古代的词义。

索 绳索。现在普通话指绳索义用"绳子"，但粤方言仍用"索"。

行 行为古语词，其义指"走路"。现代普通话已不用"行"而用"走"，但粤方言仍保留古代"行"的"行走"义。

三、新旧时代的"舶来品"

粤方言中，存在许多借自外族（国）语的语词。这些语词，有许多是近一两百年来由外语借入的，有的则是近二三十年新引进的。这些外来的"借词"，可以说是语言成分中的

"舶来品"。

　　词语的借用，是语言或方言之间相互交通必然出现的现象。它们往往随着生活上或生产上新从外地引进的事物而传入。广东濒临南海，地近港澳，与国外的交往在较早的年代便已经出现。因而，外国的事物及其指称的语词也就较早地传入粤方言之中。早期粤方言的借词，主要是来自英语，当然也有少量的语词来自其他外国语。近年来的新借词，绝大多数是经由香港（或澳门）传入，也多是来自英语。早期的外来词如：

摩登　modern

模特儿、模道　model

摩托、马达　motor

泵（抽水机）　pump

俱乐部　club

啤（酒）　beer

恤（衫）　shirt

菲林（胶片）　film

士担（邮票）　stamp

波（球）　ball

梳利（对不起）　sorry

仙（一分）　cent

骨（十五分钟）　guart

蛋挞（用蛋做的甜点心）　tart

吉他（六弦琴）　guitar

唛（商标）　mark

蛤帽（鸭舌帽）　cap

泡打粉（发酵粉）　powder

□牌（扑克牌）　pair

畅（兑换）　change

冧巴（号码）　　number

呔（领带）　　tie

巴士（公共汽车）　　bus

花士令（凡士林）　　faseline

的士（出租小轿车）　　taxi

笠（垂直电梯）　　lift

燕梳（保险）　　insure

朱古力（巧克力）　　chocolate

曲奇（小甜饼）　　cookie

士巴拿（扳手）　　spanner

士的（手杖）　　stiek

桑拿浴（蒸汽浴）　　sanna

爵士乐　　jazz

嬉皮士　　hippy

此外，还有少量的词借自其他国家的语言，如"冷"（毛线，line）借自法语，"百日咳"借自日语（意译 whooping cough）等。这些外来词的使用，加强了言语的表达能力。

近十多年来，粤语中又借入许多新的外来词，主要在青年人口中使用，如：

波士（老板）　　boss

阿□（先生、警察）　　sir

威士（废纱头）　　waste

甫士（姿势）　　pose

芝士（奶酪）　　cheese

晒士（尺码）　　size

咭（名片）　　card

飞士（面子）　　face

奥打（订货单、文件）　　order

士多啤梨（草莓） strawberry

奇士（案件） case

柯（打电话） call

老［fɛŋ⁵⁵］（友好，老朋友） friend

卡士（等、档次） class

汲□（身材苗条） keep fit

班（乐队） band

披莎（意大利薄饼） pizza

吧女 bargirl

啫喱（果子冻） jelly

雪克（小夹心饼干） shortcake

甫士吉（明信片） postcard

干邑（法国白兰地） cognac（法语）

飞（票） face

镭射（激光） laser

快劳（档案） file

泊车（停车） park

其他的词语还有不少，这里就不一一列举了。

粤语的语词有一些可能是来自本地古代土著民族的词语。

粤方言中吸收了不少古代的壮语词，如：

氹（t·ɐm¹³）——洼地积水之处。

□（teŋ³³）——果实的"蒂"。

□（tok⁵⁵）——尾部，尽处。

□（lɛm⁵⁵）——花蕾。

□（tɐp³³）——捶打。

□（lɛm³³）——倒塌。

□（ŋak⁵⁵）——欺骗。

□（mɐn³³）——逼近、临界。

□（nan³³）——疙瘩。

□（piu⁵⁵）——喷出。

□（tʻɐm³³）——哄骗。

□（sai⁵⁵）——浪费。

□（kɐt⁵⁵）——刺入。

冚（kʻɐm³⁵）——覆盖。

□（poŋ¹¹）——一堵（量词，墙）。

这些词是粤语与壮语的"同源词"呢，还是本为壮语所有而由粤语借进的"借词"？这一点，目前还比较难于确定。也许可以说，这些词是古代广东流行的古台语在粤方言中的"沉淀"，是粤语所保存的原来当地土著民族语言的"底层"。由于对当地民族语言及与粤方言等的关系的研究目前尚不充分，所以这里只指出这种现象以供参考，所列的词语也未必完全准确。

四、丰富多彩的惯用语

惯用语是一种语言或方言中人们在口头或书面上所常用的"现成词语"结构。它们常常是一些很有表现力的固定词组。它们从结构上说虽然可以归于"词组"一类，但在言语的实践活动中常常被作为一个完整的意义单位加以运用。它们所表现的基本上是一个概念，其作用相当于一个词。这样的惯用语，是某一种语言或方言中词汇的特殊成分。

惯用语通常包括成语、谚语、歇后语以及一些"熟语"。它们的构成及其所表现的意义都有各自的特点。粤方言中也拥有这些惯用语，但所用的成语许多是来自共同语，谚语也多与其他方言相同。较有特色的是本方言拥有的一些熟语和歇后语。这里着重介绍粤方言中比较有表现力的"三字格"和

"四字格"的熟语。

粤语中有许多"三字格"或"四字格"的惯用语,它们从结构上说是词组或并列词组,它们在长期的使用过程中已经凝固成一个个的固定结构,成为很有表现力的词语。从意义来说,它们除了有一些是按其"表层意义"来使用之外,许多词语还有其"深层意义",人们的使用,就着重于其深层意义。它们往往相当于一个成语。

"三字格"的词语,其构成方式有的是述宾式,如:

打斧头(用以比喻某些人做某事从中得利或打折扣)

执死鸡(获得意想不到的利益)

游车河(坐在车里兜风)

抛浪头(用气势阻吓别人)

卖猪仔(指从前以卖身的方式到外国当劳工)

揸葵扇(比喻做媒人)

发钱寒(梦想发财,形容贪财之人)

摆乌龙(故意或无意之中把事情搞错、搞混)

放葫芦(说一些虚幻不实的话蒙骗别人)

打牙铰(聊天,谈天说地)

车大炮(讲大话)

搨车边(搭顺路车)

放白鸽(串通起来进行欺诈活动)

卖大包(卖人情,对别人放松要求)

跌眼镜(事情出乎意料,判断错误)

无口齿(说话不算数)

捞世界(在社会上谋取利益、谋生)

打脚骨(指敲竹杠或拦路抢劫)

揾老衬(占别人的便宜)

拗手瓜(相互较量)

尅死牛（拦路抢劫）

摸门钉（上门找人不遇）

吊沙煲（指失业，缺乏生活来源）

有分数（心中有主意，已有打算）

擸网顶（取得最好成绩，出人头地）

卖面光（装点门面，爱面子）

执手尾（收拾残局）

托手踭（顶回别人的意见、要求，或加以阻挠）

整色水（装模作样，搞些花招式）

扰心口（形容痛心的样子）

有些"三字格"的词语是偏正式构成的：

豆沙喉（说话或唱曲声音沙哑的一种嗓音）

一咄饭（形容呆板不灵活）

大只佬（身材高大的人）

大王眼（贪心，胃口大）

箩底橙（比喻人们拣剩的次货）

跟尾狗（指跟在别人后面行动或说话者）

□（tʃʼaŋ^{11}）鸡婆（指称蛮不讲理的妇女）

大头鬼（比喻喜欢出风头的人）

大头虾（指做事粗心的人）

失魂鱼（比喻失魂落魄的人）

乌龙王（指做事糊里糊涂的人）

两头蛇（指喜欢在双方中间搬弄是非的人）

扭纹柴（比喻刁蛮、不顺从的人）

"四字格"的词语如：

无端生事（比喻无缘无故招惹是非）

龙精虎猛（生龙活虎的形象）

斯文淡定（文质彬彬的样子）

神憎鬼厌（人人讨厌）

牙尖嘴利（口齿伶俐，说话锋利）

古灵精怪（古古怪怪的各种现象）

一头雾水（比喻摸不着头脑）

有型有款（做事像个模样）

话头醒尾（人很机灵，一讲就领会）

人细鬼大（比喻人虽小而机谋多）

阔佬懒理（满不在乎的样子）

沙尘白霍（形容骄傲自大的样子）

倒泻箩蟹（形容忙乱、狼狈不堪的样子）

其他的许多惯用语，是用整个句子来表示的，不限音节，它们用生动、具体的表层结构来表达深层意义，许多是采用比喻的手法来达到说明某一个道理、表示某种意思的目的。例如：

画公仔画出肠（比喻说话说得过分的表露，毫不含蓄）

打死狗讲价（造成既成事实，索求高的利益）

冷手执个热煎堆（比喻意外地拣到好处，得到便宜货）

有头威无尾阵（比喻虎头蛇尾）

粤语中还有一些惯用语，是以歇后语的形式出现。这些歇后语是千百年来人们创造和提炼出来的日常用语。这种歇后语大多数具有形象、生动、谐趣、富有说服力的特点。

粤方言的歇后语，究其来源，大都是由一种俏皮话演变而来。这种歇后语构成的形式，大多是前半截话说一个比喻，后面半截话说明本意。但是习惯了，只要说出前半截，后半截的本意大家已不言而喻，因此一般只说出前面的比喻部分就够了。

歇后语的构成一般根据两个原则，一是"推理"，一是"谐音"。推理或者说是比喻的解拆，谐音或者说是同音字的联想。这两方面构成的歇后语都有异曲同工之妙。用推理构成的歇后语，如粤方言的"麻骨拐杖"——靠唔住；"电灯胆"——唔通气；"床下底破柴"——撞大板；"白蚁蛀观音"——自身难保；"隔夜油炸鬼"——无火气；"木匠担枷"——自作自受；"门扇底烧炮仗"——见声唔见影；"牛皮灯笼"——点唔明；"老鼠跌落天平"——自己称（平声）自己；等等。用谐音构成的歇后语，如"教书佬搬屋"——执书（输）；"沙湾灯笼"——何府（苦）；等等。

五、粤语词与普通话语词的某些差异

粤方言的词语，既有来自古代汉语中的古老成分，又有本方言分化出来之后新创生的具有本地特色的方言词，此外，还有借自某些外族、外国语的"外来词"。由于它与现代的汉民族共同语都是来自古代汉语，它们都从某一些方面保留了古代汉语词语的共同特点，但是，它们又各自产生了一些本方言的特征。因此，拿粤语词来与汉语共同语普通话相比较，除了许多词语在词义范围的宽狭上，在词义褒贬的感情色彩上，在词语的结构方式上等方面有所不同之外，它们还表现了一些相异的特点。这些特点就粤语来说，比较突出的是下述两个方面：

（一）单音词占优势

单音词占优势，是古代汉语词汇的特点之一。广东的几种方言，由于从古代汉语分化出来，而且分化的时代又比较早，分化后词语的发展又相对来说比较缓慢，因此，大多数方言都保留了古汉语的这种特点，粤方言的语词，也是单音词特别多。当然，不是说粤语没有多音词，粤语中多音词当然也不少，但两者相较，还是单音词占优势，特别是许多基本词语。

例如"食、饮、喝（喝斥）、倾（谈）、睇（看）、拗（争
论）、扑（奔走）、执（拿）、话（说）、畀（给）、翼（翅
膀）、颈（脖子）、牙、须、衫、眼、知、惊"等，许多后代
北方方言加上词尾"子"、"儿"等的词粤方言都不加，保持
单音的形式。

（二）某些词的词序颠倒

粤方言中有些词，其词序与普通话不同。这些词不单见于
粤方言，有的还出现在广东的闽、客方言之中。粤方言的
"倒序词"，常见的有：

人客—客人

紧要—要紧

齐整—整齐

细胆—胆小

挤拥—拥挤

合符—符合

气力—力气

欢喜—喜欢

经已—已经

千秋—秋千

宵夜—夜宵

妒忌—忌妒

为因—因为

菜干—干菜

米碎—碎米

数尾—尾数

表示动物性别的词素，其所处位置也与普通话不同，如：

鸡公—公鸡

鸡乸—母鸡

猫公—雄猫

猪乸—母猪

牛牯—公牛

这些"倒序词"在南方的其他方言中多见，它们是古代汉语的遗留，当然，也可能受南方少数民族语言的影响，使它们能更加强固地保存下来。

第五节　粤方言的语法特点

语法是一种语言用词造句的规则，它是语言的三要素之一。汉语各方言的分歧，主要表现在语音方面，但这并不是说词汇及语法上没有差异，只是这些差异相对来说比较小而已。

粤方言在语法上也有它自己的一些特点。不论是在构词法上或句法结构上都有一些与普通话或其他方言不同的地方。但是由于粤方言与南方其他的几种方言都是从古代汉语分化出来的，它们又都流行于南方地区，与南方本有的民族语言有相当密切的关系。因此，粤语与南方的闽方言和客方言在语法上都有不少共通之处，当然，也有它们相异之点。它们与共同语在语法上的差别相对来说则比较大些。下面，我们择要叙述粤方言的一些语法特点。

一、一些特异的词头词尾

广州话的词头（有些人称之为"前缀"），常用的有"阿"，其作用主要是：

1. 加于亲属称谓之前，用作一般的称呼，如：

阿爸　　阿哥　　阿嫲（奶奶）　　　阿爷　　阿女

阿叔　　阿哥

2. 加于人名之前，一般是对比较亲近、熟悉的人的称呼：

阿莲　　阿英　　阿杰　　阿雄　　阿薳　　阿芙

"老"也是粤方言常用的词头，常用于对比较熟悉的人的称呼：

老公（丈夫）　　　老头（父亲，俗作"老豆、老窦"）

老襟　　老杨　　老李　　老嫲　　老表　　老细（老板）

常用的词尾（或称为"后缀"）有"仔"，其作用是：

1. 加于名词之后，表示"细小"，相当于普通话的"子"，如：

亭仔　　箱仔　　梯仔　　狗仔　　扇仔

鸭仔　　鸡仔　　蛇仔　　雀仔　　猫仔

但普通话加"子"的词根，粤语不一定都加"仔"，如"鼻子、桌子"等。加"仔"一定有"细小"的意义。

2. 加于人称词之后，表示亲昵或亲切的意味，可以是名，也可以是姓，有的是专指婴儿：

杰仔　　雄仔　　东仔　　（以上指名）

郭仔　　杨仔　　何仔　　（以上指姓）

大姐仔　　姨仔　　姑仔　　（以上指人称）

臊虾仔　　牙牙仔　　BB仔　　（以上指婴儿）

3. 加于一些习惯性名词之后，它并不表示细小，也不表示喜爱或厌恶的感情色彩：

歌仔　　绳仔　　烟仔　　灯仔　　绸仔

4. 加于一些褒义或贬义词语之后用以对某一类人的指称：

乖仔　　精仔　　呖仔　　散仔　　孤寒仔　　孿居仔

百厌仔　　傻仔　　贼仔　　荷包仔

5. 加于一些表示人体各部位名称的词语之后，也表示小称：

鼻仔　　眼仔　　肚仔　　手仔

6. 加于一些职业名称之后，也表示小称：

打工仔　　耕田仔　　擦鞋仔　　斗木仔

粤语的"仔"，其作用要比普通话的"子"大得多，是一个用途广泛的后缀。

词尾还有一个"佬"，一般只用于人称，用于贬义的场合较多，有的只表示职业称呼：

贼佬　　衰佬　　补鞋佬　　飞发佬　　孤寒佬

乡下佬　　剒猪佬　　泥水佬　　鬼佬　　阔佬

傻佬　　教书佬　　差佬

"婆"则用于表示上了年纪的女性：

衰婆　　八卦婆　　洗衫婆　　肥婆　　癫婆　　伯爷婆

媒人婆　　煮饭婆

"公"用于老年的男性：

咸湿公　　大声公　　衰公　　看门公　　伯爷公

乞儿公

"女、妹"用于表示年轻的女性：

衰女　　傻女　　靓女　　叻女　　死妹　　肥妹

飞发妹　　唯食妹

"哥"用于表示男孩或男青年：

学生哥　　新郎哥　　细佬哥　　后生哥

用"鬼"表示对某些人物的厌恶、轻蔑称呼：

阴湿鬼　　老鬼　　孤寒鬼　　烟鬼　　酒鬼　　衰鬼

大头鬼　　赌鬼

用"精"表示对虽有高度技能但不值得恭维的称呼：

反斗精　　唯食精　　马骝精　　烟精　　败家精

葫芦精

用"虫"表示对有品德缺憾人的厌恶称呼：

鼻涕虫　　懒虫　　蛀米虫　　烂瞓虫

用"猫"表示对虽讨嫌但不厌恶的人的称呼：

污糟猫　　喴食猫　　邋遢猫　　赖猫　　癫猫

用"友"表示随便、不郑重严肃的称呼：

拖友　　炒友　　发烧友　　牙擦友　　酒友　　沙尘友

用"嘢"表示看不起、鄙视的人或物的称呼：

老嘢　　神嘢　　狼胎嘢　　衰嘢　　死嘢　　烂臭嘢

用"斗"以表示生动、谐趣的意味：

屎斗　　水斗　　苴 [tʃa³⁵] 斗　　正斗

一般用于指称品德性能，而不用于称人。

粤方言中的词头、词尾相当丰富。除了上面所举的这些成分之外，还有其他的一些可以视为词头或词尾的东西。比如"包"（如"衰女包"、"喴包"等）、"鸡"（如"小学鸡"、"一蚊鸡"——一块钱）等，有些人也把它们视为词尾，但它们的应用场合还不广，还不能算作典型的"词尾"。

二、各类实词的重叠

粤语中实词的重叠，最重要的和最常用的是形容词和动词的重叠。形容词的重叠，可以表示形容词所修饰的事物出现的各种不同程度和各种状态。动词的重叠，则可以表现动作行为进行时的种种情状。

（一）形容词的重叠

可以分单音形容词的重叠和双音的重叠两种。

单音形容词重叠后可以构成 AA 式、ABB 式等。

AA 式中用声调的变化来区分程度的深浅，阴平、阴上、阴入字一般不变。第一个音节读为高升变调，则表示程度深，如：

厚　hɐu¹³→hɐu³⁵ hɐu¹³

长　tʃʻœŋ¹¹→tʃʻœŋ³⁵ tʃʻœŋ¹¹

薄　pɔk²²→pɔk³⁵ pɔk²²

要表示程度较浅，包含有"稍微"、"略为"怎么样的意思，则第二个音节变读为高升调，然后加"哋"〔tei³⁵〕表示，例如上举各词，如念为：

hɐu¹³ hɐu³⁵ 哋

tʃʻœŋ¹¹ tʃʻœŋ³⁵ 哋

pɔk²² pɔk³⁵ 哋

则是表示稍微有点厚、有点长、有点薄的意思。

单音形容词也可以变为 ABB 式的说法，则是表示程度的加深，形容词本身不重叠，只是"衬音"部分重叠。如：

黑嘛嘛　　黄禽禽　　青 BB

红当当　　白雪雪　　齐绀绀

滑脱脱　　瘦蜢蜢　　静英英

牙刷刷　　傻庚庚　　慄居居

这时不必变调。形容词的衬音部分重叠之后，加强这个词的生动性和形象性。

单音形容词有时出现在"主谓结构"中，其"主语"部分不重叠，由形容词充任的"谓语"部分重叠。构成 BAA 式。如：

鼻勾勾　　眉长长　　尾尖尖

手大大　　头晕晕　　气促促

口细细　　手松松　　头重重

这些都以形容词重叠为特点来说明"主语"的状态。如果"主语"部分是双音节词，则可以构成 BCAA 式，如：

老友鬼鬼　　毛管松松　　口牙呀呀　　眼核光光

笑口噬噬　　官仔骨骨　　头发厚厚　　口唇薄薄

手指尖尖　　鼻毛长长

同一个形容词如果重叠，也可以置于改变了的"主语"之后，形成 BACA 式。如：

肠直肚直　　手软脚软　　手长脚长　　鼻大眼大

在偏正式的词语中，作为定语的形容词也可以重叠而形成 ABAC 式，如：

好眉好貌　　大花大朵　　粗身粗势　　偏声偏气

双音形容词的重叠，可以构成 AABB 式。这种重叠方式只是表示一种强调，意义上与原式没有大的差别。如：

实实净净（结实）　　　　稳稳阵阵（稳当）

快快脆脆（快）　　　　　禽禽青青（匆忙）

巴巴闭闭（了不起的样子）　牙牙烟烟（危险）

化化学学（不结实的情状）

双音形容词还可以重叠为 AAB 式，也是表示一种强调的意味，程度加深，语气稍为增强一些。如：

湿湿碎（零碎、少量）　　趣趣怪（好玩）

立立乱（乱的样子）　　　矮矮细（很矮小）

白白净（白嫩）　　　　　密密实（很结实）

腊腊吟（锃亮的样子）　　禽禽青（匆忙、毛躁）

这种重叠方式较为常见。

（二）动词的重叠

粤语中的动词，也有丰富多彩的重叠方式。

单音动词的重叠，可以形成 AA 式，这种 AA 式的重叠，主要的语法作用是表示动作、行为发生的短暂性或尝试性。与单音形容词的重叠一样，粤方言常常以改变调读作为区别词义的手段。同是单音词重叠，有的时候要通过声调的改变来分别其意义，有时要变调，有时不必变调。

不变调的，如：

睇睇　　试试　　揾揾（找找）

有时重叠之后，第一个音节要变调，这主要是出现于阴去、阳平、阳上、阳去、下阴入、阳入诸调字之中。它们要变读为高升调。如.：

徛（站立）k'ei^{13}→k'ei^{35} k'ei^{13}

拧（摇）neŋ^{22}→neŋ^{35} neŋ^{22}

博（拼命试一试）pɔk^{33}→pɔk^{35} pɔk^{33}

BBA式的重叠不必变调，意义上也没有大的差异，只是增强动作、行为的形象性。这类格式，事实上动词本身不重叠，只是修饰动词的成分重叠。严格来说，不算是动词本身的重叠式。如：

排排坐　　眯眯笑

有些文章把这种情形也算是动词重叠，故这里略作介绍。

"眯眯笑"也可以说成"笑眯眯"，这就变成了ABB式，这类重叠格式较为少见。

单音动词还可以带一个"下"［ha^{13}］字重叠，形成"A下A下"的格式，它表示动作的继续和不停顿地重复进行，如：

睇下睇下　　跛下跛下　　跳下跳下　　讲下讲下

有时，这种重叠还可以化为"AA下"式，它表示动作持续进行了一段时间，不是一发即逝的行为。如：

有个人响度睇睇下。（有个人在这里看了看。）

学学下就唔想学啦。（学一学就不想学了。）

"AA下"式有时可以变为"AA贡"式，它除了表示动作重复进行之外，还带有斥责的色彩。如说：

你嘅脚唔好响度郁郁贡。（你的脚不要在那里乱动。）

你点解成日跳跳贡㗎？（你怎么整天老在蹦蹦跳？）

单音动词还可以带上"埋"加以重叠。它可以有两种形式，一种是"A 埋 A 埋"式，"埋"包含有收拢、聚合的意义。一般的动词都可以带"埋"，如说"执埋、收埋"（即拿在一起、收在一起）等。这样的"A 埋"可以重叠，如说：

执埋执埋（不断地收、捡）　　凑埋凑埋（不断地凑聚）

另一种是"AA 埋埋"式。如上面的词语可以说成：

凑凑埋埋　　收收埋埋

它也是表示动作、行为的多次重复，这种说法比较着意于表现其后果。如说"收收埋埋唔少钱"，其结果"唔少钱"是经由"收收埋埋"所表现的反复性行为而得到的。

单音动词的重叠还有"A 来 A 去"式，表示动作的往复来回出现。如说"揾来揾去揾唔到"（找来找去找不到）。这与普通话的说法差不多。

除单音节的动词可以重叠外，双音的动词也可以重叠。

双音节的动词，重叠之后构成 AABB 式。这种"双音词"主要是联合式的词语。重叠之后，在意义上也没有大的改变，只是增强其形象性或繁复性。如：

打打闹闹　　走走趯趯（跑）

动词的重叠还有一种格式，就是动词本身不变，它只是重复出现，而所带的宾语改变了，形成 ABAC 式。这种重叠，在粤语中特别经常出现。如：

阻手阻脚　　顶嘴顶舌　　郁（动）身郁势

整色整水　　系威系势　　顶心顶肺

这种形式的重叠很为常见。

除了形容词、动词有各种方式的重叠之外，其他的实词（如名词）也可以重叠。但这种重叠的方式与普通话差不多，如说"爸爸"、"妈妈"、"哥哥"、"弟弟"等，是人称词的重叠；"人人"、"事事"、"处处"是一般名词的重叠，它们表示该名词所指范围的周遍性，与普通话的说法也没有什么大的差异，这里就不再一一介绍了。

三、代词的特殊表现

代词分为人称代词、指示代词、疑问代词三种。

（一）人称代词

粤方言的人称代词，有其异于其他方言的特点。其使用的三身代词是：

第一人称　我〔ŋɔ¹³〕

第二人称　你〔nei¹³〕

第三人称　佢〔k˙ɵy¹³〕

第一、二人称，与普通话一样，有差异的是第三人称。普通话的第三人称代词用"他"，这个"他"在古代汉语中本是用作"旁指"的指示代词，其意义是"其他的、别的"，并不是用作第三人称代词。《诗经》中的"他山之石，可以攻玉"的"他"，就是"其他的"意思。而在汉代以后，大约是魏晋时代，汉语书面语才出现把"他"用作第三人称代词的现象。这个"他"就是由更古的旁指代词演变而来，其出现的年代较后。所以，保存古代汉语特点较多的各种南方方言，都不用这个"他"来作为第三人称代词。广州话和客家话用的是"佢"（两种方言的读法略有不同），它相当于古代汉语的"渠"。"渠"这个第三人称代词，约在魏晋时期进入汉语的书面作品之中。

广州话表示人称代词的复数，是在单数代词之后加"哋"〔tei²²〕，说成"我哋、你哋、佢哋"。前期的古代汉语，人称代词也没有单复数在形式上的区别。到了唐代以后，才用"们"表示复数，许多南方的方言，都不用这个"们"。

（二）指示代词

粤语的指示代词，可以分为指人、事、物、地等方面。它们使用的代词与普通话均有一些不同。指示代词可以因立足点的不同而分为近指和远指两种情况，各方面使用的代词是：

	近 指	远 指
指人、物、事	呢[nei^{55}]（个、种、样）	吓[kɔ^{35}]（个、种、样）
指处所	呢度[tou^{22}]	吓度
	呢处[ʃy^{33}]	吓处
指时间	呢阵[tʃɐn$^{22→35}$]	吓阵
	呢阵时[ʃi$^{11→35}$]	吓阵时

粤方言的近指与远指用"呢"与"吓"相对举。这个远指代词"吓"，可能是古汉语某一时期口头语指示代词的遗留。如《旧唐书·李密传》云："密以左亲侍在仗下。炀帝询知为李宽之子，谓宇文述曰：'个小儿瞻视异常，勿令入宿卫也。'"这个"个"表远指，与粤语的用法相同。"呢个"的复数是"呢啲"。

粤语的"呢、吓"不能单独作句子成分，这与普通话的"这、那"不同。表示处所和时间的指示代词在"呢、吓"之后加"度、处"与"阵"表示。"阵"的用法与闽方言的潮汕话相同。

粤语的指示代词如果用于表示性质、状态或方式（如普通话用"这样"所表示的那些场合）或表示程度（如普通话用"这么"所表示的那些场合）则用"噉"和"咁"两个指示代词表示。

粤方言使用的这两个副词性的指示代词颇有特色。一个是

"咁"〔kɐm³³〕，放在形容词性词语之前表示事物的情状，相当于"这么、那么"，如：

你买咁多衫做乜嘢？（你买那么多衣服干什么？）

佢敲门好似打鼓咁响。（他敲门好像打鼓那么响。）

另一个是"噉"〔kɐm³⁵〕，用于动词之前指代动作、行为的方式，相当于"那样"或"这样"：

佢好凄凉噉喊。（他好凄凉地哭着。）

吩袋嘢佢好辛苦噉掯〔mɛ⁵⁵〕走。（那一袋东西他很辛苦地背走。）

"咁"和"噉"两词有很丰富、细致的用法，这里不必赘述。

（三）疑问代词

粤语所使用的疑问代词与普通话既有相异之点，也有相同之处。表示对事物的属性的询问，一般用"乜"〔mɐt⁵⁵〕或"乜嘢〔jɛ¹³〕"表示。它们相当于普通话的"什么"；询问确指的人，则用"边个"〔pin⁵⁵kɔ³³〕，它相当于普通话的"谁"；询问确指的人或物则用"边"；对处所的询问则用"边度〔tou²²〕"或"边处"，也可以单用"边"，它们都相当于普通话的"哪里"（或"哪儿"）；对数量的询问，则用"几"〔kei³⁵〕或"几多〔tɔ⁵⁵〕"，它们相当于普通话的"多少"。对时间的询问则用"几时〔ʃi¹¹〕"，对性质、状态或方式的询问则用"点"〔tim³⁵〕或"点样〔jœŋ³⁵〕"，对原因或目的的询问用"点解〔kai³⁵〕"、"为〔wɐi²²〕乜"、"为乜嘢"、"做〔tʃou²²〕乜"、"做乜嘢"等。这些都相当于普通话的"为什么"（"做什么"、"干什么"）、"干吗"等。这些疑问代词的"中心词"是"乜"、"边"、"几"、"点"。"几"与普通话相同，"乜"则与闽方言及客方言一样，"边"和

"点"则是粤语所特别使用的。

四、数量词的运用

粤语对数词和量词的运用，与普通话大致相同。其差异之点主要有下述几个方面。

（一）数词的用法

（1）基数为"一"的千、百、十位数，这个"一"可以省去，如说"千五斤"（一千五百斤），"百四"（一百四十），"十五"等。

（2）基数的称说中，已用了高位数，其低位数可以省说，如：

万五蚊。——一万五千元。（"千"可以省略）

三千六。——三千六百。（"百"可以省略）

六百三。——六百三十。（"十"可以省略）

基数的特点主要就是这些。

表示余数，在上位数与下位数之间可加"零"［leŋ¹¹］表示。"零"相当于普通话的"多"：

三百零人。——三百多人。

五千零蚊。——五千多元。

五斤零重。——五斤多重。

要表示普通话用"把"、"来"所表示的约数，如"百把人"、"一千来个"，粤方言可以用"度"表示，是表示估量的助词，它与闽南方言的"度数"相当。"百把人"可以说成"一百（个）人度"。"度"要置于名词之后。这个"度"也与普通话的"左右"相当。

粤语在数词方面的用法还有许多方面，因为没有太突出的特点，这里就不再赘述了。

（二）量词的使用

每一种语言或方言，都有一些属于本身所特有的量词。量词是用于对事物、行为的计量，计量的着眼点不同，所使用的量词就有差异。粤方言有许多自己的特异的量词，与普通话不同，如对"车"的计量，普通话用"辆"这个量词，而粤语则用"架"。有些量词，彼此都可以使用，但使用的频率不同。每种方言都有对某一些量词"惯常"的用法。有的方言惯用甲，少用乙，有的方言则相反。粤方言常用的量词主要有下列这些：

执〔tsɐp⁵⁵〕，小撮。一~花生，一~头发。

揸〔tsa¹¹〕，把。一~菜。

笪〔tat³³〕，片。吖件衫有一大~墨水迹。

辘〔lok⁵⁵〕，段。一~木。

橛〔kyt²²〕，节。一~蔗。

咖〔kɐu²²〕，块，团、捆。一~饭，一~行李。

箍〔kwʻu⁵³〕，捆。一~柴枝。

眼〔ŋan¹³〕，口。一~针。

□〔tok⁵⁵〕，泡。一~屎。

□〔kʻai³⁵〕，瓣儿。一~柑。

窦〔tɐu³³〕，窝。一~猪仔。

□〔pʻɔ⁵³〕，棵。一~树。

啖〔tam²²〕，口。一~口水。

抽〔tʃʻɐu⁵⁵〕，串。一~锁匙。

单〔tan⁵³〕，件，宗。一~生意。

餐〔tʃʻan⁵³〕，顿。一~饭。

道〔tou²²〕，座。一~桥。

塘［tʼɔŋ¹¹］，十华里。一~路。

铺［pʼou⁵³］，次，盘。一~牌。

以上是名量词。

勻［wɛn¹¹］，次，趟。佢来咗两~都未见到你。

轮［lɵn¹¹］，番，遭，遍。行咗一~北京路。

阵［tʃɐu²²］，片刻，一会儿。佢来咗一~。

粤方言中的量词前面的数词如果是"一"，可以省去。

五、情貌的表示方式

粤语经常使用一些词语附加于述语之前或之后陈述动作、行为发生的种种情况和状态。这些词语有的是相当于副词，有的像后缀（有人称之为"形尾"）。这些副词通常放在述语或整个句子的末尾，与普通话的副词用作状语置于述语之前不同。

用"过头"表示情况过甚，超过常规的范围，如：

你蠢过头。（你太蠢了。）

呢种柑酸过头，唔好食。（这种柑子太酸，不好吃。）

或可用"得滞"［tɐk⁵⁵ tʃɐi²²］表示：

佢精得滞。（他精明乖觉过头。）

呢杯茶浓得滞。（这杯茶太浓了。）

急得滞，唔记得带飞。（太急了，忘了带票。）

用"乜滞"［mɐt⁵⁵ tʃɐi²²］表示情况差不多、不过分、差不离、庶几接近的意思。

你唔瘦乜滞。（你不算瘦。）

佢细佬无食饭乜滞。（他弟弟几乎没有吃饭。）

用"咁滞"表示情况相接近，数量差不多。例如：

天黑咁滞，你重［tʃɔŋ²²］唔去？（天差不多黑了，你还不去?)

电影放完咁滞,唔好出去。(电影差不多放完了,不好出去。)

"咁滞"与"乜滞"的用法差不多,意义也相接近。一般在否定句中它们可以互换着用,但在肯定句中不能互换。

用"翻"表示程度更进一步或数量上再增加一些,总之,程度上有所发展,可以用"翻"表示,相当于普通话的"再……一点",如:

呢间房多翻张床都摆得落。(这个房间再多一张床都放得下。)

等呢阵雨细翻先出门。(等这一阵雨再小一点才出门。)

粤语有时用"埋"表示范围的扩充,表示"由此及彼",相当于普通话的"连……也",例如:

开埋吖几个房间。(把那几个房间也给开了。)

记得买埋我嘅票。(记得把我的票也买了。)

你做埋我呢分。(你连我这一分也做完它。)

粤语用"晒"[ʃai³³]表示东西净尽、事情完毕,所指称的范围都包括在内。如:

图书馆嘅书都唔见晒。(图书馆的书全不见了。)

两箩香蕉都烂晒。(两箩香蕉全烂光。)

我重未食晒呢啲米。(我还没有吃完这些米。)

后日要睇晒吁本书。(后天要看完那本书。)

"晒"还可以放在句子或习惯用语的末尾以表示强调,说明该词语的郑重意味。如:"多谢晒"(太感谢了),"多得晒"(多亏您了),"唔该晒"(太麻烦您了),"滚搅晒"(太打扰您了)。这里的"晒"其实是表示"完全、过分"的意思。

粤语常用"添"置于句末,表示数量的增加和范围的扩

充,相当于"再"的含义。如:

我重要坐一阵添。(我还要再坐一会儿。)

写一张添就够啦。(再写一张就够了。)

有时"添"置于句末,表示一种慨叹而又强调的语气,如说:

你讲错话重唔肯认错添。(你说错话还不肯认错。)

粤语常用"住"与否定副词"唔、唔好、未"等配合,表示先做某事再做此事,如:

呢本书唔好还住,等我借去睇先。(这本书先不要还,让我先借去看。)

唔好攞走住,等我分好先。 (不要先拿走,让我分好再拿。)

"住"也可说成"自"。

粤语表示客观条件容许做某一件事可以用"得"表示:

呢条路好阔,大货车行得。 (这条路很宽,大货车能通过。)

买得书来天已经黑咗。(买到了书天已经黑了。)

"得"之前也可以加否定副词,表示对某种可能性的否定:

路太窄,大车行唔得过。(路太窄,大车通不过。)

"得"有时表示容许或可能做某件事之后会出现的某种状况:

食得来车已经开咗啦。(吃完饭了车已经开走了。)

演员请得来观众已经走咗。(演员请来了观众已经走了。)

粤语表示动作正在进行,用"紧"［ken³⁵］置于述语之后表示,如:

我读紧书。(我正在读书。)

佢来紧。(他正来着。)

佢哋食紧饭。(他们正在吃饭。)

"紧"有时可以做结果补语，不同于形尾，如说"拎紧"（拿得紧），"包紧"（包得紧）。

表示动作、行为正在进行，并且正在继续下去，一般用"开"表示：

呢本书我睇开，睇完先畀你。(这本书我正在看，看完才给你。)

我坐开呢张凳嘅。(我正坐这张凳子的。)

佢做开功课，唔好同佢倾计。(他正在做功课，不要和他谈话。)

粤语用"住"表示动作、行为的持续进行，动作所造成的状态一直保持着，一般用"住"〔tʃy²²〕加于述语（动词）之后表示，它大体上相当于普通话的"着"。例如：

吖张凳有人坐住。(那张凳子有人坐着。)

你先攞住。(你先拿着。)

睇住。(看着。)

我成日陪住佢。(我整天陪着他。)

"住"还可作副词，表示时间的次序。

表示动作、行为已经完成，一般用"咗"〔tʃɔ³⁵〕，相当于普通话的"了"：

我哋食咗饭。(我们吃了饭。)

佢大佬出咗去。(他哥哥出去了。)

佢去咗北京。(他去了北京。)

行咗两里路。(走了两里路。)

医生来咗。(医生已经来了。)

"咗"相当于"了"，是指它表示时态的作用。但"咗"的位置有时与"了"不同。如"咗"可以放在"出去、入去、入来"等词语中间，如说：

佢哋出咗去。（他们出去了。）

老师入咗来。（老师进来了。）

小王落咗去。（小王下去了。）

"了"却不能这么用。

粤语表示动作、行为已成为"已然"，出现了一种新的情况，一般用"喇"［la³³］加于动词之后表示，它大约相当于古代汉语的"矣"、现代汉语的"了"，例如：

佢噉讲你就知道喇。（他这样讲你就知道了。）

通知书已经攞咗你唔使惊喇。（通知书已经拿到，你就不用害怕了。）

表示经历过某一种事用"过"：

佢去过北京。（他到过北京。）

我重未食过呢种水果。（我还没吃过这种水果。）

表示动作、行为刚发生不久，常于句子末尾加"来"表示，它相当于普通话的"来着"：

佢去边度来？（他刚才上哪儿来着？）

表示动作开始，加"起来、起身、起上来"等于动词之后表示，例如：

做起来你就知辛苦。（做起来你就知道辛苦了。）

痛起上来大人都顶唔住。（痛起来大人都顶不住。）

佢唱起身大家就跟住唱。（他唱起来大家就跟着唱。）

表示动作、行为继续进行下去，用"落去"表示，它相当于普通话的"下去"：

你做落去。（你继续做下去。）

呢件事佢唔想搞落去。（这件事他不想搞下去。）

表示动作、行为的重复出现，可以用"过"置于动词之后，表示重做某事。例如：

你唔满意下次来过。（你不满意下一次再来。）

呢张画画得太差，后日画过一张。（这张画画得太差，后天再画一张。）

这个"过"与表示动作、行为已经过去的"过"不同。

粤语还用"亲"表示动作、行为表现出的各种状态。其作用主要是：

（1）表示行为已经发生，相当于"了"，但这种行为已经造成了某一种结果，这种结果当然是当事的人所不乐意出现的。它表示所受的遭遇：

我琴晚冻亲。（我昨晚受凉。）

佢畀刀割亲。（他被刀割伤了。）

（2）表示每一次经历过某事之后，就会出现惯常性的反应，也就是说会出现已经重复多次出现过的后果。当它表示接触到某种事物之后就有所反应时，"亲"之后一般要加"就"：

佢食亲就呕。（他一吃就呕吐。）

我细佬打亲针就喊。（我弟弟一打针就哭。）

六、一些状语位置特异的句子

粤方言中，有时使用一些副词充当句子述语的状语。按照普通话的格式，这个状语本应置于述语之前，但粤语常放在述语之后。这一类状语通常只出现于"多、少、先"这几个词语身上。如：

人客食先，主人再食。（客人先吃，主人再吃。）

去百货商店买嘢先，再去睇电影。（先到百货商店买东西，再去看电影。）

交钱先，至攞表。（先交钱，然后拿表。）

广州话的"先"还相当于"才"，例如：

佢六号先上班。（他六日才上班。）

"多"和"少"用为状语，也常置于述语之后。如：

买多啲青菜。（多买一些蔬菜。）

攞多啲表来发畀大家。（多拿一些表格来发给大家。）

用少啲钱得唔得？（少用一点钱行不行？）

做少啲功夫都唔得。（少做点工作都不行。）

粤语中状语后置的情况，主要出现在"先、多、少"身上，因此，有人把它们称为"多少句"。

七、几种特殊的句式

粤语中有一些句子的格式与普通话略有不同。它们主要表现在比较句、处置句、存在句、双宾句、被动句、否定句、疑问句等几种句式上。现分述如下。

（一）比较句

粤方言的比较句，在比较的两项中间先用形容词（表示比较的结果）再加"过"的格式表示，如：

佢大过我。（他比我大。）

我肥过你。（我比你胖。）

句子中如果需要出现数量补语，则置于句末，例如：

佢细佬高过你好多。（他弟弟比你高很多。）

（二）处置句

粤方言的处置句用介词"将"引进处置的对象，它大体上相当于普通话的"把"。如：

将呢啲旧书卖咗佢。（把这些旧书卖了。）

这样的句子，在口语中还可以说成：

卖咗呢啲旧书佢。

普通话中没有后面这种把表示被处置对象的词语置于动词之后再用一个代词"佢"来复指它的句式。

"将"是古代汉语的词，它在古代也可以用来表示处置。现代汉语也有这种用法，不过用"把"字来处置宾语的形式更多一些。粤方言继承了古代汉语这种格式。这与潮汕方言一样。现代粤语有时也用"把"字处置宾语，但这种用法是受普通话影响的结果。

（三）存在句

粤方言常用"有"或"有……过"表示曾经做过某种事情，但普通话一般在表示存在或拥有什么东西的情况下才用"有"，如说"我有十本书"。粤方言则可以用"有"来带谓词性的宾语，如说：

我今日有去睇过佢。（我今天去看过他。）

佢有交作业。（他交了作业。）

粤语表示拥有某种生活条件或存在某种客观事物的可能性，常用"有得"表示：

有得食，有得住。（有吃的，有住的。）

有得叹。（有可以享受的。）

普通话一般不这么说。

其否定式则用"冇 ［mou^{13}］得"。

（四）双宾句

粤语表示给予义的双宾句，一般采用下述的格式：

我畀（一）本书佢。（我给他一本书。）

大佬送咗（一）支笔佢。（大哥送了一支笔给他。）

普通话的双宾句，则是指人的宾语在前。

粤语的指物宾语如果带有较长的修饰语时，也可以在指人

宾语之前加"过",如:

我畀咗好多好睇嘅书过佢。(我给了许多好看的书给他。)

(五)被动句

粤方言表示被动的句式,与普通话大体相同,只是所用的词语有别。普通话用"被、给",粤方言用"畀"〔pei³⁵〕:

佢嘅书包畀人偷走咗。(他的书包被人偷走了。)

吟道门畀人地踢烂咗。(那个门给人家踢坏了。)

粤语的"畀"后面,一般都要出现动作的主动者。

(六)否定句

普通话的否定句,一般是用"不"来表示对动作行为的否定,如说"不去";用"没"或"没有"来表示对事物存在的否定,如说"没人"。粤方言表示对动词的否定一般用"唔"〔m̩¹¹〕,例如:

佢唔食辣椒。(他不吃辣椒。)

我唔买呢两本书。(我不买这两本书。)

对名词的否定,粤方言则用"冇"〔mou¹³〕,这是"无"的变音:

我冇呢种颜色嘅衫。(我没有这种颜色的衣服。)

佢冇课本点上课?(他没课本怎么上课?)

此外,粤语还用"咪"〔mɐi¹³〕来表示"不",用"唔好"来表示"不好"(不应该进行某种动作或做某件事)。还有,用"未"〔mei²²〕来表示对事情的发生作出否定。"我未食饭"是表示"食饭"这件事尚未进行。这个"未"也是古代汉语的遗留。

(七)疑问句

粤方言的疑问句与普通话的表示方式大同小异。反复问一般用这样的方式："动词+唔+动词"，如说：

你食唔食？（你吃不吃？）

呢件衫好唔好睇？（这件上衣好看不好看？）

如果是必须出现宾语，则一般使用这样的格式：

你买唔买电影票？（你买不买电影票？）

也可以用下述的格式：

你买电影票唔买？

普通话通常不使用这后一种格式。

你食咗未？

这样的句式，普通话则必须说成："你吃了没有？"

第三章 广东的"闽方言"之一
——潮汕方言①

闽方言是现代汉语七大方言之一。它主要流行于福建省福州、厦门等地。广东省的东部地区和西部地区以及海南岛，也有许多居民使用闽方言。流行于广东粤东地区的闽方言过去称为"潮州话"，现在一般叫做"潮汕方言"，简称为"潮语"。它是广东省的一支重要方言。

第一节 潮语的系属和分布

一、潮语的系属

潮汕方言是一支古老而重要的汉语方言。它是由流行于福建的闽方言直接分化而成的。福建的闽方言以前分为闽北、闽东、闽中和闽南四支（有人还分出莆仙一支）。闽北方言流行于福建北部建瓯、建阳、南平（城区以外）、崇安、松溪等地；闽东方言分布在福州及福安一带的 10 多个县份；闽中方言则在福建中部永安、三明、沙县等地流行；莆仙话则分布在

---

① 本章和下一章以及第六章第一节的语音部分可参考林伦伦、陈小枫的《广东闽方言语音研究》（汕头大学出版社 1996 年版）。

莆田和仙游；闽南话主要是分布于厦门、泉州、漳州等地为中心的 20 多个县份，是闽方言中分布最广的方言。粤东的潮汕方言，在语音、词汇和语法结构上与闽南话很接近，特别是与漳州的方言更为接近，基本上可以彼此通话。潮汕方言可以说是属于闽南话的一个支系。由于潮汕地区在地理位置上与福建的漳、泉一带接壤，历史上人民的交往很多，历代居民的迁徙，促使粤东一带的居民也使用闽南话。因此，潮汕方言的出现，是历史上闽南话分化的结果。

潮汕方言属于闽南方言，这个结论是从语言事实本身概括出来的，也是从潮汕地区先民迁移、变动的社会历史概括出来的，是一种无可辩驳的客观事实。可是，近些年来有的人认为闽方言与粤方言一样，都是一种"独立"的语言，不属于汉语的一个分支。或是说潮语不属于闽南方言，它是从中原汉语直接衍变而来，是一支"独立的方言"。还有的人说，潮汕方言不是由福建的闽方言分化出来的，相反，福建的闽方言倒是由潮语分化发展而成。这些形形色色的说法，我们都不敢苟同。近代的潮州人多半来自福建，他们的方言也是从闽方言分化而来，所以被称为"福佬话"，这是古代的学者也确认的事实。例如明人王士性在《广志绎》一书中说："潮为闽越地。自秦始皇属南海郡，遂隶广至今。以形胜风俗所宜，则隶闽者为是。……潮在南交之外，又水自入海，不流广，且既在广界山之外，而与汀、漳平壤相接，又无山川之限，其俗之繁华既与漳同，而其语言又与漳、泉二郡通，盖惠作广音而潮作闽音，故曰潮隶闽为是。"王氏的说法是正确的。潮汕方言之与闽南方言同一系属，一方面固然是因为所处之地相近（而潮州与广州相离较远，且有关山阻隔）；另一方面，则是由于历史上人群的流徙播迁，其过程大概是由吴越→闽→潮州。上古时代，吴越人向南迁移，带来了吴越语，福建及潮州均被其风；中古及近代，福建人又进一步移入潮州，又加强了闽语的分化。而从古至今，中原的汉语当然也一直对潮州地区的土语方言施加各种影响，使中原汉语也直接、间接地向潮州传播，使潮汕方言又不断吸收北方汉语的读音和词语，这就使现代的潮汕方言的语言内部成分，呈现了构成复杂、层次多样的语言现象，形成一支颇具特色的方言。但从其"面貌"来看，它确是闽方言直接繁衍、分化的结果。

二、潮语流行的范围

现代的潮汕方言流行于汕头、潮州、揭阳、澄海、南澳、饶平、潮阳、普宁、惠来、陆丰、海丰、汕尾以及惠东、揭西（各一小部分地区）等县市，使用的人数1000万左右。加上海外的华侨和港澳同胞，使用潮语的人数在2500万以上。

潮汕方言的内部结构相当一致，各地的差异不大。如果加以细分，它还可以分为三个支系，即可再分为三个小片：

1. 汕头片，包括汕头市、潮州市、揭阳市和澄海、南澳、饶平、揭西诸县。

2. 潮普片，包括潮阳、普宁、惠来等县。

3. 陆海片，包括汕尾、陆丰和海丰县。

这三个小片的差异主要是表现在语音方面，词语上有一些差别，但不大，语法上却基本一致。从接近程度上说，潮普片与陆海片更为接近一些。

三、潮语的代表方言点

潮汕方言各地的语音虽略有差异，但分歧不大。过去，一般人谈及潮汕方言，多以潮州市的语音为代表。这是因为潮州是历史上"府城"的所在地，是潮州地区的"首府"，所以过去人们把它看成是潮语的代表方言点。但是，随着历史的发展，随着汕头市的崛起，汕头在近百年来逐渐发展成为一个重要的进出口口岸，一个重要的商埠。特别是自 1949 年以来，尤其汕头市是当时汕头专区政府的所在地，它演变成为潮汕地区政治、经济和文化的中心。经过一百多年来居民的迁徙定居，汕头市已经住上数代的居民，形成了一个相对固定的群居体，他们所使用的方言，也逐渐形成为一支具有稳定的语言结构的方言。汕头市的居民虽然是在历史的发展过程中，分别从各地迁入，其本来的方言比较驳杂，但终究有一个基本的"底语"。这个底语就是过去的澄海话（从前汕头是属于澄海的一部分）。当然，在一百多年来的发展过程中，它也吸收了周围县份如潮安、潮阳以及揭阳的一些语音特点，形成了一支既不同于澄海话又不同于其他各县方言的方言，这就是汕头话。现代的汕头话已经有它自身的语言结构，有它属于本方言的特征，不是像某些人所说的汕头话是一种混杂的土话。中山大学施其生先生曾对这个问题作了专题研究，写成《从口音的年龄差异看汕头音系及其形成》一文（发表于《中山大学学报》1988 年第 3 期），其结论是：从各方言的调查"证实了，一个统一的、有明确标准的、有规范作用的汕头市区音系已经形成……因为 40 年代以后在汕头出生的人一般都按照这个音系说话"。由于汕头市多年来已经发展成为一个重要的城市，其方言在潮汕地区也逐渐发挥其影响，如广播、电视、戏剧等的用语已经基本上使用汕头话，所以它的语音已经成为潮汕方言的代表，它已逐渐代替了传统上"潮州府"话的地位。因此，1960 年当广东省领导部门在制订广东省各种主要方言的"拼音方案"时，潮州话的方言代表点选择了汕头话，就是基于上述的原因。当然，从语音的内部因素上说，选择汕头音为代表而不选择潮州市（镇）话，还因为汕头话的语音在潮汕地区具有较强的代表性，而潮州市话却有一些只流行于极小范围的特殊的韵母，如［ieŋ］、［ueŋ］、［iek］、［uek］等，还有一些字音有较为特别的念法，其语音的普遍性比不上汕头话。所以，经过反复的讨论、研究，最终选择以汕头话为潮汕方言的代表点。这个决定是正确的。

四、来自"福佬话"的诸"兄弟"

人们把潮汕方言称为"福佬话"，点明了它的来历。诚然，它是来自福建，是闽南话的一个分支，然而从广东全省来看，来自福建的"福佬话"却不止潮语一支，还有它的诸位"兄弟"。

在广东省的西部地区，也存在一支属于闽方言的次方言，当地人称之为"黎话"。这个黎话，与流行于海南岛上的黎族居民使用的"黎语"不同，它是一种汉语方言，流行于雷州半岛的海康、徐闻和湛江市附近地区以及廉江、遂溪、电白等地。一般称之为雷州方言。其语言面貌比较接近于潮汕方言而与海南话相距稍远。海南岛上使用的海南话，也属于闽南方言，它也是潮州话的近亲。海南话形成的历史要比雷州话早，使用的人数也比雷州话多，但它们与潮汕方言都有近亲关系。

潮汕方言的另一个"兄弟"是流行于中山市的"三乡话"、"隆都话"等，一般合称为"隆都话"。中山市是粤语流行的地区，在粤语的包围之下，存在一个属于闽方言的"方言岛"，这支方言已存在数百年以至上千年之久，可说是一个奇迹。

五、一块古方言的"活化石"

潮汕方言与其他的闽方言一样，都是从古代汉语分化出来的。由于它分化、形成的年代比较早，分化出来以后其发展、变化又较为缓慢，所以保存了较多的古代汉语的语音特点。它所保存的，不单有中古唐宋时期汉语在语音、词汇以及语法等方面的某些特点，而且还有许多上古、近古时期（如汉魏晋时代）汉语各方面的特点。它的这些特点引起海内外汉语研究者的兴趣和重视，认为它是研究古代汉语的一块"活化石"。比如著名的汉学家、瑞典人高本汉就曾经说过："汕头话是现今中国方音中最古远、最特殊的。"（见《中国语言学研究》，贺昌群中译本）他还认为："福建省还有几种方言，在某些关系上（如日译吴音然）可以启示我们研究与《切韵》语音不同的古方言。"他的意思是说，现代汉语的许多方言是从代表长安音的《切韵》音系演化而成的，只有闽方言是《切韵》以前的"古方言"。他所说的闽方言当然包括潮汕方言在内，由于闽方言表现了许多古老的语言特点，可以成为人们研究上古汉语或"原始汉语"的投影，因此，闽方言的研究，受到国内外学者的重视。在汉语各种方言的研究中，闽方言研究工作的开展，是比较充分而深入的。

第二节　潮语的分化和形成

上文指出，潮汕方言是从福建的闽方言分化而来的。那么，其分化以至形成的具体过程是怎么样的呢？这里，我们准备作一个概括的论述。

一、潮语的"远祖"和"近祖"

我曾在《广东闽方言形成的历史过程》一文（载《广东社会科学》1987 年第 3、4 期）中论述过，潮汕方言的"远祖"是吴语，其"近祖"则是闽语。意思是说，潮语是由闽方言分化出来的，而闽方言则是由更古时期的吴语演变而成的。在潮汕方言的历史发展过程中，可以用"吴语→闽语→潮语"这样的发展公式来表示。这只是一个概略的说法。认为闽语是由吴语发展衍变而来，并不是我们首先提出来的见解，而是有一些学者先期提出这种看法。例如美国学者罗杰瑞先生在《闽语里的古方言字》（载《方言》1983 年第 3 期，译文载《韶关师专学报》1988 年第 3、4 期，余伯禧译）一文中说："闽方言是古代南方汉语变体衍化而来的"，"在闽语中最古老的词汇层在许多方面脱离《切韵》音系这个事实，是闽语作为《切韵》前的吴语或者是江东话身分的进一步证明"。他的意思是说，后代的闽语，就是《切韵》（作于公元601 年）之前的吴语或江东话。又有人认为："闽语的产生应始于三国东吴汉人成批经浦城入闽之时。"（见游汝杰、周振鹤《方言与中国文化》，载《复旦学报》1985 年第 3 期）这句话的意思也就是说，闽语是在三国时由吴语（东吴汉人用的是吴语）分化出来的。台湾学者张光宇在其著作《切韵与方言》中《闽方言古次浊声母的白读 h-和 s-》一文也指出："吴地移民至闽不惟有文献可按，而且闽方言音韵层次中含有'古江东'一层鲜明的特点相当醒目。"（第 29 页）这些说法，有一定的道理，但不很全面和准确。我们认为，闽语或潮语不是单从吴语分化而成的。就其来源来说，至少包括三个方面：

（1）是古代吴越语的遗存和发展，同时吸收了楚语的某些成分。

（2）直接或间接地接受了中原共同语强大的影响。

（3）包含有当地少数民族语言即一般所说的"古台语"的某些沉积成分。

就其分化、发展的时间来说，也不是始于三国以后或南北朝时期，它至少也可以包括三个时间层次：

（1）战国至三国东吴以前，是闽语从吴语分化衍变的阶段，也是潮汕方言从闽语分化出来的起始阶段。

（2）三国以后的魏晋南北朝时期，是潮语日渐发展的第二阶段。

（3）唐宋时代，是潮语最终形成的第三个历史阶段。

这三个不同的时间层次与三种不同的语言来源，在潮汕方言分化、发展的历史过程中，交织在一起，汇合在一起。各种不同的来源可以在不同的时间层次中发生不同的作用；而几种不同的来源在几个不同的时间层次中表现的侧重点也各有不同。经过漫长的两三千年的发展演变，最终形成潮语这支相当独特的汉语方言。

二、潮语分化的开始——战国至三国时期

战国以后至三国东吴王朝这一段时间，主要是吴语衍变出闽语的时代，也是潮语从闽语开始分化出来的年代。

关于闽语分化、形成的时间，过去一般的说法是：闽方言主要是晋代中原地区乱离之时，中原汉族人民南下带来中原汉语演变而成的。这种说法当然有一定的道理，但不全面。上文已经指出，闽语的分化不止来自中原汉语。在晋代之前，闽语地区已经受到吴语强大的影响。最早的闽语可能是吴语向南推移然后分化、衍变而成的。因此，我们说吴语是闽语的"母

体"，也是潮语的"祖先"。

潮语所归属的闽方言区，处于福建、浙江和广东、海南一带。（台湾话也是闽南语。）这一大片地区，在古代聚居着一个总称为"百越"的部族群，而在福建和广东的东部，则居住着属于百越的一支、史称为"闽越"的部族。春秋后期，在江苏、浙江地区，曾经建立过两个强大的诸侯国：一个是吴国，另一个是越国。吴、越的统治者，本都是周族人，是周文王、武王的同宗。而它们统治的百姓，却是长期居于东南沿海一带的少数民族。据历史记载，周太王的长子泰伯、次子仲雍知道他们的父亲想传位给他们的弟弟季历，便故意避开逃到东南的梅里（现江苏省无锡县东南）。他们到了吴地之后，便有当地的少数民族"荆蛮"千余家前来归附，他们相继做了蛮人的君长，称国号为吴。在周朝时，吴长期作为楚的属国，臣服于楚。到了吴王寿梦时，吴国逐渐强大。这时，吴国的百姓已经逐渐接受中原的华夏文化。这个接受的过程，是经由两个方面的渠道进行的：一是中原的华夏文化透过楚国（楚本也以少数民族为主体，但它立国和接受华夏文化较早，在春秋之时已经华夏化了）传入吴国；另一是中原的华夏文化直接与吴地居民接触，产生直接的影响。特别是在寿梦统治吴国时，吴人与中原地区各诸侯国（如晋国）往来甚为密切。公元前563年和前559年，晋国曾两次与吴国结成联盟企图攻楚。在与晋国长期的交往过程中，更进一步接受华夏文化及语言的影响。寿梦的儿子季札在公元前545年曾经访问过鲁、齐、郑、卫、晋诸国，表现出具有很高的文化素养；而齐景公也曾把少女嫁给吴国国君阖闾的长子终累；另外，孔子的弟子言偃（子游）就是吴国人，他也接受中原的文化。这些事例说明吴国与中原各国的政治和文化交往是相当密切的。

吴王阖闾时，用楚亡臣伍子胥为将，大举攻楚，吴人五战五胜，伍子胥终于报了楚王杀死他父亲伍奢之仇。这个时期的吴、楚之战，促进吴国通过楚方言大规模地接触汉语。楚方言由于较早地接受周人语言的影响，在此之前已成为华夏语的一支方言。楚王熊渠在位时，为了取得南方及东南沿海地区越族人的支持，对属国中的越人采取了许多优待的政策，加强了与吴越地区的交往，所以《史记》说过这样的话："熊渠甚得江汉间民和。"因此，早在春秋之时，楚国的方言对吴越地区就产生过相当重大的影响，吴方言中吸收了许多楚语的成分，楚人的文化也传入吴越地区。《南宋临安两志》引《汉志》说："吴越之君皆尚勇，故其民好用剑，轻死易发。……文身断发，以避蛟龙之害。数与楚接战，互相兼并，故吴越风俗，略与楚同。"吴越与楚略同者，不唯风俗，其方言也与楚有近同之处。在吴越臣服于楚之时，楚语已逐渐推行到吴越地区去。当时吴越的大都邑和朝廷所使用的语言，也应该是属于汉语方言，而且和楚语比较接近。当楚人伍子胥从楚国出逃到吴国时，他可与吴地的渔父交谈，也可跟吴王阖闾"与语三日三夜"，而完全没有语言方面的障碍，不必"重译乃通"。他的哥哥伍尚从楚国跑到吴地，也不存在语言的隔阂。总之，吴、楚的语言应该是比较接近的。所以日本学者桥本万太郎在《现代吴语的类型学》一文中说："跟吴语区人民最有密切关系的是古代百越人民……苗瑶族应该是其中之一。从吴语音韵系统看来，很多地方类似苗瑶语……我们认为古代吴语区的人民说过像现代苗瑶语那样的语言。"苗瑶族本是楚国的主体民族之一，楚语中就吸收了许多苗瑶语的成分，而吴语又表现了许多与苗瑶相同或相近的特点，这就表明了楚语对吴语曾经有过相当重大的影响。甚至可以说，楚地的土著民族与吴地的土著民族本来就可能是同一民族，即苗瑶等族。泰伯、仲雍等入吴之时，来归附的当地少数民族就称为"荆蛮"。荆也就是楚族。吴、楚语言的"底层"本来就非常相近或相一致。总之，楚语对吴语在先秦时代就发生过重大的影响，所以汉代扬雄所写的《方言》一书中，就常常"吴楚"并提或"荆扬"并提，这就是因为这两种方言有其近同之处。

越国处于吴国的南部，其土著民族与吴人很接近。越国统治者的先祖，据《史记·越王勾践世家》的记述，说是夏禹的后裔，夏后少康的庶子，开始时封于会稽（今浙江绍兴），号为无余。据此，越国国君也是出于中原大族之后。而越国的百姓也属于越族的一支，有人说吴与越的百姓本都同族、同俗。春秋时，越国的文化要比吴国落后。楚灵王时（前540—前529年），越与吴一样，都归楚统治，是楚的一个属国。春秋末期，吴、越之间发生战争，越王勾践先是被吴国打败，后来在谋臣文种、范蠡的辅助下，终于打败了吴国，国势强盛起来，越兵横行于江淮之间。后来，楚怀王灭掉了越国，越地百姓又臣服于楚。

在吴、越立国之时，两国的主体民族本就比较接近，而在它们发生争战的年代，其民族及语言的融合也相当剧烈。到伍子胥辅吴时，吴、越两国之民所操的语言可能已经十分接近或相同。《吕氏春秋·知化》谈及伍子胥对吴王夫差的话说："夫吴之与越也，接土邻境，壤交通属，习俗同，言语通，我得其地能处之，得其民能使之，越于我亦然。"《吴越春秋·夫差内传》也述文种的话说："且吴与越，同音共律，上合星宿，下共一理。"《越绝书·纪策考》记伍子胥对吴王说："吴越为邻，同俗并土。"总之，吴、越所使用的语言应该是大体相同的，所以汉代扬雄的《方言》常常把吴、越并举。因此，春秋战国时代，吴、越的语言可以合称为"吴越语"。这个吴越语，也就是后代所称的吴语，它属于华夏语（即现代所称的汉语）的一支。不过，使用吴越语的，主要还是朝廷中的官吏和都邑中的居民，郊野之间的老百姓则还是使用原来的民族语言。因为僻处山岩或海隅的土著民族居民，尚未华夏化，还没有脱离"夷狄"。所以刘向《说苑·奉使》说晏子使吴时，吴王还自称为"蛮夷之乡"，而越国的使者廉稽出使到楚国去，楚人还是把越称为"夷狄之国"（见《韩诗外传》卷八）。这就是因为吴、越仍有大量的居民尚未华夏化。但是就它们的上层社会所使用的语言来说，应已是属于华夏的方言。古代典籍述及这两个国家的政治活动时，很少谈到它们使用与众不同的"夷语"。只有《春秋·襄公五年》云："会吴于善稻"，《穀梁传》释曰："吴谓善，伊；谓稻，缓。号从中国，名从主人。"陆德明《经典释文》又进一步解释说："善稻，吴谓之伊缓。"又如《左传·哀公十二年》载：卫侯与吴会于郧，吴国扣留了卫侯，后来放了他，"卫侯归，效夷言"。这个"夷言"指的就是吴语。至于越语，古籍中述及的也不多，只有一些片断文字谈及越语的情况，如《越绝书·吴内传》说："越王勾践反国六年，皆得士民之众，而欲代吴。于是乃使之维甲。维甲者，治甲系断，修内矛赤鸡稽繇者也。越人谓'人'——铩也。方舟航买仪尘者，越人往如江也。治须虑者，越人谓船为'须虑'。亟怒纷纷者，怒貌也，怒至。士击高文者，跃勇士也。习之于夷，夷，海也。宿之于莱，莱，野也。致之于单，单者，堵也。"这段话是在解释一些越语词。看来，这些词是越语一些特有的词语，与华夏语不一样。又《说苑·善说》载有一首《越人拥楫歌》，这是用土著民族的语言唱的（据今人研究，认为用的是壮语），不是用华夏语。可以想见，僻处山野之间的原越族居民，仍是操本族语。这样的居民，史书上称为"外越"或"山越"。他们是一些尚未华夏化的人。这山越直到三国东吴之时，仍未变夷为夏，还常与孙权的军队争战，结果为吴将诸葛恪所平定。

总之，在战国之时，吴、越的语言大体上是一样的，它们已属于华夏语的一支，但与夏语、楚语仍有一些距离，所以作于战国时的《荀子·儒效》说："居楚而楚，居越而越，居夏而夏，是非天性也，积靡使然也。"所谓"夏"，就是指春秋战国时的共通语，是诸侯各国之间朝聘会盟时使用的"雅言"，而楚和越则是它们两地行用的方言。

福建的闽族属越族的一支，在春秋战国时，归越国所统治，有时候也臣属于楚。闽越人本来所操的语言，都是少数民族语言（可能与瑶语及苗语比较接近），与北部的扬越、瓯越不论在种族或语言上都很近似。越国建国时，加强了对闽越的统治，不断有越人进入福建，吴越语也不断传入闽地。因此，在战国以前，闽人可能已经接受了吴越语相当重大的影响。到了秦始皇统一天下时，秦将王翦等人平定了楚国所统治的江南之地，原为楚人所灭的越国也落入秦人手中。秦在越地设立了会稽郡。公元前 221 年，秦军征服了东瓯（在今浙江省南部）、福建一带，又在这些地区设置闽中部。自此以后，越地人民又进一步向南迁移，这就为闽语的分化创造了条件。

闽越人大规模地参与中原地区的政治活动，主要是在入汉以后。闽越人曾帮助刘邦抗击项羽。在汉代初年，闽越曾被封为王国。《史记·东越列传》说："闽越王无诸及东海王摇者，其先皆越王勾践之后也，姓驺氏。秦并天下，皆废为君长，以其地为闽中郡。及诸侯叛秦，无诸、摇率越……从诸侯灭秦。……汉击项羽，无诸、摇率越人佐汉。汉五年，复立无诸为闽越王，王闽中故地，都东冶。孝惠三年，举高祖时越功，曰：'闽君摇功多，其民便附。'乃立摇为东海王，都东瓯，世俗号为东瓯王。"浙南温州一带就是东瓯的封地。这段话说明闽越及东瓯的王族，本都是越王勾践的后代。西吴悔堂老人辑录的《越中杂识》也说："勾践卒，子鼫与立，数传至无疆。北伐齐,西伐楚,与中国争强。为楚威王所灭,其子孙散处瓯越,自相雄长。至闽君瑶,佐诸侯平秦,汉高帝复以瑶为越王,以奉越祀。东越、闽君,皆其后也。"

汉景帝三年,被封于江苏、浙江等地的吴王濞造反。他强迫闽越王跟他一起反汉,闽越不从,东瓯王则跟他一起反对汉室。到了吴被攻破时,东瓯王又杀死吴王以邀汉赏,"以故得不诛"。吴王的儿子驹逃到闽越去。他怨恨东瓯王杀死他的父亲,鼓励闽越进攻东瓯以报私仇。汉武帝建元三年,闽越王发兵围东瓯,东瓯人向汉天子求援。汉室朝廷派严助发越地会稽郡的兵卒渡海往救。汉兵未至,闽越的军队已经离开。结果,东瓯人"请举国徙中国,乃悉与众处江淮之间"。 (见《汉书·西南夷两粤朝鲜传》)汉武帝建元六年(前135年),又发生了闽越出兵攻打建国于番禺的南越的事。汉朝皇帝派大将王恢到南方来讨伐闽越,闽越王郢发兵拒险对抗。结果,郢的弟弟余善杀郢投降。汉武帝元鼎五年(前112年),南越反汉,"余善上书请以卒八千从楼船击吕嘉等,兵至揭阳,以海风波为辞,不行,持两端,阴使南越。及汉破番禺,楼船将军(杨)仆上书愿请引兵击东越,上以士卒劳倦,不许" (见《汉书》)。六年,韩说、杨仆分两路进攻东越,"军吏皆将其民徙处江淮之间。东越地遂虚"。在汉初的各处战争中,东瓯及闽越一带的居民与中原军队屡有接触,而且在汉武帝时曾两次迁至江淮之地。这就为闽越居民与楚地及中原居民的进一步融合创造了条件。在这个时候,华夏语对闽地居民的影响也就更加强烈了。而且,由于闽越居民自身多次迁移至外地与吴越、楚及中原人接触,他们接受吴越语这一支汉语方言传播的机会就更多了。《宋书·州郡志》说:"汉武帝世,闽越反,灭之,徙其民于江淮间,虚其地。后有遁逃山谷者颇出,立为冶县,属会稽。"冶县是指福州一带,在汉代仍受会稽郡的控制，依然离不开吴越的影响。不单闽越人曾迁至江淮一带，浙江南部的东瓯人也曾徙居至江淮地区。东瓯人于汉武帝建元三年，在其王广武侯的率领下，四万余人降汉，迁居于庐江郡（即今安徽江淮一带地区）。

闽地接受楚和中原文化的影响，在考古发现上得到证明。1960 年以后，在福建闽侯庄边山遗址发现了 9 座西汉初期的墓葬，出土的文物带有浓厚的中原汉文化的特征。此外，在福州、崇安角亭等地，也发现了受中原文化影响的汉代环首刀及大量五铢钱。这表明在西汉之际，闽地已受中原文化的深刻影响。

潮汕地区古也属闽越之地，其居民也是闽越人。这一点也为近年来的考古发现所证明。1974 年初，在饶平县黄冈镇附近的浮滨区桥头乡塔仔金山和联饶区深涂乡的顶大埔山，发掘出商周时期的墓地，出土了 300 多件器物。1982 年 1 月，在揭阳县云路区中夏乡面头岭，又发现了东周时期的古墓五座，出土铜器多种。这些文物都表现了越族的文化特点。《南澳县古文化遗址考察记》一文（载《汕头大学学报》1992 年第 1 期）说："透过海岛（按，指南澳）文物分析，看到粤东、闽南地区在先秦时期就存在着密切的历史文化联系，形成了一个以'浮滨类型'共性维系的滨海文化区而区别于珠江三角洲的南越文化区。"这证明了唐杜佑《通典》和《太平寰宇记》等书所说的"潮州亦古闽越地"这一结论是正确的。在云路出土的文物中，有许多器物也表现了明显的楚文化特点，这也说明潮州的越人，在很早的时代就接受了楚文化的影响。

由于潮州的先民本来就是闽越族的一部分，所以他们与闽越一样，在较早的年代里，就与吴越有接触，接受文化和语言的传播。

揭阳是潮汕地区最早建县的称呼。在汉初建立东海国和闽越国时，在揭阳县地区也曾建立了“南海国”。秦末陈胜、吴广揭竿起义，各地举兵抗秦。当时，龙川令赵佗在广州地区自立为南越武王，他在潮州地区设置了揭阳县。在南越王臣服于汉王朝之后，汉朝廷曾封南武侯织为“南海王”，建立了南海国。这个“南海”，据史家考证，认为不是广州地区的南海，而是揭阳。汉文帝时，南海王造反，淮南厉王刘长曾率兵加讨，南海王“以其军降，处于上淦”。有人认为上淦就在安徽一带。到汉武帝元鼎六年时，“粤揭阳令史定降汉，为安道侯”。（见《汉书·西南夷两粤朝鲜传》）揭阳的居民又臣服于汉。由此可知，潮州地区原来居住的越人除了接受来自江浙和福建等地的吴、越、闽人的影响之外，在汉初就与中原汉人有所接触，人口也时有迁移。南海王投降刘长之后，把军队及百姓迁至上淦（江淮地区），这就与来自东瓯和闽地的居民有更多的接触和融合，更进一步接受吴越语（闽语）的影响，逐渐成为操同种方言的居民。经过了两三百年，这些散处江淮的原闽族居民（包括一部分的揭阳先民），又因动乱而重回吴越闽地区，这就更加强化了吴越语在闽人中间的传播。在汉初闽越王余善出兵攻打南越时，“兵至揭阳”，揭阳是从闽越至南越的中间站，在这些军事行动中，也不时有福建的闽人进入潮州，他们也带来了传自北面吴越地区的吴越语，使吴越语在潮州地区得到更多的传播。

由汉代到三国，吴地的政治、经济和文化等方面的影响，不断地施及潮州地区。三国时候，曾夏据揭阳抗拒孙权，吴国则在庐陵郡（在今江西）另设揭阳县（在江西南康），这是控制与反控制的斗争。这个时期，由于中原战乱频仍，中原人士纷纷避地入南。如《三国志·吴书·全琮传》说：“是时，中州人士避乱而南，依琮居者以百数。”又《鲁肃传》注引《吴书》说：“肃乃命其属曰：中国失纲，寇贼横暴，淮泗间非遗种之地。吾闻江东沃野万里，民富兵强，可以避害，宁肯相随俱至乐土，以观时变乎？"又《三国志·魏书·蒋济传》说："太祖（案：指曹操）问济曰：'……今欲徙淮南民，如何？'济对曰：'……百姓怀土，实不乐徙……'太祖不从，而江淮间十余万众，皆惊走吴。后济使诣邺，太祖迎见大笑曰：'本但欲使避贼，乃更驱尽之。'"这时，许多在汉代时迁入江淮的闽越人又返回吴越等地区，他们又把中原的汉语带回吴地来。所以马瀛《国学概论》说："今之所谓吴语者，已非周、秦时之吴语；本皆中原旧语，因迁移至吴，故谓之吴语耳。尝考扬雄《方言》列吴扬、吴越、荆吴、吴楚之语凡三十余条，率与《诗》《书》中之吴语相合，而与今日通行之吴语迥殊。然今日通行之吴语，而往往见诸《方言》，特《方言》不谓之吴语，而反谓为北方之语。如《方言》谓小儿慧了曰𫍙，为晋语；女子美好曰姝，为赵、魏、燕、代语；嫽好曰鈗，为青、齐、海、岱语；肥盛曰儢，小痛曰憿刺，为关西秦晋语。凡此之类，西汉时皆北土方言也，今则皆为吴语矣。郭璞注《尔雅》，引用江东语多至百余条。《尔雅》是否周时之书，虽尚待考定，然为中原古语无疑。郭璞所列之江东语，既与《尔雅》多同，则中原古语，至晋时已输入江东，亦可知矣。"马氏的意思是说，吴地的方言屡经变易，所谓"吴语"的实际内容，也因历史上人口的变动而有所不同。他的说法，基本上是正确的。在汉代，闽越地区所用的吴语，事实上已是上古时期的吴越语；而吴语地区所用的方言，由于历经变动，用的已不是上古时的吴语，而倒是古代的中原汉语（当然，上古的吴语可能还有一些读音及词语保存下来）。事实上，秦汉以前的吴语，反倒是保存于闽越地区之中。换一句话说，三国时代之前的闽语，事实上是上古时的吴（越）语。晋时郭璞所表述的吴语，却是中原的古语。

　　总上所述，可以知道在汉代之前，闽方言的先民主要是接受吴国和越国的统治，而吴、越所使用的吴越语也由于接受中原华夏语的影响而逐渐华夏化，成为华夏语的一支方言。这支方言以中原华夏语的语言特点为主体部分，同时吸收了楚语的若干成分（吴、越长期臣属于楚，受楚国长期的统治），当然，由于楚语也为中原华夏语所同化，成为华夏语的一支方言，所以楚语的主体部分也是华夏语，因而楚、吴之间的语言很接近。这两者都对闽方言区的人有强大的影响。此外，还有原来土著民族语言的沉积成分。这些都融合在闽地所使用的吴越语之中。这支吴越语对潮汕方言也有重大的影响。现代闽方言和潮汕方言有较为明显的说话音（白读）与读书音（文读）的差别，前者大量地保留了三国时代以前的语音特点和此一时期的词语或特有的词义，这个读音系统和词语体系可能就是三国以前吴越语的遗留；后者则保留魏晋南北朝以及唐代的语音特点及词义较多，其语言时代显然较为后出。现代潮汕方言表现出来的众多的上古时期汉语的特点，表明它从中原汉语分化出来的年代相当早，不会是晚至唐宋之时才从中原汉语分离出来。

　　现代的潮汕方言词有许多与古吴语相同。如扬雄《方言》卷二谓："泡，盛也……江淮之间曰泡。"现代潮语也谓粗大、洪张之貌为"泡"［p'o³］（潮语的声调表示，一律以序数代表调类，1＝阴平，2＝阴上，3＝阴去，4＝阴入，5＝阳平，6＝阳上，7＝阳去，8＝阳入。下文同）。又谓："抱，娖耦也，荆吴江湖之间曰抱娖，或曰娖。"案：此指"伏鸡曰抱"之抱，潮音念为［pu⁷］，与荆吴的说法相同。又谓"瞷、睇、睎、䁑，眄也。……吴扬江淮之间或曰瞷，或曰䁑"，潮语也用"䁑"这个词来表示眄。又卷六曰："揞、揜、错、摩，藏也……吴扬曰揞。"潮语也使用这个词。又曰："陂、傜，衺也。陈楚荆扬曰陂。”潮语也以“陂”表邪。卷八曰：“貔（郭注：狸别名也），陈楚江淮之间谓之㹮。”这也与潮语相同。

从现代吴语来看，也有很多词语与潮语相合。如“敋”义为“展也”（《集韵》，他口切），两者同用此词；称开水为“涫水”；把刨花儿叫“木柿”（潮州称为“柴柿”），这个“柿”，《广韵》释为“斫木札也”，芳废切。又如施文涛《宁波方言本字考》一文（载《方言》1979 年第 3 期）所录的宁波话所用本词，有许多也同见于潮语之中，如“削”（削）、“殕”（物因发霉长出的白毛）、“龀”（牙齿露出齿龈）、“渧”（水湿的样子）、“浶”（湿）、“扚”（用力牵引）、“挼”（两手相切摩）、“礦”（面色青白）、“挏”（搅动）、“攡”（摇动）、“蟗”（米虫）、“欨”（吮吸）、“粢”（糯米饼）、“挈”（持）、“襉”（裙子皱褶）、“藠”［k·au²］（腌制果菜，如“菜头藠”）、“园”（收藏）、“煆”（蒸熟食物）、“瞽”（目不明）、“詷”（交口辩论）、“搵”（蘸）、“骹”（脚）、“脵”（腌鱼）、“蛇”（水母）、“荡”（涤器），等等。吴语与潮语的语词相同者，为数甚多，不遑备举。

另外，在潮汕方言中也表现出许多语言现象是接受楚方言的影响，这是因为潮州及闽语区域本属楚地，也曾使用过楚方言或与楚语有较多的接触。如《方言》卷二所说的“南楚之外曰睇”，潮语即用这个词表示“看”。《方言》卷十二：“一，蜀也，南楚谓之蜀。”潮语也以“蜀”［tsek⁸］来称“一”。《方言》卷一：“挦、攓、撋，延取也……荆衡之郊曰挦。”潮语用“挦”这个词，念为［tsim⁵］。卷六谓“擘，楚谓之纫”，潮语用“纫”一词，读为［nəŋ⁵］。卷十四：“煤，火也，楚转语也。”潮语读“火”为［hue²］，与果字（煤字从此字得声）的韵母同音，用的正是楚语的读法。卷十：“媱、嫿鲜，好也。南楚之外通语也。”“媱”字《广韵》鱼践切，现代潮语称"美"为［ŋia²］，用的正是这个词。卷十谓"南楚曰謰謱"，《集韵》释为"言语烦絮"，潮州俗语谓"唱謰謱曲"，用的也是此词。卷十："潜、涵，沈也。楚郢以南曰涵，或曰潜，潜又游也。""游"即潮语之［siu⁵］，"游"为喻四纽字，这类字在潮语中常念为［s］声母。卷十又谓"诼，愬也，楚以南谓之诼"，潮语表示以言语告人或骂人用此词。卷十一："（蝼蛄）南楚谓之杜狗。"潮州正用"杜狗"这个词。《文选·左思·吴都赋》："东吴王孙，躛然而哈。"刘渊林注："楚人谓相笑为哈。《楚辞》曰：众兆所哈。"潮语也用"哈"。这些都表明潮汕方言与古代的楚语有关。当然，古代湖南、广东、福建一带土著民族——百越族所表现的一些语言现象也与潮汕方言有关。例如潮语中，还保留了若干古代南方土著民族所使用的语词，如：

潮汕方言称表示行动的次数为［pai²］，其义相当于"回、次"。这个词可能来自古台语，现代的壮语、黎语都使用这个词。又如潮语称"看一下"为［iam²］，这个词也见于龙州壮语和傣语，可能是古台语的词。又如潮汕方言把哄小孩入睡的动作叫做［oŋ⁶］，这个词也见于壮、侗、傣诸南方少数民族语言，可能也是古台语的遗留（参见林伦伦《潮汕方言的外来词及其文化背景》一文）。

语法方面，也有一些少数民族语言的特点。如汉语的副词一般都放在动词或形容词之前，如说"多买一点"，但潮语却说成"买加一撮"；汉语的形容词修饰名词，一般也是放在名词之前，而苗语则把修饰语放在中心语之后，潮汕方言与苗语一样，把公鸡说成"鸡翁"，母鸡说成"鸡母"，干菜说成"菜干"，拖鞋说成"鞋拖"等（这个特点也与粤语相同，这是因为它们都同受古民语的影响）。潮语称呼亲属或其他人称，使用词头"阿"；量词不必与数词结合可以单独修饰名词，具有指示该名词的作用，如说"只鸡在许块啰食米"、"只车唔行"等，这也与粤语一样保存了苗语的特点。又如潮语表示领属关系或修饰关系的助词"个"［kai⁵］与壮语的［ki］同一语源，"喑"［ŋam¹］这个词也见于广西龙津等地的壮语。这些都应是古台语和其他少数民族语言在潮汕方言中的沉积。

总之，三国以前，闽语主要是接受吴越语的直接传播和影响，同时还吸收了许多南方楚语的语言成分，此外，还有本地民族语言的沉积成分。这三个方面，汇合成汉魏以前的闽方言。换一句话说，在魏晋以前，闽方言便已基本上完成了分化的过程。它直接来自吴语。吴语在南北朝以前历经变化，吴语本身的语言特点因人口的迁移而有相当大的变动，吴语的"内涵"也有颇大的变异；但三国之前的吴语，却大体上保留于闽语之中。后代的闽语，其主要面貌，事实上应该就是三国以前的吴语。所以我们下结论说，潮语的"远祖"就是吴语。这也可以说是潮汕方言产生、发展的最早一个时代层次：吴语出现、形成以至分化出闽语。这个时代层次，也可以说是潮语的萌芽阶段。

潮语中的许多语音特点和词语的用法、意义，表现出它保留了三国以前才存在的现象。这就说明它的分化至少是在这一年代以前，如果它不是在此以前从中原汉语分化出来，它就应该有与中原汉语相类似的语言现象。它没有这些现象，不存在三国时代以前中原汉语发生的变化，表明它的分化年代应在三国之前。因此，潮语发展的第一个时代层次，是有许多具体语言事实可资证明的（例子参见拙文《从潮汕方言古老的语言特点看其分化发展的历史过程》，载《第二届闽方言学术研讨会论文集》）。

三、潮语分化的第二个进程——魏晋南北朝时期

潮汕方言发展的第二个时代层次，即魏晋南北朝时期，这时潮语的前身闽语一方面继续接受吴语的影响（但这种影响日渐减少），另一方面，就是它直接接受中原汉语影响的增多。这两者交织在一起，更使潮州地区本来所使用的方言，接受了中原汉语更多的影响而逐渐成为汉语方言的一支。

三国之后，晋朝统一了中国，结束了鼎足而立的局面。这时，流行于江浙一带的吴方言（从三国以前的吴越语演变而来）已经形成为一支相当有势力的方言。

东吴之时，孙权建都于建业（南京）。以建业为中心，形成了一个范围相当广大的江东话区。而当时的中原，则形成了以洛阳话为代表的中原共同语区（晋朝也是以洛阳作为都城）。三国乱离之际，有许多中原汉人陆续进入江东。晋立国之后，司马氏命令"中国人（按，即中原人）欲还归故乡者，恣听之"。对原来流寓吴地的人民，如果愿意迁回中原者，采取优待措施：将吏免徭役十年，百姓及各种工匠免徭役二十年。这样，中原地区的人口得到一定程度的恢复。但是，中原地区的安定没能维持多久，又发生新的大动乱。这就是从公元290年晋武帝司马炎死后，晋王室的宫廷之内发生了数起迭出的争夺帝位的"八王之乱"和发生了表现种族矛盾的"五胡乱华"的斗争，一直动荡了一百多年。当时，居住在中原和西北地区的人民又处于水深火热之中。特别是西晋与东晋递嬗之际，人民的生活更加困苦。那时候，兵灾与天祸并行，人民遭受着饥饿和疬疫的惨祸，广大的农村经济受到极度的摧残。当时，江东一带和南方较之北方尚算平静，因而大批的北方居民就向南逃生了。

那时候，晋朝统治者也不能在北方立足，于是有所谓晋元帝南渡，把政权移至江东之举。朝廷里的官吏士庶，一起南行，偏安于吴土。由于北人大量南徙、黄河流域的人口顿形空虚，而长江流域的人口却大量激增。据统计，当时南来的人，定居于江苏吴地的最多，约 26 万；山东次之，约 19 万多。安徽有十七八万，湖北、湖南、河南、江西等省较少。这些在长江两岸各省寄居的人民，有一部分就是现代客家和潮汕地区的先民。

在这一场人口大动荡、大迁徙中，吴方言区成为流民定居的主要目的地，大量流民入居江东。东晋初年，北方的难民南下的，总计达到 90 多万人。东晋政权为了安置这些流民，在长江南北设置了许多侨居郡县，并且给予免征赋税的优待。南来的流民，除一般老百姓外，还有许多豪族、名士。东晋末年，刘裕废去晋帝，建立了刘宋王朝，仍以建康为都。刘宋以后，齐、梁、陈相继都于建康。北方流民不断聚集于建康一带。如著名的书法家王羲之定居于绍兴，谢安则居于上虞。南朝时宋的谢灵运，齐的孔稚圭，梁的沈约、吴均都生活于吴地。他们都对中原的文化和语言的传播起了重要的作用。由于那些从北方来的流民带着中原汉语移入江左，所以当时的吴地也流行中原之音。清人汪烜《诗韵析》说："昔晋室当五胡之乱，中原成墟，故东晋之世尝侨立州郡于江淮之间以处南渡之民。则江左之民皆中原之民而非南蛮之民，江左之音皆中原之音而非鴂舌之音也。"

东晋的政权以从北方南来的大族王敦、王导等为主体，形成了寄居江左地区的强大的政治集团。王导辅助南渡的晋元帝建立和巩固了东晋的政权。北方的士族原来是说以洛阳话为代表的中原共同语的。但是，王导为了联络南方的士族，也跟着讲吴语（事见《世说新语·排调》）。由此可见，东晋之时，吴语已经是一支重要的方言。晋时已有用吴语歌唱之吴歌。
《晋书·乐志》说："吴歌杂曲，并出江南，东晋以来，稍有
增广。"《乐府诗集》也说："盖自永嘉渡江之后，下及梁陈，
咸都建业，吴声歌曲，起于此也。"由于吴方言与中原汉语的
距离较大，所以吴人入仕中原，一般都必须学会中原汉语。晋
代的吴人葛洪便对这种吴人学中原汉语的现象不以为然。他在
《抱朴子·外篇·讥惑》中说："吴之善书，则有皇象、刘篡、
岑伯然、朱季平，皆一代绝手。如中州有钟元常、胡孔明、孔
芝、索靖，各一邦之妙，并有古体，俱足周事。余谓废已习之
法，更勤苦以学中国之书，尚可不须也。况于乃有轻易其声音
以效北语，既不能便良似，可耻可笑。"晋时郭璞注《尔雅》
和《方言》，谈及江东方言词一百多条，说明江东话（即吴
语）已与中原汉语颇多不同。而从他所言者看来，江东方言
的词语有一些与现代闽语相同。郭氏所指出的与闽语相同者，
如"梜"（瓢）、"裶"（衣袖）、"瓾"（大水缸）、"筤"（谷
困竹围）、"敦"（高堆）、"藻"（水萍）、"蚖"（水蛭）、
"伱"（鸡未成长者之称）等。因此，有人据此推断说："闽语
是《切韵》前的吴语或者是江东话。"（罗杰瑞）但是，我们
经过将郭注提及的江东语词与闽语作一个全面的比较，发现除
了上举少量的语词两种方言同用之外，绝大多数的江东词并不
在闽语中使用。这表明晋代的吴语对闽语有一定的影响，但已
没有绝对的承传关系。因为晋代的吴语，已不是汉代以前的吴
语。闽语来自汉代以前的吴语，汉代以后，特别是两晋时期，
由于中原汉语大规模地移入吴地，此一时期的吴语已非古时之
吴语。有人认为，中原古语至刘宋时已输入江东，郭璞时代的
吴语已不同于扬雄时代的吴语（见马瀛《国学概论》），这种
说法是有道理的。因为郭璞所注的江东方言词，有许多已与
宋、魏等地的词语相同，它们来自中原地区的汉语，如《方

言》称扇为"箑",与"自关而东"的方言同;"杷"这个江东语词,又同于"宋魏之间"的方言;簟称为"笙",也同于宋魏之间的方言;等等。这就是因为西晋末年和东晋初年以至以后南朝的吴方言区,原有许多人从中原地区迁徙而来,他们所带来的中原语词,也已杂入江东方言之中。吴语已非昔时之吴语。

总之,在三国以后的晋代,吴方言本身由于大量北方流民的侵入,发生了比较剧烈的变化。吴方言已很难保持其固有特点而不变。它的面貌,已非三国以前之旧,而闽语与它的关系,并不是这时才开始接受它的影响或传播,也不是这时才从它分化出来。闽语之从吴语分化,应在三国时代以前。当然,入晋以后,吴方言继续对闽方言施加其影响,仍有吴人不断进入闽语区域。但从各方面的材料看来,这一时期,吴语对闽语的影响已经不大,闽语已从上古时期接受吴语的传播、影响,逐渐转而为接受中原汉语的影响。因为在晋代动乱之时,除了大批的流民进入江东之外,还有大量的北方人向闽地迁移。当时的士族进入福建的,为数不少。据唐人林谞《闽中记》的记述,谓"永嘉之乱,中原士族林、黄、陈、郭四姓先入闽"。明朝何乔远的《闽书》也说:"晋永嘉二年(308年),中州板荡,衣冠始入闽者八族,所谓林、黄、陈、郑、詹、丘、何、胡是也。"中原居民除进入福建之外,有的还直接进入潮州地区。上文说过,潮州在汉代之时已有"揭阳县"的建立。王莽篡汉之后,曾改揭阳县为南海亭。东汉时又复称为揭阳县。三国时,曾夏据揭阳抗拒孙权,吴国则在庐陵郡(在今江西)另设揭阳县。到了东晋咸和六年(331年)时,又在原来汉代的揭阳县地建立海阳县,属东官郡(今东莞)管辖。晋义熙九年(413年),建立了义安郡,统辖海阳、绥安(今福建漳浦)、海宁(今惠来隆江一带)、潮阳(县治在临昆山麓)、义昭(在今大埔)等五县,而义安郡的郡治则设在现在的潮州市。在潮州建立郡县之时,中原时有官吏南来,这就更进一步加强了中原汉语在闽、潮地区的传播。

这一时期,闽语继续接受来自吴语和中原汉语的影响。但也正在这个时期,闽方言已经形成,而且保持着上古时期的语音特点而没有多大的变化。现代潮汕方言的一些语言特点,正反映了这个时期本方言发展的时代层次。中原汉语在南北朝以后的一些变化(如舌上音从舌头音分化、轻唇音的分化、喻三纽字在匣纽字中分出等)并没有施及潮汕方言。换一句话说,闽语或潮语的进一步分化,正发生在这个时期以前。

四、潮语分化的决定性阶段——唐宋时代

潮汕方言分化的第三个时代层次,主要是唐宋时期。这个时期,是潮语从闽语进一步分化出来的年代。唐代之际,闽语已经形成为一支独特的方言而脱离吴语,与吴语产生了相当明显的差异。这主要是吴方言不断受到中原汉语的冲击,中原汉人不断进入吴地,而原来的吴人除了一部分迁至福建、江西因而使这些地区出现使用近代吴语的人群之外,另一部分人则与中原人融合,使吴语的面目与原来的吴语大有差别。这是历史的发展使然。但僻处福建的闽语,仍然保持其基本面貌不变。自魏晋以后,它已形成一支独特的方言,至唐时已颇为人知。唐宋之际,闽语见诸记载的颇多。如唐人刘恂《岭表录异》说:"闽人谓水母曰泎。"唐诗人顾况用闽方言写了一首《囝》诗,有"囝别郎罢心摧心"之句。"囝"(儿子)和"郎罢"(父亲)均是当时的闽方言词。宋吴处厚《青箱杂记》说:"刘昌言,泉州人,先仕陈洪进为幕客,归朝,愿补校官。举进士,三上始中第。后判审官院,未百日,为枢密副使,时有

言太骤者，太宗不听，言者不已。乃谓昌言闽人，语颇獠，恐奏对间陛下难会。太宗怒曰：'我自会得。'其笃眷如此。"这个讲闽南方言的刘昌言，"语颇獠"，朝廷中的官吏以此为由反对他升官太快，皇帝不听。但不久，宋太宗不喜欢他，又以他操方言为由贬他的官。欧阳修《归田录》佚文说："刘昌言，太宗时为起居郎，善捭阖以迎主意。未几，以谏议知枢密院。君臣之会，隆替有限，圣眷忽解，曰：'昌言奏对皆操南音，朕理会一字不得。'遂罢。"这说明闽语在宋时已距离共同语很远。又宋陆佃《埤雅》说："闽俗谓霰为冰雪。"宋陈鹄《耆旧续闻》也说："闽人以高为歌。"曾慥《类说》引《古今词话》说："真宗朝，试《天德清明赋》，有闽士破题云：'天道如何，仰之弥高。'会试官亦闽人，遂中选。"马令《南唐书·党与传》云："越人谟信，未可速攻。"注："谟信，无信也，闽人语音。"宋岳珂《桯史》卷二说："元祐间，黄、秦诸君子在馆。暇日观画，山谷出李龙眠所作《贤己图》，博奕、樗蒲之俦咸列焉。博者六七人，方据一局，投迸盆中，五皆旋，而一犹旋转不已。一人俯盆疾呼，旁观者皆变色起立，纤秾态度，曲尽其妙，相与叹赏，以为卓绝。适东坡从外来，睨之曰：'李龙眠天下士，顾乃效闽人语耶？'众咸怪，请其故。东坡曰：'四海语音言"六"皆合口，惟闽音则张口，今盆中皆六，一犹未定，法当呼六，而疾呼者乃张口，何也？'龙眠闻之，亦笑而服。"宋代编的韵书，也常道及闽语。如《集韵》"烋"字注："之誄切，闽人呼水也。"又狝韵注"囝"字说："九件切，闽人呼儿曰囝。"这些例子都说明唐宋之时，闽语已成为一支很特殊、且为各界人士所熟知的方言。

唐宋时代，是潮汕方言与闽语分隔的关键时期。我们知道，自西晋乱离之后，北方人不断迁移至南方，遂使南方地区时时感受到中原文化及语言的传播和影响。唐代时，北人南来，大致有三种情况：

第一，是唐朝发生的社会动乱，仍不断使北方汉人迁到南方来避难。如唐代中叶发生的"安史之乱"以及后来发生的黄巢起义和"五代十国"的纷争，都使一些北人迁至南方，特别是自公元907年后梁抢得北中国的统治权至960年后周的统治结束的50年间，战争大大地破坏了北方的经济，中原地区战祸频仍，民不聊生。而黄河流域一带的居民除了遭受战祸之外，还加上黄河水灾的侵袭。在"五代"的50年间，黄河溃决达九次之多。每次决口，都是庐舍荡然，淹没数十县，溺杀人民数以千计。在这种惨祸连绵的情况下，北方的居民流离失所，不得不向南寻求活命之地。当时，北方的名城长安、洛阳等地都曾化为废墟，而南方却较为安定，战祸及自然灾害较少。大量的北方百姓和晋朝因避难寄居于大江南北的人民又纷纷向南逃命了。当然，唐代北人迁至广东的，主要集中在粤北地区，广州周围及西江流域各县也有一些，而潮州地区则相对较少，这是因为潮州一带在唐代尚未得到充分开发。而且交通也不很方便，所以南来汉人进入潮州的，还不算多。外地人移入潮州地区，主要在宋代以后。

正当北方发生"五代"的争夺之时，在南方的汉人也纷纷建立起独立的王国，于是有"十国"出现。这十国大都建立在南方，其中的闽、南汉、吴、吴越等国建国以后，相对来说比较安定，注意发展生产力，减轻百姓的负担。这对发展南方的生产、文化以及加强中原汉语的传播都起了重要的作用。

闽国的第一代闽王名叫王审知，本是河南光州固始县人。唐末黄巢起义时随其兄王潮参加王绪的义军，后来王绪南入福建，不久被部属杀死。王潮统领其众。后王潮病殁，审知掌权，至朱温时，他受封为"闽王"。王审知先后治闽39年，他发展生产、兴办学校、招纳中原贤士发展海外贸易，这对发展闽地的生产、文化以及加强中原语言、文化的传播都有推进作用。在此期间及以前，闽地接纳了相当数量的中原人士。比如说，泉州西南 8 公里处，有一座"九日山"，传说是自晋唐以来中原望族移居此地，每到重阳佳节，至此登高望远，寄托乡思。相沿成俗，故有"九日山"之称。不单闽地有大量的北人南徙，广东岭南地区也是如此。《太平广记》说："唐安史定后，有魏生者，少以勋戚，历任王友。家财累万，然其交结不轨之徒，由是穷匮，为士族所摈。因避乱，将妻入岭南。"此书又说："天宝末，禄山作乱，中原鼎沸，衣冠南走。""衣冠南走"的结果，是造成了语言的同化。阮元《广东通志·舆地略》说："自汉末建安至于东晋永嘉之际，中国之人避地多入岭表，子孙往往家焉。其流风遗韵，衣冠习艺，熏陶渐染，故习渐变，而俗庶几中州。"这"庶几中州"的，不单是风俗而已。语言也逐渐为中原汉语所融合。所以此书又说："古称缺舌者为南蛮鴃歧诸种是也。自秦以中土人与赵佗，风俗已变，东晋、南宋，衣冠望族，向南而趋，占籍各郡，于是言语不同。""言语不同"，是指原来所用的少数民族语言，由于受汉语同化的结果，与原来的语言大大不同了。唐宋时期的人口迁徙，规模并没有晋时那么大，但对闽方言和客家方言的进一步从汉语共同语分化出来，是一个重要的关键。

第二，一些中原官吏被派到南方各地做官或进行军事镇压，结果也流寓南方。例如唐永徽年间，泉州、潮州的少数民族"蛮僚"发动叛乱，唐朝统治者派遣陈政、陈元光父子率领 5600 名府兵到潮州镇压，接着又派陈政的弟弟陈敏、陈敷率军校 58 姓来潮支援，这些人绝大多数来自"河东"（山西省西南部）。他们来到漳州和潮州一带，在当地驻守，大多数人没有再返回原籍。这些南来的汉人，又加强了中原汉语的传播。

　　第三，唐代以贬谪南方作为一种惩罚手段，不断有一些官吏或文人学士被贬来到南方，有的进入潮州。最著名的就是韩愈的贬潮。一般认为，潮州的文化开发、语言传播，其功首推韩愈。韩愈在潮州传播文化，有其重要影响，这一点应该是事实。但实际上，潮州文化的发展，中原汉语对潮州地区的影响，起作用的当然不止韩愈一人，因为韩愈治潮的时间前后不过八个月，在这较短的时间中，不可能对当地的文化造成太大的影响。清人郑昌时《韩江闻见录》说："韩公莅潮八月耳。而潮之文教振于古焉。道化风行谅矣哉。乃说者谓潮人初不知学，则不尽然。考公到潮时，已先有海阳进士赵德其人在，人称天水先生。公延为师，亦即以潮之人化潮之人耳。且先生品高学邃，最为韩公所重。"郑氏的意见是正确的，而且，唐宋之时，先后来潮传授文化的，除韩愈外，还有常衮、李宗闵、李德裕、杨嗣复、陈尧佐、杨万里、周敦颐、赵鼎、吴潜等人。他们都是著名的学者，也都对当地的文化卓有贡献。宋代时，潮州的文化事业已相当发达，当地涌现的著名学者、文人很多，他们一方面吸收中原的文化，另一方面也将这种文化传授给当地的群众。著名的有许申、张夔、刘允、林巽、王大宝、卢侗、吴复古等人。他们这些人，有的在中原朝廷中做过官、学习过中原汉语，他们在潮州开馆授徒，也就传授这学来的语言和文化。在外来的和本地的学者的传授与倡导之下，唐宋时代，潮州方言除了从闽语分化出来的语音系统（这个系统保存了较多的魏晋以前的古音）之外，大量地接受了中原汉语的读书音。现代潮语所保持的与说话音有较大差异的"文读"音，就是在这个历史时期接受中原共同语而来的。因此，到了宋代之时，潮州的经济、文化事业已比较发达，较之唐代有相当大的进步。田方、陈一筇主编的《中国移民史略》说："迨宋代由于闽南开发和泉州港口的崛起，潮州的位置遂

不再偏于一隅，对外交通和贸易有一定的发展，加之韩江三角
洲中修筑了三利溪等巨大的水利工程，经济有进一步的发展，
故户口大增。"人口的增加和经济的发展，带来了繁荣的景
象。所以宋代诗人杨万里来到潮州之后说："地平如掌树成
行，野有邮亭浦有梁。旧日潮州底处所，今日风物冠南方。"
宋人陈尧佐写的《送人登第归潮阳》一诗也说："休嗟城邑住
天荒，已得仙枝耀故乡。从此方舆载人物，海滨邹鲁是潮
阳。"因此，当宋朝皇帝问及潮人在朝廷做官的王大宝关于潮
州的情况时，王回答说："地瘦栽松柏，家贫子读书。"贫家
子弟尚且勤读诗书，足见文化相当普及了。例如揭阳榕城镇的
"学宫"，就是在南宋绍兴八年（1138 年）修建的。由此可
知，在宋时，潮州的文化事业已有重大的发展。

　　总之，在唐宋时代，潮汕方言一方面从闽语分化出来而保
存了闽语本来的许多特点，上文所举的唐宋时人述及的"闽
音"的情况，同样也见于潮语之中。另一方面，它又接受北
方汉语更为直接的影响，吸收了中原汉语的"读书音"和某
些词语。这个时期的潮语就其语言结构本身来说，已与现代的
潮州话无大差别。这说明潮语已经在那个时代基本形成了。不
过，在宋代末年，潮州方言又经历了一次大的历史变动，也就
是在这个时期，福建操闽语的居民又一次较大规模地进入潮
州，从而加强了闽语分化为潮语的趋势。

五、潮汕方言最终形成——元代以后

　　宋末、元初，是潮汕方言区的先民又一次从福建进入潮州
的年代，也是决定潮汕方言最终从闽语分化出来的年代。宋德
祐二年（1276 年）二月，南宋的京都临安（杭州）为元军攻
陷，南宋宗室纷纷南逃。五月间，宋臣陈宜中诸人拥立益王昰

于福州。过了四个月，元兵又从江西明州等地向南宋君臣进逼，吕师夔、张荣实等进入梅岭。到了十一月，昰仓皇逃入海中。

当昰在福建泉州时，泉州舶司蒲寿庚来叩见，请昰在泉驻跸，张世杰不同意。有人劝世杰扣留蒲寿庚，不让船只留在寿庚身边，张世杰又不听从，放蒲寿庚回去。但是后来船只不够，又掠夺他的船只并没收他的赀货，蒲寿庚大怒，杀死了好多南宋宗室和士大夫以及在闽淮兵。昰无可奈何，只好奔入潮州。

这时候，赣、闽、粤三省的边界地区变成宋、元交战的地方。南宋军队在兵员缺乏的情况下，确是难于抵挡元兵的猛攻。于是有一部分江西及福建的人民应招入伍。而当昰从福建退入潮州的时候，也有一些人为了逃避元兵的抢掠屠杀及战乱奔入广东，有的渡海进入海南。动乱中，人民再也无法顾恋乡土了。

在昰进入潮州之后，曾以潮州作为据点来抵抗元兵。文天祥、张世杰、陆秀夫等人在潮、惠一带和元兵周旋应战。不久，潮州为元将索多攻破，守臣马发死难。接着，昰的弟弟宋帝昺（昰已在此前因惊而死）和陆秀夫投海殉国，文天祥为张弘范所执，宋朝也就宣告灭亡。

至宋景炎二年（1277年）之时，元兵步步向宋室进逼，潮州的女将陈璧娘也曾在饶平的云峰山下抗击元兵，写下潮州先民英勇抗战的一页。

南宋灭亡之时，那些南逃入粤的人民（既有江西的客家居民，也有福建的闽人）也在纷乱中于粤东地区定居下来。如陆秀夫的后人陆大策（号竹溪）便寄籍于潮州。饶平县的柘林乡，在宋末时也有李、汤、郑诸姓为避兵祸，从福建南逃至此乡，初期在柘林的下岱村定居。饶平的洪洲也有一部分福建的渔民和盐民逃难至此，在本地落户。南移的客家人入粤以后，由沿海地区北徙，终于在梅州、兴宁一带生活下去；而从福建入粤的人，大多定居于潮州各县（有少量的人到了德庆、中山），这些人再也没有返回原籍。他们从福建带来的闽南话，进一步与原先本地区居民所操的方言汇合，逐渐形成后来的潮州话。

第三节　潮语的语音分析

潮汕方言的语音面貌，与本省的粤语差别很大，跟客家方言也不一样。当然，它和海南省的海南话和本省西部的雷州话也有不少歧异之处。正是由于有语音上的这些差别，才形成彼此不同的方言。下面分别谈谈潮语语音各方面的情况。

一、潮语的声、韵、调系统

潮汕地区各地的语音略有差异，这里，我们以汕头市的语音为代表介绍潮语的语音系统。

（一）声母

汕头话的声母共有 18 个，它们是：

p 比	p· 鄙	b 米	m 迷		
t 抵	t· 体		n 泥	l 里	
ts 只	ts· 齐	dz 儿		s 时	
k 记	k· 起	g 疑	ŋ 拟	h 喜	ø 衣

双唇音声母［p］组的发音较北京音的［p］组强些，但又比广州话的［p］组弱些。［b］的发音实际上是［ᵐb］，前面略带同部位的鼻音，但发音很轻。齿龈音［ts］组不同于北

京的［ts］组。北京的［ts］发音时由舌尖与齿背成阻，部位很前，是舌尖前音；汕头的［ts］组却是由舌尖与齿龈成阻，部位略后，可以称之为齿龈音（它们的发音与［t］组同一部位）。［ts］组中的［dz］有时发成浊擦音［z］，两者是同一个音位的不同变体（在与其他音节相连时［dz］常变为［z］）。舌根音［k］组中的［g］实际上是［ŋg］，也带有同部位的鼻音。擦音［h］则是一个喉音，发音的部位较北京话的舌根音［x］略后，跟广州话的［h］相同。

　　上面是汕头话的 17 个声母，也就是 17 个辅音音位。此外，还有作为入声韵的韵尾［-ʔ］，它是一个"喉塞音"，因此，合起来共有 18 个辅音音位。汕头的声母系统中还有一个"零声母"（即以元音起始的音节，没有辅音声母，以［∅］表示），合起来共有 18 个声母。

（二）韵母

　　汕头话的韵母比较繁杂，可列为下表展示：

a 阿	ã(三)	am 庵	aŋ(双)	aʔ 鸭	ap 盒	ak 恶
e 哑	ẽ(柄)		eŋ 英	eʔ 扼		ek 亿
o 卧			oŋ(封)	oʔ 学		ok 屋
ə 余			əŋ 恩	əʔ 乞		ək(吃)
i 衣	ĩ 圆	im 音	iŋ 因	iʔ(铁)	ip 邑	ik 逸
u 羽			uŋ 温	uʔ 吸		uk 熨
ai 哀	ãĩ 爱					
au 欧	ãũ(好)			auʔ□①		
oi 鞋	õĩ 闲			oiʔ 狭		
ou 乌	õũ(虎)					
ia 野	ĩã 营	iam 淹	iaŋ 央	iaʔ 益	iap 压	iak 跃

io 腰　ĩõ 羊　　　　　　ioŋ 雍　ioʔ 约　　　　　　iok 育

iu 忧　ĩũ 幼　　　　　　　　iuʔ□②

iou 要　ĩõũ□③　　　　　　　iouʔ□④

ua 蛙　ũã 安　　uam(凡) uaŋ 弯　uaʔ 活　uap(法) uak 越

ue 锅　ũẽ(关)　　　　　　　ueʔ 划

ui 威　ũĩ 畏

uai 歪　ũãĩ□⑤　　　　　　　uaiʔ□⑥

m̩ 唔

ŋ̩ 黄　　　　　　　　　　ŋ̩ʔ□⑦

说明：韵母表中加括号的字只取其韵母；下加横线的字用其说话音。□①如［kauʔ⁴］，卷纸的动作；□②如［kiuʔ⁴］，挤牙膏出来的动作；□③如［ĩõũ⁶］，掀开盖子的动作；□④如［iouʔ⁴］，"猜"的意思；□⑤如［ũãĩ¹］，开门的声音；□⑥如［uaiʔ⁸］，扭伤的动作；□⑦如"睡觉"称为［ŋ̩ʔ⁸］。

上表中列出汕头话的韵母共有 77 个。它们可以分为几类：

一、单韵母及复韵母类，它们由单个或多个元音构成。复韵母中可以分为"前响复韵母"（如［ai］、［ie］、［au］、［oi］、［ou］等）和"后响复韵母"（如［ia］、［iu］、［ua］、［ue］、［ui］等）及"中响复韵母"（如［iou］、［uai］等）。

二、与上举的单、复韵母相配的，有一套鼻化韵母。它们在音标上加［~］号表示，发音时软腭和小舌下降，气流从口腔与鼻腔一起流出，听起来好像是塞了鼻子的人在发音一样（发单纯元音时，一般是软腭和小舌上升，阻住从肺里出来的气流的鼻腔通路，气流从口腔出来）。如［ĩ⁵］就是"圆"字的发音。

三、汕头话的鼻韵母有收［-m］尾与收［-ŋ］尾两类。［-m］是双唇鼻音韵尾；［-ŋ］是舌根鼻音韵尾。［-m］在现代的北京音中已经消失了。此外，汕头话还有两个鼻音单独自成韵母的"声化韵母"［m̩］和［ŋ̍］。这两个韵母，一般也出现于南方的其他方言（如粤语）之中。它们可以自成音节，有时也可带上入声喉塞韵尾。

四、汕头话的入声韵母有三种收尾，一是喉塞音［-ʔ］，它与阴声韵（上文所说的单、复韵母）相配。在调"四声"的时候，与［a］相配的入声韵就是［aʔ］，如：［a¹］（亚）—［a²］（拗）—［a³］（亚，亚军的亚）—［aʔ⁴］（鸭）。一是［-p］尾韵，与［-m］相配。又一是［-k］尾韵，与［-ŋ］相配。

整个韵母系统分析起来，计有：

6个主要元音：a、e、o、ə、i、u

2个介音：i-、u-

2个元音韵尾：-i、-u

5个辅音韵尾：-m、-ŋ、-ʔ、-p、-k

汕头话的［i］元音是一个紧元音，发音时舌尖接触到下齿背。单用或作为介音时近于标准位置。在去声字中或在圆唇元音［o］、［u］之后的［i］有变松的倾向，近于［ɪ］，其舌位略为下降。［ə］元音自成音节时，其实际音值是［ɯ］，即不圆唇的［u］；和声母［ts］组相拼时又近于［ɿ］；在［-ŋ］韵尾之前，其音值则是央元音［ə］。这个元音有几种音位变体，今用［ə］表示。

［e］元音自成音节时其开口度较大，近于［ɛ］；当它后附韵尾时则近于标准位置的［e］。

汕头的［a］有4个音位变体，当它处于一个音节的开头时，其舌位较低，近于［ɑ］；当它带有鼻音韵尾时，其发音接近［a］的标准位置；当它自成音节或位于韵母中的介音之后时，其发音为［ʌ］；当它在入声韵尾之前，其发音则近似于〔ɐ〕。

〔o〕元音在后附圆唇元音〔u〕时略关；在〔i〕元音之前，其发音则近于〔ɤ〕；后面随有韵尾〔i〕或〔ŋ〕时，其发音则为〔ɔ〕，开口度较大。

〔u〕元音单独发音时，近于它的标准位置；在〔i〕元音之后则近于〔ɯ〕；它用为韵尾时，其发音较松而近于〔u〕，其唇形稍展。

（三）声调

汕头话的声调共有 8 个，它们是由中古时的四声（平、上、去、入）各化为阴、阳两类而成的。8 个声调是：

阴平　33 渊　　阴上　42 远　　阴去　213 映　　阴入　2 跃
阳平　55 扬　　阳上　35 援　　阳去　11 焉　　阳入　5 药

汕头话的阴去调和阳去调的调值较为接近，大有合并的趋势，故往往有人误认为汕头话只有 7 个声调，或把这两个调的调值与调名颠倒。在谈及潮汕话的声调时，一般以序数 1、2、3、4、5、6、7、8 代替各个声调，以省标调之烦。

二、声、韵、调的拼合关系

汕头话的声母共有 18 个（包括零声母在内），韵母有 77 个，加上声调 8 类，三者拼合起来可以得到 6000 多个音节。但就实际情况来说，除去一些在语言实践中不使用（也就是说，不起表义作用）的音节之外，剩下的只有 2000 多个。这里，我们把汕头话的声母与韵母以及韵母与声调的拼合关系简略概括如下。

〔a〕韵母很少与全浊音声母〔g〕相拼；其齐齿呼韵母〔ia〕不跟全浊音声母〔b〕相拼。

〔e〕韵母没有齐齿呼〔ie〕；合口呼〔ue〕不与〔n〕、〔l〕、〔g〕、〔ŋ〕相拼。

〔ə〕韵母不与其他元音结合，而且不与〔p〕组声母（包括〔p〕、〔p·〕、〔b〕、〔m〕）及其他鼻音声母〔n〕、〔ŋ〕相拼。

〔o〕韵母不跟〔dz〕声母相拼。〔io〕不跟〔m〕、〔g〕、〔ŋ〕相拼。

〔u〕韵母不与鼻音声母〔m〕、〔n〕、〔ŋ〕相拼；〔iu〕韵母不跟〔b〕、〔g〕、〔ŋ〕声母拼合。

复韵母〔au〕不与〔dz〕相拼；〔oi〕不跟〔p〕、〔m〕、〔ts·〕、〔dz〕相拼；〔ou〕不与〔dz〕拼；其齐齿呼〔iou〕不跟〔b〕、〔g〕相拼。〔uai〕韵只与〔k〕、〔k·〕、〔h〕等声母相拼。

鼻韵母〔am〕、〔iam〕不与〔p〕组声母相拼，也不与〔l〕、〔dz〕、〔g〕等声母相拼；〔im〕的拼合关系大致上与〔am〕相同，它还不与〔g〕、〔ŋ〕相拼。

〔əŋ〕的拼合关系与〔am〕、〔iam〕一样；〔eŋ〕韵不跟〔b〕、〔n〕、〔g〕相拼，〔oŋ〕也一样，此外，它还不与〔ŋ〕相拼；〔iŋ〕韵不跟〔b〕、〔g〕、〔ŋ〕相拼；〔uŋ〕韵不与〔n〕、〔g〕、〔ŋ〕相拼；而〔ioŋ〕则只和〔k〕、〔k·〕、〔h〕相拼。

鼻化韵全不与浊音声母相拼，与送气清音〔p·〕、〔t·〕、〔ts·〕等相拼的也很少。〔ũĩ〕只跟〔k〕、〔k·〕拼；〔ũẽ〕、〔ãĩ〕、〔ĩũ〕则只跟〔k〕、〔h〕拼。

上面所述的各种情况再加以综合，可以看出贯串在其拼合关系里面的几条规律：

1. 非单韵母（包括复韵母、鼻韵母、鼻化韵母等）多不与浊音声母相拼。

2. ［i］及［i-］韵母多不与舌根音声母［g］、［ŋ］相拼；［u］及［u-］韵母多不与鼻音声母相拼。这两者仅有少数例外。

3. 复韵母多不与［dz］声母拼。

4. 鼻韵母全不与［g］声母相拼；以［-m］为韵尾的韵母多不与［p］类唇音声母相拼；以［-ŋ］为韵尾的韵母则多不与鼻音声母［n］相拼。

5. 鼻化韵全不与浊音声母相拼，与送气清音相拼的也很少，它们主要是与不送气清音声母相拼。

潮汕话韵母与声调的关系，主要是：

1. ［ai］、［ui］、［ou］、［iu］、［uai］、［iou］等韵母缺乏相配的入声字。［əŋ］也是如此。

2. 鼻化韵很少有入声字。

3. ［uai］没有阳去字；［m̩］只有阴、阳上声字。

三、潮语的变调

潮汕方言中的字音，单读时有它本有的声调，这称为"本调"，但有时这些音节与其他音节连起来读时，其本调却要改变，这种现象称为"连读变调"。

潮语的连读变调，以多音节（主要是双音节）的"连调单位"中的前一个音节变调为主要形式。后一个音节虽也有变调现象，但不形成普遍规律，而只出现于某些习惯性的词语之中。这种变调形式，与词义密切相关，往往是在某些词素中的习惯念法中出现。现在先介绍一般连读变调的规律。

下面谈的都是双音节词中的前字变调。

当前字为阴平时，后字不管何调，前字一律保持不变（也可以说是由 33 调念为 23 调，因差异甚小，可以视为不变），例如（阴平 = 1，阴上 = 2，阴去 = 3，阴入 = 4，阳平 = 5，阳上 = 6，阳去 = 7，阳入 = 8）：

1+1 乌（23）青　　1+5 家庭

1+2 刀囤　　　　　1+6 鸡卵

1+3 刀柄　　　　　1+7 多事

1+4 轻铁　　　　　1+8 刀石

前字为阴上，其调值在各调字之前从 42 调变为 24 调：

2+1 把（24）关　　2+5 把门

2+2 把守　　　　　2+6 手电

2+3 掌厝　　　　　2+7 水雾

2+4 水塔　　　　　2+8 饼药

前字为阴去调，其调值在各调字之前都从 213 变为 55 调：

3+1 吊（55）瓜　　3+5 照人

3+2 戒指　　　　　3+6 灶下

3+3 照相　　　　　3+7 布帽

3+4 照壁　　　　　3+8 布局

前字为阴入调，在阴上、阳平、阳入三调之前从 2 变为 24（高升调），在其余各调之前变为 4，例如：

4+1 国（4）家　　　4+5 国（24）门

4+2 国（24）土　　 4+6 国（4）士

4+3 国（4）粹　　　4+7 国（4）事

4+4 国（4）策　　　4+8 国（24）学

前字为阳平，其调值在各调字之前由 55 调变为 213 调，如：

5+1 人（213）家　　5+5 人民

5+2 人口　　　　　5+6 城内

5+3 茶碎　　　　　5+7 人事

5+4 回答　　　　　5+8 茶叶

前字为阳上，其调值在各调字之前从35调变为21调：

6+1 异（21）端　　6+5 异人

6+2 舅母　　6+6 羡慕

6+3 尽信　　6+7 异样

6+4 异国　　6+8 部属

前字为阳去，其调值在各调字之前由11调变为12调（也可以视为不变）：

7+1 事（12）端　　7+5 事情

7+2 树尾　　7+6 树下

7+3 画布　　7+7 地豆

7+4 画册　　7+8 事物

前字为阳入调，其调值在阳入字之前有的变有的不变，其余各调之前均变为2调：

8+1 学（2）风　　8+5 历年

8+2 历史　　8+6 学校

8+3 目镜　　8+7 学问

8+4 历法　　8+8 学（2）历，日（5）落

把上述各调变调的情况归纳起来，主要是：

调名	阴平	阴上	阴去	阴入	阳平	阳上	阳去	阳入
本调	33	42	213	2	55	35	11	5
变调	23	24	55	4/24	213	21	12	2/5

潮汕话中，有一些词素居于一个词的末尾，在双音词语结构中处于后一个音节，有时也要变调。这种情况有人称之为"后变调"。这种后变调没有太明显的规律性，可以说只是一种习惯性的语义变调。如"见"字单读时为阴去（213调），但在"睇见"一词中习惯上要变读为21调或11调；"你"字单音调为阴上（42调），但在"拍你、想你、爱你"等词中，

它变读为 213 调。　"我爱你"可以读原调"我爱你（42调）"，这是表示郑重的宣告，是主动的表态；如果读成"我爱你（213 调）"则是表示一种说明，一种辩解（如一个人的男友或女友说不爱他/她，他/她就加以申明）。而且"你"前面的"爱"字也要变调。又如"拍你"一词，"你"如读本调，则是表示打的是你而不是别人；如"你"读为 213 调，则只是一般地表示打你的意义，没有附加于这句话的"言外之意"。这些都与语义有关。

又如"来"和"去"居于后一个音节时，变调与否都表示不同的词义，如说"行来"（本调），则是表示走近一点，是"靠近"的意思；如说"行来"（11 调），则是表示走路来（而不是坐车）的意思。又如"去"，如说"担去"（本调）时，则是表示把担子挑远一点；如念"担去"（11 调）则是表示"挑走"（不要放在这儿）的意思。这些都是表示不同的语义。

有的变调，则是表示词性的不同（当然也与词义或语义有关）。如同一个词用为不同词性的词，往往也要变调，如"担担担"（担一担担子）这句话，第一个"担"是动词，念为本调（33 调）；第二个是量词，念为 42 调；第三个是名词，念为 213 调。又如"越越越"（跨一步），第一个"越"是"跨越"的意思，是动词，念为阴入调（2）；第二个是量词，念为 42 调；第三个是名词，念为本调（5）。又如"个"这个词，当它用作量词时念为 ［kai⁵⁵］；当它用作助词表示领属关系时，如说"我个、伊个"（我的、他的），则念为 11 调。这些都可以归为"词性变调"。

潮汕话中的变调，还涉及不同句式的变调，不同的句子表达方式，某些词的调值也就不同。这种不同句式，主要是指"对举句"、"连及句"和"特指句"等。

对举句是两个意义上有关联（或相对，或相反）的句子并用时，上句与下句用相同的字眼，这个（或这些）字眼往往要变调，如说：

伊在许块徛。（他在那里住。）

这时的"块"（213）和"徛"（35）都念本调。

我来只块徛。（我来这里住。）

这时的"块"则变读为31调，"徛"字变读为11调。

这种类型的句子，都要这么变，对举的词都从本调变一个低调（一般是念为11调），如"坐、听、写"等词换入"徛"字的位置，都是这么变。

有时，这种对举的句子，上句不一定要出现，只要是一句话的意义有与另一种情况不同（另有选择）的情况，即使是这句话单说，也要把原来不管何调的字读为一个低调。如说："我想来只块读"（我想到这里读书），这个"读"字念为低调（11调），而不念它的本调（5调），它是表示我不想到别的地方读书，而是想到这里来读书的意思。这上句的意思不一定要说出来。只要这个"读"字变读为低调时，它本身就表示与另一种情况不同。这样的句子的变调形式，我们称为"对举句变调"。

另一种句式变调，是"连及式句子"的变调。上句说的是甲做了某事，下句是乙也跟着做某事，这时下句的一些相关字眼，也要变调。如说：

伊买（42→33调）两（35→213调）斤（本调，33），

我买（42→213调）两（35→11调）斤（33→11调）。

上句的"斤"读本调，它前面的"买、两"等字的变调，属连读变调。下句的"斤"要变调，它前面的"买、两"也要变调，但与正常单句的连读变调不同。"买两斤"三字的变调，是因为处于"连及式句子"中的特殊变调。

又如"伊食三碗，我食三碗"，这后一句中的"食三碗"三字也都要变调，都变为低调。

又如"伊坐船，我也坐船"，这后一句的"坐船"也都要变读为低调："坐"（35→11调）"船"（55→11调）。

还有一种句式变调，我们称之为"特指句"的变调。例如：

间厝爱塌。（一间屋子要倒塌了。）

这句话中，"厝"字念本调（213），这是单指某一间屋子要倒塌，与其他的屋子并不相关。其他的屋子会不会倒塌，本句不加任何暗示。如果这句话说成：

间厝（213→42调）爱塌。

这个"厝"字变了调，它的意义也改变了。这句话的意思是说在许多间屋子中有一间要倒塌。它是在众多的屋子中特指一间要倒塌，所以我们称它为"特指句"。

同类的句子如"只床无用"，"床"（桌子）字不变调，这是单就"某一张桌子坏了"而言的，不连及其他的桌子；如说"只床（55→213调）无用"，则是指几张桌子中有一张坏了。它特指集体中的个体。这一类句子都是通过代表述及对象的词的变调来表示语义的变换。这个词变了调，就表示它特指集体中的某一个"个体"，与普通的陈述式句子的含义不同。

总之，潮汕方言的变调现象相当复杂多样，这里不能一一列举，只能概述其要点，俾便读者了解。

四、一种"文白异读"特别突出的方言

著名语言学家赵元任曾经指出："在中国的好些方言当中，有些字读成'joai 文'（引者注：指'拽文'）时是一

种念法，说话时又是一种念法。"前者称之为"文读"，也就是"读书音"；后者称之为"白读"，一般称为"说话音"。从语言学的角度看，所谓"文白异读"是指同一个字在同一个人口中有不同的读音，这与某些"一字多音"的情况（如古书中的某些字有其一般的读音，另有它的特殊读音或通过改变声调的念法以表示不同的语法作用、词汇意义的"读破"）不同，也与"新老异读"（青年人的读音与老年人的读音或新派读音与旧派读音不同）的情况有异。"文白异读"往往表现了某一种方言读音的不同年代层次，这些不同年代层次表现出来的音读上的差异，则往往是古代共同语读音对方言施加强大影响的结果，或是方言之间相互借用、相互融合的结果。当然，也有本方言语音自身发展、演变的内部因素在内。由于汉语各方言之间以及与共同语之间存在比较整齐的对应规律以及汉语本身存有比较严整的语音发展规律，当然，还由于汉字本身是一种"意象性质"的文字而不是拼音文字，所以各种方言由历史上保存下来的不同层次的读音可以"统一"到同一个字上，使人家有了认识一个"字"可能有文读与白读之差异的条件，因而有了对某一种方音文白读音的差异做一个比较完整的探究。当然，由于方言中某一种读音（特别是白读）与现今人们所熟知的词（字）形差异甚大，这个读音所表现的本词（字）是什么，不容易一下子就为人们所发现或考释清楚。因之，这种文白异读的深入研究，还存在着一定的难度。

闽方言由于发展、演变的历史比较长，在它形成、分化等过程中，与汉语共同语和其他的方言（如吴语）有相当密切关系，受到它们强烈的影响，或者干脆是由古代的共同语和方言（如我们所说的古代的吴语）分化、衍变而来，所以，表现在现在闽方言身上，其文白异读的现象就十分突出。罗常培先生在写作《厦门音系》一书时就指出：厦门的"文白几乎成为两个系统"。意思是说，属于闽南方言的厦门话，其文、白异读的现象十分突出。属于闽南方言一支的潮汕方言，其文、白读音的分歧也相当严重。它像厦门话一样，文、白的不同读音，几乎也可以分为两个系统。近数十年来，由于汉语共同语——普通话的进一步推广，共同语或书面语的读音不断对闽方言施加影响，某些字的"文读"音增多了，或是用文读来代替白读的场合增多了。总之，文读音随着现代汉语共同语的推广，有增强其使用范围的趋势，而某些白读音也出现了逐渐趋于消失的过程。

潮汕方言的白读音反映较早的历史层次的读音，许多是保存了魏晋南北朝以前古吴语或古代中原共同语的读音。而其文读音，则主要是反映了唐宋时代中原共同语的读书音（不是后代的北京音），一般认为，后者比较接近于《切韵》或《广韵》时代的读音。例如潮汕话的"糊"字其白读是念为 $[kou^5]$，文读念为 $[hou^5]$，这个字属匣纽字，读 $[h]$ 是它清化后的读音，而 $[k]$ 虽也清化了，但它反映了这个字古读为 $[k]$ 的浊音 $[g]$ 的痕迹，表现了匣纽字上古时读为塞音的状态。又如"呼"字，其文读音是 $[hu^1]$，念 $[h]$ 是反映了唐宋时代的读音，但它的白读音却是 $[k\cdot ou^1]$，表现了晓纽字在上古时念为溪纽的读音。"许"字的文读是 $[hə^2]$，"许多"一词的许念这个音，但在表示姓氏的说话音时，这个字却读为 $[k\cdot ou^2]$，同样也保存了上古时晓纽字读为 $[k\cdot]$ 声母的情形。因此，潮汕话的白读音，反映了更古的语音层次。我们从声母的白读，看到了中古的轻唇音字多数读为重唇音；知组声母的舌上音多数念为舌头音；晓匣纽字念为塞音 $[k]$、$[k\cdot]$ 等；喻三组的白读归匣纽。韵母方面，如歌韵读为 $[a]$（或 $[ɒ]$）元音；支韵读为 $[ia]$；尤韵念为 $[au]$；哈泰、祭韵等不带［-i］韵尾；东韵念为［aŋ］；等等。总之，从文白异读中，我们可以了解到更多的古音现象。

五、特异的"鼻化音"

广东的几种方言中，属于闽方言的潮汕方言与其他的方言如粤语、客方言等有一个差异较大的语音特点，就是在潮汕话里保存了大量的"鼻化音"。鼻化音是指在发韵母时，在元音身上同时带有鼻音的成分，气流不单从口腔流出，同时也在鼻腔流出。如发"圆"这个字的音，潮音念为［ĩ⁵］，它与发单纯的口音韵母"移"［i⁵］不同，听起来好像一个患了感冒塞鼻子的人在发音的样子。这样的音就叫鼻化音，发鼻化音的韵母就称为"鼻化韵"。潮汕话中的鼻化韵母很丰富。

潮汕方言发鼻化音的音节（字），绝大多数是说话音。它存在于口语词之中，当然，有一部分读书音也出现鼻化音。

潮汕话的鼻化音，大部分是由鼻音韵尾消变而来，如"圣"［sĩã］、"京"［kĩã］、"伴"［p·ũã］、"旱"［ũã］、"柄"［pẽ］、"青"［ts·ẽ］、"张"［tĩõ］、"阳"［ĩõ］等。一小部分是鼻音成分外加于元音之上的，如"以"［ĩ］、"鼻"［p·ĩ］、"寡"［kũã］、"诈"［tsã］等。根据初步的统计，潮汕话鼻化音字由鼻音韵尾消变而来的约有 300 多个，鼻音成分外加的约有 60 个。这些鼻化音具有下面几个特点：

（一）纯粹鼻化。潮汕的鼻化音是完全的鼻化音，即从发音一开始，软腭就下垂，气流从口腔和鼻腔一起流出。鼻化包括整个元音或整个韵母，不像南京、上海等地的方言，鼻化只及元音的后半部分。这可以从上面所举的"圣、京、伴、旱"等例子中看出来。

（二）鼻化及于声母。潮汕话不单元音鼻化了，有时连和鼻化元音相拼的声母也受鼻化元音的影响，变成鼻化辅音。最常见的是［h］声母，如"虎"［hõu］、"还"［hõĩ］、"兄"［hĩã］等的声母都是鼻化了的。［s］声母也有鼻化现象，但不及［h］显著，如"先"［sõĩ］、"想"［sĩõ］、"姓"［sẽ］等。

（三）没有后跟鼻音韵尾的鼻化元音。潮汕话的鼻化音大部分是由鼻音韵尾消变而来的。其韵尾在元音鼻化之后都已掉失，没有像苏州的"江"［kãŋ］那样的语音结构。鼻化了的元音不再带鼻音韵尾。

（四）浊声母字没有鼻化音。潮汕话里面，鼻化元音一般只跟清音声母拼合，不跟浊音声母相拼（鼻音浊母［m］、［n］、［ŋ］除外），因为［b］、［l］、［g］等声母字中的元音一经鼻化之后，往往会影响到声母而使之鼻化，［b］、［l］、［g］等口音浊声母也就变成相应的鼻音浊声母［m］、［n］、［ŋ］等，所以现存的语音找不到浊声母［b］、［l］、［g］和鼻化元音相拼的结构。

（五）入声字没有鼻化音。这是因为入声字没有鼻音收尾，断绝了鼻化的来源的缘故。不过在潮汕话中有极个别收尾为［-ʔ］的入声字的主要元音也鼻化了，如表示睡觉的［ə̃ʔ］（或标为［ŋ̃ʔ］）。这只是极个别的例外，而且只是在收［-ʔ］的入声字出现，收［-k］、［-p］的没有。

（六）鼻化音多是说话音。潮汕话里面，说话音和读书音有很大的差别，几乎有相当完整的两套语音。说话音一般更能充分地体现和保留方言的语音特点，所以鼻化音多半是说话音。

潮汕话的鼻化音，那些由鼻音韵尾消变而来的，其原来的韵尾［-m］、［-n］、［-ŋ］三者兼有（［-n］在现代的潮汕方言里已经消失，并入［-ŋ］）。现在的语音不能找到它的痕迹，但是可以从古音中得到证明），而三者以 [-n]、[-ŋ] 为多。近代潮汕话 [-n] 尾的消失，除一部分混入 [-ŋ] 外，一部分确是通过鼻化的途径。在 [-n] 尾的消失过程中，鼻化比与 [-ŋ] 尾混合的时代为早。这一点可以从下述的事实中得到证明：古宕摄（韵尾为 [-ŋ]）合口一等唐韵完全不鼻化，而山摄（韵尾为 [-n]）合口一等桓韵却有很多的鼻化音。如果说 [-n] 尾鼻音成分侵入韵腹（主要元音）的变化是在它混入 [-ŋ] 尾之后，那就不可能有这样严格的界限了。

在古音各个韵部里，鼻化的现象是相当整齐的。如古音桓韵的鼻化韵母一律读为合口的 [ũã]，古音山摄仙韵的鼻化音一律读为 [ĩ]，先韵鼻化音为 [ĩ] 和 [õ]。古音宕摄开口三等阳韵的鼻化音是 [ĩõ]。古音梗摄开口二、三、四等庚、耕、清、青诸韵的鼻化音通为 [ẽ] 和 [ĩã]。古音咸摄开口一等谈韵的鼻化音为 [ã]，等等。

现代潮汕话里面没有 [-n] 收尾，潮汕人 [-n]、[-ŋ] 不分，学起普通话来常常把收 [-n] 的字念为 [-ŋ]。[-n]、[-ŋ] 不分是潮汕人学习普通话的难关。由于潮汕话的鼻化音是很有规律的，所以我们可以利用鼻化音和北京音韵母的对应关系来区分 [-n] 和 [-ŋ]。其规律是：潮汕话的 [ũã] 跟普通话的 [uan]、[an] 对应（例如"碗；安、山、旦"等），[õĩ] 跟 [an]、[ian] 对应（如"板、看、办；先、间、肩"等），[ã] 跟 [an] 对应（如"担、胆、三、敢"等），[ĩ] 跟 [ian] 对应（如"边、天、鲜、见"等），[ĩã] 跟 [iŋ] 对应（如"兵、丙、领、精、京、镜"等），[ĩõ] 跟 [aŋ]、[iaŋ] 对应（如"张、丈、章、掌；蒋、像、腔、香"等），[ẽ] 跟 [eŋ] 对应（如"冷、争、生、更"等）。潮汕人只要记住潮汕话念 [ũã]、[õĩ]、[ã]、[ĩ] 音的，普通话就收 [-n]；潮汕话念 [ĩã]、[ĩõ]、[ẽ] 的，普通话就收 [-ŋ]。

这样，就可以把一部分的［-n］、［-ŋ］音字区分开来了。

至于那些鼻音成分是外加的鼻化音，它们的韵母以［ĩ］为最多，只有少数音的韵母是［ĩ ã］、［õĩ］、［ã］等，它们的变化也是相当有条理的。

潮汕方言的鼻化音表现了在区分词义或构词上的作用。这主要是因为鼻化音与文白异读密切相关。一些后代从书面语借进的中原汉语语词，用的是文读音，与本方言中存在已久的语词使用白读音不同，因而就表现了鼻化与非鼻化的差异。例如"妖精"的"精"字念为鼻化韵［tsĩã¹］，这是白读，但"精彩、精密、精神、精力、精华"等词的"精"，却念为非鼻化韵的［tseŋ¹］；又如"夜半三更"的"更"在潮语中念为白读音，它用的是鼻化韵母，读成［kẽ¹］的音，而"变更、更改、更加"的"更"，则读为［keŋ］了。这样，从用为不同语词中的词素看起来，往往就有鼻化与非鼻化的差异，而这，是与文白异读相关的。

潮汕方言中的鼻化韵既然主要出现于说话音之中，这种读法，比非鼻化音的读法的时代孰早孰后？一般来说，鼻化韵是由鼻音韵尾［-m］、［-n］、［-ŋ］等消变而来的，它的出现时代，似应较后，但潮汕方言的带鼻音韵尾的读书音从总体上说，其读音应后于白读。也就是说，包含有许多鼻化韵的白读音，时代应比读书音更早一些。这一点，又与它从鼻音韵尾消变而来的时代应后一些的情况相矛盾。如何解释这个问题，学术界目前还没有一致的意见。我们初步认为，潮汕方言的鼻化音，当然是由鼻音韵尾消变而来。但它所从消变的鼻音韵母，是更早期的中古以前的韵母，而不是中古以后，大规模的中原汉语读书音进入潮汕方言时的鼻音韵母。潮语中的这些鼻化韵，可能是更古的吴语中的鼻音韵母消变的语音现象，这种现象，在闽语—潮语中保留下来。

六、语音的地域差异

潮汕方言的语音，各县市的念法存在一些差异。这些差异，表现在声母、韵母、声调各个方面。从潮汕话的总体情况来看，声母方面的差异最小，声调方面次之，韵母方面的差别略为大一些。不过，潮汕话流行的区域毕竟不广，它不像广东省内的粤方言，流行的范围大达 60 个县市，潮汕方言的流行范围只有十一二个县市，而且，它们又连成一片，人群的交往很多，不存在地域的隔绝等因素。因此，潮汕方言各个方言点之间的内部差异并不大。这里，我们以潮汕方言的代表点汕头话为出发点，谈谈各县市语音与它的差异。

（一）潮安话

潮安是传统县名，现在潮安已改为市的建制，其市区境域相当于原来的县。潮安话本应称为潮州话，因为潮汕话传统上称为潮州话，如把潮州市话称为潮州话，怕会引起混淆，所以这里称潮州市话为潮安话。潮州市（不包括它所辖的其他县份）现有人口约 120 多万，其中除凤凰山区有少量的居民使用"畲话"（畲族人所用的语言）外，绝大多数用潮汕话。

潮安话与汕头话的异同，主要表现在下述几个方面：

1. 声母系统完全相同，只是个别声母所管的字有不同。如"览、男、兰、南"等来母字，在汕头、澄海、潮阳等地念为 [n] 声母，而潮安、饶平、南澳、普宁、惠来、陆丰、海丰等县读为 [l]，其他没有什么差别。

2. 汕头话的 [io]、[ĩõ] 及 [ioʔ] 韵母，其主元音是圆唇的 [o]，潮安读为 [e] 元音，这几个韵母读成 [ie]、[ĩẽ] 和 [ieʔ]。

3. 潮安有一套以〔e〕为主元音的韵母，即〔ieŋ〕、
〔ueŋ〕、〔iek〕、〔uek〕。这些韵母在汕头话中读为〔iaŋ〕、
〔uaŋ〕、〔iak〕、〔uak〕。它们所管的字，主要是中古收〔-n〕
尾的仙、先、元等韵字。江、唐、阳韵字在汕头、潮安话中也
念为〔iaŋ〕、〔uaŋ〕、〔iak〕、〔uak〕等，但汕头把两者合并
在一起，潮安话则保留主元音上的差别。潮安把这些原收
〔-n〕尾的字读与〔-ŋ〕韵尾相异（以主元音的不同表示），
是中古〔-n〕尾韵的一种残迹。现见潮安的凤凰镇还保存
〔an〕、〔ən〕、〔in〕、〔ien〕、〔un〕、〔uan〕等一类收〔-n〕
的韵母，说明〔-n〕尾韵在潮安境域内的消失较迟。

4. 汕头话中的一部分〔əŋ〕韵字，如"酸、卵、砖、
钻、汤、葬、钢"等，在潮安话中念为〔ɔ̃ŋ〕韵，而且这个
鼻化了的元音念起来较短，有点将要合成鼻音自成音节的味
道，其发音比较接近于〔t'ŋ̍〕（汤）。潮汕地区各地，这个韵
母的发音各有不同，有的是〔əŋ〕，有的是〔ɔ̃ŋ〕，有的已很
接近〔ŋ̍〕。

5. 潮安话保存〔-m〕、〔-p〕尾韵，但一些地区，〔-m〕、
〔-p〕已并入〔-ŋ〕、〔-k〕，如庵埠、枫溪一带，庵埠的语音
已很接近于澄海话。

6. 潮安的声调从调类到调值都与汕头话相同。

（二）澄海话

澄海县位于汕头市及潮州市的东部，向东与饶平交界。澄
海与汕头的关系比较密切。一百多年前，现汕头市境还是属于
澄海县管辖下的一个渔村，自汕头辟为商埠以后，两者才分离
开来。但汕头人有一部分属于澄海籍，两者的方言也比较接
近。澄海现有人口约 70 万，几乎全部使用潮汕话。

澄海话以县城的城关镇为代表，其语音与汕头十分相近。

其差别主要是：澄海县城至东里镇一带已失去收［-m］、［-p］尾的闭口韵，并入［-ŋ］、［-k］韵。樟林以东及其他一些地方则还保存这些闭口韵。其他除变调的方式澄海与汕头话略有不同之外，几乎完全一致。

（三）饶平话

饶平县位于潮州市及澄海县的东面，北部是讲客家方言的大埔县，东面与福建省的诏安县接壤。在全县的 80 万人口中，除大约百分之二十讲客家话外，其余的人都使用潮汕话。今以黄冈镇（县城）的语音为代表，介绍饶平话语音的特点。

声母方面，饶平话与汕头话完全一致。它与汕头话略有差异的，只是汕头的［əŋ］韵字如"隐、欣、很、轩、勋"等在饶平念为［ŋ̍］（或［ə̍ŋ］），饶平的读法与潮安话近同。

声调方面，饶平话与汕头话一样，共分为 8 调，但阳去的调值作 21 调，与汕头的 11 调略有差别。

（四）南澳话

南澳县位于澄海和饶平县东南面的海中，是一个海岛县。全县人口只有 6 万多人，全部使用潮汕话。

南澳话与汕头话的差别，主要是汕头的鼻音声母［m］、［n］、［ŋ］与鼻音韵尾［-m］、［-ŋ］相拼时，由于异化作用，念为［b］、［l］和［g］，如"敏、悯、免、勉、娩"等字，南澳话读为［biaŋ］，"研"读为［giaŋ］等。"南、男、蓝、念"等字读为［l］声母。

韵母方面，汕头话的［iou］韵母在南澳话中念为［iau］。

另外，南澳把"森、参"两字念为［om］，这一韵母是汕头话所没有的。

汕头话中的［əŋ］韵字在南澳中多念为［ŋ̍］，如"堂、汤、段、传、郎、砖"等。

南澳县内部各个方言点语音的差异较大。全县分为隆澳、云澳、青澳、深澳四个部分,隆澳因为接近澄海,彼此的交往较为频繁,故其语音比较接近。云澳从前曾隶属福建省,居民的口音比较接近福建。隆澳念为 [ə] 韵母的鱼、虞韵字云澳多念成 [i] 或 [u],如"猪、你、居"等念 [i],"煮"为 [u];念为 [ə] 的止摄精、庄组字,南澳念为 [i](如"之、师、此")或 [u](如"慈、耳")。一些在隆澳念为 [o] 的字,云澳则念为 [e],如"短、块、袋、坐"等。青澳的语音也比较接近云澳。

南澳的声调与汕头一样分为 8 类,只是阴平的调值为 55 调,与汕头的 33 调略有不同。云澳、深澳各地的调值也略异。

(五)揭阳话

揭阳市位于汕头市的西北面,南部与潮阳、普宁交界,西北面是揭西和丰顺县。本市除西北部与客家话区丰顺及揭西交界地区有少量的居民使用客家话外,大部分人讲潮汕话。揭阳市现有人口 140 万左右。现以其市区榕城话为代表,介绍其特点及与汕头话的差异。

声母方面,揭阳与汕头没有什么差别。韵母方面,揭阳市把汕头话念为 [iou] 韵的宵、萧韵字念为 [iau]。汕头市念为 [əŋ] 和 [iŋ] 的字,揭阳话念成 [eŋ],如"斤、根、欣、隐、因、亲"等。另外,揭阳把 [ioŋ] 韵字念为 [ioŋ] 和 [ueŋ],如"荣、盈、营"等;"耿、倾、琼"等字也念为 [ueŋ]。声调方面,揭阳话与汕头完全一致。

(六)潮阳话

潮阳市在汕头市的西面,北部与揭阳市交界,西部是惠来县，西南部与惠来县接壤，全市有 180 多万人口，除极少数人属"半山客"讲客家话外，其余绝大多数人使用潮汕方言。本市各地方言语音相当一致，但灶浦镇因与揭阳市毗邻，其口音比较接近于揭阳话。潮阳话只有 7 个声调，灶浦则与揭阳一样，有 8 个调。

声母方面，潮阳话与汕头话没有什么差异。略有差别的，主要表现在韵母和声调上。

汕头话的〔ə〕韵母字在潮阳话中念为〔u〕（这主要是中古的鱼、虞韵字），如"居、书、鱼"等。

汕头话的〔iou〕韵，潮阳话读为〔iau〕。汕头的〔õĩ〕韵字，潮阳读为〔ãĩ〕，如"前、千、蚕、先"等。

潮阳话中有〔ueŋ〕韵母，它把汕头话念为〔uaŋ〕的"耿、衡、倾、荣、萤、泳、咏、孕、琼"等念为〔ueŋ〕，"惑、或、域"等字则念为〔uek〕，

汕头话中，"忠、仲、中、衷、众、从、绒、冗、颂、涌"等原属三等钟、东韵的字，已读为〔oŋ〕，失去〔i〕介音，潮阳话则仍读为〔ioŋ〕。其相应的入声韵字"嘱、祝、足、促、触、捉、肃、淑、缩、粥、俗、属、赎、辱、褥"等则念为〔iok〕。

本方言把"虎"字念为〔om〕，也与汕头音不同。把"县"字念为〔ũãĩ〕，也比较特殊。

潮阳话的声调只有 7 类，阴去与阳上合而为一，这与汕头话不同。其调值念成 42 调，也与汕头话阴去调的调值 213 调大不相同。

（七）普宁话

普宁县在潮阳市的西面，北部与揭阳、揭西交界。西面是陆丰县，南部和惠来接壤。本县以讲潮汕话为主，只在山区少

数地方使用客家话。本县人口约 130 万。现以县城所在地流沙的语音介绍其与汕头话的差异。

声母方面，与汕头话没有什么差别，只是在个别声母的管字上有出入。如"男、南、览、蓝、岭、烂"等字汕头归 [n] 母，普宁读为 [l] 母。"宁、暖、嫩"字读为 [n]，汕头读 [l]。

韵母方面，普宁话没有 [ə] 韵母，汕头话念此韵的字，本方言念为 [u]，如"驴、你、吕、虑、书、煮、鼠、居、举、巨、拒、锯"和"自、姿、兹、滋、子、磁、此、次、而、耳、思、私、师"等。

此外，它把汕头的 [iou] 韵念作 [iau]。

汕头话的 [õĩ] 韵字"前、千、蚕、先、肩、茧、间、还、闲"等，普宁话读成 [ãĩ]。"睇"字则仍读为 [õĩ]，本韵也只此一字。

"县"字在普宁话读 [ũãĩ] 韵母，这与惠来等地一样。

普宁话中有一个 [op] 韵母，少数字念为此音，如"撮"字。

汕头话读 [əŋ] 的，普宁也念为 [ŋ]，如"门、晚、当、堂、郎"等字。

"倾、宏、顷、衡、盈、萤、营、荣、永、孕"等字本方言也念为 [ueŋ]，与汕头不同。

声调方面，普宁话有 8 个调，与汕头一致。但调值有一些差别，如阴平作 35 调（汕头 33），阳上作 13（或 24）调（汕头 35），阳去读为 31 调（汕头 11）。

（八）惠来话

惠来县在潮阳和普宁县的南部，西南面与陆丰县相接，南面濒临南海。全县人口有 75 万，绝大部分使用潮汕话，只在东北部山区与普宁交界处有少量的人讲客家话。

惠来话与汕头话的差异，主要是在韵母方面。

汕头的［iou］韵，惠来话念为［iau］。

惠来话没有［ə］韵母，汕头这个韵母的鱼、虞韵字的"巨、拒、距、矩、锯、书、举、居、去"等字念为［u］，支、脂、之韵中汕头话念为［ə］的字，惠来也念作［u］，如"兹、姿、滋、自、之、芝、资、子、慈、此、次、思、师、斯、私、词、史、似、士"等字。

汕头话读为［ŏĩ］韵母的字，惠来念作［ãĩ］，如"前、千、肩、间、还、闲"等，但本方言仍读"睇"字为［tʰŏĩ］，显然受汕头一带读音的影响。

惠来话把"县"字读为［ũãĩ］，这与潮阳相同。

惠来话与汕头话韵母上的另一个差异之处是中古的东三、钟韵字读为［ioŋ］，保留［i］介音，如"中、忠、衷、松、诵、颂、戎、茸"等，"足、祝、触、捉、缩、嘱、赎、续、俗"等字念为［iok］，这与汕头念为［oŋ］、［ok］不同。

另外，汕头话中一些念为［əŋ］韵的字，惠来读为［iŋ］，如"银、根、跟、巾、斤、均、钧、仅、谨、近、勤、欣、很、恨"等。

惠来话中有［ueŋ］韵母，它把汕头话中念为［uaŋ］和［oŋ］、［ioŋ］的一部分字（梗、曾摄的字）如"耿、倾、衡、弘、宏、荣、永、泳、孕"等念作［ueŋ］，"或、惑、域、获"等字念为［uek］。

汕头话中念为［əŋ］或［uŋ］的字，惠来话多读为［ŋ̍］，如"门、们、晚、当、肠、堂、转、郎、女、软、卵、砖、庄、床、霜、酸、孙、糠、方（姓）"等。

声调方面，惠来县中部惠城镇一带的话只有7个声调，去声不分阴阳。东部地区则没有阳上，西部地区8调齐全。调值方面，阳去调多作 31，与汕头话差别较大。其他调类大体一致。

（九）陆丰话

陆丰县在惠来县以西、海丰县之东，南临南海，北面是陆河县。全县人口约 100 万。本县除少数人使用客家话和军话外，绝大多数人讲潮汕话。现以县城东海镇的话为代表介绍其语音特点。

声母方面，陆丰话从系统上来说与汕头话一样，没有什么差异。但各个声母所管的字略有不同。如陆丰也有 [b] 声母，但所管的字较汕头话少。一些汕头念为 [b] 的字，陆丰念为 [m]，如"亩、木、务、万"等。另外，陆丰念 [g] 声母的字则比汕头多，如"椰、耶、吾、娱"（汕头读 [Ø]）和"尧、梧、悟、愚、虞、遇、寓、伪、巍"（汕头读 [ŋ]）等。

陆丰话有 [ei] 韵母，如"买、第、题、街、鸡、齐、洗、鞋"等字。这些字在汕头话中念为 [oi]。

汕头话念为 [ə] 韵母的字，陆丰则一部分念为 [u]，如"煮、书、鼠"和"自、兹、滋、之、茨、子、资、雌、此、次、斯、私、辞、史、似、士"等。另一部分字念 [i]，如"巨、居、区、驹、渠、语、吕、据"等。

陆丰话的话音把"坐、块、袋、退、短、胎、螺"等汕头话念为 [o] 韵母的字读成 [e]。这是一个特点。

陆丰话的"森、参"两字念为 [om]，是一个特殊的韵母。

中古的东三、钟韵字有许多在汕头话中失去 [i] 介音，陆丰话仍有 [i]，如"中、忠、仲、重、宠、虫、终、钟、盅、种、众、冲、从、松、诵、颂、讼、戎、茸"等念为

[ioŋ]，"陆、缩、肃、辱、嘱、属、赎"等则念为［iok］。

汕头话中一些念为［əŋ］韵的，在陆丰话中念成［iŋ］，如"根、斤、巾、筋、均、钧、谨、近、跟、动、芹、银、很、恨"等字。入声韵也相应念为［ik］。

声调方面，东海镇只有 7 个调，阳上和阳去两调合一，其他的许多地方如博美镇等则有 8 个调。有 8 个调者，其调值与汕头话大致相同，只是阳去调念为 31 调，与汕头话的 11 调不同。

（十）海丰话

海丰县东面与陆丰为邻，西接惠阳，南濒南海，北面与紫金接境。全县人口约 80 万。本县除北部与紫金靠近的地区讲客家话之外，还有少量的人讲一种粤、客相混杂的"尖米话"（或作"粘米话"，分布在鹅埠、赤石等地），此外，还有一些畲族居民使用"畲话"。其余大多数人使用潮汕方言，当地称为"福佬话"。据传海丰县的人民由福建漳州（和莆田）迁移而至，所以其口音与漳州话比较接近。本县各地的语音也不尽相同。北面的公平镇与陆丰县较为接近，其语音也比较相近。

海丰话的声母系统，与汕头话一样，没有大的差异。塞音声母［b］、［g］发音时略带轻微的鼻音成分，读为［ᵐb］、［ᵑg］等。汕头念为鼻音的声母，海丰的公平一带多念为［b］等。

韵母方面的差异，主要是下述几点。

海丰话把"短、块、地、胎、退、奶、滤、座、蛇"等字念为［e］，这与汕头话念为［o］、［i］等不同。

汕头话中的［oi］韵字，海丰话念为［ei］，如"买、卖、第、低、题、堤、底、犁、鸡、街、改、解、齐、蟹、鞋"等字。

汕头话中念为［ə］（［ɯ］）的字，海丰话一部分念为［i］，如"吕、滤、居、巨、拒、距、锯、语"等；而"兹、滋、之、芝、子、自、雌、瓷、慈、此、次、师、思、斯、私、词、祠、史、似、事、士"等字则读为［u］。一些汕头话念为［i］的字也念为［u］，如"司、死、四、字"等。

汕头话念为［õĩ］的字，海丰话念为［ãĩ］，如"间、肩、茧、前、千、先、闲、苋"等。

海丰话最突出的特点就是有［in］、［un］韵母。汕头话念为［iŋ］、［əŋ］的多念为［in］，如"宾、贫、民、珍、尘、陈、根、巾、斤、均、仅、近、跟、银、很、恨"等。汕头念［uŋ］的则念为［un］，如"吞、君、唇、屯、昆、菌、分、混、训、春、旬、纯"等。

海丰话有［ueŋ］韵母，"弘、恒、轰、衡"等字念这个韵母；"或、域、役、获"等则念为［uek］。

海丰话中也有［om］韵母，"参、森"两字读这个韵母。

中古的东三、钟韵字在海丰话中也念为［ioŋ］，如"中、忠、重、宠、龙、终、钟、充、从、众、松、颂、讼、戎"等。

一些收［-n］、［-ŋ］尾的韵母字，在海丰话中读为［ũĩ］，如"饭、问、断、段、团、软、光、卷、荒、慌、园、远、砖、全、酸、孙、损、算、黄"等。

海丰话也有［ũãĩ］韵，除"县"字读为此音外，还有"惯"字也读这个韵母，这与其他县的读音不同。

海丰话与汕头话一样，共有8个声调，平、上、去、入各分为阴、阳两类（公平镇只有7个调，上声只有一类）。调值方面，与汕头话的差别也是在阳去调上，海丰念31调，汕头则读为11调。

（十一）汕尾话

汕尾市位于海丰、陆丰的南面，面对南海。它本是海丰的一个镇，后来分划出来成为市的建制。其语音与海丰话比较接近。现概说其与汕头话差异之点。

声母系统与汕头一样，共有 18 个声母。浊塞音 ［b］ 和 ［g］ 的实际发音都带有鼻音成分，读成 ［ᵐb］、［ᵑg］。

汕尾话在韵母方面的特点，是有 ［ei］ 韵母，汕头念为 ［oi］ 的多变读为此音。

汕尾话有 ［om］ 和 ［op］ 韵，"人参"的"参"读 ［om］，"撮"字则读 ［op］。

汕尾与海丰话一样，有 ［ũãĩ］、［ueŋ］ 等韵母；［oŋ］ 韵许多念成 ［ioŋ］，如"中、冲"等。

汕尾话保存 ［-n］ 尾韵，但只有 ［un］，比海丰少了 ［in］，［in］ 韵字仍与汕头一样多读为 ［iŋ］。［un］ 相应的入声是 ［ut］，［it］ 则与 ［in］ 一样消变为 ［ik］。不过，一些人口中，［un］ 也已变为 ［uŋ］。

声调也有 8 个，与汕头话一样，调值的差异也出现在阳去调（读为 21 调）。

七、潮音与古音

为了探求潮汕方言语音发展的历史状况，也为了更进一步了解潮汕方言在语音上的特点，我们先把它与代表中古语音的《广韵》音系作一个比较，然后再谈谈它的特点及其表现的古音层次。

（一）潮音与《广韵》音系

比较从声、韵、调三个方面来进行。

通过比较，我们可以看出潮语与古音的异同情况。下面，我们先谈谈潮音与《广韵》比较的简单结果，再进一步分析潮音所反映的古音现象以及它在研究汉语古音上所起的作用。

1. 声类的比较

我们把潮汕方言 18 个声母所管的字与《广韵》的声类作一比较，其异同情况如下：

（1）潮语的［p］、［p·］两个声母所管的字音与《广韵》的帮、滂两母相当整齐地对应着，只有少数的送气与不送气音换读例外。如古帮母字"鄙、褒、标、贬、编、遍、绊、拨、奔、碧"等，本读不送气音，潮语读为送气；属于古滂母的"玻、坡、怖、品"等字，潮语却读成不送气。［p］、［p·］母除和古帮、滂母字对应外，古並、奉两全浊音声母字在潮语中都读入清音的［p］和［p·］，並母读入全清的较多，读次清的较少；奉母字则有"父、吠、肥、房、冯"等字读［p］，"浮、帆、藩、坟、缝"读［p·］（一些字的读书音念为［h］）。

（2）《广韵》中的明、微母字，在潮语中读为［m］与［b］，读［b］的有"磨、马、买、卖、梅、眉"等（明母）和"无、巫、诬、武、舞、侮、鹉、务、雾、万、文、纹、蚊、闻、吻、亡、忘、妄"等（微母）。微母字仍读［m］与［b］，没有消失。

（3）《广韵》的端、透母字全读入潮语的［t］和［t·］，舛异甚少；定、澄母字也都清化，读为［t］和［t·］。舌上音知、彻（和澄）母字大部分也读入［t］、［t·］。

（4）《广韵》的泥、娘母字读入潮音的［n］，有一部分字读为［l］，潮音［n］、［l］声母字有相混的倾向。古泥母字"内、闹、难、暖、你、嫩、囊、曩、能、宁、脓、浓"等读为［l］，而古来母字"蓝、览、滥、镰、奁、林、凛、烂、卵、郎、粮、冷、岭、领"等却读为〔n〕。个别地区把古泥母字全读入〔l〕，这种情况与厦门音相似。

（5）潮语的〔ts〕、〔ts·〕、〔s〕声母字一是来自中古的精、清、心三组。三母中送气与不送气的界限尚算分明，变换的只有少量字音，如古精母字"嘴、澡、躁、剿、歼、纂、雀"等读为〔ts·〕，清母字"蛆、疽、贱、竣"等为〔ts〕。〔ts〕组字的另一来源是中古的庄组和章组声母字。一部分的知组字也读入〔ts〕、〔ts·〕（多数是读书音），如"痴、耻、驰、迟、稚、驻、朝、站"等。潮州的〔dz〕母和中古的日母对应。一部分字为潮语的〔n〕，如"染、肉、软、两、让、瓤"等。大体上是韵母中带有〔i-〕、〔u-〕介音的就读为〔dz〕，不带介音就读为〔n〕。

（6）中古的见、溪组字在潮音中读归〔k〕和〔k·〕，全浊音群母的平声字读入送气的〔k·〕，仄声字读为不送气的〔k〕。这个演变规律大体与北京音相同。《广韵》的疑母字在潮音中读为〔ŋ〕和〔g〕，前者如"义、敖、宜、雅、虐、五、硬"等；后者如"语、牛、牙、外、月"等。还有一部分疑母字读为〔h〕。潮语的〔h〕声母与《广韵》的晓、匣母对应。匣母字绝大部分读为清音的〔h〕，变为零声母字者很少。一部分中古的非、敷、奉母字除读为双唇音〔p〕、〔p·〕（说话音）外，一部分字也为〔h〕（读书音）。云母字也一部分读为〔h〕。

（7）中古影母字在潮音中读为零声母；以母字大多数也读入零声母，一部分字读为〔t·〕、〔dz〕等；云母字也部分字读为零声母。

2. 韵类的比较

我们按照《广韵》十六摄的顺序，将潮汕方言语音与它作一比较，可得结论如下。

（1）果摄歌韵字除常用的"他、阿"读为［a］外，一部分字在潮语中读为［ua］，如"歌、柯、箩、我、舵、拖、大"等；一部分字念为［o］，如"哥、俄、娥、鹅、蛾、多、娑、呵、河、何、荷、娜、罗、锣、左、饿、佐、贺"等；个别字念为［ai］，如"个"字。读［ua］的字多是说话音，读［o］者多是在口语中较少出现的字音，合口戈韵也一样，一些字念［ua］，如"颇、婆、磨、和、祸、惰、唾、播、簸"等，一部分字为［o］，如"戈、讹、波、坡、玻、摩、魔、螺、骡、裹、颗、朵、妥、椭、跛、叵、么、坐、琐、锁、卧、挫、刹、磨、座"等，还有一部分字读为［ue］，如"过、科、蝌、课、果、火、货"等。戈韵开口三等字字数很少，它们在潮语中主要是读［ia］（"迦、伽"）和［ie］（"茄"）。

（2）假摄开口二等麻韵一部分字读为［a］，如"巴、芭、鸦、霸、怕、诈、榨、乍"等；一部分字读为［e］，如"家、加、牙、芽、衙、茶、爬、杷、叉、纱、虾、把、马、下、厦、哑、驾、嫁、架、骂"等；一部分念为［ia］，如"霞、遐、贾、雅"等。合口二等麻韵字主要念为［ua］，如"夸、华、蛙、寡"等；少数字念为［ue］，如"瓜、花、化"等。麻韵三等字基本上念为［ia］，如"遮、车、奢、爹、斜、邪、椰、者、舍、社、惹、姐、且、写、泻、野、也、冶、蔗、射、赦、卸、谢"等，假摄各韵开、合口及等第的分别相当清楚，这一点与厦门音相同。

（3）遇摄一等模韵字"孤、姑、沽、蛄、枯、吴、都、屠、涂、图、奴、通、铺、模、租、粗、苏、酥、呼、胡、狐、锢、湖、猢、葫、乌、卢、炉、鲈、古、鼓、瞽、股、羖、苦、五、午、伍、肚、土、吐、杜、补、谱、普、部、祖、户、戽、卤、滷、雇、库、误、妒、兔、渡、度、布、步、哺、醋、素、互、路、露"等字读为［ou］；鼻音［m］、［n］、［ŋ］母字多念为［o］，如"怒、弩、努、悟、晤、暮、募、慕、墓、错"等。还有一部分字念为［u］，如"辜、徒、途、荼、蒲、葡、睹、赌、怙、祜、鲁、故、顾、固、诉、护"等。合口三等的虞韵字全读为［u］，如"夫、趋、朱、珠、拘"等，鱼韵字的精、章组字读为［u］，这与虞韵字相同，但见、影组声母字则读为［ə］，如"居、虚、于"等，庄组声母字读为［o］，如"阻、初、所"等。

（4）蟹摄的咍、泰、皆、佳、夬韵的开口字在潮语中大多数读为［ai］，一、二等字没有区别，如"獃（咍）、太（泰）、排（皆）、败（夬）"等。泰韵字的说话音多数读为［ua］，如"大、带、盖、蔡、赖"等。佳韵字多读为［oi］，如"鞋、解、买、蟹、矮"等。三等开口的祭韵字和四等的齐韵字则读为［i］（如"例"和"低"等字），与止摄的支、脂、之等字混同；上举各韵的合口字则读为［ue］（如"兑、汇、话、卫、卦、画"等），灰韵字也大多数读为［ue］（如"杯、恢、枚、每"）和［ui］（如"雷、崔、对、碓、队"）等。一部分字则读为［uai］，如皆韵的"怪、蒯、坏、乖、怀"，佳韵的"拐"，夬韵的"夬、快、哙"等。废韵字则读为［ui］（"废、肺、吠"）和［ue］（"秽"）等等。

（5）止摄的支、脂、之、微等韵字，与潮语的对应关系比较复杂。这四韵的多数字在潮语中读为［i］，如：

支韵：羁琦宜仪技义智碑驰施匙氏豉倚离儿

脂韵：饥冀器致迟尼鄙秘备脂旨至尸矢示视嗜弃鼻伊

之韵：基纪记欺起淇忌疑耻治持诗时市试喜矣里司寺

微韵：祈既毅希依

此外，支、脂、之三韵的精、章（或庄）组字有一部分在潮语中读为［ə］，如：

支韵：觜雌疵斯厮尔此渍赐

脂韵：资咨茨私咒瓷次自

之韵：淄辎之芝而兹孜挈滋慈思伺词祠辞士仕史你俟涘耳洱子仔耔事饵嗣梓似祀姒

这数韵字念为〔i〕和〔ə〕可以说是接受中古以来北方汉语读书音的结果。

上举这数韵字还有其他的一些读法，如支韵字少数读为〔ia〕（如"奇、骑、歧、倚"等）和〔ue〕（如"皮、被、縻"等）；脂韵有一部分字读为〔ai〕（如"狮、筛、眉、楣、梨、屎、利"等）；微韵开口字"机、几、气、衣"等读为〔ui〕，这些都是说话音的读法，它们反映了本方言更古时代的读音。

支、脂、微韵的合口字则多读为〔ui〕，如"亏、危、锤、垂、麾、为、规、隋、随、诡、跪、毁、委、累、垒、蕊、伪、睡、瑞"等（支韵），"逵、馗、追、椎、推、谁、葵、虽、绥、惟、遗、维、轨、水、帅、揣、唯、愧、馈、坠、位、类、泪、季、醉、翠、悴、崇、遂"等（脂韵），"归、非、扉、菲、妃、肥、痱、薇、微、挥、辉、徽、威、韦、帏、闱、围、违、鬼、菲、蜚、斐、伟、贵、魏、费、讳、畏、谓、胃、蝟、渭"等（微韵）。

（6）效摄的一等豪韵和二等肴韵字在潮语中都读为〔au〕，如豪韵的"高、翱、敖、遨、熬、嗷、韬、叨、滔、陶、掏、涛、褒、袍、遭、糟、操、曹、漕、骚、搔、毫、豪、濠、劳、考、道、稻、澡、造、嫂、浩、老、诰、靠、傲、到、导、悼、蹈、盗、暴、冒、涝"等；一部分字念为〔o〕，如"高（话音）、膏、羔、篙、刀、桃、逃、毛、槽、号、牢、稿、倒、讨、脑、恼、宝、保、抱、枣、草、嫂（话音）、好、祆、懊、告、报、糙、奥、澳"等，读〔o〕者多是说话音。二等肴韵字在潮音中一部分念〔au〕，如"交、蛟、包、胞、苞、庖、茅、钞、抄、巢、梢、哮、肴、爻、鲍、卯、吵、闹、炮、貌、孝、效、校"等；另一部分字读为〔a〕，如"胶、咬、教、敲、抛、脬、绞、巧、饱、炒、拗、酵、较、豹"等。

（7）流摄一等侯韵大部分字在潮音中念为〔au〕，如"钩、沟、兜、偷、头、投、侯、猴、喉、呕、瓯、欧、鸥、楼、口、扣、叩、斗、走、吼、厚、透、豆、窦、奏、嗽、候、漏"等，小部分字读为〔ou〕，如"妒、藕、偶、耦、剖、某、牡、亩、遭、购、寇、茂、懋"等。侯韵与豪韵有合并趋势。流摄的尤韵大部分字读为〔iu〕，如"鸠、求、裘、仇、述、抽、踌、畴、筹、周、州、舟、收、酬、休、忧、优、尤、硫、柔、揉、秋、酋、遒、修、羞、囚、由、猷、油、游、丑、纽、手、首、守、受、右、友、柳、酒、酉、诱、救、究、昼、宙、咒、兽、授、又、佑、宥、就、秀、袖、柚"等；一部分字读为〔u〕，如"丘、牛、浮、久、灸、韭、舅、臼、妇、负、阜、有、旧、富"等；少量的字读为〔au〕，如"流、留、刘、九、瘤"等。幽韵字则读为〔iu〕，如"蚪、彪、缪、幽、纠、赳、谬、幼"等。尤、幽韵字混同为〔iu〕。

（8）咸摄一等覃韵字都念为〔am〕，如"龛、堪、耽、贪、覃、潭、谭、男、南、楠、参、含、函、涵、岚、婪、感、坎、惨、领、勘、淦、憾、暗"，基本上不鼻化，而一等谈韵字除念为〔am〕，如"甘、谈、痰、惭、蚶、酣、蓝、毯、啖、喊、览、滥"等字外，有一部分字念为鼻化韵〔ã〕，如"柑、担、三、篮、敢、橄、胆、淡、榄、担（去声）"等。这表明潮语中覃、谈韵字尚有区别。三等盐韵字绝大多数念为〔iam〕，如"占、詹、淹、镰、帘、尖、歼、金、潜、

盐、检、陕、险、渐、厌、魇、验、赡"等。四等的添韵字
基本上也念为［iam］，如"兼、谦、甜、嫌、点、忝、簟、
店、念"等，两者合流。咸摄的二等韵咸、衔韵字也都合为
［am］，前者如"谗、馋、杉、咸、函、斩、掺、站、陷"等；
后者如"监、鉴、岩、挽、巉、槛、舰、谗"等。三等严韵
字念为［iam］，如"严、腌"等；凡韵字少数念为［iam］，
如"剑、欠"等，多数字念为［uam］，如"泛、凡、范、
梵"等。

（9）深摄的三等侵韵基本上念为［im］，如"岑、金、
今、衾、钦、琴、擒、禽、黔、吟、琛、沈、湛、斟、深、
忱、歆、音、阴、林、琳、淋、临、霖、任、侵、心、寻、
淫、朕、枕、审、甚、饮、禁、鸩、荫、浸"等。

（10）山摄字在潮音中最显著的变化是［-n］尾变为
［-ŋ］尾，和宕摄字合而为一。山摄开口一等寒韵字多数念为
［aŋ］，如"奸、干、看、刊、难、餐、残、珊、姗、韩、邯、
兰、阑、坦、但、诞、岸、叹、惮、赞、粲、灿、汉、翰、
按"等；一部分字念为鼻化韵［ũã］，如"肝、滩、坛、鼾、
散、伞、旱、炭、弹、摊"等；一部分字则［aŋ］与［ũã］
两读，如"丹、寒、单、安、旦、案、晏、烂"等。念鼻化
韵者主要是说话音。一等合口桓韵大部分字读为［uaŋ］，如
"观、贯、冠、端、湍、团、番、磐、蟠、桓、完、豌、栾、
銮、鸾、管、筦、款、暖、纂、浣、缓、灌、玩、锻、绊、
泮、叛、幔、寔、唤、涣、乱、腕"等；一部分字念为
［ũã］，如"官、棺、般、潘、盘、瞒、欢、伴、满、碗、半、
判、换"等。桓韵与寒韵最大的区别是桓韵有一部分字念为
［əŋ］，如"钻、酸、断、缎、算、卵、段、蒜"；二等的删、
山韵则有一部分字合流为［aŋ］，如删韵的"奸、班、颁、
斑、攀、蛮、删、讪、版、板、谏、涧、雁、慢、铲、栈"

等和山韵的"艰、间、简、柬、眼、限、扮、盼"等；山韵
与删韵的差别，是山韵有一部分字读为［õĩ］，如"闲、间、
拣、办、苋"等，而删韵字没有。删韵的合口字基本上念为
［uaŋ］，如"环、还、寰、弯、湾、鲩、莞、绾、顽、惯、
撰、患、宦"等。山韵的合口字少，也念为［uaŋ］，如"鳏、
幻"等。三等仙韵字大多数念为［iaŋ］，如"虔、乾、蝉、
丐、连、联、然、鞭、篇、偏、翩、煎、迁、仙、延、蜓、
键、展、辩、娩、勉、冕、阐、善、遣、缅、剪、浅、践、
弁、卞、忭、战、颤、谴、便、羡"等，少数字念为［ĩ］，
如"缠、平、绵、棉、钱、鲜、变、扇、箭"等。元韵开口
字也念［iaŋ］，与仙韵合流，如"建、健、献、偃"等。仙
韵的合口字则大多数念为［uaŋ］，如"权、传、专、川、穿、
员、挛、诠、痊、全、宣、旋、缘、圈、篆、喘、娈、选、
眷、倦、啭、恋"等；少量的字也念为［əŋ］，如"卷、转、
软、传（传记）"等。合口元韵字也多念为［uaŋ］，如"元、
阮、圈、愿、返、翻、烦、饭、万、冤、婉、怨"等。四等
先韵字一部分念为［iaŋ］，与仙韵合流，如"坚、颠、填、
笺、溅、贤、怜、典、扁、显、甸、电、奠、练"等，一部
分字念为［ĩ］，如"天、年、边、弦、舷、辫、见、砚、片、
燕"等。这也与仙韵混同。但四等先韵有一部分字念为
［õĩ］，如"肩、妍、千、前、先、莲、茧、笕、蚬、殿、佃"
等，少数字念为［iŋ］，如"眠、烟、胭、湮、荐、现"等，
则与三等仙韵有别。先韵的合口字主要是读为［iaŋ］，与开口
字混同，如"涓、鹃、玄、渊、犬、畎"等。

　　（11）臻摄的一等痕韵的字不多，在潮语中念为［əŋ］，
如"根、跟、恩、垦、恳、很、恨"等。二等韵臻韵字也少，
它们读为［iŋ］，如"臻、溱、莘"等。三等的真韵字大多数
也读为［iŋ］，如"镇、尘、纫、彬、斌、贫、珉、岷、真、

振、神、晨、申、绅、呻、身、辰、臣、邻、磷、仁、人、宾、滨、槟、频、苹、民、泯、津、亲、秦、新、辛、薪、因、茵、寅、忍、紧、尽、引、蚓、震、娠、慎、刃、仞、认、晋、进、信、迅、讯、印"等；一部分字却读为 [iaŋ]，如"珍、趁、敏、悯、悯、闵、诊、肾、龂、吝"等；个别字念为 [əŋ]（如"巾、银"）或 [aŋ]（如"闽、陈"）。三等殷韵字与痕韵合流，也念为 [əŋ]，如"斤、筋、勤、芹、龈、欣、殷、谨、近、隐"等。三等的文、谆韵与一等的魂韵字也都合为 [uŋ] 音，如：魂韵字"昆、坤、敦、豚、屯、奔、贲、盆、门、尊、存、孙、荪、昏、婚、魂、温、论、衮、盾、本、畚、笨、损、混、浑、稳、困、顿、钝、遁、嫩、喷、闷、寸"等；文韵字"君、军、群、分、芬、纷、氛、焚、坟、文、闻、云、芸、耘、纭、粉、愤、蕴、郡、粪、奋、忿、问、絻、训、酝、运、晕"等；谆韵字"谆、春、唇、纯、醇、淳、伦、沦、轮、遵、荀、询、旬、巡、驯、循、匀、准、蠢、盾、吮、笋、隼、允、顺、舜、闰、润、俊、骏、浚、殉、徇"等。

（12）宕摄一等唐韵字有百分之八十念为 [aŋ]，如"刚、纲、康、昂、螳、囊、邦、滂、傍、房、旁、忙、茫、臧、苍、沧、藏、航、行、杭、琅、郎、慷、党、傥、莽、蟒、朗、抗、亢、宕、丧、浪"等；少数字念为 [əŋ]，如"钢、糠、当、汤、荡、堂、塘、赃、桑、郎、葬"等。三等阳韵字则一部分念为 [iaŋ]，如"姜、疆、强、彰、獐、漳、昌、商、裳、尚、厂、敞、杖、仗、畅、张、酿、障、嶂、瘴、唱、倡、央、殃、良、梁、凉、响、亨、鞅、壤、亮、谅、将、襄、湘、详、祥、漾"等；另一部分字念为鼻化韵 [ĩõ]，如"姜、张、娘、鲳、伤、常、赏、相、箱、痒、羊、洋、象、匠、酱、抢、蒋、样"等，念鼻化韵者多是常见字的说话音；有些字则是［iaŋ］与［ĩõ］两读，如"镶、向、两、量、香、长、上、章、樟、帐、胀、涨、尚、丈、阳、养"等。可怪者是唐韵字不出现鼻化韵。唐韵合口字多念为［uaŋ］，如"皇、惶、遑、煌、蝗、凰、汪、光、广、扩、慌、旷、圹"等。阳韵的合口字也多念为［uaŋ］，如"芳、亡、罔、访、防、妄、状、王、往、枉、况、旺"等；一部分字（主要是唇音声母字及庄组字）则读为［aŋ］，如"方、芳、房、纺、网、放、壮、创"，读［aŋ］者多是说话音，读书音这些字也多可念为［uaŋ］。庄组字还有一些念为［əŋ］，如"庄、妆、创、疮、床、霜、状"等。

（13）梗摄二等庚韵字一部分（主要是读书音）念为［eŋ］，如"烹、笙、牲、猩、甥、亨、行、衡、杏、荇、更、侦、孟"等；另一部分（说话音）则念为鼻化韵［ẽ］，如"庚、更、羹、坑、澎、彭、棚、盲、生、梗、哽、鲠、省、冷、猛、蜢"等。庚韵三等字也是如此，一部分念为［eŋ］，如"荆、卿、擎、黥、迎、平、评、坪、鸣、明、盟、英、景、境、炳、秉、皿、敬、庆、竟"等；另一部分字读［ẽ］，如"柄、病"；一些字读［ĩã］，如"京、惊、丙、影、命"等。庚韵二等的合口字很少，它们读为［ũẽ］（如"横"）和［uaŋ］（如"矿、圹"等）；庚三的合口则主要是读为［ioŋ］，如"荣、嵘、永、咏、泳"等。个别字读为［ĩã］，如"兄"字。二等耕韵字多数也读为［eŋ］，如"橙、萌、狰、峥、茎、莺、罂、嚶、樱、幸、倖、净"，少量的字读为［ẽ］，如"耕、争、硬"；耕韵的合口字则主要念为［oŋ］，如"轰、宏、纮、泓"等。三等清韵与四等青韵已经合流，读为同音。它们一部分字读为［eŋ］，如清韵的"贞、桢、浈、征、诚、逞、政、证、盛、并、睛、清、婴、缨、郢、净"，青韵的"丁、钉、仃、叮、停、亭、霆、宁、冥、溟、瞑、馨、刑、形、型、伶、聆、顶、挺、艇、茗、酩、磬、侫"等；另一部分字读为［ẽ］，如清韵的"颈、晴、井、静、省、性、姓"，青韵的"青、蜻、星、腥、醒、冷、径"等；还有另一部分字念为［ĩã］，如清韵的"呈、程、正、声、成、城、整、领、岭、圣、盛、令、名、精、晶、赢、饼、请、聘、饼、情"，青韵的"听、厅、庭、鼎、定"等。念［ĩã］的读音最早，［ẽ］次之，它们都是说话音；念［eŋ］音所反映的年代较迟（较为后起），它们多是读书音。

（14）曾摄一等登韵与三等蒸韵字在潮语中合流，大部分字都念为［eŋ］，如登韵的"灯、登、腾、滕、能、朋、增、憎、曾、僧、恒、棱、稜、肯、等、邓"等；蒸韵的"凝、征、澄、凭、蒸、丞、称、乘、升、甑、承、兴、膺、陵、凌、绫、仍、扔、胜、孕"等。少量的字念为［aŋ］，如登韵的"崩、层、赠"和蒸韵的"冯"。蒸韵还有一些字念为［iŋ］，如"绳、称、剩、应、认、蝇"等，这些多是说话音。登韵则没有念为［iŋ］的字，这是两者的区别之处。登韵合口管字甚少，它们在潮语中读为［oŋ］，如"肱、弘、薨"。曾摄字极少念为鼻化韵［ĩã］的（只有"冰"字），这是它与梗摄字不同之处。

（15）江摄的二等江韵字在潮语中主要是念为［aŋ］，如"江、讲、绛、邦、庞、双、肛、项、巷"等，个别字念为［eŋ］，如"窗"。

（16）通摄一等通韵字多数念为［aŋ］，如"工、蚣、东、同、铜、筒、篷、蜂、桶、葱、丛、洪、红、栋、冻、洞、笼、瓮、聋、粽、送、瓮"等；一小部分字念为［oŋ］，如"公、攻、孔、童、蒙、聪、虹、鸿"；还有一些是［aŋ］与［oŋ］两读，如"空、通、动、董、翁、总、弄"，读［aŋ］的主要是说话音。东韵三等一部分字念为［oŋ］，如"忠、衰、丰、终、充、崇、隆、窿、戎、绒、仲、讽、凤、崧"
等，一小部分字念为［eŋ］，如"弓、宫、穷、芎、众、雄"，
少量的字念为［ioŋ］，如"躬、融"，或是念为［uŋ］，如
"枫"，或是念为［im］，如"熊"，或是念为［uaŋ］，如
"风"等。冬韵字念为［aŋ］（如"冬"）、［oŋ］（如"统、
综、宋"）或［aŋ］与［oŋ］两读（如"农、脓、侬、
松"）。三等钟韵一部分字念为［ioŋ］，如"恭、蛩、佣、
凶、邕、雍、拥、容、庸、蓉、勇、踊"；一部分字念为
［oŋ］，如"封、茸、纵、踪、从、颂、诵、讼、纵"等；也
有一部分字念为［eŋ］，如"供、钟、锺、舂、胸、匈、龙、
种、松、用"，它大体上与东韵三等字合流。

　　以上是潮音与《广韵》十六摄的比较。从上面的比较中
可以看到各阴声韵和阳声韵在潮语中的读法。而与阴、阳声韵
相对的入声韵，上文没有道及。入声韵在潮语的读法，就其主
要元音及介音来说，基本上与相配的阴声韵和阳声韵相同。有
差异者主要是韵尾。潮音的阳声韵有［-m］、［-ŋ］两种韵尾，
它们相配对的入声韵字则读为［-p］和［-k］。咸、深摄各入
声韵的字，在潮语中就读为［-p］；宕、江、通、梗、曾诸摄
所管的入声韵字，其韵尾在潮语中读为［-k］。而由于潮语中
的［-n］韵尾已变入［-ŋ］尾，所以中古时的山、臻摄所管
的入声韵字，其韵尾也从［-t］变为［-k］，不再存在［-t］
尾（潮汕地区有少量地区保留［-n］、［-t］尾，如普宁、惠
来、海丰、陆丰的少数地区）。此外，中古各个收［-p］、
［-t］、［-k］尾的入声韵字，在潮州音中有相当一部分读为喉
塞音收尾［-ʔ］，如"啄、薄、绝、膜、雪、益、合、腊、
猎、叶"等。这样，潮语的入声韵收尾便以［-p］、［-k］、
［-ʔ］与《广韵》的［-p］、［-t］、［-k］相对应。

　　3. 调类的比较

　　中古《广韵》音系分声调为平、上、去、入四类。而现

代的潮语却分为八类，它们的对应情况如下。

（1）《广韵》的平声相当于潮语的阴平（如"高、褒、遭"）和阳平（如"豪、毛、曹"）。阴、阳两类字的分界全依声母的清浊。个别古平声字读入阴上和阴去。

（2）《广韵》的上声字在潮语中分归阴上（如"考、好、保"等）和阳上（如"道、造、兆"等）。中古的上声字也有极少数在潮语中读为阴平和阴去声。中古上声字在现代潮语中的具体分化途径，主要是《广韵》的上声字在潮音中有三种对应关系：甲、全清及次浊声母字绝大多数读为阴上，如"彼、纸、倚、紫、此、委、止、齿、买、礼、拟、米、每、馁、我、裸、惹、语、雅、女、汝、旅、武、马、乳、午、姐、鲁、偶"等。乙、次浊声母字也有少量的字读为阳上，如"卵、吕、蚁、乃、瓦、五、朗、老"等。丙、全浊音声母字读归阳上，如"动、重、奉、项、杖、丈、象、荡、杏、幸、静、朕、甚、俭、渐"等。

（3）《广韵》的去声字在潮语中的念法比较复杂，它也可以分为几种对应关系：甲、全清、次清声母字的去声字在潮语中读为阴去，如"贡、控、栋、痛、送、瓮、宋、种、绛、帐、障、唱、酱、放、壮、葬、应、柄、圣、性、径、庆、禁、闯"等。乙、中古的次浊音声母字在潮语中读阳去，如"梦、命、认、验、艳、焰、闰、问、运、闷、万、砚、麪、练、面、院、易、位、类、吏、字、未、味、胃、例、艺、芮、卖、妹、庙、外、饿、磨、误、怒、路、漏、柚、尿、料、闹"等。丙、中古的全浊音声母去声字在潮语中一部分字读阳去，如"洞、共、巷、匠、病、郑、邵、定、赠、陷、阵、段、换、办、苋、殿、旧、现、县、贱、传、豉、避、治、示、地、豆、鼻、柜、坠、事、忌、寺、逝、吠、画、步、袖、寨、话、代、大、害、座、蛇、射、谢、渡、度"

等。丁、中古的全浊音去声字在潮语中读为阳上，如"仲、凤、重、颂、诵、宕、竞、盛、净、乘、邓、憾、暂、梵、顺、郡、遁、恨、建、健、饭、惮、叛、患、宦、辨、甸、电、奠、淀、佃、弁、膳、便、羡、倦、睡、备、自、遗、侍、弟、系、惠、慧、币、毙、械、坏、佩、溃、在、兑、惰、具、惧、住、树、骤、授、就、导"等。戊、次浊音声母去声字也有读为上声的，如"亮、谅、量、让、漾、状、浪、孟、硬、貌、令、佞、孕、滥、念、吝、润、论、愿、裕、暮、慕、募、傲、远、岸、乱、彦、谚、义、荔、伪、务、悟、右、冒、媚、利、二、寐、泪、谜、隶、厉、卫、遇、宥、又、锐、迈、内、耐、艾、奈、卧、御"等。己、个别去声字在潮语中读为平声，如"鸠、赡、殉、徇、翰、嗜、遂、毅"等。此外，也有个别字念为阴上声，如"慎、刃、玩、议、署、宙"等。还有个别字当念为阳去的念为阴去，如"栈、幻、暨、致、剂、滞、露、贸、绕"等。

去声字中的次浊、全浊音字读为阳去的，是本方言固有的读法，读为阳上的，主要是后代的读书音，是唐宋以来仿效中原共同语读音造成的结果。

（4）《广韵》的入声字按声母的清浊分化为阴入和阳入两类，前者如"谷、秃、结、铁、卜、扑、速、屋、缩、菊、竹、福、叔、刮、刷、肃、梏、酷、沃、曲、栋、触、霍、浙、薛、责、德、邑、吸、答、辑、聂、妾、刼"等；后者如"独、仆、木、族、斛、禄、逐、伏、滑、截、熟、六、肉、目、育、毒、局、玉、赎、列、舌、麦、特、墨、立、入、集、习、纳、腊、杰、别、涉、猎、捷、协、恰、洽"等。

（二）潮汕方音的特点及其表现的古音层次

通过潮汕方言的语音与中古《广韵》音系的比较，可以概括出潮汕方音的特点。

从与中古音的比较看来,潮语的语音有的表现了与《广韵》音系一致的特点,有的则呈现了比《广韵》或它的前身《切韵》音系更早的历史时期的语音特点,这说明它的产生和形成,比《切韵》时期更早。有的语音特点,则明显地较《切韵》、《广韵》为后,这是中古时期中原语音对潮州方音施加强大影响的结果。下面分几个历史层次来叙述。

1. 潮语所反映的三国时代以前的语音特点

潮汕方言是一种保存很多古音特点的方言。它所保存的古音特点,是我们研究汉语语音史的重要参证。

潮语本身的语音,有一个十分突出的特点,就是读书音与说话音的差异相当突出。这种差异,大体上反映了本方言语音的不同时代层次。说话音反映的是较古或很古的时代层次,读书音反映的是较为后起的时代层次。这些时代层次,起码可以分为三个:先秦至汉末三国时期为第一时代层次;魏晋南北朝时期为第二个时代层次;唐宋时期为第三个时代层次。当然,还有一些语音现象是较为后起的,它不足以反映汉语语音史上较为早期的语音现象,就不必另列一个时代层次了。

潮语语音所反映的第一个时代层次的语音特点,主要表现在下述几个方面。

先谈谈声母方面的情况。

(1)某些晓、匣纽字读为〔k〕和〔k·〕。

潮汕方言将中古某些匣纽字读为〔k〕的阳调,如:

侯(姓)、猴、厚、下、糊、挟、行、寒、汗、悬、县、衔、含、鹹、猾、滑、峡

中古的匣纽字,在现代潮语中大多数读为〔h〕声母,如"贺、和、祸、鸿"等,一部分失去声母,读为零声母,如"潮、胡、鞋、话"等。读为〔h〕与零声母的字基本上是说

话音与读书音不分的。而上举这些读为［k］的，基本上属于说话音，它们所反映的，是匣母还保留读为塞音的时代的语音。我们认为匣纽字在上古音中应是读为［g］（或［k］）的音（参见拙文《上古音"晓匣"归"见溪群"说》，载《学术研究》1963年第2期）。李方桂在《上古音研究》中也认为中古的匣母在上古音中念为［g］（与一、二、四等韵母相拼的字，参看该书18页，商务印书馆1982年版）。潮语中这种把匣母字念为［k］声母的阳调反映了匣纽字在上古音中的读法。另外，有少量的匣纽字在潮语中念为［k·］，如"溃"［k·ui］、"号"［k·au］（"哭"字训读为此字）和"苛、杭、茎"等字，也都表明匣纽字的上古音读与舌根塞音有关。

潮语还把一些中古的晓纽字读为［k·］，这些读音主要也是说话音，如：

呼（呼猪、鸡等）［k·ou］、许（姓）［k·ou］、恢［k·ue］、况［k·uaŋ］、薅［k·au］、霍藿［k·ak］、郝［k·ak］

这些表明上古音的晓纽字有读为塞音［k·］的现象（详细论证参见上举拙文）。

必须指出，匣纽字念为［k］，是闽南方言的共同特点，这说明这种语音现象并不是偶然地出现于潮语之中，也说明这种语音现象具有悠久的历史。

中古的匣纽缺三等字，一些学者以中古的"云"（喻三）纽并入匣纽，这是对的。现代潮语的读音可以作为佐证。潮语对某些云纽字读为［h］的阳调，如：

佑（保佑的说话音）［ho］、雨［hou］、云［huŋ］、园［hŋ］、远［hŋ］、雄［heŋ］（鸭雄）［hioŋ］（英雄）、王（姓）［heŋ］、熊［him］、域［hok］、越［hua?］、煜［hiok］

云纽入匣是中古的读音。在这一点上，潮语的这种读音反映的是中古时期的语音现象，但从云纽字的上古音来说，它应当读归群纽。从谐声系统上看，云纽字与群纽及见、溪组等关系很密切。

（2）鼻音声母字读为同部位塞音与疑纽字读［h］。

现代潮语把某些鼻音声母字读同部位的塞音，如疑母字"玉、狱、乐、月、疑、碍、鹅、饿、魏、倪、艺、外、牙、语"等读为［g］；明母字"木、帽、麦、梅、马、美、米、眉、墨、闷、密、曼"等读为［b］；微母字"万、未、味、尾、微、文、吻、闻、蚊"等也读为［b］，这些读音与闽南方言其他的方言点读法相同。我们认为，上古音的鼻音声母字并不是单纯的鼻音，而是带有同部位的塞音，也就是说，上古音中可能存在这样的一类声母：

ŋg-，nd-，mb-或是 ŋk-，nt-，mp-

陆志韦先生在《古音说略》"上古鼻音的性质"一节中，就列出了上举的声母形式。他说："现在西北方言有的还保存这一类的声母。上古语很可能也是这样的。mp，mb>m，p，b。ŋk，ŋg>ŋ，k，g。nt、nd 在介音 i 之前腭化成 n̠d̠>n̠z̠，就是《切韵》的日母，正像 ti>tɕ。"这个意见是可取的。现代的一些粤方言点（如广州市郊区）及四邑地区以及闽方言的其他一些地区，都有把鼻音声母读为［mb］、［nd］、［ŋg］的现象。潮语把"墨、万"等字念为［b］，把"语、疑"等字念为［g］，正是上古时期［mb-］、［ŋg-］失去鼻音成分的结果。闽南方言的这个特点，可以证明［mb-］、［nd-］、［ŋg-］这些结构曾存在于上古音（详细论述参见拙著《汉语音韵学》有关章节）。

我们认为，上古的鼻音之后的塞音，可能还有送气的一套，如：

mpʻ，-ntʻ-，ŋkʻ-

因为从古代汉语来说，与泥、娘、日等声母相谐（有谐声关系）的字，有不少在后代读为透、彻声母；与疑母字相谐的字，有的读入溪母。如"许"字，《说文》称它是从言、午声，但中古时读入晓母，午声是在疑母，疑与晓有关。而就潮语来说，"许"字用为姓氏时读为 [kʻou]，则是在溪母。可见"许"字在上古音中可能读为 [ŋkʻ-]。这个"午声"所反映的读音，就不是一个单纯的 [ŋ]，而是带有 [kʻ] 的成分，潮语中保留其 [kʻ] 的读音，即：

$$\text{潮音 } k\text{·（ŋ 失去）}$$

$$\text{ŋk·}$$

$$\text{北方音 } k\text{·（ŋ 失去）} \rightarrow x\text{（中古时读入晓母）}$$

晓母字与疑母字有谐声关系，明母字与晓母字也有谐声关系，如"墨" [m] 字从"黑" [x] 字得声、"海" [x] 字从"每" [m] 字得声、"荒" [x] 字从"亡" [m]（中古属微母）字得声等，使得一些音韵学家认为上古时有一个与 [m] 相配的清鼻音，有的拟为 [m̥]，有的拟为 [mʻ]。我们认为，这种晓纽字与鼻音字互谐的情况，不一定拟出一个清鼻音。其实它们是从上古的 [mpʻ]、[ŋkʻ]、[ntʻ] 等变来的。潮语及其他闽南方言中存在晓母与鼻音声母发生密切关系的情况，许多鼻音声母字在潮语中读为 [h]，如：

疑 母 字 读 为 [h]：鱼、艾、蚁、瓦、讹、额、颜（姓）、岸。

泥（包括娘、日）母字读为 [h]：箬（潮语训读"叶"为 [hioʔ⁸]）、耳、燃。

明（包括微）母字读为 [h] 的，潮音暂未发现。但这种现象在谐声偏旁中最多。

这些字之所以在潮语中读为 [h]，就是因为它们在上古时期本来读为 [mpʻ]、[ntʻ]、[ŋkʻ] 等。后来鼻音成分消失或使元音变为鼻化音（如"耳"字潮语读 [hĩ]），而后面的送气塞音变为擦音［h］。潮语中保存鼻音声母字念为［h］的特点，正足以证明它们古代的读音不是一个单纯的鼻音，而是带有同部位的送气塞音。中古音则有的字［n］、［t·］两读，如《广韵》中的"摊"字，则是［nt·］分化的结果。而"盲"与"肓"字的差异，也是［mp·］分化后，一读为［m］、一读为［x］的结果。

（3）某些章组声母字读为［k］［k·］。

潮语中有另一个较为特殊的现象，就是中古的章组声母字在本方言中念为［k］、［k·］等，如：

枝、栀 ki，指 ki，痣 ki，齿 k·i，粥 kiok

章组字的一部分读归见组声母，是上古音的一个特点。谐声偏旁展示了许多中古的章组字与见组字的密切关系，如：

支（章）—妓技芰（群）

旨指（章）—稽（见）耆（群）

出（昌）—屈窟（溪）掘（群）

古籍中，章组字与见组字也多假借通用。潮语的读音证明章组字在上古时有读为［k］、［k·］的一支。必须指出，不单潮汕方言有此种现象，湖南的涟源方言，章组字读为［k］、［k·］的就更多这些读法，都是上古音的遗留。就潮语来说，它们都是口语中常用的词，其读音都是说话音。

（4）以（喻四）纽字的各种读法。

中古时期的以组字，在潮语中大部分读为零声母，如"夷、已、异、谣、由、游、艳、延、羊、阳、恙、药、跃"等。此外，还有少数的字有其他各种不同的读音，如：

读为［t·］：逞颖颕

读为［dz］：维惟、唯遗、愈、臾萸谀腴俞喻（姓）愉瑜、喻谕裕、睿锐、允吮、悦

读为［s］（阳调）：榕、绳、翼、液（足液叫"骹

$[\mathrm{sio}\textrm{?}^8]$　"）

读为〔k〕：易

读为〔h〕：曳、页、役、昱煜毓

读为〔n〕：涎

我们知道，以纽字在上古音中与〔t〕组声母的关系很密切，所以音韵学界有"喻四归定"之说。谐声系统即有许多相通之处，如：

呈程（澄）—郢（以）

铎（定）—择泽（澄）—绎译驿（以）

古籍中两者的通假、异文也很多。一般认为，中古的以母字，就是从上古的定（澄）母字演变而来的。在定（澄）变以的过程中，其过渡阶段产生了船、禅、邪等声母。也就是说，以、船、禅、邪各组字都来源于上古的定（澄）纽。中古的船、禅本就可以合为一类（详细论述参见拙文《论〈切韵〉系统中床禅的分合》，载《中山大学学报》1979 年第 1期），李方桂《上古音研究》也认为"床禅两母有同一来源"。它们的来源是什么？就是上古的澄纽（定纽的舌面化音）。潮语还把中古船纽字"唇、术（苍术）"、禅纽字"常"等念为〔t〕的阳调，正表明这些字古读入定澄组。上古以后，澄纽的音发生变化，其变化的线路是：

$$\mathrm{dj} \rightarrow (澄) \rightarrow \mathrm{d\underline{z}}(船) \rightarrow \underline{z}(禅) \rightarrow \mathrm{j}(以)$$
$$\searrow \mathrm{z}(邪)$$

以纽字中古时读为〔j〕，是这一演变的终点。而在演变的过程中，产生了〔dʐ〕、〔ʐ〕、〔z〕等音，它们沉积下来，成为船、禅、邪纽字。因此，在汉魏以后至隋唐时期，澄、船、禅、邪、以等声母字的读音甚多瓜葛。在中古时的字书、韵书中，这几个声母字的彼此又读特别多。潮语把以纽字读为〔tˈ〕、〔dz〕（与〔z〕成为自由变体）和零声母，正足以表明以纽字是澄〔dj〕组经由〔dʑ〕的阶段变化来的，方言的读法与古代的书面材料相印合。潮语的各种读法，反映了以纽更早的历史阶段的读音，它比较接近于汉魏南北朝时代的读音。

（5）日母字读为〔n〕。

日母字在中古时读为〔nʑ〕的音，上古时应读与泥〔n〕母的音相近，章炳麟主张娘、日归泥，这一论断是可以成立的。现代潮语把一些日母字读为〔n〕，如"肉、瓤、染、软、二、让"等，反映的正是上古的读音。

（6）精、照组声母不分。

上古音中，精组声母与照（庄）组声母基本上是合在一起的，两者的读音差别很小。魏晋之时，这两组声母的歧异才大起来，据晋人郭璞所注的《尔雅》反切，当时的精、照组声母已分为不同的声母。潮语将精、照组声母读为同音，如"师"与"私"不分，"淄"与"兹"同音等，这反映的是较古的状态。

再谈谈韵母方面的情况。

（1）中古尤韵字一部分读为〔u〕。

中古尤韵字有一部分字如"久、丘、旧、牛、灸"等在上古音中归入之部。在西汉时，这些字从之部分离出来而并入幽部。现代潮语此类字读为〔u〕而不与其他的尤韵字一样读为〔iu〕，与幽部字的读音不同。这说明它们并没有变入幽部，这与汉代之前的情况相同。又上古之部中有一"龟"字，汉代以后从之部变入脂部，后来读为脂部的合口〔ui〕。但潮语仍读"龟"为〔u〕，与"久、丘、牛"等字同音，而不读入脂韵，这也是反映了汉代以前的状况。

（2）一部分蒸部字不变入冬部。

"弓、穷、雄"这些字，在上古音中归蒸部。它们在汉代之际转入冬部。潮语将这些字读为〔eŋ〕韵母，仍保持蒸部的读法，并没有变入冬韵。这也是反映了汉代以前的语音状况。又"熊"字上古之时也在蒸部，蒸部字在更早的时候曾读为 [-m] 韵尾。"熊"字现代潮语读为 [him]，也是保存上古时的读音。

（3）中古某些咍韵字读 [o]。

上古之时，咍韵字归入之部，它们不带 [-i] 韵尾，这个 [-i] 韵尾是在汉代之后才产生的。现代潮语将一部分咍韵字"戴、胎、代、埭"等读为 [o] 而不读为 [ai] 或 [oi]，没有 [-i] 韵尾，表现了汉代以前的读法。

（4）"火"字读归微部。

"火"字在上古音中本归微部。汉代之时，它从微部转入歌部，后代读为 [o]（或 [uo]）。但潮语对"火"字仍读为与微部字同音。说明潮语分化之时，"火"字尚未从微部转入歌部。

（5）"地"字仍在歌部。

"地"字在上古音中本归歌部，到了汉代，它才从歌部转入脂部，所以在魏晋以后的韵书中，它都隶属脂韵，但潮语把"地"（扫地之"地"）字的音念为 [to]，仍在歌部之中（歌部字在潮语中念为 [o]），而没有转入脂部。这表明潮语所表现的语音年代很早。

（6）中古的支韵字一部分读为 [a] 元音。

中古的支韵字一部分在上古时读入歌部，后来才从歌部中分离出来，读入中古的支韵。潮语将这部分的支韵字如"奇、寄、骑、蚁、岐、跂、倚"等念为 [ia]，"倚、纸、徙"等念为 [ua]，主元音都念为 [a]，这都是上古时的读法。

（7）开口微韵字读为 [ui]。

中古时的微韵开口字在上古音中属脂部。在上古的脂部中，它们的发音属于唇化音（声母发音时带有圆唇的特点）

字，到中古时，其唇化作用消失，读入微韵的开口。但潮语对这些字如"衣、机、几、气"等仍读为［ui］，这个［u-］音是由上古的唇化音成分（以［w-］表示）变来的。［ui］的这种读音，也是保存较古的读法。

（8）泰韵、祭韵字读为［ua］音。

中古时的泰、祭韵字在上古时本属于"次入韵"字（参阅拙著《汉语音韵学》331 页至 339 页），它们在上古时本不带［-i］韵尾，而是带［-ʔ］这个喉塞音韵尾。到了中古之前，［-ʔ］转化为［-i］尾，但潮语不发生这个变化，"盖、外、蔡、赖、带、大、汰"等泰韵字和祭韵字都读为［ua］，不产生［-i］韵尾，这也是较早的读音。

（9）东韵字读［aŋ］。

潮语把《广韵》中的东韵字"东、同、空、动、红、篷、缝、聋"等念为［aŋ］，与阳韵字相同。东、阳两部字读音相近（或合一）是西汉韵文押韵相当突出的特点。所以江永《复王石臞先生书》说："东每与阳通，冬每与蒸侵合，此东冬之界限也。"说的正是这种情况。潮语合东、阳为一，反映了汉代的语音特点。

（10）桓韵字"短"读为［to］。

《广韵》的桓韵字"短"作都管切，现代各方言都读为［tuan］或［tun］、［tɔn］等收［-n］尾的音。但此字的声符作"豆"，在候（侯的去声）韵。潮语将"短"字读为［to］，反映了它从豆得声的读法，此音甚古。

以上所述，是潮语在语音方面保存东汉时代以前的中原汉语的一些特点。东汉三国以后，中原汉语发生变化，而潮语仍保持这些特点，这一方面说明潮语具有相当大的保守性，另一方面，也表明潮语形成的历史，即从中原汉语分化的年代确是很早。所以魏晋以后发生的许多语音变化，并没有在潮语身上出现。

2. 潮语反映的魏晋以至隋唐时期的语音特点

潮语中的某些语音特点，是反映了中原汉语魏晋南北朝时代的语音状况的。

（1）舌头、舌上音不分。古代汉语中，舌头音声母与舌上音声母的发音非常接近。清代学者钱大昕有"古无舌上音"的说法。钱氏的说法是正确的。潮汕话中，许多古代的舌上音声母字，都读归舌头音，如知声母字"知、徵、智、致、置、株、猪、仁、著、追、昼、哲、展、中、帐、桌"等，彻母字"丑、超、畅、逞、宠、畜"等，澄纽字"池、治、除、茶、厨、兆、召、宙、郑、持、痔、储、传、程、虫、宅"等，读为〔t〕、〔tʻ〕声母，与舌头音端、透、定纽字相同。舌上音演化为塞擦音〔tɕ〕组或〔tʂ〕，是在中古唐代之际，潮语这种舌头、舌上不分的现象，反映的正是唐代之前的读音。

（2）轻、重唇音不分。古无轻唇音，也是钱大昕提出来的说法。中古以后的轻唇音声母〔f〕是从双唇音〔p〕等分化出来的。中原汉语中，从〔p〕类分化出〔f〕类大概是在唐代。但在潮语中，不存在轻唇音声母，大多数读为轻唇音的字，在该方言中仍读为重唇音。如非母字"斧、富、粪、幅、腹"等读为〔p〕（大多是说话音），敷母字"芳、纺、蜂、捧"等读〔pʻ〕，奉母字有的读为〔p〕，如"肥、吠、冯（姓）、房、饭、妇"等，有的读为〔pʻ〕，如"浮、芙、缝、坟"等。此外，文读音有许多字读为〔h〕。这种轻、重唇音不分的情况，表明唐代以后汉语从重唇音分化出轻唇音的变化并没有及于潮汕方言，它的分化当在此一时期之前。

（3）喻三纽字与匣纽字混读。据音韵学界的研究，中古之前，汉语的喻三纽字读为〔ɣj〕，是匣纽的细音，两者可以合为一个声母。现代潮汕话许多喻三组字正读与匣纽相同（匣纽本身的音值已从浊音的 [ɣ] 变为清音的 [x]，但两者合一是保存古代的语音现象）。如"云、远、园、煜、雨、王（姓）"等都读为 [x]（[h]）。这种匣、喻三合一的现象。反映的正是唐代之前的读音。

（4）歌韵字念 [a] 音。汉语的歌韵字，在宋代以后念为 [o]。宋代以前，歌韵字一般读为 [a]，潮汕话把歌韵字念为 [a]，正反映了唐宋之前的读法。如"歌、我、柯、拖、舵、箩"等字的主要元音都念为 [a]。

（5）阳韵字"姜、僵、张、娘、鲳、伤、常、掌、赏、乡、鸯、粮、墙、相、箱、详、痒、象、匠、酱、抢、蒋、样"等的说话音读为 [ĩõ]，其主元音为 [o]，反映的是阳韵古代的读音；有些字 [ĩõ] 与 [iaŋ] 两读，如"向、两、量、香、长、上、章、樟、帐、胀、涨、丈、阳、养"等，读 [iaŋ] 是唐宋时受共同语读书音的影响产生的。另外，阳韵的庄组字"庄、妆、创、疮、床、霜、状"等念为 [əŋ]，不带 [u-] 介音，反映的也是中古以前的读法。

（6）庚韵三等字"京、惊、丙、影、命、明"等的说话音读为 [ĩã]，其主要元音是 [a]，表现的也是南北朝以前的读音。

（7）覃韵字"蚕"的说话音是 [tsʰõĩ⁵]，其主元音为圆唇的 [o]，它反映了覃韵本读为圆唇元音 [ɒ] 的信息（谈韵没有此种情形）。

（8）山韵字"闲、间、栋、办、版、板、苋"等字念 [õĩ]，删韵字则无此种读音，这反映了魏晋以前山、删两韵读音有别的情况。

（9）支韵字"皮、糜、被"等念 [ue] 的音，读为合口，是古代"重纽"B 类字与 A 类字读音有别的反映。

（10）脂韵开口三等字"狮、筛、眉、嵋、楣、梨、屎、利"等念为［ai］，反映了本韵的主元音在中古以前并不读为［i］，而是接近于［a］一类元音的［e］或［ɛ］等。同时，本韵原来也不带［i-］介音。

（11）二等佳韵字"柴"念为［a］，"叉、权、差、查、债"等念为［e］韵母，表现佳韵尚未产生［-i］韵尾时的状况，这也是南北朝以前读音的遗留。

（12）麻韵三等字"遮、车、奢、赊、畬、爹、斜、邪、椰、耶、者、舍、捨、社、惹、姐、且、写、泻、野、也、冶、蔗、麝、射、赦、藉、谢、榭"等念为［ia］，反映的也是唐代以前的读音。

（13）模韵字读为［o］（如"怒、弩、悟、晤、暮、墓、慕、募、错、作"等），保留的是唐代以前的读法；另一部分模韵字则从［o］再变为［ou］（如"孤、枯、吴、都、胡、呼、狐、乌、卢、土、吐、补"等），也是此韵字读为［u］音之前的读法。

（14）潮汕话中，中古鱼韵字以读［ə］韵为主，虞韵以读［u］韵为主，表现了南北朝时两韵读音有别的情况。另外，这两韵字都有读［o］元音的历史阶段（只是先后的年代不同），而潮汕话读鱼韵字"初、锄、疏、阻、楚、所、助"等为［o］，虞韵字"虞、禹、愚、隅、遇、寓、无"等也读为［o］，则都是早期读音的遗留。

（15）中古的四等韵绝大多数在潮汕话中不带［i］介音，如齐韵字"鸡、溪、倪、题、批、齐、黎、犁、底、体、礼、计、契、替、第、细"等念为［oi］，先韵字"肩、妍、千、前、先、莲、茧、笾、殿、佃、楝、洗"等念为［õĩ］，青韵字"丁、钉、仃、叮、亭、停、霆、宁、冥、暝、螟、溟、刑、形、灵、伶、玲、顶、挺、艇、茗、酪、矴、佞"等念为［eŋ］等，都不带［-i］音。现代音韵学界有些学者主张中古以前的纯四等韵不带［i-］介音，这种说法可以从潮汕方言中得到印证。［i-］介音是在唐宋时期才产生的。

八、潮汕人学习普通话语音的难点和克服方法

（一）声母方面

分辨［x］-[f］ 潮汕方言中没有［f］这个声母。普通话念［f］声母的字在潮汕话中多念为［x］（[h]），如"发"（[fa]）念成［xua］，"非"（[fei]）念成［xui］，"芳"（[faŋ]）念成［xuaŋ］，等等。

其实，发［f］音并不困难。［f］是唇齿音，发音时上齿擦着下唇，气流从上齿和下唇中间挤出来。发音的方法掌握了，还需要进一步了解哪些字念［x］，哪些字念［f］。要防止矫枉过正的毛病，许多人知道有些潮汕话的［x］声母字在普通话中该念［f］，但不知道是哪一些字，因此就什么都念［f］，这也是不对的。

从普通话声韵的拼合关系中，我们了解到［f］声母除和韵母［u］相拼外，不跟其他带［u-］介音的韵母拼，而普通话的［x］声母却跟所有带［u-］介音的韵母拼。这样，根据韵母带［u-］介音与否，可以断定声母该念［x］还是该念［f］。例如"煌"字，我们知道它在普通话中的韵母是［uaŋ］，那我们就可以断定它的声母是［x］而不是［f］。另外，普通话的［x］声母和［ei］韵母拼的，只有"黑、嘿"两个字，而［f］声母跟［ei］韵拼的却很多（如"非、妃、匪、费、废"等），如果我们碰到［ei］韵母的字，多半应念为［f］声母。

根据潮汕话的又读和汉字的偏旁，我们也可以区分一部分
[x]-[f]声母字。潮汕话和其他方言一样，也有两套读音：说
话音、读书音。在潮汕话中有许多字是［p］、［p·］-[x]两读
的，这些字在古汉语中的读音都是［p］和［p·］。这部分字
在普通话中多变为［f］（现代普通话的［f］声母是从古汉语
的［p］［p·］分化出来的）。碰到这些字，就要把它们念为
［f］声母，而不念［x］声母。例如"放、飞、仿、夫"等。
从汉字的偏旁也可分辨［x]-[f]，汉字偏旁从"夫（麸、扶、
肤等）、父、甫、复、付、非、发、乏、弗、反、凡、氾、
分"等，都念［f］，不念［x］。

至于普通话［fu］和［xu］这两个音节的字就比较难于
辨别。但它们的字数不多，而且从偏旁也可以把它们区分开
来。可以重点记忆。

分辨［ts］、［ts·］、［s]-[tʂ]、［tʂ·］、［ʂ]-[tɕ]、［tɕ·］、
［ɕ］潮汕话的舌尖塞擦音只有［ts］、［ts·］、［s］一组，而普
通话却有［ts］、［tʂ］、［tɕ］等三组。普通话念［ts］、［tʂ］、
［tɕ］的，潮汕话里面绝大部分念［ts］。潮汕人没有发［tʂ］、
［tɕ］等的习惯，尤其是没有发舌尖后音［tʂ］等的习惯。"找
到"［tʂau tau］和"早到"［tsau tau］，"诗人"［ʂɿ zən］和
"私人"［sɿ zən］在潮汕人口中是没有区别的。要准确地学
习普通话，必须掌握这三组声母的区别。

一般来说，潮汕人发［tɕ］、［tɕ·］、［ɕ］这三个声母的问
题不大。潮汕话的［ts］、［ts·］、［s］和［i］韵母拼合所发的
音就和［tɕ］、［tɕ·］、［ɕ］相近，但也不是相同。正确的发音
是前舌面（舌头的中部）贴住齿龈和硬腭形成阻塞，接着又
稍为舒开，留一条隙缝让空气流出。潮汕人发［tɕ］、［tɕ·］、
［ɕ］的毛病是舌面和硬腭的接触部位太小。发音时舌头可放
在前门牙背面，舌面拱起来，便能发出［tɕ］。

潮汕话的 [ts]、[ts·]、[s] 和普通话的 [ts]、[ts·]、[s] 也相近似，但不相同。潮汕话的 [ts]、[ts·]、[s] 是舌尖音，发音时舌尖抵住上齿龈，部位较后；普通话的 [ts]、[ts·]、[s] 是舌尖前音，发音时舌尖直抵前齿背，部位很前。潮汕人发这组音的毛病是舌尖的位置不够前，往往是舌尖顶着上齿龈。改正的方法是舌尖尽量伸前。

发音比较困难的是舌尖后音 [tʂ] 等。发 [tʂ] 等时舌尖往后卷起。卷舌不宜太前也不宜太后，太前则跟潮汕话的 [ts]、[ts·]、[s] 一样，太后则发音模糊难辨。最恰当的位置是舌尖指向上腭的一块小肉（每个人的上腭处都有一块小肉丁，小心用舌头摸摸便可发现它的存在），稍前一点也可以。

熟悉了这三组声母的发音，就应该进一步掌握哪些字该读舌面音，哪些字该读舌尖前或舌尖后音。

念 [tɕ]、[tɕ·]、[ɕ] 的字最容易从三者中分出来。我们知道，普通话的 [tɕ] 组声母只和 [i]、[i-]、[y]、[y-] 韵拼，而 [tʂ]、[ts] 两组声母则完全不跟 [i]、[i-]、[y]、[y-] 拼。根据这一拼合关系，可以把 [tɕ] 分出来。同时，普通话的 [tɕ]、[tɕ·]、[ɕ] 一部分是从古汉语 [k]、[k·]、[x] 声母变来的（如"基、欺、希"），这些字在潮汕话中仍念 [k]、[k·]、[h]。因此，凡潮汕音念 [k]、[k·] 而韵母为 [i] 的，在普通话中就念 [tɕ]、[tɕ·]、[ɕ]。

[ts]、[ts·]、[s] 和 [tʂ]、[tʂ·]、[ʂ] 的分辨就比较困难些，不过还是有办法可以把它们分开来。

从潮汕音和普通话的对应关系中知道，一部分潮汕话念 [t]、[t·] 声母的，在普通话中念为 [tʂ]、[tʂ·]（如"置、致、池，持、痔、彻"），因此，凡 [t]、[t·] 声母在普通话中念舌尖塞擦音的，就可以断定该念 [tʂ]、[tʂ·] 而不念 [ts]、[ts·]。

从潮汕话的拼合关系知道，普通话念［ts］、［ts·］、［s］声母的字，其韵母在潮汕音中很少念［i］（［i-］），只有"四、死、司、丝、鸶、肆、寺、字、紫"等几个字念［i］（［i-］）；相反，普通话念［tʂ］、［tʂ·］、［ʂ］声母的字，其韵母在潮汕音中很多念［i］（［i-］）。这样，根据潮汕音韵母带［i］（［i-］）与否，可以把绝大部分的［ts］-［tʂ］等声母字区分开来。

利用汉字的偏旁也可以分辨［tʂ］等与［ts］等。凡汉字同一个偏旁的，多读同一类声母。因此，记住声旁，就可以附带记很多字。如：章——瘴、障、幛、樟、彰、蟑［tʂ］，昌——倡、唱、猖、菖、阊、娼［tʂ·］；宗——棕、综、踪、鬃、粽［ts］，采——彩、睬、踩、菜［ts·］。

另外，普通话念［tʂ］等的字多，念［ts］等的字少，记住少数的字，多数的就可以大胆类推了。

潮汕话特有的声母　潮汕话有几个声母——［b］（"米、马"等字的声母），［g］（"疑、语"），［ŋ］（"义、尧"）等是普通话中所没有的。潮汕人讲普通话时，常常不自觉地把它们带进普通话里面去，这个毛病也必须纠正。潮汕话念这几个声母的字，在普通话中大都读为零声母（即没有声母）。少数字读为别的声母（［b］一部分念为［m］，如"米、马、母"；［ŋ］少数字念入［n］，如"牛、虐、霓"）。

（二）韵母方面

分辨［i］-［y］-［u］　潮汕话中没有［y］韵母。潮汕人常以［i］代［y］。又因为普通话念［y］的字，在潮汕话中多念为［u］，所以又常常以［u］代［y］。

潮汕人发［y］音并不困难，只要在发［i］的基础上，舌位保持不动，嘴唇收圆就成了［y］。

潮汕话本身没有［i］-［y］的分别，学起普通话来就很难分辨哪些字该念［i］，哪些字该念［y］。我们知道，潮汕的［u］和［ə］韵母绝大部分和普通话的［y］对应（潮阳、普宁、惠来等县没有［u］、［ə］之分，全读［u］），如"宇、羽、禹、鱼、居"等都念为［y］。普通话念［i］的绝大部分在潮汕话中念为［i］。根据这一条对应规律，就可把［y］和［i］区分开来，即潮汕音念［u］（或［ə］）的，在普通话中绝大多数念［y］而不念［i］。此外，一些念入声韵母为［ek］、［iok］的字在普通话中也多念［y］，如"局、侷、菊、玉、狱、郁、育、曲"等。

潮汕人又常常把［y］和［u］混起来，下面这些字是潮汕人最易念错的："聚、驹、拘、具、句、屡、取、娶、需、胥、戍、须、续、绪、序、絮、娱、恤、宇、羽、裕、愈、喻"等。

大体上潮汕话的声母为［k］、［k·］、［ts］、［ts·］、［s］的字，多半应念［y］，其他声母的字多半应念［u］。

分辨［ei］-［ui］-［ai］　潮汕地区除海陆丰外，其他各县都没有［ei］这个韵母。通常潮汕人不是把它念为［ui］，便是念为［ai］，最常见的是念为［ui］，如"累、类、内、美"等都念为［ui］。把［ei］念为［ui］或［ai］都不对。然则怎么样分辨这些韵母呢？

从普通话的拼合关系来看，［ei］韵跟唇音声母［p］、［p·］、［m］、［f］和［n］、［l］相拼的很多，而［ui］却不跟唇音声母和［n］、［l］拼。这样，凡是和［p］等拼的一定是［ei］而不是［ui］，如"卑、佩、媒、眉、肥、废、内、雷"等字是。相反，［ui］韵和其他声母（即除唇音声母和［n］、［l］外）拼的很多，［ei］韵和其他声母拼的很少。这样，声母为唇音和［n］、［l］以外的，其韵母大部分是［ui］而不是［ei］，如"缀、推、退、虽、魁、葵"等字。

潮汕人最容易把［ei］韵念成［ai］的，主要是唇音声母字，特别是［m］声母字，如"梅、媒、煤、没、每、美"等。要分辨［m］声母字的韵母是［ei］还是［ai］，也并不困难，因为［ai］和［m］拼的字很少，只有"埋、买、迈、卖、麦、脉"这几个字，而［m］和［ei］拼的字都比较多，记住这少数的几个字，就可以把［ei］和［ai］分开来了。

分辨［iau］-［iou］ 潮汕一部分地区有［iau］（如潮阳、揭阳、普宁、惠来等县），一部分地区（汕头、澄海、潮安）只有［iou］，没有［iau］。没有［iau］的地区的人往往以［iou］去代替普通话的［iau］。普通话虽也有［iou］，但潮汕话念［iou］的在普通话中不念［iou］而念［iau］，潮汕话念［iu］的普通话才念［iou］。根据这一对应关系，就可把［iau］和［iou］区分开来，即潮汕音念［iou］的，普通话当念［iau］，如"表、标、矫、娇"等；潮汕话念［iu］的，普通话当念［iou］，如"油、由、柳、流、谬"等。

分辨［o-uo］、［ən-un］和［əŋ-oŋ］ 潮汕话中没有［uo］，常常以［o］代替，如把"多、坐"的韵母念为［o］；潮汕人又常常把应该念［ən］的字（如"们、盆"）错念成［un］，把应该念［əŋ］的字错念成［oŋ］（如"碰、奉、孟、封"）。要怎样分辨这一对对的音呢？

普通话的［o］只跟唇音声母［p］、［pʻ］、［m］、［f］相拼。［uo］则相反，［uo］只跟其他声母相拼，不跟［p］等相拼；［un］、［oŋ］也不跟［p］等相拼。掌握这一点就能把这三对音区分开来，声母为［p］等的就该念［o］，不念［uo］；该念［ən］，不念［un］；该念［əŋ］，不念［oŋ］。

分辨［-n］-［-ŋ］ 潮汕方言中缺乏收［-n］韵尾的韵母（除海陆丰有［in］、［un］两个韵母外），常以［-ŋ］代［-n］。

如把"上班"（[ʂaŋ pan]）念成"上帮"（[ʂaŋ paŋ]），"老年"（[lau nian]）念成"老娘"（[lau niaŋ]）。[-n]、[-ŋ]不分是潮汕人讲普通话的一个大毛病，也是学习普通话的大难点。突破这个难点，就能进一步学好普通话。

潮汕人首先要习惯[-n]韵尾的发音。例如[an]发音时先念[a]，然后再加上一个[-n]尾。[an]和[aŋ]的区别是[an]发到[-n]的阶段，舌尖向上腭处一顶（情况和发[n]声母相同）；[aŋ]的[-ŋ]是舌根音，发音时舌头不往上腭处顶。潮汕人要细心体会这两者的差别。

掌握了发音还不够，必须更进一步了解哪些字该念[-n]，哪些字该念[-ŋ]。下面介绍几个区分[-n]、[-ŋ]的方法。

1. 利用语言对应规律来区分。

潮汕大部分地区（除澄海外）保存收[-m]韵尾的韵母（"男、林、心、贪"等的韵尾就是[-m]）。普通话没有收[-m]的韵母，潮汕音收[-m]的字，普通话都收[-n]。这样，潮汕人念[-m]的，普通话就念[-n]，不念[-ŋ]。

潮汕话的[əŋ]（"根、恨、芹、近"的韵母）主要跟普通话的[in]韵和[uan]韵对应（即潮汕音念[əŋ]的字在普通话中多念为[in]和[uan]）；[uŋ]（"温、吞、门、盆、云、群"等的韵母）主要跟[un]、[ən]、[yn]对应；[iŋ]（"因、民、辛、信"等的韵母）主要跟[in]、[ən]对应；而[oŋ]（"中、农、从、宗、封、碰"等字的韵母）却跟[oŋ]、[əŋ]对应；[ioŋ]（"庸、永、勇"的韵母）跟[ioŋ]对应；[eŋ]（"英、澄、警、应、成、丞"等的韵母）跟[iŋ]和[əŋ]对应。根据这些对应关系我们可以得出一条规律来，即潮汕音念[əŋ]、[oŋ]、[iŋ]的字，在普通话中绝大多数收[-n]；潮汕音念[aŋ]、[ioŋ]、[eŋ]的，在普通话中绝大部分收[-ŋ]。又潮汕话念[õĩ]（"闲、前"的韵母），[ũã]（"碗、官"的韵母），[ã]（"柑、三"的韵母），[ĩ]（"圆、院"的韵母）的字在普通话都念[-n]尾；潮汕话念[ẽ]（"梗、棚"的韵母），[ĩã]（"兵、冰、镜"的韵母），[ĩõ]（"象、腔"的韵母）的字在普通话中都念[-ŋ]尾。这样，我们就可以把很大部分的[-n]、[-ŋ]韵字区分开来。

2. 利用拼合关系来区分。

根据普通话的拼合关系，[u]元音只与[-n]尾结合，不与[ŋ]尾结合（即只有[un]，没有[uŋ]）；[o]元音只与[-ŋ]尾结合，不与[-n]尾结合（即只有[oŋ]，没有[on]）；[y]元音只与[-n]结合，不与[-ŋ]结合（即只有[yn]，没有[yŋ]）；[y]介音只与[an]结合，不与[aŋ]结合（即只有[yan]，没有[yaŋ]）。这样，[un]、[yn]、[yan]、[oŋ]等韵母就多只有一类，没有[un]-[uŋ]，[yn]-[yŋ]，[yan]-[yaŋ]，[oŋ]-[on]对举。掌握这一点，碰到任何一个字，只要看看它的元音或介音是什么，立刻就可断定它的韵尾该是[-n]还是[-ŋ]。

普通话的[ian]韵跟声母[p]、[p·]、[m]，[t]、[t·]、[n]、[l]，[tɕ]、[tɕ·]、[ɕ]相拼，[iaŋ]则只跟[n]、[l]，[tɕ]、[tɕ·]、[ɕ]相拼。这样，凡和[p]、[p·]、[m]，[t]、[t·]拼的，其韵尾一定是[-n]而不是[-ŋ]。普通话的[uan]和[t]、[t·]、[n]、[l]，[k]、[k·]、[x]，[tʂ]、[tʂ·]、[ʂ]、[ʐ]，[ts]、[ts·]、[s]相拼，[uaŋ]只和[k]、[k·]、[x]，[tʂ]、[tʂ·]、[ʂ]相拼，由此可知，和[t]、[t·]、[n]、[l]、[ʐ]、[ts]、[ts·]、[s]等声母拼的该是[uan]而不是[uaŋ]。

3. 利用汉字偏旁来区分。

汉字的偏旁相同，绝大部分字其韵母收尾也相同。大家只要记住几个或十多个重要的声旁，就可附带记得好多的字。如：分——份、芬、纷、氛、吩、忿、盆（[-n]），登——灯（燈）、证（證）、邓（鄧）、瞪、澄、橙、磴、蹬、凳（[-ŋ]）。记得"分"和"登"两个字，就可记得从分从登的许多字。

入声韵和鼻化韵　潮汕音中还保留了大量的入声字。入声在普通话里已经消失了。潮汕人讲普通话时常常把入声字特有的韵尾及入声发音短促的特点带进普通话里面，如把"热烈"念成 [zɐʔ lieʔ]（[-ʔ] 是表示入声韵尾），听起来很生硬、急促。这个毛病必须改正。改正的方法是彻底、干净地去掉入声韵尾，同时发音也要拉长一些。

潮汕话里有许多鼻化韵字。鼻化韵就是在韵母上带有一层鼻音的色彩。潮州话的"圆、爱、鼻、虎"等字就是鼻化韵字（比较"圆—移，爱—哀，鼻—披，虎—户"）。潮汕人讲普通话时，往往不自觉地把鼻化韵带到普通话里边去，如把"所以"的"以"念成 [ĩ]，"已经"的"已"也念成 [ĩ]。这个毛病在潮汕人里面极为普遍，难怪别的地方的人老是说潮汕人讲普通话时鼻音很重，原来就是常常把这些鼻化韵带到普通话里面去的缘故。

（三）声调方面

潮汕人学习普通话的声调一般困难不会很大，但也不是说可以轻易学会。在发音上潮汕人发普通话的阴平往往不够高，普通话的阴平是高平调，发音要高而且平。潮汕人发阴平时常以潮汕话的阴平调去念，潮汕话的阴平是中平调，实际的发音比普通话的阴平要低些。克服的方法是适当地把声调提高，用潮汕话的阳平调（高平调）去念普通话的阴平就对了（即以念潮汕话的"移、淫、疲"等字的音高去念普通话的"衣、因、披"等字）。

阳上变去　潮汕话的阳上调字（如"善、建、暂"）绝大部分在普通话中念为去声。潮汕人因为不了解这一点，往往把阳上的字照念上声，结果造成错误。克服的方法就是要把绝大多数的潮汕话阳上调字念为普通话的去声。但也要注意少数的例外字（即不念入阳上而念入其他声调）。

入声分派　潮汕人学习普通话的声调，最麻烦的是入声字的归并问题。在普通话中，古代的入声已经消失了，从前的入声字分派入阴平、阳平、上声、去声四声中去。潮汕话的入声则还保留着古代汉语的发音系统。潮汕人讲普通话时，碰到一些潮汕话的入声字，往往不知道该念什么声，或把声调弄错。

入声字分派四声，并不是漫无规律的。我们掌握了这些规律，就可很容易地判断哪些入声字该念普通话的什么声。大致上原来入声字的声母为不送气清音的多归阳平，如［p］、［t］、［k］、［ts］等声母字"拔、薄、白、笛、德、夺、隔、格、国、及、集、节"等；声母为送气清音或浊音（包括零声母）的多归去声，如［m］、［n］、［l］、［t·］、［ts·］、［k·］、［dz］、［g］、［ŋ］等声母字"目、涅、略、榻、册、克、热、玉、颚"等；声母没有清浊之分的则四声兼归，如［x］、［s］声母字。

第四节　潮语词汇概况

潮汕方言的词汇，有不少与粤方言相似的特点。比如单音词占优势，存在一些词序与汉语共同语不同的"倒序词"，保存大量的古汉语词语和词义，从外族或外国语中借入不少"外来词"。当然，也有本方言的一些特有语词及惯用语，等等。那些与粤方言相同的词汇现象，这里就不必赘述。我们在本节中着重谈谈一些潮汕方言有异于其他方言的词语特点。有一些特点虽也与粤方言等相似，但其具体词语不一样，则也有略加叙述的必要。

一、本方言特有的词语

潮汕话中，有一些词语与共同语或其他方言不同，只是流行于当地的语言社会之中。例如：

荠葱——荸荠。

弓蕉——香蕉。

茶米——茶叶。

工夫茶——潮汕地区喝茶的一种特殊方式。

牛屎核——蜣螂，即屎克螂。

芋泥——用芋头磨成泥状加糖和猪油等制成的食品。

大舌——口吃。

跟缀——服侍。

参详——商量。

猴——爬上爬下的动作。

作田园人——农民。

乞食——乞丐。

养老婿——入赘。

开臊——产妇产儿后开始吃荤菜。

走鬼——从前称婢女。

莿流——指流氓或流氓行为。

同身——旧时称鬼神附体的人。

治宫——庙祝。

物配——下饭的菜肴。

沙茶——潮汕一种带辣味的特殊的调味品。

请槟榔——古代岭南地区喜庆时以槟榔待客。现代潮汕地区已不吃槟榔,用橄榄代替,用以招待客人或献给尊长,叫"请槟榔"。

猪头粽——一种用猪头肉剁碎压成块状加佐料做成的食品,是澄海特产。

椅条——板凳。

粉鸟——鸽子。

够水——植物或动物已成熟。

野样——难看。

客财——喜鹊。

手车——人力车。

做忌——忌辰。

唔闲——忙,不得空。

揽跤跋——摔跤。

旌功——自我表扬。

大头——喜欢出风头。

好脸——爱面子。

潮汕方言中表现社会生活各方面特有的词语还有很多,这里只举出一些例子来表明其多样性。有些特殊词语是由旧的风俗习惯保留下来的,有些则是源于当地特殊的自然环境或特有的生活习惯或物产。

二、丰富的古语词

潮汕方言是从古代汉语分化出来的,分化的年代比较早,分化出来之后形成了闽方言以至潮汕方言,其发展又比较缓慢。因此,在潮汕方言中保留了大量的古代汉语语词。其情况与粤方言一样,不过,就潮汕方言来说,它保留的古代语词,

在数量上可能比粤方言更多；在时代上可能比粤方言更加久
远。许多魏晋以前的古汉语词语或词义，都在现代潮汕方言中
存在着。这也正是潮汕方言成为研究古代汉语的"语言活化
石"的另一种表现。

潮语保存古代词语的例子很多，如：

瘦　潮语称人身体瘦小为〔saŋ²〕，其本字是"瘦"，《广
韵》梗韵："所景切，瘦瘦。"

潮语称水浅为"涍"〔kˑo²〕，这也是一个古词，《广韵》
皓韵："苦浩切，水干。"下面各词都是潮汕方言所使用的
古词：

灿〔ta¹〕　干。《集韵》："灿，丑交切，热也"。又"暴
也"。《玉篇》："干也，爆也。"《广雅·释诂》三："灿，
干也。"

莶〔him¹〕　潮汕话称辣为"莶"，《集韵》盐韵："馨兼
切，辛毒之味。"

涫〔kuŋ²〕　水沸。《说文》："沸也。"《广韵》："古玩
切，沸也。"《荀子·解蔽》："涫涫纷纷，孰知其形。"注：
"涫涫，沸貌。"严忌《哀时命》："气涫沸其若波。"《史记·
龟策列传》："肠如涫汤。"司马贞《索隐》注曰："涫，
沸也。"

欻〔huk⁴〕　吹，潮汕话称撮口吹气使火起为"忽"，如
说"忽纸媒"（吹引火纸条），本字为"欻"。《说文》："欻，
有所吹起。"《玉篇》："许勿切，暴起也。"玄应《一切经音
义》六引《仓颉篇》："欻，猝起也。"音义皆合。

欳〔tsuʔ⁴〕　吮吸，如"欳奶"。《广韵》："子聿切，饮
也。"《玉篇》："子律切，吮也。"音义与潮语的说法全同。

拕〔tua⁶〕　牵引。《广韵》："徒可切，引也。"

挼〔dzue⁵〕　用手搓东西的动作。《说文》："摧也，一

曰两手相切摩也。"《广韵》:"乃回切,手摩物也。"

园　收藏。潮语称把东西收藏起来为"〔k·əŋ³〕磨",其本词为"园"。《集韵》宕韵:"口浪切,藏也。"

以上略举数例说明潮汕方言中保存古代汉语的语词很多,本书作者与林伦伦先生合著有《潮汕方言词考释》一书(广东人民出版社1992年版)收录保存于潮汕话中的古语词近千条,可以参考。

现代潮语使用的一些古词、古义,多是后代的汉语不用或少用的。这表明潮汕方言从古语中吸收这些词的年代很早,有些词,在古代汉语中,到唐宋以后才出现某种意义,但这种意义不存在于潮语,这说明它分化的时代很早。如潮汕话用"作"(如"作田")不用"耕",用"毛"不用"发",用"目汁"不用"泪",用"胳"不用"脂",用"形"不用"颜",用"惜"不用"爱",用"下"不用"低",用"覆"不用"背"(背面),用"晏"不用"晚",用"拍"不用"打"(打字始见于《易林》),用"惊"不用"怕",用"乞"不用"给"(给予),用"鼻水"不用"涕"(古指泪)等。又如用"惰"不用"懒",用"世"不用"代"(唐以后用"代"表"世代"),用"面"不用"脸"("脸"表脸面基本上是在魏晋以后),用"额"(脖子)不用"颈",用"床"不用"桌",用"唔闲"不用"忙"(古义为"心乱"),用"花嘴"不用"说谎"(谎古义为说梦话),用"猛"不用"快",用"入"不用"进",等等。总之,共同语所使用的词的"后起义"多不见于潮汕方言,它用的多是古词古义。

三、外来词的借入

潮汕方言与粤方言一样,也有许多外来词。但它们也有不同之点。粤方言的外来词主要是来自英语，潮汕话除一部分来自英语之外，更多的是来自马来语，因为近数百年来，大量的潮汕人到南洋（新加坡、马来西亚一带）谋生，在原来使用的方言中吸收进不少的马来语词。来自各方面的语词举例如下：

吗淡（警察）mata-mata（马）

亚铅（铁线）ayan（马）

洞角（手杖）tongket（马）

巴萨（市场）pasak（马）

咕哩（苦力）kuli（马）

巴突（合理，事）patut（马）

五骹砌（街廊）kaki-lima（马）

　　（宽度一般为五英尺，故加"五"字。）

隆帮（寄人篱下）lumpang（马）

罗的（小饼干）roti（马）

咕啤（加乳咖啡）kopi（马）

榴梿（一种水果名）durian（马）

峇羽（气味）ba-u（马）

揞甲（估量）aga（马）

舒甲（合意）suka（马）

朵隆（饶恕，保佑）tolong（马）

砂拉［la³］（做错事见不得人）salah（马）

目头（商标）mark（英）

一尖钱（一分钱）cent（英）

妈多西居（摩托）motorcycle（英）

基罗（公斤）kilogram（英）

巴仙（百分比）percent（英）

此外，还有"菲林"（胶卷）、"的士"（出租车）等与粤语的外来词一样的词，这里就不一一列举了。

四、潮汕方言的惯用语

潮汕方言中的惯用语也很丰富，它包含有许多成语、俗语和歇后语等。有许多惯用语都反映了当地的社会习尚和生活特点。举例如下。

成语或俗语方面，如：

过关送文凭——喻待别人事成之后才采取帮助措施、送人情。

老鼠偷入拍石铺——没得吃的。

好头好面臭尻仓——表面好看，内里糟糕。

落水猫排唔着生相——轮不到得益。

力落唔对势输过惰——吃力不讨好。

正月放屎二月臭——反响太迟缓。

扛棺材放银纸包哭父——比喻什么事都包揽。

食蛇配虎血——凶残的人。

生人张生计，死人无计张——各种人、各种事都有办法想。

锣做锣响，鼓做鼓拍——各行其是，步调不一。

老水鸡（田鸡）倒旋——跑回老地方。

众人目，毒过蛇——群众眼睛雪亮。

合得主人意，便是好功夫——做事要合主人的意愿。

这一类的口头俗语很多。此外，潮语中还有许多歇后语，如：

六月大菜——假有心。

胡蝇戴帽——勿面（不要脸）。

竹篙（竿）掠落瓮——受屈。

青盲（瞎子）照镜——瞎看。

偷杉做棺材——等死。

缺嘴留须——无场地。

弥勒佛哭瘠（瘦）——不满足。

疴腰上山——顺势（趁势）。

火烧猪头——熟面熟面（脸熟）。

老鼠抱猫上竹篙（竿）——岂有此理。

食饱买包——无切要（不要紧）。

师公和尚——唔同道（不同道）。

井骹（边）吊桶——人人好用。

五彩猫——会叫不会咬（老鼠）。

青盲（瞎子）嚷捉贼——瞎说。

下面是一些谐音式的歇后语：

大丛芫荽——假芹（勤）。

老爷旗杆——无龙围（无能为——没本事）。

摇鼓团——雅担（呾——说好听的话）。

老婆跋（跌）落水——妻（凄）凉。

客厅吊（挂）草席——唔是画（话）。

三姨烫蚶——想大擘（伯）。

漳州银团——土毫（豪）。

厝头开树——生松（成，天造地设的意思）。

除了存在许多俗语、歇后语之外，潮汕方言中还有一些四字格的熟语，略举数例如下：

五尽六了——什么都完了。

鼻塞头眩——感冒的症状。

除青去白——除去这除去那，所剩无几。

花嘴白舌——说谎。

就柳相贼——按赃物办案。

争盘夺碟——争夺财物。

有影无迹——不确实，不可信。

魂无缀身——魂不附体，善忘。

破船镇港——霸住地盘。

地牛换肩——地震。

话底有骨——话中有话。

揭箸遮目——掩人耳目。

鼻流入嘴——愚蠢无能。

坟看做厝——不辨黑白，横肆粗暴。

有切无要——不要紧，可有可无。

三馑四撮——东一小块，西一小块。

这一类的"四字格"熟语，有的已接近成语的性质，这些丰富的词语，大大增强了方言的表现力。

第五节　潮语语法简述

潮汕方言的语法也有许多特点，今撮其要简述如下。

一、词头、词尾种种

潮汕话中也使用词头"老"，一般用于姓氏或序数之前表示对人的称呼，如：

老赵　老李　老黄　老三　老二

其他如"老虎、老婆、老师"等的用法与普通话相同。

词头还用"阿"，也可放在亲属词及人名、序数词前表示对人的称呼：

阿父　阿叔　阿兄　阿妹

阿三　阿四　阿雄　阿杰

阿梅　阿英

潮汕话的词尾则用"囝"［kĩã²］，它相当于普通话的"子"或"儿"，"囝"表示小称或带有亲昵等感情色彩，如：

刀囝　碗囝　鸡囝　鹅囝　牛囝　门囝　柜囝　床囝

椅囝　巷囝　厝囝（小屋子）　路囝（小路）

裌囝（夹背心）　鼎囝（锅）　珠娘囝（女孩）

后生囝（小青年）　鼠贼囝　番囝（指称外国人）

"囝"也可以表示时间的短暂：

一下囝　一阵囝　一困囝

（以上都是"一会儿"的意思。）

也可以表示数量的短少，如：

滴囝（一点点）　撮囝（一小撮）

"囝"的用法很多样，不必备举。

词尾也用"婆、佬"等，与粤语差不多。

二、各类实词的重叠

重叠是表示不同的语法意义的一种手段。潮语中也常使用重叠的方式来使词语表示各种不同的含义和增强词语的生动化作用。

（一）名词的重叠

名词的重叠除可以用于表示人称如"爸爸、妈妈、爷爷"（这些都是较为后起的说法，可能是接受共同语的影响）等之外，还有一些名词重叠之后，主要是化为形容词性的词语，表示对事物的描述，如：

柴柴　不灵活、死板的样子。

仙仙　不懂世事的样子。

佛佛　恬静而老实、不喜动的样子。

猴猴　脸部很瘦而像猴子的样子。

水水　水分很多的样子。

涂涂　乌黑而像泥土的样子。

尾尾　在很后面。

（二）动词的重叠

单音动词的重叠，一般都表示动作的短暂性和尝试性，以及随意性，如：

睇睇（看一看）

行行（走一走）

听听（听一听）

试试（试一试）

动词的重叠，还可以通过中间加"阿"的方式，形成"A阿A"式，它表示动作、行为的往复和程度的轻微，如：

摇阿摇（摇摇，不用力，也不止一次。）

咬阿咬（咬咬）

咀阿咀（说着说着）

行阿行（走着走着）

单音动词重叠之后还可以带结果补语表示随意做某事，如：

行行磨（躲起来不露面）

食食了（把东西吃完）

褪褪掉（脱掉衣服）

洗洗直（洗完东西）

双音动词也可以重叠，表示动作、行为的重复及不经意进行的意味，它可以是 ABAB 式，如：

修改修改

排比排比（安排安排）

收拾收拾

行踏行踏（亲临其地，略加照管）

也可以是 AABB 式：

收收拾拾

洗洗荡荡（洗身体）

拼拼拍拍（出力干事）

坐坐诐诐（聊天）

这类重叠的双音动词，一般以联合式结构的词语为主。

动词性的短语也可以重叠，用以形容某种状况的表示的程度比本词弱一些。如：

唔好〔hau³〕唔好（不太乐意，不太肯答应）

袃〔boi⁶〕行袃行（不太会走路）

草略会草略会（会一点而不太会）

无心情无心情（心情不太好）

畏嘴畏嘴（不太想吃东西）

（三）形容词的重叠

单音形容词的重叠，表示性质或程度略轻一些，如：

大大　长长　圆圆　厚厚

红红　乌乌　绿绿　青青

细细　下下（低低）　芳芳（香香）

双音形容词可构成 AAB 式，也可以构成 ABB 式，如：

洞洞光（光亮）　　　　蓬蓬松（蓬松）

索索裼（一无所有）　　醭醭青（脸色发青）

四正正（端正）　　　　光卵卵（光滑）

凉哩哩（凉快）　　　　潦沛沛（丰盛）

艰苦苦（艰难）　　　　闹热热（热闹）

也可以构成 AABB 式：

四四正正　　　　　　　规规矩矩

客客气气　　　　　　　条条直直（有条不紊）

或构成 ABAB 式：

四方四方（四方形）　　老实老实

大只大只（大个儿）　　野样野样（难看）

也可以构成 ABAC 式：

无礼无貌　　　无大无细

唔四唔直（不清不楚）　　白食白呾（随便乱说）

这些不同的重叠方式，增加了语词的形象性和表现力。

三、拟声摹状的生动形式

潮汕话词汇的另一个特色，是在它的词语之中，拥有一批通过和谐的语音构成来表达形象、生动内容的词语，这就是采用"双声"和"叠韵"的方式来构词。这些双声、叠韵词都是联绵词的一种，它们通过某一些音素有规则的重复出现来造成声音上的美感，使听者听起来感到和谐悦耳。这些双声、叠韵词举例如下：

（一）双声词

ta$?^8$ ti$?^8$　　啰嗦

ta^2 tiak^8　　整治

tĩõ^1 ti^5　　设法做好某事

k·aŋ^1 k·io$?^4$　　提携

ts·iŋ^3 ts·ai^2　　饶恕、随便

ts·i^3 ts·ua^6　　桀骜不驯

ki$?^4$ ku$?^8$　　暗地里嘀咕

taŋ^1 tã^7　　贻误

$p'a\textipa{P}^4\ p'i\textipa{P}^4$　　水很浅的样子

$kiou\ kia\textipa{P}^4$　　装束齐整、洒脱

$ts'i\textipa{P}^8\ ts'o\textipa{P}^8$　　干扰别人行动的样子

$p'a\textipa{P}^4\ p'\tilde{e}^1$　　安排、分拆

这些词中，有些是形容词性的，有些是动词性的，它们读音上好听，意义上生动、形象。

（二）叠韵词

$\tilde{a\tilde{u}}^1\ t\tilde{a\tilde{u}}^1$　　骄傲、自以为了不起的样子

$ko\eta^5\ lo\eta^1$　　头晕的样子

$o^1\ tso^1$　　不干净

$le\eta^5\ tse\eta^1$　　有精神的样子

$la\textipa{P}^4\ ta\textipa{P}^4$　　衣冠不整的样子

$ui^1\ sui^1$　　衣衫褴褛的样子

$ts'i^1\ i^5$　　肮脏

$lu^6\ su^6$　　肚子大的样子

$le^6\ ke^2$　　不牢靠的样子

$lu\textipa{P}^4\ tu\textipa{P}^4$　　土气而又难看的样子

（三）拟声词

潮汕方言的形容性词语，还可以重叠起来之后加上一个"叫"字表拟声或摹状，"叫"之前可以是叠音词，也可以是双声、叠韵词。

$ki\textipa{P}^4\ ka\textipa{P}^4$ 叫　　人声嘈杂

$tik^4\ tok^4$ 叫　　心跳的声音（表示害怕）

$o\eta^7\ o\eta^7$ 叫　　蚊子叫的声音

$hu^7\ hu^7$ 叫　　风声、飞机声

$to\eta^6\ to\eta^6$ 叫　　水滴下的声音

k·auʔ⁴ k·auʔ⁴ 叫　　口中咬硬东西的声音

ŋiou⁵ ŋiou⁵ 叫　　猫叫声

poŋ⁷ poŋ⁷ 叫　　打门声

k·ə⁶ kə·⁶ 叫　　人的笑声

ho⁷ ho⁷ 叫　　号啕大哭的声音

ki⁷ ki⁷ 叫　　水从小孔喷出的声音

ku⁷ ku⁷ 叫　　腹鸣的声音

（四）摹状词

描摹事物的情状或动作的情况，可以在叠音词之后加一个"叫"字表示，如：

huʔ⁴ huʔ⁴ 叫　　时间过得飞快的样子

k·əʔ⁴ k·əʔ⁴ 叫　　形容心中极为向往的样子

ue⁷ ue⁷ 叫　　啧有烦言的样子

p·e⁷ p·e⁷ 叫　　行动快捷的样子

uaʔ⁴ uaʔ⁴ 叫　　吆喝的情状

也可以用一个双声词再加"叫"表示，如：

ts·iʔ⁴ ts·oʔ⁴ 叫　　行动匆促的样子

siʔ⁴ suʔ⁴ 叫　　行动快捷

hiʔ⁴ huaʔ⁴ 叫　　吆喝别人的情状

ki⁷ ka⁷ 叫　　人声嘈杂、人物众多的样子

也可以在一个单音词之后加"一叫"表示，如：

tok⁴ 一叫（动作突然发生）　　k·ə⁶ 一叫（心中高兴）

pok⁴ 一叫（行为迅速）　　　　suʔ⁴ 一叫（行动快捷）

四、代词的用法

（一）人称代词

代词是用来代替人、物、事等方面的名称，达到使语言简

练、生动的目的的。用来代替人物的，一般称为人称代词，如普通话的"我、你、他"等。潮汕方言也有许多人称代词，但它们和普通话并不一样。普通话表示第一人称单数的代词是"我"，潮汕话一般也用"我"，个别地方用"愚"［ŋo²］，"愚"是古语的遗留。普通话第一人称复数是"我们"，潮汕话则是"阮"（"阮"是由"我"变来的，就"阮"本身的意义来说，它并不等于"我们"，只是它在潮汕音中与［uaŋ²］同音，潮汕人一般借用它来表示"我"的复数。其实，潮汕话人称代词的复数本来是合音词，有音无字，我们这里所叙述的，也只是借用同音字来表示而已）。潮汕话第二人称单数用"汝"［lə²］，复数用"女"［nəŋ²］；第三人称单数用"伊"［i¹］，复数用"因"［iŋ¹］。"汝"和"伊"都是古语的沿用；"女"和"因"则借用同音字。这些都是和普通话有所不同的。潮语的人称词复数用加［-ŋ］表示，可以视为一种"屈折变化"。

在现代北方话中，第一人称的复数还有"咱们"一词。"咱们"是包括对话者在内的代词。潮汕话的"俺"［nam²］就全等于"咱们"，如：

俺勿呾伊（咱们不要说他）。

普通话第三人称单数代词有性的分别（分别表现在书写形式上），阳性是"他"，阴性是"她"，中性是"它"，动物是"它"，等等，潮汕话则一律用"伊"。

普通话有用"您"作为"你"的礼貌式，潮汕话没有"您"，但也有"你"的礼貌式。对听话者的礼貌，往往用"俺"，如：

俺个厝在底块（您的家在哪儿）？

人称代词中还有所谓自称和他称的，自称的代词普通话常用"自己"，潮汕话则用"个己"［ka¹ ki⁷］，"个己"也是古词，顾公毅《小辋川记》有说"为个己创作之资"，"个己"即是"自己"。如：

伊个己去物（他自己去做）。

他称的代词普通话常用"人家"，潮汕话则用"别人"，北方话中也用"别人"，但不甚普遍。

汝勿挈别人个物件（你不要拿人家的东西）。

对自称和他称等的概括就是统称。统称的代词普通话常用"大家"，潮汕话则有"大家伙"，潮汕话这个"伙"的意思接近普通话的"们"，但使用场合不尽相同，如"同志们、孩子们"可说"同志伙、奴团伙"，"人们"却不能说"人伙"，它只能说"人"（只是声调有所不同）。如：

人〔naŋ⁷〕笼总呾伊好（人们都说他好）。

潮汕话的代替形式有一种奇特的现象，就是当人称代词居于领位的时候，不管所代替的人是单数或多数，一律须用复数形式。如要说"我老婆今天回她娘家"，往往都说"阮老婆今日转去因厝"。这句话如果直译普通话，就变成"我们的老婆今天回她们的娘家"。老婆和娘家都是一个人的，但要用复数。

（二）指示代词

用代词指代人、物、事、时、地等，我们称为指示代词。一般的指示代词有近指和远指之分。我们且把潮汕话所用的指示代词列在下面，再加以说明。

种类	一般的			处所的	时间的	方式的	程度的	品种的
数	单	单	复					
近指	这（这）	这个（这个）	这撮（这些）	这块（这里）	这阵（这会儿）	这生（这样、这么）	酱〔tsĩo³〕（这么）	者个（这种）

续表

种类	一般的			处所的	时间的	方式的	程度的	品种的
数	单	单	复					
远指	许（那）	许个（那个）	许撮（那些）	许块（那里）	许阵（那会儿）	许生（那样、那么）	向〔hĩo³〕（那么）	〔hia²〕个（那种）

这里，最基本的指示代词是"这"和"许"（"许"是一个古词），"这"相当于普通话的"这"，"许"相当于"那"。普通话的"这"和"那"可以直接加于名词之前，如"这话对、那桌子不好"等。潮汕话的"这"和"许"却不能这样，名词之前必须有一个量词，"这"和"许"才能加上去。如：

这句话着（这话对）。

许只床无用（那桌子不好）。

不能说"这话着"和"许床无用"。

"这个、许个"相当于普通话的"这个、那个"：

这个人死绝老实（这个人很老实）。

许个人死绝狡猾（那个人很狡猾）。

"这撮、许撮"相当于"这些、那些"，都表示复数：

这撮物在底块来（这些东西从哪里来）？

许撮人出去人（那些人出去了）。

"这块、许块"相当于"这里、这儿"和"那里、那儿"，都表示处所：

这块无人（这里没有人）。

许块有只狗（那里有一只狗）。

"这阵、许阵"相当于"这会儿、那会儿"或"这会子、那会子"，加"这"的表示现在的时候，加"许"的表示过去的时候：

这阵五点（这会儿五点）。

许阵三点（那会儿三点）。

"许阵"的"阵"如念阳去声就等于"那会儿"，如果念阳平声就变成"从前"的意思了。为使这两者的区别更加明显，一般常常在"许阵"后加一个"物"字，"许阵物"也是"那会儿"的意思

"这阵、许阵"也有用"这下物、许下物"的。

"这生、许生"相当于"这样、那样"，都是表示动作、行为的方式：

这生做上好（这样做最好）。

许生呾无若好听（那样说不大好听）。

潮汕话的"这生"和"许生"还可表示人或物的性质，含有"这种、那种"的意思，如：

这生人，这生命（这种人，就这种命运）。

或者说是"这样的人，这样的命运"也未尝不可。

潮汕话的"酱"是"这样"〔tse² ĩõ⁷〕的合音，"向"是"许样"〔hə² ĩõ⁷〕的合音（"酱"和"向"都借用同音字），相当于普通话的"这么、那么"，表示事物的程度：

呾到酱好（说得这么好）。

向晏正来（那么晚才来）。

潮汕话的"向"含有"过分"的意思，有时还有反诘的作用，所以一般只在贬责的场合才用它。不带贬义的则在"向"字后面加一"生"字，"向生"也是"那么"的意思。如：

伊是向生力落（他是那么勤劳）。

如果不说"向生"而说"向"："伊是向力落"，那就有点诘责的味儿了。

普通话有一些指示代词是表示数量的，如"这么个、那

么个"（单数），"这么些、那么些"（复数）等，潮汕话却没有。

表示种类的，近指用"者"或"者个"，如说："者是红个"（这种是红的）。远指用"［hia²］"或"［hia²］个"，如"［hia²］是黄个"（那一种是黄的）。

（三）疑问代词

潮汕话所用的疑问代词，可以分为问人、事物、处所等方面。

用于对人的询问的，可用"底［tiaŋ⁵］、底人"。它们相当于普通话的"谁"。"底"相当于古代的"何"，它也是一个古词。如说：

底人无来（谁没到）？

底请汝去（谁请你去）？

如果是询问人的品性、职业的，则用"乜［miʔ⁴］人"。如说：

伊是乜人（他是什么人）？

用于对事物的询问，也可以用"乜"，说成"乜个、乜物、乜事"。如说：

汝来这块有乜事（你来这里有什么事）？

如果是对原因的询问，则用"做呢"［tso³ni⁵］。如：

昨日你做呢无来（昨天你为什么不来）？

伊做呢这生咀（他为什么这样说）？

"做呢"也相当于普通话的"干什么"或"做什么"。如：

伊啰做呢（他在干什么）？

搬这撮木板去做呢（搬这些木板去干什么）？

表示"什么"还可以用"底个"，如：

者个底个（这种东西是什么）？

伊啰物底个（他在干什么）？

也可以用"什乜"表示对物种的询问，它相当于普通话的"什么"。如：

者个是什乜物件（这种是什么东西）？

对处所的询问，则用"底块"，它相当于"哪里"：

今日汝去底块（今天你上哪儿）？

撮书汝放在底块（那些书你放在哪里）？

五、数量词的运用

表示人物及动作数量多少的词，称为数量词。数量词包括数和量两个方面，我们先谈数词，再谈量词。

（一）数词的用法

数词的运用，首先是基数，包括一般所说的称数法的问题。潮汕话的称数法和普通话有一些地方不大相同。

潮汕话的基数也是用一、二、三、四、五、六、七、八、九、十、百、千、万、亿等等。但在一般老人家口中，某些基数却使用禁忌语代替。如"七"不称"七"，而称"一礼拜"。这是因为在死了人的人家，人死后七天要举行祭奠，以后每七日一次，直至七七四十九日。这些祭奠叫做"做七"。这样，一般有禁忌的老人家就不使用"七"这个词，而用"一礼拜"了（因为"一礼拜"恰好有七天）。另外，"九"也不叫"九"，而叫"快"，它大概是因为"九"与"狗"同音，犯骂人的嫌疑，所以说成"快"。"快"是取"快到十"的意思。

潮汕话几个十进等级位数连用的时候，只说出第一个就够了，以后的低位数都可省略。如"一万三千二百"和"一百一十"可说成"万三二"和"百一"，普通话却不能这么说。

普通话中，凡三位数以上，中间如有空位，就要用"零"在中间连接，如说"一百零三"。潮汕话则不用"零"，而在前一位数后面加上一个"加"的连接词。"加"的意思是某数之后再加另一个数，如说"一百加三"，就是"一百零三"。

普通话的"二"在某些场合里可用"两"代用，潮汕话的"两"没有这个用法，一般单用"二"。"两"只在一种赌博中才用，或者在两事物之间存在某种对立关系的情况下才用。如"两方、两旁"等。

潮汕话没有百分数，如不说"百分之二十、十分之九"等，潮汕话只用"成"，如百分之二十便说"二成"，十分之九便说"九成"等。现在，百分比的说法也渐渐进入潮语。

普通话在只知上位整数不知下位零数的情况下，常常用"几"或"多"表示，如说"十几个、百多个"等。潮汕话则不用"几"或"多"，而用"外"，如说"十外个、百外人"等。潮汕话如果下位零数约在五以下，则用"敲"，表示多一点；如果在五以上，就用重叠的"外外"。如说"百敲个"，就是出百不远；如说"百外外个"，就是出百较远而近于二百了。

普通话表示大概的数量（约数）往往用"上下"或"左右"，如说："他五十岁上下。""那边来了百人左右。"

潮汕话则不用"上下"或"左右"，而用"板母［bo²］"：

伊五十岁个板母（他大约五十岁）。

许畔来了百人个板母（那边来了一百人左右）。

潮汕话的序数是在基数前加上"第"而成的，这和普通话没有什么两样，但加上"第"之后，"一"和"二"的念法便和基数的念法不同了。基数的"一"是［tsek⁸］，"二"是［no⁶］，序数的"一"是［ik⁴］，"二"是［dzi⁶］，一些外地人初学潮汕话，往往就会念错。在询问事物的数量时，普通

话用"多少"和"几",潮汕话用"若桸［tsoi⁷］"(即"若干多"的意思)和"几":

汝今年若桸岁了（你今年几岁了)?

伊有几个囝（他有几个儿子)?

普通话在"多"字后面跟上一个形容词,也可作询问之用。如"多大?""多远?"等等。潮汕话也有这种用法,但不用"多",而用"若"。如"若大?""若远?"等。

(二)量词的差异

数词要和名词或动词结合,必须经过量词的介绍。在汉语里,各方言所用的量词是各不相同的。这里我们简略地谈谈普通话和潮汕话在使用量词上的差异。

"个"这个词在普通话中是应用很广的一个量词,但它在潮汕话中的应用范围还要广泛,一些动物在普通话中是用"只"来称数的,但在潮汕话中也可用"个"。如"一个蝴蝶、一个蜻蜓"等。其他也可用"个"来称数,如"一个镜、一个衫"、"一个新妇（媳妇)"等,这些在普通话中多用"面"、"件"和"房"。

普通话的"只"多用在动物和成对东西的单称,如"牛、羊、手、鞋"等。潮汕话除了这些用"只"外,凡是那些有"脚"的东西都可称"只",如"桌子、椅子"(普通话都用"张"等)。一些东西在普通话里可用"只"的,潮汕话却又不用,如不说"一只梨、一只杯"等。

普通话中,凡是器物可以用手把握的,多称"把",如"刀子、扇子、伞、锤子"等,潮汕话不用"把"而用"支",如说"一支刀、一支扇、一支雨伞、一支锤"等。

有一平面的物品,普通话多用"张"或"面",如"一张桌子、一面旗",潮汕话则用"只"和"支"。

普通话中，凡用竹木制作或成条的东西，往往称"根"。潮汕话没有"根"这个量词，凡普通话用"根"的多用"条"或"支"，如"一支锤、一条索（绳子）、一支竹、一支火柴、一条毛"等。

普通话称狭长形的东西往往用"条"，潮汕话则又不尽用"条"，如"裤、鱼、黄瓜"等就不称"条"，而称"一个裤、一尾鱼、一个黄瓜"了。

普通话称"树"为"棵"，"花"为"朵"，"珠"为"颗"，潮汕话则称"丛"、"个"和"粒"。

普通话称房屋建筑物用"间"、"所"和"座"等，潮汕话则用"间"和"落"，"落"和"座"相当。但"座"还可用以指"山、塔、城市"等，"落"则不能。潮汕话指这些东西都可以用"个"。

普通话称车用"辆"，驴、马用"匹"，骡用"头"，潮汕话指车辆用"只"或"张"，驴马骡皆用"只"。

普通话凡成线形的东西多用"道"，如"一道眉、一道线"等，潮汕话则称"一只眉、一条线"等。

称人的集体单位普通话多用"群、班、起、伙"等，潮汕话则用"群"和"撮"，如"一群老人、一撮人"等。

普通话对集体的物称用"包、卷、串、捆、把"等，潮汕话有"包、卷、把"，没有"串、捆"，潮汕话的"球"就等于"串"，"缚"等于"捆"。如说"一包药、一卷纸、一把米、一球珠、一缚柴"等。

潮汕话里面，数词、量词和名词结合在一起时，数词如为"一"，则往往省去数词。量词在个别场合也可省略，如"一个人"中间的"个"便可略去。有时，数词"一"和量词结合在一起并不表示一个单位的什么东西，而表示"满"的意思，如说"一床物到净净水；一手干干血"，意思就是"满桌子弄到都是水；满手都是血"。

对行为、动作的计算，也需要使用量词。表示动作的次数的，普通话多用"次"，潮汕话则用"匝"［tsua⁷］。"匝"是古词，曹操诗就有"绕树三匝"之句。如：

伊去二匝了（他去两次了）。

匝匝来，匝匝无（次次来，次次没有）。

潮汕话除用"匝"外，还用"回、摆"。"匝、摆"还相当于普通话的"遭"和"趟"。

在计算感官行为（如听、看、说）的次数方面，普通话常用"遍"，潮汕话则用"过"。

普通话　　　　　潮汕话

他又说一遍。　　　伊又呾一过。

我看了一遍了。　　我看一过了。

再听一遍吧！　　　再听一过咁（音［no⁷]）！

普通话用"阵、顿、番"等词表示行为的集合数。潮汕话用"阵、顿"，但不用"番"。普通话的"阵"必须放在动词后，潮汕话却能放在动词前，如"一阵哭，一阵笑"。普通话的"顿"本来专指打骂行为，有时吃饭也用"顿"计算。潮汕话指打骂的行为不用"顿"，只在吃饭上头才用"顿"。

普通话中，和"阵、顿"等相对的是"下"，前者是表示行为经过一段长时间的，后者则表示行为经过的时间是短暂的。但潮汕话的"下"却也可以表示长时间的，也就是说，普通话用"阵、番"的场合有时也可用"下"，如：

伊哭了一下。（他哭了一阵。）

相反，潮汕话的"阵"倒有短暂的意思。

六、时态与动态

潮汕方言表示时态与动态，一般是运用时间副词和时态助词来表示。

时间副词的作用主要是与动词配搭起来表示动作的时间或动作的频率。一般的时间副词，就它所表现的时间性来说，一些是有定的，一些是不定的。有定的我们称为"有定时"；不定的我们称为"无定时"。有定时的时间副词还可分为过去、现在、将来三类。

（一）各种不同的时态

1. 有定时

（1）过去时

对遥远的过去所发生的行为的追述，潮汕话用"许〔hə²〕天时"来表示。"许天时"相当于普通话的"从前"或"以前"。

许天时有一个人（从前有一个人）。

许天时伊呾过这句话（以前他说过这句话）。

如果着眼在行为开始发生的那一时刻，则用"起头、初头、当初时、初头下"等词表示，这些词相当于普通话的"起初"。

起头是汝拍伊（起初是你打他）。

当初时是汝个我呾个（起初是你对我说的）。

表示行为早成过去，普通话用"早就、早已"；潮汕话用"老早"。这个词大约是近几十年才从北方传入的。潮汕方言中原来也用"早就"这个词，但近代较为少用。

伊老早去了（他早就去了）。

我早就食好（我早就吃过）。

表示动作在最近的过去发生，潮汕话用"像像"〔sĩõ³〕这个重叠式副词。它相当于普通话的"刚刚"或"刚才"。

伊像像还啰呾话哩（他刚才还在说话呢）。

我像像来（我刚刚到来）。

表示过去有过这样的行为（发生过这样的事情），不管时间的先后，普通话常用"曾经"，潮汕话则用"诮"〔pak⁴〕这个词。"诮"有"经历过"的意思。

我诮教书（我曾经教过书）。

我诮去因内（我曾经到过他家）。

过去的动作、行为，着眼在它是否实现（即出现过），普通话常用"已经"这个词；潮汕话则用"啰"〔lo¹〕，且在句末加一个"还"〔hũa¹〕字作为后垫表示动作成为过去；"还"相当于"了"，意义比较空灵。

我啰做好还（我已经做好了）。

伊啰去过还（他已经去了）。

（2）现在时

潮汕话用"这阵"〔tsi² tsuŋ⁵〕这个词来表示现在发生的动作或事件：

这阵无人（现在没有人）。

这阵去（现在去）。

普通话的"现在"有时用于指整段的时间，代表的时间范围不那么确定，如说"现在社会生活安定"。这时在潮汕话中就不能用"这阵"，而必须用"此在"〔tsʻə² tsai⁶〕这个词了，如：

此在社会生活安定。

表示动作正在进行，潮汕话用"正啰〔lo¹〕"，"啰"也是"在"的意思。

伊正啰读书（他正在读书）。

正啰呾伊伊就来（正在讲他他就来）。

着眼在动作的延续，普通话常用"仍"或"仍然"、"仍旧"，潮汕话则用"照旧"。

伊照旧唔咀（他仍旧不说）。

我照旧喜欢伊（我仍然喜欢他）。

（3）将来时

表示动作在未来的时间中发生，潮汕话常用"后将日"或"将来"这两个词。"将来"是后起的，与普通话一样。

后将日在北京相会（将来在北京相会）。

将来个生活做呢物（将来的生活怎么办）？

表示动作即将发生的，普通话用"将要"或"差不多要，"潮汕话用"爱"或"差唔多爱"：

伊爱去了（他将要去了）。

俺差唔多爱毕业了（咱们差不多要毕业了）。

表示动作、行为的结局的，普通话用"结果、到底"；潮汕话则用"尾手"和"结局"。

尾手伊输了（结果他输了）。

结局二人选着（结果两个人中选）。

表示未来动作发生的时间是在预期中的，普通话用"早晚"；潮汕话用"先慢"。

伊先慢着来（他早晚该来）。

我先慢转去内（我早晚回家）。

2. 无定时

着眼在动作的疾徐的，普通话用"忽然、突然"表示动作的突如其来；用"渐渐、慢慢"表示行为的徐缓发生。潮汕话则用"卜［pok⁴］一叫"表前者；"宽宽［k·ūā¹ k·ūā¹］、匀匀［uŋ⁵ uŋ⁵］"表后者。"卜一叫"是一个摹状词；"宽宽、匀匀"都是表示时间的充裕和过程的迟缓。

伊卜一叫来了（他突然来了）。

工作着宽宽来（工作要慢慢来）。

表示动作的发生是刻不容缓的，普通话用"立即、马

広东的方言

上";潮州话用"随即",间或也用"马上"。"马上"是从北方话借过来的,它还保留着北方话的读音(照潮汕话读音该念〔be² tsĩõ⁷〕)。

我随即就行(我立即就走)。

伊马上来(他马上来)。

着眼在行为与时间的联系,表示动作行为的经常性,普通话用"常常、每每",潮汕话用"常时"或"时不时"。

伊常时来我内坐诐(他常常到我家来坐谈)。

我时不时去北京(我常常到北京去)。

表示动作行为的习惯性,普通话用"平常、平时";潮汕话用"排日、排时、平时、往日、往时",等等。

伊平日无食薰(他平常不抽烟)。

我往时七点半就来(我平时七点半就来)。

表示行为的永久性,普通话用"永远";潮汕话用"亘〔tʼaŋ³〕世人"。"亘世人"是"贯串一生"的意思。

因亘世人做一堆(他们永远在一起)。

伊亘世人唔来了(他永远不来了)。

着眼在动作发生的次序的:表示此一动作发生于彼一动作之后,普通话用"才";潮汕话用"正"。

食饭好正去(吃过饭才去)。

我劳动二年后正升学(我劳动两年后才升学)。

表示此一动作紧跟彼一动作发生的,普通话用"就"或"便";潮汕话也用"就"。

呾好就来(讲完就来)。

药抹好就孬痛(抹过药就不痛)。

表示两个动作同时发生的,普通话用"同时";潮汕话用"做一下"。潮汕话的"下"是一个时间单位词,大抵相当于普通话的"会儿"。

俺做一下去（咱们同时去）。

饭佮菜做一下熟了（饭和菜同时熟了）。

着眼在动作发生的次数的：表示动作的重复，普通话用"又、再"；潮汕话用"又"、"又缘"或"重再"。

伊又缘转来学堂（他又回到学校）。

我重再呾一过（我再说一遍）。

表示动作多次重复的，普通话用"屡屡"，潮汕话用"续续"〔sua³ sua³〕。"续续"是"连续不断"的意思。

我续续劝告伊（我屡屡劝告他）。

伊续续迟到（他屡屡迟到）。

着眼在动作发生的时机的：表示动作的巧合，普通话用"刚好、恰恰、恰好、凑巧"等，潮汕话用"堵空、啱啱〔ŋam¹ ŋam¹〕"等。

我堵空遇着伊（我恰好碰到他）。

我啱啱无赍钱（我凑巧没带钱）。

表示动作的偶合，普通话用"偶然"；潮汕话用"无想无想"。"无想无想"是"出乎意料"的意思。"无想无想"必得重叠。

我无想无想行出去（我偶然走出去）。

伊无想无想遇着我（他偶然碰到我）。

（二）动态种种

汉语的词语本身是不能表示时间的，所以采用一些时间副词表示时间的概念，除此而外，汉语还常用一些辅助性的词语（助词）附加于动词前后表示动作的情貌，这些词语最常见的有"着、了"等。这些词乍看起来煞像时间副词表示动作的时间的，其实，它们并不表示"时"的概念，而是表示"体"的概念，即表明动作的完成与否。

普通话常用"着"表示动作的进行，"着"放在动词后，潮汕话不用"着"，而用"啰"（音［lo¹］）和"在块"，"啰"放在动词前，"在块"放在动词后。大体上，动词后面带宾语的该用"啰"，不带宾语的就用"在块"：

我啰看书（我看着书）。

伊将伊个手掠在块（他把她的手抓着）。

普通话的"着"还可表示感觉（如"着凉"）、接触（"踏着我的脚"）和达到目的等；潮汕话的"着"也有这些作用（潮汕话偏在表示动作的情态时不用"着"，不过普通话的"着"用在表示"达到目的"的场合，潮汕话却不尽可用，如普通话可说："他睡着了。"潮汕话却不能这么说，只能说："伊兂去了。"这些"着"作为别种的用法，跟动作的情态没有关系，这里只附带提及罢了）。

普通话用"了"表示动作行为的完成。潮汕话也用"了"，这个"了"有两种作用，一是放在句末，作为语气助词，读［lou⁷］；一作词尾，表示完成体，读［liou²］。作为词尾用的"了"，本来就具有完结、完毕的意义，可以独用，如说"我个钱了了（我的钱用完了）。""了"在表示动作的完成的作用上，普通话和潮汕话没有多大的差异。

在普通话中，动词带着宾语，依然可加词尾"了"。如说："他洗了脸便出去了。"潮汕话却没有这样的格式，动词不能加词尾"了"，只在宾语后面加一"好"字，表示完成，如："伊洗面好就出去了（他洗了脸就出去了）。"

普通话常用"起来"表示动作的开始，潮汕话间或也用"起来"，但情况与普通话有异，在普通话中，"起来"放在句末，这一点和潮汕话是相同的，如：

二人笑起来（两个人笑起来）。

鸟飞起来（鸟儿飞起来）。

在普通话里，如果动词带有宾语，这个宾语便须插在"起来"的中间，如："我们便谈起话来。"但潮汕话这种情况往往就不用"起来"，如要用，则宾语不能插在中间，而要提前："我们个话就诐起来。"

普通话用"下去"表示动作的继续，潮汕话用"落去"：请汝呾落去（请你说下去）。

七、能愿动词的用法

说话者用以表示志向、意愿以及事物实现的可能性必须使用一些助动词。

普通话常用"能"或"能够"表示力所能及的动作、行为。潮汕话不用"能"或"能够"而用"有变"：

我有变跑这块一圈（我能跑这儿一圈）。

我有变骑马（我能够骑马）。

潮汕话间或用"有能为"，意义、作用与"有变"相同。

表示客观存在着可能性，容许动作、行为的出现，普通话常用"可"和"可以"，潮汕话则用"好"：

汝好转去内了（你可以回家了）。

教室收拾好了，好上堂（教室修理好了，可以上课）。

在普通话中，动词后面跟着补语时，用"得"字插在中间，表示可能，如："窗框虽然小一点，玻璃还装得上。"潮汕话除插入"得"字之外，还插入"会"，"会"是表示能力的，如：

窗框虽然细滴团，玻璃还是物会得入。

普通话用"必"和"必定"或"定"和"一定"表示事物、动作的必然性。潮汕话则用"硬否"表示。"硬否"本是"绝对不是"的意思，但由于习惯用法（社会上的误用）改变了原来的意义，变成"绝对是"的意思：

伊无来硬否浮什乜事（他没来一定发生什么事）。

普通话"必、一定"的反面是"未必"和"不一定"，潮汕话"硬否"的反面却不是"唔硬否"而是"无定着"，表"未必、不一定"的场合，都可用"无定着"：

汝无定着谢伊（你未必认识他）。

我无定着去（我不一定去）。

普通话用"要"表示意愿，潮汕话则用"爱"：

我爱做一个坚强个人（我要做一个坚强的人）。

伊爱买一部录音机（他要买一部录音机）。

"要"的反面是"不要"，"爱"的反面是"勿"［mai³］，"勿"是"唔爱"的合音词。

普通话用"肯"表示允诺，潮汕话用"好"［hãũ³］：

阮阿爸好乞我一本书（我父亲肯给我一本书）。

因爱人唔好伊离开（他爱人不肯让他离开）。

普通话用"得、须"或"须要"表示主、客观事物的需求，潮汕话用"着"：

我着去学校（我得去学校）。

厂内个事着你管顾（厂内的事须要你照料）。

"得、须、须要"等的反面是"不必"或"不用"，"着"的反面是"免"。

潮汕话的"着"又相当于普通话的"该、应该"。但"着"的反面"免"却不等于"不该"或"不应该"。否定时先在原来副词的位置上安一个否定副词"孬"［mo²］（唔好的合音），再在句末加上肯定副词"着"，如：

汝着这生做（你应该这样做）。

伊孬［mo²］关门就着（他不该关门）。

八、几种特殊的句式

潮汕方言中，有一些句式与普通话或其他方言具有不同的特点。这里选择几种主要的介绍如下。

（一）比较句

表示两件以上的事物在状态、性质上的相比情况，就是比较。比较在普通话中一般是使用这样的格式：

甲比乙（ ）

如说："狗比猫大。"这种格式是在比较的事物中间用一个"比"字，述说词放在句末。但潮汕话比较的格式却不是这样：比较时，不用"比"而是把述说词提到比较者的中间，并在它后面加上一个"过"字表示优胜。如：

狗大过猫。

潮汕话这种句式在古代汉语中可以找到它的根源。古代汉语的比较句常用"甲（ ）于乙"的格式，这里，潮汕话的"过"相当于古汉语的"于"，句子的结构是一样的。

表示两件（或两件以上）事物在程度上完全一致，不分优劣的，普通话常用副词"一样"或"一般"，潮汕话则用"平"：

我佮伊平老（我跟他一样老）。

二只鸡平大（两只鸡一般大）。

两件比较的事物，在程度上分优劣的，也要用副词表示。表示最高程度的，普通话常用"最"，潮汕话常用"上"：

阿爸上老，阿弟上细（父亲最老，弟弟最小）。

马走上雄，牛第二（马跑最快，牛第二）。

表示比较程度的，普通话常用"较"或"比较"，潮汕话常用"夭"：

我夭大汝（我比你大一些）。

这个夭大，许个夭细（这个比较大，那个比较小）。

（二）**处置句**

处置是一种特别的结构形式，即是一般的"把字句"，是利用"把"字把宾语提前的句子结构形式。潮汕话的处置式不用"把"而用"将"。"将"字的作用和"把"字相同，有把宾语提前的能力。

潮汕话的处置式有一个特色，就是"将"字在把宾语提前之后，常常在动词前面加上一个介宾短语"个伊"（给他），如"伊将许本书个伊物掉了"（他把那本书给弄掉了），普通话一般不带介宾短语，只在表示损害的场合才加"给"，这个"给"字大概是介宾短语残留下来的介词，宾语已经消失。

潮汕话的处置句有时不用"将"而用"对"，"对"往往出现在动作本身具有破坏性的场合，如说：

伊对我撮物件个伊抢去了（他把我的东西给抢去了）。

一些没有行动意味的动词不用处置式，这一点甚至比普通话的要求来得严格。没有"我将伊看见（我把他看见）"自不必说，说是"我将伊说服了（我把他说服了）"的说法也是没有的。

要把宾语提前，可以不必使用"将"或"对"字，如要说"你把窗关起来"，可以说"个窗汝个伊关起来"或"汝个窗个伊关起来"，这时宾语不单可以提到谓语动词之前，而且可以提到主语之前。这种句子实质上也是"将字句"的变形，原来"将"字在句子中被省略了，剩下"将字句"特有的动词前的介宾短语代替了"将"字的作用。这种句法在主语省略的情况下更常出现。

（三）被动句

被动句是叙述句的另一种类型，它表示句子的主语是作为动作的承受者。被动句的主语原是提前了的宾语，这种句子与处置句有共通的地方。普通话的被动句常用"被"字表示，潮汕话却不用"被"而用"乞"，如：

我乞伊批评一晷（我被他批评一顿）。

猪乞阮刮了（猪被我们宰了）。

普通话的被动句，"被"字可以不带宾语（代表动作的主动者），而潮汕话却非带宾语不可，如普通话可说"他被说服了"，潮汕话却不能说"伊乞说服了"。这正如在主动句"我乞伊一件物件"中的宾语"伊"不能省略一样。

汉语的被动式，本来只限于用在不如意的场合，近代已经没有这个限制，但潮汕话却还相当严格地保守着。

普通话的"被"字后面不能跟否定词，如不能说"功课被我不记得"。但在潮汕话里却能这么说，"乞"字后面可用否定词：

功课乞我唔记得去。

普通话中被动句有许多形式，如"被……所"、"为……所"、"被……给"等等，这些形式在潮汕话中都不存在。普通话还有一种新兴的被动式，即用"叫、让"表示，这在潮汕话中也没有出现。汉语的一些句子没有明显的被动句的形式，但有被动句的实质，如"电灯关着"、"门锁了"一类的句子。这些句子在暗中隐藏着一个施事者，句中没有明显表示出来。有另外一种句子，如"墙倒下去了"，"倒"是发自"墙"本身的动作，这种句子可说没有被动的意味。但在潮汕话中，这类句子却套上被动的形式。潮汕话固然也可以说"墙倒落去了"，但在更多的场合下，它被说成"墙乞伊倒落去了"。这个句子中的"伊"可说是泛指的宾语，或者更确切地说，这个"伊"正是"墙"自己。这不能不说是一种特殊的形式。

（四）否定句

否定句是对于所论及的事物加以否定的句子。这样的句子需要使用一些否定副词。普通话中最常见的否定副词是"不"、"没"和"没有"，它们产生否定事物或行为存在的作用。在潮汕话中，相当于"没"或"没有"的是"无"：

我无书（我没有书）。

图书馆今日无开门（图书馆今天没开门）。

普通话另一个常用否定副词是"不"，它常常表示对于动作的否定。潮汕话的"唔"相当于"不"：

我唔去（我不去）。

伊还唔知这件事（他还不知道这件事）。

潮汕话的"无"有时也相当于普通话的"不"，如说：

我个身体无若好（我的身体不大好）。

普通话的否定副词有时放在动词后面，副词后再加一个表示达到目的或可能的补语。如说："我买不到《新华字典》。"潮汕话一般可用"唔"代"不"，可用"着"代"到"，但有时也可用"无"代替。如：

我买唔着《新华字典》。

我买无《新华字典》。

如果否定副词放在动词前表示对动作的否定，那就不能用"无"代"不"。如"我无去"并不等于"我不去"。

普通话的"没"和"没有"还可代替古汉语的"未"，表示对过去动作的否定，如："他的书还没看完。"潮汕话则依然用古汉语的"未"。

伊个书还未看了。

这个"未"不单可放在"看"之前，还可放在"看"之后，意义完全不变：

伊个书还看未了。

在普通话中用"别"或"不要"来表示劝阻或禁止。潮汕话则用"勿"（唔爱），如：

汝勿去报到（你不要去报到）。

弟弟，勿哭咴（弟弟，别哭啦）！

普通话用"不可"表示对听话者的警告或表示动作不能进行，潮汕话则用"唔好"的合音 $[mo^2]$（写作"孬"）表示：

汝孬 $[mo^2]$ 散呾（你不可乱说）。

我孬 $[mo^2]$ 做剧烈个运动（我不可做剧烈的运动）。

表示动作、行为为谈话者任何一方所力不能及的，普通话常用"不会"，潮汕话则常用"无会"的合音 $[boi^6]$（方言字写成"獪"）。

我獪 $[boi^6]$ 做文（我不会做文章）。

动物獪 $[boi^6]$ 呾话（动物不会说话）。

对于判断句的否定，普通话用"不是"，潮汕话用"唔是"或"唔是"的合音 $[mi^6]$：

先生唔是外人（先生不是外人）。

这本书 $[mi^6]$ 我个（这本书不是我的）。

（五）疑问句

疑问是句子的一种语气，经常在语言中使用着。普通话的疑问句有真问与假问之分。真问是真正有疑而问，假问则是为了加强语气、无疑而问的。在真问中有所谓特指问、是非问、选择问和反复问等不同形式，这几种问在潮汕话中也存在着，但有若干不同的地方。

特指问　特指问是问句中有特别指明的对象。这类问句常常使用疑问代词。潮汕话也一样，但所用的疑问代词与普通话不同。

询问人或物的，普通话用"谁、什么、哪个"等，潮汕话则用"底〔tian⁵〕、底个、底一个"等，"底"的意义与"何"相通：

汝是底〔tian⁵〕（你是谁）？

汝手底挈个是乜个（你手里拿的是什么）？

底一个无来（哪个没有来）？

询问程度、方式或情状的，普通话用"怎么、怎样、怎么样"，潮汕话用"怎生、怎生样"。"怎生"这个词是古汉语的口语，在元代的白话作品和白话碑文中都有这个词。

功课做到怎生（工作做得怎样）？

伊呾来怎生样（他说得怎么样）？

这里附带提一下，普通话无论询问程度或是询问方式情状，都可用"得"连结动词与疑问词，但潮汕话却不能一律用"到"或一律用"来"。大致上，表示程度的就该用"到"，表示方式情状的就该用"来"。

询问原因的，普通话用"为什么、怎么"，潮汕话则用"做呢"。

汝做呢唔来（你为什么不来）？

伊做呢走到伊许块去（他怎么跑到她那里去）？

询问处所的，普通话用"哪里"或"哪儿"，潮汕话则用"底块"。

汝去底块（你到哪里去）？

底块有人开会（哪儿有人开会）？

询问时间的，普通话用"多喒、多会儿、什么时候"，潮汕话则用"天时"。

汝天时看见伊（你什么时候看见他）？

伊天时去北京（他什么时候到北京去）？

询问数量的，普通话用"多少"，潮汕话用"若桥〔tsoi⁷〕"。

汝有若桥钱（你有多少钱）？

伊拍若桥下（他打多少下）？

普通话和潮汕话还同用"几"表数量的询问。

是非问　是非问是指询问的事物是否如问话者所提的那个样子。这类问句常常使用疑问语气词"么、吗、呢"等。潮汕话没有"么、吗"这两个疑问语气词，只有"呢"，但不常用。它常在动词前加疑问副词"岂"表示疑问，在带否定词的问句里，则啥也不加：

汝岂是大学生（你是大学生吗）？

汝唔是中山大学个教授（你不是中山大学的教授么）？

"岂"这个词的由来颇古，古汉语常用它表"无疑而问"，即反诘用的疑问副词，但在现代潮汕话中已经变成真正"有疑而问"的副词了。

选择问　选择问是在多种的对象中，探求被问者的取舍。这种问句在普通话中是采用"是……还是"的形式表示，潮汕话则采用"是……抑是"的形式表示，在某些句子（非判断句）里面，不用前面的一个"是"。

汝是科学家，抑是作家（你是科学家，还是作家）？

汝来，抑是我去（你来，还是我去）？

反复问　反复问是重复谓语的一种问法。在普通话中常用否定副词"不"把谓语重又引领出来，在潮汕话中后一个谓语往往被省略，留一否定副词垫在句末，普通话也有这种情况。

汝食饭抑勿（你吃饭不吃饭)?

伊去抑无（他去了没有［去])?

潮汕话这种形式在古汉语中甚是普遍，如《汉书·外戚传》就有说："君知其解未?"这和现代潮汕话的句法是完全一样的。

（六）双宾句

一般的双宾句往往用于表示"赠予"。

"赠予"指的就是普通话里面以"给"为动词的结构形式，如"我给你钱"。在这样的句子中，"给"是动词，"你"是间接宾语，"钱"是直接宾语。间接宾语位置在前，直接宾语位置在后。潮汕话除"给"这个动词本身不同，以"乞"代替外，宾语的词序也不相同。潮汕话往往说"我钱乞汝"，直接宾语提到动词前。这种情况既不同于普通话的"我给你钱"，也不同于粤语的"我畀钱你"。

普通话的"给"有时用作助动词而仍然不失赠予的意义，如说"我给你买东西"，即"我为你去买东西"的意思，在这种场合下，潮汕话就不再用"乞"，而用"个"，如说"我个你买物件"。"我个你买物件"有时还有别的意思，就是"我向你买东西"，同样的句子在不同的情况下就有不同的意义，要看实际场合而定。

一些句子在普通话里面是不需要用助动词"给"的，但在潮汕话中却非用"个"不可，如"我告诉你"这句话，潮汕话必定要说："我个你咀。"

第四章 广东的"闽方言"之二
——雷州方言

第一节 雷州半岛上的交际工具

广东的西部，与海南岛隔海相望，有一个半岛，这就是雷州半岛。它是海康、徐闻两县的所在地。这个半岛使用的主要交际工具，既不是粤方言，也不是客家话，而是使用一种属于闽方言的"雷州话"。

雷州话在当地又称为"黎话"。它流行于雷州半岛之上。不单海康、徐闻等县的居民使用黎话，与半岛相连接的粤西地区如廉江、遂溪、电白以及湛江市周围，都使用这种方言。这种方言，在其语言特点上，与广东东部的潮汕方言比较接近，它保持着福建闽南方言的许多基本特征。毫无疑问，它是属于闽南方言的一支次方言。

一、雷州话的分布和代表点

雷州话主要分布在粤西地区的海康、徐闻两县全境以及遂溪县的绝大部分地区。海康的县城雷城镇以及北和、英利、龙门、东里、调风、雷高、松竹、南兴、纪家、唐家、沈塘、乌石、企水、杨家、覃斗等镇和房参、海田、白沙、附城等乡基本上都使用雷州话（客路镇则大部分用客家话），讲雷州话者约有 100 万人。徐闻县除下桥、曲界、龙塘三镇约 2 万多人讲粤方言以及上述三镇及附城还有 3 万多人讲客家话之外，其余地区如徐城镇、新寮、和安、锦和、外罗、西连、迈陈、海安、前山、下洋等区镇都使用雷州话，约有 40 万人使用此种方言。遂溪县雷州话流行的区域，主要是在遂城镇以及洋青、沙古、城西、北潭、河头、江洪、城月、岭北、建新、黄略等镇和附城乡等地；北坡、草潭、界炮、杨柑四镇除约有小半的人讲粤方言之外，其余的人也讲雷州话（界炮还有一部分人讲福建话），人数共有 50 多万。除了上举这三个县几乎全部使用雷州话之外，还有一些县市在部分地区流行雷州话，情况如下：

湛江市的郊区湖光、太平、硇州等镇及湛江市周围的其他区镇流行雷州话，使用人数约占全市 97 万人的五分之三，大约有 50 万人使用。

廉江县以使用粤方言及客方言为主，只在横山、龙湾、河堤、新华等镇及新民、石城、良垌、营仔部分地区流行雷州话，人数约有 20 万。

吴川县以讲粤方言为主，讲雷州话的，主要是兰石镇，约有 2.5 万人使用。

电白县除博贺、羊角、七迳等地有 15 万人左右使用粤方言以及观珠、沙琅、黄岭、罗坑、那霍、望夫、大衙等乡镇 26 万人使用客方言之外，水东、坡心、林头、霞洞、南海、沙院、小良、陈村等区镇使用雷州话，旦场、麻岗、树仔、爵山、大榜、马踏、电城等区镇所流行的"海话"，也与雷州话比较接近，基本上可以划入雷州话的范围。全县使用这两种方言的人数合计有 50 多万。

茂名市以讲粤方言为主，只鳌头镇及袂花镇共 7 万人使用雷州话。高州县也有少量的人用雷州话，具体情况不详。

阳西县也是粤方言流行的区域，但新墟、儒垌、上洋、沙扒等区镇使用雷州话，人数约 10 万。

总计使用雷州话的人数，约有 330 万。

流行雷州话的地区，共有海康、徐闻、遂溪、湛江、廉江、吴川、电白、茂名、高州、阳西等 10 个县市。各地的雷州话虽略有不同，但差异不大。在流行雷州话的区域中，海康是最重要的县份，一般都以海康话作为雷州话的代表点。

二、雷州话与潮汕话及海南话的关系

雷州话与潮汕方言及海南话都属于闽南方言的分支，它具有闽南方言的许多特点。不过，雷州话从福建的闽南方言分化出来之后，它按着自身的语言规律发展。当然，它也受到周围使用的粤方言以及本地原有的少数民族语言的影响，逐渐产生了与福建闽南方言的差异。而且，它从福建分化出来的时间及地域与潮汕方言、海南方言也不完全相同，因此，它表现出来的语言面貌就与本来的福建闽南方言不同，也与广东的潮汕方言、海南方言有一定的差异。正是这种差异，成为区别这三种不同方言的主要依据。

从地理位置上说，雷州话与海南岛的海南话更为相近。雷州隔海相望就是海南，而且，当地人又把雷州话叫做"黎话"，而海南岛上又有黎族居民聚居，这个"黎话"与"黎族语"有没有关系呢？雷州话是不是更接近于海南话呢？1978年，笔者就是带着这样的疑问到粤西地区去调查雷州话的。调查的结果给了这些问题以较为明确的回答：首先，雷州话与海南岛黎族的语言没有什么直接的关系；其次，雷州话与潮汕话、海南话都有不同之点，但就其接近程度来说，它比较地接近于潮汕方言。这可能与这些西移的雷州先民在离开福建以后，经由潮州地区并且在潮州停留过，然后再从粤东的海丰、陆丰等地移入雷州有关。总之，雷州的先民许多是直接从福建迁入的，但有一些人却是来自粤东的海丰、陆丰一带。因此，造成了语言特点上的某些接近。

第二节　雷州话形成的历史

为什么在广东省的西翼出现一个与东翼相对称的闽南方言分支呢？要回答这个问题，必须弄清楚雷州话形成的历史。雷州话形成的历史过程，研究起来十分困难，这是因为这方面的材料相当欠缺。不过，雷州话是从福建的闽语分化出来，它的前半段的历史，是与福建的闽语相似的，福建闽方言形成的过程，事实上就包含了雷州话形成的过程。我们要分别探究的，主要是雷州话从福建闽方言分化出来的这一个历史阶段。

一、与潮汕方言同走一条路

潮州地区流行的方言，本也属于闽语。在闽语由汉魏时期以前的吴语演化成闽语以后，潮州的先民聚居于福建省的泉州、漳州一带。唐代以后，福建的闽人大量地向广东地区迁徙，这又造成了闽语的分化，促成了粤东地区潮汕方言的出现。潮汕方言就是在唐末的黄巢起义和宋代末年宋、元交兵的年代促使福建闽人的进一步迁移形成的。元、明之际，潮汕话已完全从闽语分化出来而成为一支独立的次方言。

在福建的闽人于唐、宋时期徙入潮州的差不多同时，也有一些人沿着海路来了雷州半岛一带，或是渡海迁入海南地区。因此，雷州各地操雷州方言的先民，曾经与潮汕的先民走过同一条路，这就是唐、宋时期从福建向外迁移，他们带着谋生的愿望奔向广东大地。

雷州先民从福建迁出，有一个显著的特点，是在沿南海的海岸线落脚。他们与客家先民的选择不同，客家先民的落脚点主要是山区，因此他们所形成的方言叫做"山语"，而雷州的先民带来的方言，后来却被称为"海话"，这是因为他们一来是福建沿海一带的渔民或水上居民，顺着海岸线向西迁移；二来是这些海边居民来到新的地点之后，也是选择在海边的县份定居下来，因之，他们的方言与"海"有关。

当然，雷州先民不一定全是原居于海边的水上人家，他们之中也有一些是从事其他职业的，这在后面的叙述中我们将会谈到。

二、"兄弟分家"

雷州的先民在从福建迁出的过程中，曾经与潮汕的先民走过一段共同的路。有一些雷州的先民，本来也就是居于海丰、陆丰一带的居民。但是，在后来的发展中，同是从福建移来的居民，有的在潮汕地区定居下来，他们带来的闽方言，后来发展成为潮汕方言；而另有一部分居民，则继续向广东的西部地区迁移，他们后来定居于雷州的海康、徐闻以至湛江、遂溪、廉江、电白一带，他们带来的闽方言，则逐渐演变为雷州话。潮汕话与雷州话都来自福建，都是福建闽南方言的分化。它们好像一对兄弟，原来有过共同的家庭生活，但到了成年之后，他们离家向不同的地方谋求发展，"兄弟分家"的结果，形成了两支相当接近但又有不同特点的方言。

从历史事实及语言本身演化的先后次序来看，潮汕话的分化及形成的年代大概要比雷州话为早。雷州话的出现，主要是在宋代以后。

三、"分道扬镳"的结果

雷州话与潮汕话在前期的发展上有大致相似的过程，它们都在福建闽语这个"母体"之中同时孕育着。但是，在宋、元之后，它们都各自离开母体，奔向新的天地谋求发展了。

由于雷州话来自福建，因此，在他们的群体意识中，都念念不忘这种来自福建的渊源关系。例如电白话使用者就自称是来自福建，人死叫做"回福建"。雷州地区的人又把雷州话叫做"东话"，表明它与来自东面的闽语有关。又如本地区的居民书写的对联，有"源从闽海，泽及莆田"的说法，这些都说明他们与福建确有密切的关系。这种关系可以上溯至北宋末年，苏辙曾任海康令，他在《和子瞻次韵陶渊明劝农诗》的引言中说："予居海康，农亦甚惰，其耕者多闽人也。"（见《栾城后集》）宋代时这些闽人便带着闽语在海康等地生活了。

当地人又把这种方言称为"黎话"。为什么把它叫做"黎"呢？推测起来，可能有两方面的原因。这些原因都与本方言的分化及发展有关。一是现代流行黎话的地区，在古代居住着百越的一支，称为俚或里族。六朝时，在高州地区崛起的政治领袖冼夫人正是俚人。高州及其西面许多地方古代都居住着俚人。宋代之前，当地用的都是少数民族俚族的语言。宋人苏辙《颖滨集》说："蛮言莫辨，海气常昏。"后来，这里使用"蛮言"的俚人逐渐汉化了，与汉人（主要是从福建及潮汕地区由海路迁来）的语言发生融合，逐渐演变成为一支汉语方言，这支方言来自福建闽语区，所以保存了大量闽语的特点，而当地语言的某些成分也在这支方言中沉积下来。比如说，雷州话的声母中有一 [ɬ] 声母，这是一个边擦音，这个声母见于粤西地区的粤语（如台山、廉江、湛江等处方言）及海南岛上的黎语（福建的莆田话也有这个声母），这个声母也许就是古代俚人语音的遗留。如黎话把"衫"念为［ɬa］，把"蒜"念为［ɬun］，把"术"读成［ɬuk］，念的都是这个声母。由于现代的黎话可能与古代的黎（俚）人发生过关系，吸收了某些黎语的特点，这种黎话又与其他的汉语方言（如粤、客方言）不同，所以便把它叫做"黎话"。二是现代的黎话，是近千年来福建漳、泉一带及潮汕地区居民向西迁移的结果。现代广西的博白、陆川、玉林、北流、贺县、平乐、柳州、罗城、来宾、邕宁等地也都有小部分人讲闽语，总人数在15万人以上。根据某些族谱的记载，广西境内的闽语区人，多是五六百年前从福建的漳州迁移去的（参见杨焕典等《广西的汉语方言（稿）》一文，载《方言》1985年第3期），闽语在广西的传播与在广东粤西地区的传播是同一个走向，可能是更早或差不多同一个时期由福建等地迁移过去的。当然，雷州话区的人来源也比较复杂，不是由一个地方或一个时间之内一起迁移而至。这个数百年前闽语区人的迁移，又可能与捕鱼及经商等活动有关。据《崖州志》说："惟熟黎与半熟黎初皆闽商，荡资亡命为黎。亦有本省诸郡人利其土、乐其俗而为黎者。"海南岛上的"熟黎"有许多就是来源于"闽商"，他们因经商失败而"亡命为黎"。这些闽商，有的进入海南，成了这里所说的"熟黎"，有的则停留在前往海南的半途上，即雷州半岛等地。这些人在当地与黎人杂居，变成了"熟黎"，因而他们所操的方言也就称为"黎话"。《明实录》载明神宗时两广总督张鸣冈所写的《平黎善后事宜》说："议怀柔孰黎。孰黎之害有三：商人鬻贩而给之，土舍欺蔽而侵之，官吏贪墨而激之，而挑衅其中者又内地之逃民也。以后，闽、广各商止许于交界互市，有酬价不登或竟不偿值者，许黎人告理。"从这段议论中，可以证明明代之时，福建及广东各地商人，进入黎人住居之地进行经商活动者甚众。福建商人不单进入海南，粤西地区各地也多有这些福建商人的足迹。《旧闻拾遗》一书说："化州以典质为业者，十户而九。闽人奋空拳过岭者往往致富。"说明古代一直有福建人在这一地区从事商业活动。宋《图经》谈到雷州的情况时也说："州多平田沃壤，又有海道可通闽浙，故居民富实；市井居庐之盛，甲于广右。"（见《广东通志·雷州府》所引）。当然，古代由闽入雷的，当然不止商人，来得更多的，可能是海盗、士兵和从事耕种的"流民"。有明一代，广东各地经常有少数民族居民因不堪官府的压迫及为生活所逼起来"作乱"，反抗当时的统治者。《明实录》卷六九载两广提督殷正茂的话说："广东山、海之寇日益充斥，民疲于奔命，死徙过半。"由于"盗寇"日炽，老百姓"非死则徙"，有的就徙居于琼、雷、高、廉之地。而雷州、高州、廉州、琼州诸地，从明初至明代中叶，累遭"贼"乱，当地残破不堪，造成地广人稀、土地无人耕种，因此，既有官府招抚福建或广东其他地方人徙入耕种，又有外来百姓的自动流入。《明实录》卷一六六引两广清军监察御史丘山的奏议曰："广东如高、雷、廉、琼、肇庆五府，地僻人稀，而广西荒落残破尤甚，有司如例清解军丁远卫补伍，率多逃入贼中，且高、廉居多为贼所胁从。近因招抚，如来复业，若拘之急迫，必有意外之虞。"这些入卫补伍之兵，有一些就是来自福建、浙江等地。《明实录》卷九七引总镇两广太监陈瑄的话说："两广自成化元年大军削平之后，奏留南、北二京达官，每遇征剿，借其骑射之力，当先破敌。近日尽数取回休息。今两广傜（瑶）、僮（壮）不时出没，有警恐张误事。乞将南北直隶、山东、浙江、福建等处各卫安插达官、旗舍、军余内选调与臣等调用。"陈瑄的请求得到许可，"事下兵部议，谓宜于南京选调年力精壮、弓兵熟娴者五十人，浙江一百人，福建并南直隶共五十人，许携家属赴两广安插随住"。这些进入两广，特别是入居雷州、廉州的军人，有的就在当地定居下来了。明代在广东各地"盗贼蜂起"之时，官吏们往往议请调集闽、浙之兵前来镇压。如《明实录》载广东监察御史杨标的话说："今广东之事，黎、岐、傜（瑶）、僮（壮）依山出劫，日本诸夷航海内侵……十府之中，惟南雄稍号无事，其余各府之民转相煽乱，大者数千，小者数百，又少则夜聚晓散，又巧则阴叛阳招，惠、潮之间，其势尤炽，甚至一城之外，即为贼巢，数十里内人烟断绝……人情以贼为荣，莫知愧耻；官府以贼为讳，莫敢究诘……夫该省六十三卫所，指挥以下官至五百五十余员，而统以都司，又如添设奏带、跟随、总兵、参将、游击、都司、守备、把总及各色把总、哨官之类，多不可纪，率皆纡紫拖朱，侵粮冒赏，无有一能见敌者，此所谓'养无能之官'也。六十三卫所有旗军七千七，州县有民壮见籍十余万人，而水陆各将官所统各道府、所团，其众又且数万，刀皆置之无用，每议剿则请调闽、浙偵兵，使人逞无厌之求，岁糜不赀之费，所养非所用，所用非所养，此所谓'食无用之卒'也。"明代，闽、浙之兵入粤者不少，雷、廉一带之先民，有的即是外省兵士入居此地的。

除士兵外，还有福建、广东闽语区的居民因招募而入居雷州地区，《明实录》卷一〇一载户部复广东左布政使罗荣所奏地方军民利病事的话说："高、肇、雷、廉所属州县地多抛荒，流民、土傜（瑶）易为啸聚，请募民开垦，劝课农桑。"当时的朝廷同意这种建议，并付诸实行。因此，也有许多外地居民进入粤西地区，其中有一些也就是雷州话区的先民。由于有各种地方、各种职业的人进入粤西地区，所以在当地也流行着各种不同的方言。《图经》又说："本州（指雷州）实杂黎俗，故有官语、客语、黎语。"由于雷州地区"杂黎俗"，有许多闽兵、闽商以及流民入居该地成为"熟黎"，所以他们所操的方言便被称为"黎话"了。

总之，现代雷州半岛等地的"黎话"，是宋、元、明之时操闽语的人向西迁移所带来的方言，明朝时，这种黎话已经形成，明人王士性《广志绎》说："廉州中国穷处，其俗有四民：曰客户，民城郭，解汉音，业商贾（按：这是指客家人）；二曰东人，杂处乡村，解闽语，业耕种（按：这是来自闽语区的人）；三曰俚人，深居远村，不解汉语，惟耕种为活（按：这里指黎族人）；四曰蜑户，舟居穴处，仅同水族，亦解汉音，以采海为生（按：这是指蜑家人）。郡少耕稼，所资珠玑，以亥日聚市，黎、蜑壮稚以荷叶包饭而往，谓之趁墟。"明人陈全之《蓬窗日录》也说："廉州人作闽语，福宁人作四明语，海上相距不远，风气相关耳。"由此可知，闽语之在雷州、廉州等地流传，已在明代之前，有相当长久的历史。闽人迁移的结果，便造成了方言的分化。

发展到清代，雷州话已经成为一支比较特殊的闽方言分支了。清朝时的外地人，已听不懂这种方言。张渠作于乾隆年间的《粤东闻见录》说："省会（按：指广州）言语，流寓多系官音，土著则杂闽语。新会、东莞平侧互用。高、廉、雷、琼之间，益侏僮难解。官司听讼，恒凭隶役传述。至于吏、礼、户库，往往呼此而彼应，即胥役亦不甚辨。幸近奉功令，士人应试皆先学习官音，庶臻同文之盛云。"高州、廉州、雷州以及海南岛上之闽语，已各自形成独特的方言，一般的官吏听来，当然是"侏僮难解"了。

第三节　雷州话的语音系统

雷州话的语音系统，与潮汕方言及海南方言均有相同之处，也有不同之点。下面先介绍它的语音情况，再谈谈它与粤东的闽方言的相异之处。

一、声韵调系统

（一）声母

雷州话的声母共有 17 个，它们是：

双唇音	p 波	pʻ 坡	b 磨	m 魔
舌尖音	t 刀	tʻ 驼	n 娜	l 罗
舌尖前音	ts 槽	tsʻ 初	s 所	z 尿
舌根音	k 哥	kʻ 戈	ŋ 饿	
喉音	∅ 窝	h 何		

[b] 是与 [m] 相应的浊塞音，发音时声带的颤动不很强烈，与潮汕话相似。[ŋ] 声母的发音常带有轻微的同部位塞音，其实际音值是 [ŋᵍ] 或 [ŋg]。雷州话没有与 [ŋ] 相配的 [g]，两者没有成为对立的两个音位。

[ts] 组声母发音时，其舌位较后，不如普通话那样的舌尖向前伸展，舌尖接触的位置是在齿龈，接近于舌叶音。与齐齿呼韵母相拼时，有点舌面化。[z] 是 [ts] 组中与 [s] 相配的浊擦音。单念 [z] 音节时略带塞音成分，即念为 [dz]，但在一个语流片段中（多个音节连在一起发音），塞音成分往往失去，[dz] 与 [z] 成为同一个音位的不同变体，这里以 [z] 表示。

零声母之前略带喉塞成分，但并不很明显。

（二）韵母

雷州话的韵母共有 45 个，如下：

a 巴	ai 盖	au 欧	am 庵	aŋ 安	ap 盍	ak 恶
e 哑		eu 斗	em 参	eŋ 庚	ep 撮	ek 色
o 河	oi 鞋			oŋ 翁		ok 鹿
i 以			im 音	iŋ 灵	ip 急	ik 直
u 故	ui 威			uŋ 温		uk 出
ia 家		iau 条	iam 盐	iaŋ 良	iap 夹	iak 浴
ie 爷				ieŋ 根		iek 跌
io 烧				ioŋ 穷		iok 药
iu 收						
ua 瓜	uai 怪			uaŋ 光		uak 刮
ue 过						uek 国

此外，雷州话中还有两个声化韵母［m］和［ŋ］，前者只出现于粤方言的借词"唔"的读音，其他极少用，本韵母表中不列入。后者则只出现于应词"嗯"的读音中，使用频率也不高，不列入表内。

这45个韵母中，有主元音5个，它们是：

a e o i u

［a］元音中包括几个变体，当它自成韵母时，其音值是［A］；在［i-］音之后，其发音是［a］，在［-ŋ］、［-k］之前时则念为［a］。

［e］元音的开口度比较大。在带各种韵尾的韵母中（如［em］、［eŋ］等），它念为［ɛ］；如果前面有［i-］音，则近于［e］。

［o］元音在舌根音韵尾（［-ŋ］［-k］）之前，开口度很大，实际上是［ɔ］，而单独作韵母或前有介音［i］时，则近标准位置［o］。

［i］元音单独作韵母或在［ts］组声母之后，近标准位置。如作韵尾或带有其他韵尾（如［oi］与［ip］）时则舌位

稍低稍后，近于［ɪ］。

［u］单发时近于标准位置，喉部肌肉较紧，嘴唇也较圆，但在［i］后或前，则近于［ʋ］，是一个松的［u］。

（三）声调

雷州话的声调有 8 类，平、上、去、入四声各分为阴、阳两类，情况如下：

阴平 213　低　阴上 42　抵　阴去 21　醉　阴入 5　竹

阳平 11　才　阳上 33　是　阳去 55　害　阳入 2　杂

雷州话声调的念法，文读与白读在某些调类上表现出差异。情况大体上是这样的：

阴平、阴上、阴去、阴入以及阳平各调，文读音与白读音基本上一致，没有大的分歧。但在其他一些调类中，文、白的读法其归调却有不同。阳上调字，其白读（说话音）多作 33 调，入阳上本调之中；而文读（读书音）则多读作阴上的 42 调或阳去的 55 调，也就是说，文读有把阳上字读入阴上和阳去的趋势。而阳去调字，文读多数读为 33 调而与阳上混同，一部分字仍读作阳去的 55 调。白读（说话音）则有一部分字读与阴平调相近（其实际调值为 13），如"大、病、害、树、谢、漏、望"等字；有的字则可以有阳上（33）与阳去（55）两读，如"艾、义"等字。阳入字的文读多变为阴入，读为高调，白读则保持读为阳入，读为低调。无文、白之分的字则一般读为阳入本调。

雷州话中，声母与韵母的拼合关系，其要点是：

唇音声母（［p］组）不与唇音韵尾的韵母［-m］、［-p］等韵相拼，［b］声母与［-u］、［-ŋ］尾韵相拼的也很少。

舌尖音声母［t］、［tʼ］、［n］等与［i］及以［i］为介音的韵母相拼的较少；［z］声母则基本上只与齐齿呼韵母相拼。

其他没有太明显的拼合规律。

二、雷州话的文、白异读

雷州话里文白异读的现象也相当突出，主要的表现如下：

声母方面，[m] 母的白读音多作 [b]，如"磨（石磨）、模、眉、帽、梅、母"等，轻唇音非组声母的文读为 [h]，白读则是 [p] 组，如"飞、分、放、孵、父、吠、饭"等和"蜂、芳、缝"等；知组的文读为 [ts]，白读为 [t]（例见前）。疑母字念为 [h] 的也是白读音，匣纽字读为 [k] 也是白读，等等。

韵母方面，假摄字麻韵二等开口字白读念为 [e]，如"家、加、牙、下、夏"等，文读则把上举这些字念为 [a]。合口字白读是 [ue]，文读如 [ua]，如"瓜、花"等，三等字的文、白读，其主元音则相反，白读为 [ia]（如"写、泻、舍、赊、佘、借、爹"），文读为 [ie]（或 [e]）。这个文读音是后来从其他方言借入的。

遇摄模韵字文读为 [u]，白读则念成 [eu]，如"古、苦、土、杜"等。

蟹摄一、二等咍、皆、佳诸韵文读为 [ai]，白读则是 [oi] 或 [i]，如"改、界、疥、街、买、卖、解"和"苔、鳃、戴"等。三、四等祭、齐韵字其文读念为 [i]，白读则是 [oi]，如"祭、抵、批、题、黎、犁、底、洗、蹄、齐"等。

止摄支韵、脂韵、微韵的开口字，如"卑、碑、美、屁、悲、几、气"等，文读为 [i]，在开口，而白读则为 [ui]，这些字的读音与中古重纽的读音有关，它们主要是重纽的 B 类字，保留了中古以前念为"合口"（带有圆唇化成分）的特点。这一点与潮汕话一样。支韵的开口字"被、皮、糜"也念为合口的［ue］，都是中古重纽中的 B 类字。

效摄的一等豪韵字，其文读为［au］，白读则是［o］，如"毛、槽、保、宝、抱、倒、讨、好、报"等字。二等看韵文读为［au］或［iau］（产生［i］介音），白读则是［a］，如"泡、罩、窖、教、搅、巧、敲"等字，三、四等宵、萧韵合流，其白读音是［iau］，文读音是［io］，如"烧、桥、腰、摇、笑、少、姚、跳、挑、叫"等。

流摄一等侯韵字的文读为［eu］，白读是［au］，如"斗、厚、钩、勾、沟、口"等字；三等尤韵字的文读音是［iu］，白读则念为［au］，如"流、留、九、昼"等。

咸摄的文白异读主要表现在谈韵上。其文读音为［am］，白读则失去［-m］尾（先经由鼻化）而念为［a］，如"担、胆、篮、榄、柑、敢"等。这些字在潮汕话中念为［ã］，雷州话则进一步失去鼻音成分而成为纯口音字，变为阴声韵了。覃韵字则没有文、白的对立。咸摄字文白异读的现象不突出。深摄字的异读现象则很少。

山摄寒韵字的文白异读表现于［aŋ］和［ua］之间，如"寒、肝、案、鼾、散、伞、炭、烂"等字。这个［ua］也是经由［ũã］变化而来。山删等二等韵字文读为［aŋ］，白读主要是［ai］，如"闲、间、拣、班、板、扳"等。三、四等仙、先韵的文读是［ieŋ］，白读则三等为［i］，如"钱、箭、扇、棉"等，四等为［i］，如"天、见、燕、年"等和［ai］，如"先、肩、千、莲"等。山摄的桓韵字文读是［uaŋ］，白读一是［ua］，如"官、管、馆、半、盘、搬、潘、瞒、碗、换"等，另一是［ui］，如"钻、蒜、酸、断、卵"等。仙、元韵合口字文读为［ieŋ］（或［aŋ］），元韵的唇音声母字，其白读主要也是［ui］，如"全、穿、园、饭、远"等。山摄的［-ŋ］是由古代的［-n］变来。

臻摄合口魂、文韵字，其白读也作［ui］，如"门、本、昏、问、闻"等，文读则念为［uŋ］。

宕摄一等唐韵字文读为［aŋ］，白读则为［o］，如"当、汤、堂、塘、糖、烫、郎、仓、缸、糠"等。这些字在潮汕话中的文读音为［aŋ］，两者相同，但白读潮汕话是［ə̃］韵母。雷州话则进一步失去鼻音韵尾了。

三等阳韵字文读为［iaŋ］，白读则大部分作［io］，如"凉、梁、量、粮、张、帐、账、枪、墙、相、箱、想、象、仗、唱、伤、上、蒋、姜、强、香、杨、洋"等，与一等韵的分野相应。潮汕话的白读作［ĩõ］，雷州话进一步失去鼻音成分。

梗摄二等庚、耕韵的文读为［eŋ］或［iŋ］，白读则是［e］，如"彭、盲、猛、生"等和"棚、耕"等，三等庚、清韵和四等青韵字的白读音也有作［e］的，如"平、柄、井、性、星、醒"等，它们的文读几乎都作［iŋ］。曾摄字的文白异读不明显。

通摄一等韵东、冬与三等钟韵，其文读主要为［oŋ］，白读作［aŋ］，如"东、同、笼、从、空、红、动、洞、送、葱、蚣、翁、瓮"等和"脓、松、蜂、重、共、缝"等，钟韵字的白读还作［iaŋ］，如"龙、胸、钟、种、肿"等，钟韵的文读还有［ioŋ］的音。

入声韵也有文、白之分，但字数不多，且其差异大体上与相对的阳声韵相应，这里就不详为介绍了。

总观雷州话文白异读的差异，基本上保留了闽语异读的共同特点，其中也有个别地方是本方言的差异，但变化不大。文白的差别与粤东的潮汕方言很接近，这表明了它们之间的近亲关系。

三、雷州话语音的特点

要探讨雷州话语音的特点，主要还是拿它来与中古的《广韵》音系及现代普通话音系作纵的和横的比较，才可以较为全面地将它归纳出来。

（一）从与中古《广韵》的比较来观察

拿雷州话的语音来与中古的《广韵》音系相比较，可以看到雷州话有的语音特点反映了《广韵》之前的语音特点，有的则是表现了中古唐宋时期以后语音的变化。下面分开来叙述。

1. 雷州话的唇音声母字，从［p］、［p·］两个声母来说，它与《广韵》音对应比较整齐。但雷州话中，还有一个［b］声母，它并不等于中古的并母，它所读的是《广韵》的明母字，如"马、买、米、梅、密、麦"等，这与潮汕方言相同。把古代的明母念为［b］，是古音这一类鼻音声母包含有同部位塞音的特点的反映。明母在古代的音读是［mb］，但在后代闽语的变化中，失去鼻音成分而成为［b］（有的则是失去塞音成分念为鼻音声母），粤方言区有许多地方则保留［mb］的读法。

除明纽字读为［b］外，一些古代的非、敷、奉、微纽字也念为［b］，如"飞、妃、凡、无、文"等。这一点却较为特殊。

中古时的轻唇音字（非、敷、奉、母字）在本方言中多仍读为重唇音，表现了"古无轻唇音"的特点。此外，就是念为上述的［b］母。还有一些字则念为［h］声母，如"封"念为［hoŋ］，"风"字念为［huaŋ］等，这与粤东的闽语相同。

2. 中古的端组声母字在雷州话中读为［t］组，这与其他方言一样，没有特点可言。中古的知组声母字，在本方言则保留有一部分念为［t］组，这反映了古代"舌上归舌头"的特点，如"陈、长、丈、虫、茶"等。当然，大部分字已变为［ts］组。泥母字在雷州话中则基本上念为［n］，只有少量的字混读为［l］声母，如"内、你、闹"等。中古的来母字在现代雷州话中，则基本上仍然念为［l］，也只有少量的字混入泥母，如"莲、量"等，情况与潮汕话相同。

3. 中古《广韵》音系中的精、庄、章三组声母字在雷州话中合流，读为［ts］组声母。如"子、早、作、将、精、积"与"斩、争、邹、臻、庄、责、遮、止、占、专、症"等同读为［ts］；"取、蔡、千、切、亲、从、聪、青、才、财、存、秦"等与"初、参、楚、创、测"及"柴、愁、床、昌、唱、冲、尺、赤"等读为［tsʻ］。心邪与书禅母字则合流念为［s］，如"洗、伞、修、生、孙、想、息、虽、心、省、绪、序、巡、续、沙、所、使、删、双、色、刷"等和"世、施、身、升、失、圣、声、式、商、说、是、述、受、寿、善、蝉、肾、尚、盛"等都念为［s］，也有一些字念为［ts］（如"寺、袖、夕、谢、蛇、舌、船、十、石、成、薯"）或［tsʻ］（如"笑、星、醒、髓、醉、徐、辞、寻、鼠、试、手、深、市、酬、臣"等）。这也与潮汕话相似。

4. 中古舌根音声母的见、溪两母，在雷州话中读为［k］、［kʻ］，群母字清化读入［k］和［kʻ］。疑母字则一部分字（齐齿呼而非闭口韵字）读为［z］，如"愚、遇、寓、御、愿、原、源、玉、尧、月"等字，这些字念为［z］，属于读书音的读法。它们在普通话中念为［j］，粤方言也失去［ŋ］，雷州话读同普通话和粤语，念为［j］，但因发［j］时摩擦成分很强，遂混入［z］声母。另一部分字（齐齿呼的闭口韵字）则读为［n］，如"验、严、业"等字，这一部分字则是由［ŋ］而混入［n］，这与粤西的粤方言的读音有关。

中古的疑母字，有一部分在雷州话中念为［h］，如"鱼、渔、蚁、瓦"等，这与潮汕话相同。疑母之读为［h］，是古音的遗留及与普通话语音不同的变化方式。这些字在上古时本念为［ŋk·］或［ŋg·］，后来失去鼻音成分变为［k·］或［g·］，后又进一步变为擦音念成［h］。这种情况与古代共同语"许"字的音变过程相近。此字古代从"午"字得声，应入疑母，在中古之前它读为晓母念成［x］，但它在闽方言的说话音中读为［k·ou］，其读音的变化应是［ŋk·>k·>x］。潮汕方言保存念［k·］的音，中古《广韵》保留念［x］（晓纽）的音。

5. 中古《广韵》音系的晓、匣纽字在雷州话中合流读成［h］（匣母清化）。但匣纽字有少量念为零声母（如"下、鞋、话"等），晓母字另有一些字在本方言中念为［k·］，如"罕、馨、霍、藿、吸、许、靴、呼"等，读［k·］的字比潮汕话多；匣纽字则有一部分读为［k］（阳调），如"厚、猴、寒、含、糊、行、合、汗、县、降、滑"等，基本上与潮汕话相同。这些都反映了中古以前的语音特点。它们都是上古音中晓、匣母字读归见、溪、群母的绝好证明（详细论述参见拙文《上古音"晓匣"归"见溪群"说》，载《学术研究》1963 年第 3 期）。

6. 中古的喻三纽字"雨、云、王、园、远、域"等在雷州话中念为［h］，这是中古之前喻三归匣的表现。喻三和喻四纽字的大部分在雷州话中念为［j］和［z］声母，如"杨、样、摇、油、药"等字念为［j］，而"羽、矣、野、誉"等念为［z］。它们表现了合流的状况：近代的喻三、喻四在雷州话中合流之后，本读为［j］，后来由于发音时摩擦成分的进一步增强，遂念为［z］，与日组字合为一读了。

7. 中古歌韵字在雷州话中多数字读为［o］，但保存少数字念为［ua］（如"歌、舵、拖、大、破、惰"等）的古读。这与潮汕话一样。

8. 遇摄鱼虞韵字在雷州话中读为［u］和［i］。本方言没有［y］韵母，普通话念为［y］的字，雷州话多念为［i］，如"俱、愚、娱、于、愉、取、聚、宇、禹、愈、句、惧、遇、寓、喻"等字。

9. 蟹摄中的泰韵字有一部分在雷州话中念为［ua］，不带［-i］韵尾，如"大、带、蔡"等字；二等佳韵与皆韵字一样多数念为［ai］，白读为［oi］，与四等齐韵的白读音相同。

10. 止摄支脂之各韵字，其开口字雷州话念为［i］，精、庄组字普通话念为［ɿ］和［ʅ］的，雷州话则念为［u］，如"雌、此、斯、赐、资、寺、自、次、私、师、兹、慈、词、辞、之、你、子、梓、似、士、史、思、事"等，这些字在潮汕话中多数念为［ə］，与雷州话相近而不相同。这些字是元代周德清编撰的《中原音韵》中属于支、思韵的字。支、思韵字念为［ɿ］和［ʅ］，主要起于宋代。看来，潮汕话也好，雷州话也好，它们不念为［i］而念为［ə］或［u］（［ə］、［u］是由［ɿ］、［ʅ］变来），显然是受到宋代读书音的影响。

支脂之各韵中的一部分字如"知、筛、眉、梨、利、狮、屎、滓、柿、驶、使"等，在雷州话中念为［ai］韵母，这在语音的时间层次上显然较念为［i］（或［ɿ］、［ʅ］）等为早，它们反映的是魏晋以前的读音。这些字潮汕话也读作［ai］。

支韵的一些字如"奇、骑、寄、蚁"等，雷州话与潮汕话一样念为［ia］（说话音），反映的也是汉代以前的读音。

这些字在上古音中属于念为［ɑ］元音的歌部。

11. 流摄中的尤韵字，在雷州话中多数念为［iu］，一部分字的白读音是［au］，但有一部分字念为［u］，如"负、妇、富、久、旧、牛、有"等，这些字在上古音中属于之部字，汉代之时它们离开之部而转入幽部，但雷州话与潮汕话一样，这些字不读与一般的幽部字同音（幽部字一般已念为［iu］)，仍游离于幽部之外，这种现象反映了汉代或汉代以前的读音。雷州话在这一点上，表现了与潮汕话一样保存古音很多的特点。

12. 中古的咸、深两摄字，在雷州话中保留念为［-m］韵母（有的字则失去［-m］尾转化为阴声韵字）。山摄和臻摄字在雷州话中读为［-ŋ］，这是［-n］尾消变的结果。这一点与现在的潮汕话相同。山摄字也多有失去鼻音韵尾而变入阴声韵的现象，如山、删两韵的白读音为［ai］，仙韵为［i］，先韵为［ai］和［i］，桓韵为［ua］，一部分字又与仙、元韵的合口字一样念为［ui］，这些都是鼻音韵尾消变的结果。它们在潮汕话中还都念为鼻化音。

13. 宕摄的一等唐韵字念为［aŋ］，三等阳韵字念为［iaŋ］，但它们的白读音都读为圆唇元音声母，唐韵是［o］，阳韵是［io］和［o］，这表明它们的上古音可能读为圆唇元音或与圆唇元音相接近（如［ɒ］）的元音。粤语和客家话的唐、阳韵字也都念为圆唇的［ɔŋ］、［iɔŋ］（或［œŋ］)。

14. 梗摄和曾摄各韵字在雷州话中多念为［eŋ］或［iŋ］，但也有一些字念为［ia］，如庚韵的三等字"兵、镜、坪、惊、命、擎"等，其中许多字在上古音中归入阳部，所以保留读［ia］的音，［ia］是失去鼻音韵尾的结果。

15. 通摄字的文读音为［oŋ］，这反映了中古时期的读音。白读音念作［aŋ］和［iaŋ］，这也可能是中古以前读音的遗留。

16. 雷州话对中古《广韵》音系的入声韵字，许多读为开尾韵，如"割、葛"念为［ua］，"说、月、郭"念为［ue］，"食"字念为［ia］，"只、赤、席"字也念为［ia］，"莫、薄、落、驳、学"等字念为［o］，"踏"字念为［a］，等等。这些字在潮汕话中一般是念为收［-ʔ］的韵母，雷州话把它们念成开尾韵，失去了［-ʔ］，这是在潮汕话的基础上进一步演变的结果。没有［-ʔ］尾，只保存［-p］、［-k］尾，是雷州话韵母方面的一个大特点。

17. 声调方面，中古《广韵》的四声在雷州话中化为八声，平、上、去、入各化为阴、阳两类。阴、阳的分化，基本上是以声母的清、浊为条件。全清、次清音字读阴平，全浊、次浊音读阳平，上声的情况大体上也是如此。中古的去声字在雷州话中有一部分字读为阴上（如"署、屡、纬、振、震、竟、腕"等），另一部分字读为阳上，这种读法的字很多，如"下、互、系、会、自、就、净、御、遇、伪、傲、岸、硬、助、状、忌、耐、毙、备、便、叛、上、盛、第、盗、但、电、邓、内、乱、亮、令、貌、二、瑞、任、召、站、颂、右、顺"等。这与潮汕话大体相同。中古的去声字有许多读为阴平或阳平（以浊声母字读入阴平为多），如"骂、慢、号、巷、谢、步、鼻、袋、地、豆、路、吏、漏、箸、郑、吠、字、尿、闹、轿、旧、样、县、料、炼"等。中古的入声字一部分归阴入（清音声母字）；另有一部分字因为失去塞音韵尾（主要是说话音）而读归阳去。浊音的入声字一部分读为阳入，但也有一部分字因失塞音韵尾而读入阳上。清音入声字归阳去，浊音入声字归阳上。这是本方言又一个相当突出的特点。

（二）从与普通话的比较来观察

拿雷州话的语音系统来与现代汉民族共同语——普通话作比较，我们则可以看到共同语与它的地方变体的差异之处，看到雷州话的语音特点在某些方面的表现。

1. 普通话有［tʂ］组和［tɕ］组声母，雷州话没有。雷州话中存在［b］声母，中古的［ŋ］母也保存着，这又比普通话多出了这两个声母。其他的某些声母两者虽有不同（如［x］与［h］、［ʐ］与［z］），但基本上相应。从整个声母系统来说，雷州话只有 17 个声母，比普通话为少。

2. 一部分普通话的轻唇音声母字在雷州话中念为［p］、［pˑ］等和［h］。由于中古的微母字在雷州话中念为［m］，因此，雷州话的［m］母字应比普通话为多。但由于雷州的明［m］母字一部分又念成［b］母，所以两者又大体上处于平衡状态。

3. 由于雷州话把中古的一部分知组声母字念为［t］组，不像普通话一样念成［tʂ］组，所以雷州话的［t］组声母所管的字较普通话为多。

4. 普通话中的［ʐ］声母字，有许多是由上古的泥母字变来的。这些中古日母字有一些在雷州话中仍念为［n］母，如"人、软、让、瓤、芮"等；中古的日母字有一部分在普通话中又进一步变为［er］，这些字在雷州话中却念为［l］，如"儿、尔、而、耳"等，雷州的［l］是由于与［n］混读而出现的。另外，普通话对中古的疑母字有相当多的字已变为零声母，如"验、严、迎、业"等，但这些字在雷州话中也念为［n］，这样，雷州话念［n］声母的字就比较多。不过，由于雷州话中常有［n~l］混读的现象，一些［n］母字又读成［l］。

5. 普通话里，中古的见组声母字在齐、撮、呼韵母之前腭化为 [tɕ]、[tɕʻ]、[ɕ]，雷州话没有发生这个变化，这些见组字仍读为 [k] 等。另外，中古的庄、章、知组声母字在普通话中都变为 [tʂ] 组声母，雷州把这些声母字都读归精组，合为 [ts] 等。因此，雷州话的舌尖塞擦音（和擦音）声母，就比普通话大为减少。

6. 韵母方面，普通话与雷州话比较明显的差异是雷州话没有普通话的 [ɿ]、[ʅ] 和 [er] 韵母。另外，雷州也没有 [y] 及以 [y-] 为介音的撮口呼韵母。雷州话也没有普通话的 [ɤ] 韵母和 [ei]、[uei] 韵母。雷州话中也没有 [ou] 和 [iou] 韵。

7. 由于雷州话把中古二等肴韵字念为 [a]，而普通话二等韵牙喉音在中古以后产生了 [i] 介音念为 [ia-]，雷州也没有这个变化，仍念为 [a]；另外，中古的歌韵及皆、佳等韵字在雷州话中念为 [a]，古代收 [-m] 尾的字转化为阴声韵，其中有许多字在雷州话中念为 [a]（覃韵字）。因此，雷州的 [a] 韵母所管的字较普通话要多得多。

8. 许多在普通话中念为 [ɤ] 或 [uo] 的字在雷州话中念为 [o]（如"哥、俄、可、何"等和"波、颇、坡"等），中古的豪韵字，普通话念为 [au] 而在雷州话中也念为 [o]；此外，许多收 [-ŋ] 尾的韵母，其白读音在雷州话中也变为 [o]。所以雷州话中念为 [o] 韵母的字特别多，而普通话却很少。

9. 普通话中没有 [e] 韵母，而雷州话有 [e]，而且管的字也很多，中古麻韵的二、三等字在雷州话中都念 [e]，普通话则念为 [ia] 和 [ɤ]、[ie]（如"家、假、下、嫁、牙、者、舍、爬、茶、马、骂、野、且、姐"等）；普通话念为 [-ŋ] 尾的某些字在雷州话中也转为阴声韵，念为 [e]。

这样一来，雷州话念［e］韵的字就特别多，而普通话却没有。

10. 雷州话中念为［ai］韵母的字也比普通话多得多，除中古的咍、泰韵字两者都念成［ai］之外，中古的皆、佳韵字，普通话不是念为［ia］（如"佳、崖、涯"）就是念为［ie］（如"皆、介、阶、界、戒、街、懈"），而雷州话都念为［ai］；雷州话还把一些止摄字念为［ai］（如"知、狮、屎、使"等），加上普通话中的某些收［-n］尾的韵母在雷州话中因失去鼻音尾而变读为［ai］，因此，雷州话中念为［ai］的字就特别多。

11. 普通话念为［ou］韵母的侯韵字，雷州话念成［au］而与豪韵字（一部分）合流，加上中古的流摄尤韵某些字的白读音也念为［au］，所以雷州话的［au］韵字也比较多。当然，一些豪韵字在雷州话中却又念入［o］中去了。普通话将模韵念为［u］韵母，将侯韵字念为［ou］韵母，但在雷州话中却念入［eu］。普通话没有这个韵母。具有［eu］韵母是雷州话的另一个特点。

12. 普通话没有［oi］韵母，雷州话则将普通话念为［ai］的（如"买、卖、矮"）和［i］（如"批、题、鸡、溪、易"）的字念入［oi］，这个韵母也是普通话没有的。

13. 雷州话中念为［i］韵母的字特别多。普通话中念为［ei］、［uei］（如"非、飞、费、肥、吠"以及"维、微、味、未、尾"等）和［u］、［y］（如"除、如、处、著、殊、主、树"以及"渠、虚、语、据、虑、娱、具"等）以及［ɿ］、［ʅ］（如"肆、四、死、丝"和"池、是、智、尸、示"等）韵母的字，雷州话都念为［i］，此外，普通话念为［ian］韵的"棉、箭、天、年"等字也念入［i］。这样，雷州话［i］韵字就特别多。这又是一个显著的特点。

14. 在辅音韵尾中，普通话与雷州话有较大的差异：普通话有［-n］尾而雷州话没有；雷州话有［-m］尾而普通话没有。［-ŋ］是两者共有的。雷州话比普通话多出了两个塞音韵尾［-p］和［-k］。

15. 雷州话的声调系统比普通话复杂得多。普通话只是平声分为阴、阳两类，雷州话四声各分阴、阳。普通话失去入声，雷州话也有此种现象，但从总体上说，入声仍然保存。普通话中存在中古的"浊上变去"的现象，雷州话基本上没有出现。普通话念为去声的某些字，雷州话中念入阴平（例字见上文）。普通话中多有"读破"现象，而雷州话的破读字比普通话少得多。

四、语音的内部差异

雷州话的内部差异并不大，各地流行的雷州话其特点大体一致。当然，各地的读音也有一些不同，其要点概述如下。

电白的雷州话可以水东话为代表，水东话在声、韵、调各方面，均与海康的雷州话有一些差别。声母方面，水东的鼻音声母都略带同部位的塞音，如：

明母：［mb］或［mᵇ］。如：麻［mᵇua］，门［mᵇui］，微［mᵇi］。

泥母：［ⁿd］。如：女［ⁿdi］。

有的明、微纽字完全念成［b］，如"武"字读为［bu］。

疑母字一般念成［ŋ］，如"五"字读为［ŋɛu］，［g］声母很少出现。有的疑母字则念为［k］（如"鹅"字读为［ko］）。

电白雷州话的［h］声母，发音时喉壁的摩擦很明显，有点近于边音的发音特点，如"耳"字的发音［hi］，有点近似于［ɬi］。"虚"字也是如此。

本方言中有边擦音［ɬ］声母，中古的心纽字读为此音。

本方言的零声母字，发音时带有比较明显的喉塞作用，如"话"字念为［ʔuœ］。

韵母方面，电白话有［i-］介音，但发音很轻很短，似有似无，这显然是受粤语影响的结果。如"权"字念为［kʰ⁽ⁱ⁾en］，"让"字念为［z⁽ⁱ⁾aŋ］等。

电白话中有［ɐ］类韵母，如"合"字念为［hɐp］，"增"字念为［tsɐŋ］等，这个元音也是从邻近的粤方言中吸收来的。

电白的韵母系统中，有［y］元音用作介音，如"招"字读为［tsyo］，"桥"字读为［kyo］。此外，本方言中还有一个开口度较［y］为大的［ø］元音用作介音，如"花"字念为［høœ］，"横"字也读此音（声调不同）。中古的戈韵字念为［oy］，如"过"字读［koy］，"火"字读［hoy］，齐韵字也有些念这个韵母，如"齐"字读［tsoy］，这个［-y］韵尾显然也是来自粤语。

电白水东话的声调可分为7类，与海康话不太相同。阳上和阳去在水东话中已混读，基本上可合为一类。调值方面，水东的阴平是22（或221）调，海康是213调，前者发音至末尾略降而后者略升，这是细小的差异，差别较大的，主要是阴去的调值，水东是33调，海康则是21调。其他各类的调值基本一致。

遂溪县城遂城镇的雷州话，与海康话差别不很大。但遂溪县境内各地的语音，都与海康话有一些差异。如县城及离县城约50公里的北潭镇，其语音有一些特点，主要是：

唇音声母［b］在北潭话中逐渐由塞音变为擦音，［b］念成［β］。县城仍读［b］，两地均没有［f］。

北潭话中存在 [ɬ] 这个边擦音，与县城话及海康话不同。

零声母字如果以 [i] 起首，常带摩擦成分而念成 [z]，如"药"字念为 [zok]。中古的日母字也念为这个声母，如"认"字读为 [zeŋ]，但有一些日母字变读为 [l] 声母，如"而"字读 [lu]。

北潭的 [i] 介音很轻很短，近似于消失，这与水东话相似。县城的 [i] 介音则较为明显。遂溪话以 [ɛ] 为主元音的韵母较多。

遂溪县城和北潭的雷州话也与海康话一样失去 [-n]、[-t] 尾韵，读入 [-ŋ]、[-k] 尾。闽方言中的 [-ʔ] 尾，在遂溪话中也已失去。但它们都保留 [-m/p] 韵尾。

声调方面，北潭话的阴去调念作 35 调，这与县城及海康话念为 21 调相差较大。县城话的声调系统与海康话相同。

廉江河堤、横山一带的雷州话也有一些特点与海康话不同。其差异之点是：海康话念为 [b] 声母的字，在廉江安铺附近河堤一带的雷州话中念成 [v] 声母，如"米"字念 [vi]，"麦"字念为 [ve]，"文"字念为 [viŋ]，"袜"字念为 [vak]，"无"念为 [vo]，等等。横山雷州话也大体相同。这些都是中古的明、微母字。中古的疑母字也有一些在本方言中念为 [v] 的，如"我"字读作 [va]，"牛"字念成 [vu]等。疑母字有一些仍读为 [ŋ]，如"鹅"字、"五"字，一些字则读为零声母，如"月"读 [ue]。

廉江河堤雷州话没有轻唇音 [f]，其他方言念为 [f] 的，不是读为 [p] 或 [p·]（如"飞"字读 [pue]），就是读为 [h]（如"富"字读 [hu]，"丰"字读 [hoŋ] 等）。横山的雷州话则有 [f]。

廉江河堤话中有 [ɬ] 声母，如"衫"字念为 [ɬa]，"蒜"字念为 [ɬuŋ]，"生"字念为 [ɬɛ]，"新"字念为

[ɬiŋ] 等。这与当地的粤语有关。

廉江河堤话与海康话一样保留中古知组声母字部分字读为 [t] 组的特点，如"猪"字读 [tu]，"竹"字读 [tip] 等。也保存闽语把某些匣纽字读为 [k]（阳调）的特点，如"寒"字读 [kũã]、"厚"读 [kau]、"行"读 [kĩã] 等。另一部分字则读为零声母（如"活"字读 [ua]、"黄"字读 [ui]、"鞋"字读 [oi] 等）。中古的喻三纽字，则念为 [h]，如"远"字和"园"字都读 [hui] 等。

韵母方面，廉江河堤话与海康话最大的差异是有鼻化韵，如"寒"字念 [kũã]、"团"字念 [kĩã]、"行"字念 [kĩã]、"碗"字读 [ũã]、"鼎"念成 [tĩã] 等。具有鼻化韵是粤东一带闽方言的特点，雷州话本来也有，但现代的海康话消失了，在廉江的某些雷州话中却保存着。横山话则没有鼻化韵。

另外，廉江河堤话保存 [-m]、[-p]、[-ŋ]、[-k] 尾，[-n]、[-t] 尾韵并入 [-ŋ]、[-k] 尾韵，如"贫"读为 [pʰieŋ]，"文"读 [viŋ]，"班"读为 [paŋ]，"笔"念 [piek] 等。这一点与海康话基本相同。横山话则有 [-n/t] 尾，[-ʔ] 尾韵却消失了，如"尺"字念 [tsʰio]、"叶"字念 [hio]、"鸭"念为 [a]、"百"念为 [pe]、"食"读成 [tsia] 等。这也与海康话一致。横山有一个 [uɔi] 韵母（如"快、岁、瓜"等字音）较为特别。

其他的韵母与海康话没有什么大的差异。

声调方面，廉江雷州话也有 8 个声调，与海康话相同。调值上的差异，主要是阴去，廉江念为 35 调，是一个升调，海康话是 21 调，念为低降调。其他各调的调值基本一致。

以上介绍了雷州方言语音的有关情况，至于雷州话在词汇和语法方面的特点，因为与潮汕话十分相近，为节省篇幅，这里就不再叙述了。

第五章　广东方言的"后来者"
——客方言

　　客方言又称为"客家话"、"客语"，是广东的又一支重要方言。我国南方各省都有相当一部分人口使用客方言。香港地区、台湾省同胞以及海外华侨有许多人的"母语"也是客家话。

　　客家方言是汉语七大方言之一。它属于汉语方言的一个大支系，这是无庸置疑的。可是在五六十年前，却曾有过一番关于客家话来源的争论。

　　过去，某些人认为客家话并不是汉语方言，而是一种独立的语言。如外国人哀德尔就说客家人不与汉族人同种，客家话也不是汉语的方言。有人又把客家人当成一个独立的民族，说它是苗族的一支，如从前的《四会县志》就说"客为犵"；又有人说客家人是瓯越族人的子孙（见《中国舆地志》）；有的则说客家人是在纪元前聚居于山东等地的外族；等等。总之，客家人和客家话的系属和来源，在过去有种种不正确的说法。

　　为了弄清楚客家人和客家话的来源，在本世纪 30 年代曾引发了一个研究客家的热潮，各种论著相继出现。有的从人种和居民迁移的历史进行研究，有的从语言方面进行研究。他们通过大量的历史和语言事实证明了客家人是汉族人民的一部分，客家话是汉语的一种方言。这些著作中，最重要和最出名的论著是罗香林的《客家研究导论》。

客家话无疑是汉语方言的一支。这一点，已为现代语言学界所普遍承认。下面，我们从几个方面来介绍和论述客家方言的一些问题。

第一节 一种强固保持"移民集团"特点的方言

客家方言之所以被称为"客家"，与汉语的其他各大方言的叫法有异，就是因为它是我国历史上一个很大的"移民集团"，从本土迁移到其他地区逐渐形成的一种颇具特色的方言。我国的汉语方言，绝大多数是属于"地域方言"。它们是由聚居于某一地域，由于人群的隔离、交通的不便、交往的减少而逐渐形成的汉语共同语的"地方变体"——方言，如我国东部地区的吴语、东南部沿海地区的闽语、南部地区的粤语等。但是，客家方言的形成却与上述这些方言不太一样。它是由于集团性的人群迁徙而形成的"移民集团"的方言。客家的先民本来聚居于黄河流域山西、陕西、河南、甘肃一带，由于自东晋以来先后发生了几次大的社会动乱，客家的先民无法在原居地生活下去，在不同的历史时期先后向南方迁徙。他们带着中原汉语来到南方，由于新居地多在山区和沿海一带地域，与中原的交往较少，而且，也由于客家的先民有着相当强烈的宗亲观念，重视固有的传统，在集体迁移的过程中始终保持着群体的伙伴意识，有很高的合作观念，重视亲族或血缘之间的密切联系，所以原来所操的方言比较能长久地保持着而不易为其他的语言或方言所同化。当然，在客家方言的发展过程中，它本身在语言质素上也发生了许多变化，正是由于这种维持着亲族集团的强固的关系和语言发展相对的保守性，客家人的祖先从中原地区带来的北方方言，逐渐形成与中原汉语有别，又与南方原有的方言不同的一种新的、特异的方言。因此广东著名的学者黄遵宪曾说:"此客人者,来自河洛,由闽入粤。传世三十,历年七百,而守语言不少变。有《方言》《尔雅》之字,训诂家失其意义,而客人犹识古义者;有沈约、刘渊之韵,词章家误其音,而客人犹存古音者。"所谓其"语言不少变",是说客家话较多地保存了古代的词义和读音。由于客家话的最终形成,大约出现于宋代,所以现见客家话的语音系统,与南宋后期、元代初年周德清所作的《中原音韵》音系甚为接近,因此广东的学者陈澧说:"客音多合周德清《中原音韵》。"黄遵宪和陈澧等人的说法,基本上是正确的。

总之,客家方言的形成有其具体的发展过程。它的历史与客家先民的集团性迁移密切相关。因此,在客语形成的历史上,深深地烙下了"集团性移民方言"的印记。这种特点,在下文我们论述客家方言形成的历史时,可以看得更加清楚。

一、客家方言的流行区域

客家话是随着客家的先民由北向南迁徙的过程逐渐形成的。客家先民的足迹遍及长江流域各省,因此,后代流行客家方言的地域范围也相当广泛,根据一般的统计,下述各个省份是客家方言较为广泛流行的省区:

广东　广西　江西　福建　四川　湖南　海南　台湾

此外,河南、云南、贵州、湖北以至安徽、山西、陕西等省也有周边地区使用客家话。海外如印度尼西亚、马来西亚、新加坡、泰国、越南、菲律宾等地区的华人,就有许多人使用客家话,人数约有700万。总计世界上使用客家方言的人数,不下4500万。

江西省的客家话,主要分布于武宁、靖安、奉新、高安、修水、宜丰、铜鼓、万载、永新、吉安、泰和、宁冈、井冈山、万安、赣州、上犹、崇义、南康、汝城、大余、信丰、安远、寻乌、会昌、瑞金、于都、兴国、石城、宁都、广昌、永丰、龙南、定南、全南等县市的全部或部分地区。可以说，与广东粤北地区及兴梅地区接壤的大片地区基本上使用客家话。

广西的客家话区，包括富川、钟山、贺县、恭城、阳朔、平乐、荔浦、武宣、蒙山、昭平、融安、融水、罗城、柳城、田林、鹿寨、金秀、柳州、柳江、象州、平南、百色、藤县、岑溪、来宾、桂平、北流、玉林、隆安、陆川、博白、贵县、横县、灵山、浦北、凭祥、钦州、合浦、防城、南丹、河池、宜山、大化、忻城、合山、巴马、都安、马山、宾阳、上林、平果、武鸣、南宁、邕宁、天等、大新、扶绥、龙州、崇左、上思、宁明等县市的全部或部分地区。使用人数约350万。

福建的客家话，则主要流行于闽西地区，包括长汀、连城、上杭、永定、武平、清流、宁化、明溪、南靖、平和、龙岩、诏安等县市的全部或部分地区。

海南省的客家话，当地称为"偃话"，主要分布在儋县的南丰区和兰洋区（包括国营的兰洋农场在内），县城那大镇有一部分人也使用客家话。此外，临高、定安、陵水、崖县、三亚的个别村庄也使用此种方言。据记载，海南岛的客家人是在清代乾嘉之际从梅县一带迁移来的。

台湾省内也有客方言区。主要流行于新竹、苗栗两县，桃园、屏东、高雄也有一部分人用客家话，人口共约450万。客家人进入台湾，主要是在明代郑成功收复台湾以后。移入的客家人以梅县一带的居民为主，其语言状况与梅县话相接近。

四川省的客方言，主要流行于梓潼、三台、绵竹、德阳、什邡、彭县、金堂、成都（郊区一部分地方）、新津、仁寿、乐至、安岳、资中、威远、隆昌、荣昌、富顺、泸县、宜宾、合江、巴中、仪陇、通江、新都、广汉、温江、双流、简阳、合江、广安、达县、西昌等县市的全部或部分地区。

湖南省的客家话，主要分布于汝城、桂东、酃县、茶陵、攸县、浏阳、平江、临湘、醴陵、永兴、常宁、安仁、耒阳等县市的全部或部分地区。

全国其他地方使用客家话的还有一些零星分散的地区，这里就不详为介绍了。

二、客家话在广东境内的分布

全国有许多省份使用客家话，但是，流传最广、使用人数最多的要算广东省。广东省是客家方言最重要的流行区域。

根据某些资料的统计，认为广东省境内纯粹使用客方言的县市共有 17 个，非纯粹客家方言的县市约有 50 个。可以这样说，广东省内大部分的县市都有客方言的流行，只是各地使用此种方言的人数有多有少的差别而已。

广东境内的客方言，主要分布在粤东、粤北和粤西较为偏僻的山区地带，沿海的县份也有使用客家话，但相对较少。省内使用客方言的地区，可以方言语音、词汇（及语法）等语言质素的接近程度划为四个片：

（一）粤东片

主要分布在东江流域一带，是客家方言在广东流行的主要区域。它包括梅县、蕉岭、平远、兴宁、五华、大埔、丰顺、揭西、陆河、紫金、惠阳、宝安等县市。揭阳、饶平、普宁、惠来、潮阳、陆丰、海丰、惠东、深圳、东莞、增城、博罗等县市也有一部分地区用客家话。

（二）粤中片

主要流行于和平、连平、龙川、河源、新丰、龙门、佛冈等县的大部分地区和广州市郊区、中山、珠海、斗门、三水、四会、清远、高明、鹤山、开平、新会、台山、恩平等部分地区。

（三）粤北片

主要分布于始兴、乐昌、曲江、连县、连南、乳源、阳山、翁源、英德以及韶关郊区的大部分县市，南雄、仁化、连山、怀集、广宁、郁南、德庆、云浮、罗定、新兴等县市也有部分地区使用客家话。

（四）粤西片

粤西各县市，没有以客家话为主要方言的地区。但本片各地几乎都有一部分人使用客家话，它包括信宜、阳春、阳江、高州、茂名、电白、化州、吴川、廉江、遂溪、海康、徐闻各县，各地使用客方言的人数有多有少。

在粤东地区使用潮汕方言的各个县份，也有一些地方属客家话区。比较重要的有饶平县，县内与大埔交界的地区如上饶、上善、饶洋、建饶、新丰五个镇基本上使用客话，人口约有20多万，占全县的20%。揭西县在河婆镇以北的地区，是客方言的流行区域，使用人数约有30多万。揭阳市在与揭西县接壤的几个乡镇如玉湖、白塔、新亨三镇的一部分和龙尾镇的全部10多万人也使用客家话。陆丰和海丰等县的北部山区，约有50多万人使用客家话。海丰流行客家话的地区，主要是在本县北部黄羌镇及其所属的高北、东岭、七连、石门、石金、石墩以及银丰、万福等乡村（接近惠东县北部一带），另外，西北部与惠东县相接的鹅埠镇、赤石镇等所属的大鞍、新连等地也有一部分人讲客家话。陆丰的大安镇一带也使用客家话。

普宁县的客家话，主要流行于本县西南部山区（原十一、十二、十三区），与陆河及陆丰县接壤的地带。

惠来县的北部山区（与普宁接壤地带）也使用客家话，即青坑林场、青山乡、河林乡等地。

潮阳县的一些山区使用客话，但受到潮汕方言的影响，当地称为"半山客"，其人数不多。

在粤语流行的区域，也有许多县份使用客家话。如广州市沙河一带以及广州市的郊县，许多地方都有客方言的流行。

花县也有一些地方使用客家话，主要分布在北兴镇及芙蓉嶂一带。这里的客家人大多数是在数百年前由梅县、兴宁、五华、河源等地迁移来的。

从化县则主要是吕田使用客方言，其地理位置在从化县之东部，北面为新丰，东面为龙门，周围都是客家话区。

东莞讲客家话的，主要是在东南部樟木头、清溪一带与惠阳、宝安两县相接的丘陵地区。

增城县除了使用粤方言之外，也有一部分地区使用客家话。

中山市客家话的流行区域，主要是在五桂山区和南蓢的部分地区（合水一带），其地与翠亨村接近。

三水县使用客方言的地区，主要是在六和、迳口和大塘等处，使用人数约两万多。其余地区均流行粤方言。

台山的客家话，主要流行于赤溪区，这一片地区从前曾单独立县。此外，还有田头区也使用客家话。

香港"新界"过去也有许多村落使用客家话，如现在"新界"粉岭附近一个小村称为"崇谦堂"，大约有八九十户人家，四五百人，他们大部分使用客家话；"新界"东北角的上水、沙头角一带也讲客家话。

其他如阳江、阳西、恩平、开平、罗定、怀集等粤语区之中，都有或多或少的人使用客家话。

粤北片客家话的分布，其具体情况是（这里提及的资料，主要是参照梁猷刚《广东省北部汉语方言的分布》和余伯禧、林立芳《韶关方言概说》两文）：

韶关市　主要是流行于东郊和北郊一带的农村，人口约3万。

曲江县　主要流行于马坝、大塘、火山、枫湾、沙溪、乌石、樟市、罗坑、凤田、江湾、大桥、周田、黄坑等乡镇，龙归也有许多人用客话；白土、白沙、重阳、黎市、梅村等乡镇则是少数人使用客话。全县约有30万人使用客家方言。

南雄县　使用客方言的地区，主要是澜河（全部用客话）、全安、黎口、主田、古市各地，则有一半左右的人使用客话。

仁化县　仁化镇、董塘及丹霞北部地区基本上使用客家话。从河源县迁入的数千人也讲客家话。总计全县使用客家话的人数约有4万。

乐昌县　本县的廊田、五山、九峰、两江、大源各乡镇使用客话；长来、安口两乡位于武江西面之地区以及罗家渡的南部，大部分人也用客家话。全县讲客方言的约有20万人。

始兴县　太平、城南、顿冈、沈所、澄江、马市、陆源、城郊、深渡水、罗坝、都亨、北山、花山、司前、隘子等乡镇全用客家话，人数约有22万。

连县　本县的九陂、朝天、龙潭等乡的大部分人，高山、龙坪两个乡的一部分人讲客家话，用客家话的人口约6万。

连南县　本县的寨冈、寨南乡北部以及各个乡镇的一部分人讲客家话，人数约5万。

乳源县　附城、一六、侯公渡、龙南、洛阳、古田水、大布、大桥、大坪、红云等乡镇基本上用客家话；桂头及柳坑乡的一部分人也使用客方言。人数约有 13 万。

阳山县　本县的江英、高峰、犁头、岭背、黄坌、小江、秤架、大崀、红莲等乡镇以及犁埠的汉族人都讲客话。总计全县约有 13 万人用客方言。

英德县　本县的横石水、青塘、黄陂、桥头、大镇、白沙、鱼湾、横石塘、沙口、下砵、石灰铺、石牯塘、西牛等乡镇全用客话；附城、张陂、水边则是大多数人讲客方言，大湾、沙坝、波罗大约有半数的人用客家话；望埠、青坑、大洞、九龙、明迳则是少量的人讲客话，总计约有 61 万人使用客方言。

翁源县　龙仙、南浦、附城、砾下、周陂、三华、庙墩、官渡、六里、红岭、坝仔、岩庄、江尾、松塘、翁城、新江等乡镇基本上使用客家话，人数约 33 万。

连山县　县城吉田镇及南部小三江一带有一部分人用客家话，人口不足 1 万。

总括起来说，始兴和翁源基本上是属于纯客县；曲江、乳源、英德则是大部分人用客家话；乐昌、南雄、阳山、连县、连南、连山等县则用客家话的较少，在本县的人口中不占优势。

粤西地区的阳西县，客家话主要流行于塘口和新墟两区，使用人数约 4 万。阳春县主要是三甲、八甲、双滘、永宁等地使用客家话，人数有 2 万多。

电白县使用客家话的，有观珠、沙琅、黄岭、罗坑、那霍、望夫、大衙等区镇，使用人口约 25 万。

化州县使用客家话的地区，主要是新安、兰山、中垌、平定 4 个区镇，人数约有 20 万。

信宜县的客家话，分布在钱排、合水、新堡、平塘、旺沙、贵子、洪冠、茶山等区镇，使用人数约 25 万。

廉江县的青平、雅塘、石岭、石颈、长山、塘蓬、禾寮、河唇、石角、高桥等区镇使用客家话,人数约 50 万。

徐闻县以使用雷州方言为主,使用客家话的不多,只是在附城、下桥、曲界、龙塘等地的一部分乡村讲客家话,人数约 4 万。

海康县几乎全用雷州话,使用客家话的很少,只在客路区的三塘、塘塞、东路的一些乡村使用客家话,人数不足 1 万。

三、梅州话的地位

在客家方言分布的广大地域中,各地的方言都有或大或小的差异。但是在这些各有差异的方言点之中,一般都公认粤东地区的梅州(过去称为梅县)话是整个客家方言的代表。各地的差异,是以梅州话为标准经过衡量得出来的。梅州话之所以能够取得客家方言标准点的地位,主要是因为梅县是客家先民入粤定居较早的地区,进入梅县以后,历代虽有人群继续移向其他地区,但梅县始终维持着客民主要聚居州府的地位。另外,梅县地区自从为客家先民选定的主要聚居区之后,在政治建制上、文化传播上、经济发展上,在近数百年来一直发挥着较为重要的作用。梅县所在的嘉应州,从明代以至清代以及进入民国以来,一直是粤东地区重要的州府之一。还有,历史上聚居于梅县地区的居民主要是来自中原的士族或望族,其文化程度较高,他们对传播中原文化也起了较为重要的作用。最后,在近代的几百年间,许多地方的客家人,是梅县一带居民外移出去的。在他们心目中,梅县始终维持着近代客家主要聚散地或祖居地的地位。它的方言,也就成为其他地方客家人维持或仿效的对象;在其他方言区的人看来,它也起着客家话代表方言的作用。有着上述的种种原因，梅州（梅县）的客家话在整个客家方言之中，便成为"方言的标准语"或代表点。

第二节 客家话的分化、形成和发展

客家方言是从中原汉语分化出来的，它的分化以至形成，其年代较广东省的其他方言如粤方言、闽方言为晚。当然，粤语区和闽语区的先民，他们也有与客家先民相似或相同的从中原地区迁至南方的历程，但在发生这些大规模的、社会激烈变动的移民行动之前，中原的汉人就比较早地进入粤语区和闽语区。我们已经指出，粤方言的分化、形成，与战国时期的楚人南移密切相关，也与秦始皇统一六国之后派遣大量军队入粤戍守带来中原汉语的事件大有关系，其年代都较客家先民入粤为早。而广东的闽方言，即潮汕方言和雷州方言，它们是从福建的闽语分化出来的。由福建的闽语分化出广东的闽语，其时代虽不会很早，福建居民的大量进入潮汕和粤西地区，约在宋元之后，但福建的闽方言，则是在汉魏之前由于吴越方言的南移分化、演变而成的，其年代也相当早。到了中州板荡、晋室南迁的历史年代，中原汉人也大量进入福建和广东，但那时，闽方言已经形成。中原汉语的传播，只是加强了读书音对闽方言的影响而已，也就是说，在古代汉语的一支"古老的"方言——吴越方言的影响之外，再加上中古时期中原汉语新的影响。这就使闽南方言之中出现了若干个不同的语音层次，其白读（说话音）基本上是保存古代吴越语的某些读音，而文读（读书音）则保存了中古时期中原汉语书面语的另一些读法。这些不同的读音形成明显的对照，它们表现了不同时代的语音面貌。因此，就广东的闽方言来说，其分化、形成的年代也比客家方言早。所以我们说"客家话是广东方言的后来者"。

第五章　广东方言的"后来者"——客方言

客家方言的分化,与中原汉人的大规模南迁密切相关。客家的先民本是居住于黄河流域的河南、山西、陕西、甘肃等地。他们所使用的语言,本是与中原地区相同的。但是,由于从晋代以后中原地区先后发生了几次大的社会动乱,客家的先民不能在原居地生活下去,纷纷向南迁徙,经过若干代的变动、若干地点的迁移,客家的先民在不同的地域停留下来,经过长时期的隔离或与其他南方方言或少数民族语言的交流、融合,逐渐形成一种特异的方言——客家话。而客家先民的播迁,客家话的不断分化,据历史的记载,与下面叙述的五次大的移民行动有关。

一、"晋室南渡"与客家先民的迁徙

三国以后,晋朝统一了中国,中原地区黄河流域一带的居民,暂时有了安息的机会。但是,过不了多久,中原地区又发生了新的大动乱,晋朝王室之内发生了长达十六年之久的"八王之乱"。接着爆发了"五胡乱华"的种族矛盾的斗争,又动荡了一百多年。当时,生活于黄河流域一带的客家先民,处于水深火热之中。加上当时在黄河流域一带发生了严重的天灾,致使老百姓无法在家乡生活下去,纷纷奔向外地避难。这就出现了《晋书·食货志》所说的"至于永嘉,丧乱弥甚。雍州以东,人多饥乏,更相鬻卖,奔迸流移,不可胜数"的局面。永嘉是晋怀帝的年号,在他统治期间,天灾人祸十分严重,酿成了历史上著名的"永嘉之乱"。这就迫使他的后继者晋元帝不得不把晋室朝廷迁移到南方来,发生了"晋室南渡"的重大历史事件。当时也有许多朝廷的公卿士大夫跟随晋元帝跑到南方来。这一时期,形成了中原地区的士族和一般居民南迁的浪潮。北方至少有30万户的人家向南寻求活命之地。这些南来的中原居民，大多数入居江苏和东南沿海各地。当时的东晋政权，为了安置这些流民，在南方各地设立侨居郡县，作为难民栖息之所。这时候，除多数北方居民入徙江苏、浙江、安徽等地外，还有许多人停留在长江两岸的湖北、湖南和江西，当然，也有一些人进入福建和广东。这些南来的中原居民，有许多就是客家人的祖先。这些北方居民，带来了中原的文化和生产技术，也带来了中原的汉语。唐杜佑《通典》说："（扬州）永嘉之后，帝室东迁，衣冠避难，多所萃止。艺文儒术，斯之为盛。"唐代诗人张籍的《永嘉行》也说："北人避胡多在南，南人至今能晋语。"这就是说，南来的中原汉人带来了晋代的中原汉语，这种"晋语"在南方传播开来，使得南方地区，也逐渐使用起中原的汉语来。这就是清人汪烜所说的"昔晋室当五胡之乱，中原成墟，故东晋之世尝侨立州郡于江淮之间以处南渡之民，则江左之民皆中原之民而非南蛮之民。……江左之音皆中原之音而非缺舌之音也"。顾炎武在《音论》卷中引明人陈第《读诗拙言》曰："说者谓自五胡乱华，驱中原之人入于江左，而河淮南北，间杂胡言，声音之变，或自此始。"说的都是东晋之时，北人南来，带来了中原的汉语，这就为后来南方一些方言特别是客家方言的分化创造了客观的社会条件。客家方言的分化，就是以这个"东晋之乱"的历史大动乱为契机的。

客家先民的向南迁徙，在东晋这个历史时期，主要是移入长江流域湖北、湖南以至江西一带。《宋书·州郡三·雍州刺史》说："晋江左立。胡亡氐乱，雍秦流民，多南出樊沔。"樊沔就是指湖北地区。《旧唐书·地理志》也说："自至德后，中原多故，襄邓百姓，两京衣冠，尽投江湘，故荆南并邑，十倍其初，乃置荆南节度使。"襄邓是指河南一带地方，由于中原战乱，当地的老百姓纷纷迁至湖北、湖南等"荆南"之地。

当时的刘宋政权在湖北、湖南交界的地方设置了南义阳郡和南河东郡以置徙民。南义阳郡的侨居百姓主要是来自河南信阳一带的义阳郡。徐文范《东晋南北朝舆地表》卷九说："自永嘉之乱，三辅豪族，流于樊沔，侨居汉水之侧。"汉水一带的居民，在东晋及五代以后，人口大量增多。所以沈约在《史臣论》中说："江左以来，树根本于扬越，任推毂于荆楚。扬土自庐蠡以北，临海而极大江；荆部则包括湘沅，跨巫山而掩邓塞。民户境域，过半于天下。"湖北、湖南一带的流民，其中大部分就是后代客家人的祖先。

现代客家人历代保存下来的族谱，有许多都记述其祖先在东晋时因中原动乱而向南迁移的情况。这些族谱的记载可与历史的描述相印证。如嘉应（梅县）的《刘氏族谱》记述："先主次子永公，初封鲁王，继封甘陵王，魏咸熙元年，东迁洛阳，遂家焉。自五胡乱华，永嘉沦覆，晋祚播迁，衣冠南徙，永公之裔，亦迁屋于江南。"南海县九江的《朱氏家谱》也说："过江则为侨姓，王谢袁萧为大（琅玡王氏，陈郡谢氏，汝南袁氏，河南萧氏），皆以永嘉之乱南迁。"兴宁的《温氏族谱》也说："我族发源于山西、河南，子孙蕃衍。……逮晋代五胡乱华，怀、愍帝为刘渊所掠……我峤公，时为刘崐记室。晋元帝渡江……峤公奉命，上表劝进……后峤公出镇洪都，子孙因家焉。"温峤是晋时名臣，他出镇江西南昌之后，他的子孙也就落籍南方了。又兴宁的《张氏谱抄》说："十五世韪公，晋散骑侍，随元帝南徙。寓居江左，生一子轩。"香港新界粉岭《张氏族谱》也有类似记述。梅县的《丘氏族谱传序》说："河南丘氏，先世自东晋五胡云扰，渡江而南，入闽南而之汀之宁化石壁。"梅县的《邓氏族谱》说："永嘉末年，后赵石勒作乱，伊时有号伯通、叔攸公，友爱感天，全一家命脉，救一方生命，即宁化石壁乡是矣。"深圳沙头角《吴氏族谱》说："吾祖宣公，随父任，居蜀阆州。吾于后晋高祖天福元年丙申，时吾年四岁，吾祖年六十有三，偕祖母与父纶公、叔经公、绍公，合家渡江，徙今江西抚州府临川县之石井，留二叔经公居此，又与父纶公、三叔绍公易居江西建昌府南丰县。"

由上举各项资料可以看到，客家的先民，在东晋之时，曾经因中原的动乱而徙入两湖及江西、福建一带。在这个历史时期，他们主要还停留在长江流域，还没有大规模地进入广东的兴梅地区。而这个时候，由于客家的先民离开中原的年代还不很久远，而且地近北方话区，其方言尚未真正从中原汉语分化出来。客家方言的分化，要到唐宋之际才出现。

二、黄巢起义时的动荡

唐末黄巢起义时，中原地区又发生离乱，黄巢领导的农民起义军与唐朝政府的军队转战于山东、河南、湖北、安徽、浙江、江西、福建、广东、广西、湖南、江苏、陕西等12省。在黄巢的起义军失败以后，紧接着又出现了"五代十国"混战的局面，人民又遭受着战祸的痛苦。特别是自公元907年后梁（"五代"之一）夺得中国北部的统治权至960年后周（也是"五代"之一）的统治结束这50年间，战争大大地破坏了北中国的经济，中原地区战祸频仍，民不聊生。北方居民受到异族的抢掠或屠杀，生活受到惨重的损伤。而黄河流域一带的居民除了战争的惨祸之外，还加上黄河水灾的侵袭。在"五代"的50年间，黄河多次决口，这就迫使原来因避永嘉之乱的客家先民再进一步向南迁徙。这时，本来居住在河南、安徽一带的居民不得不再一次离乡背井，迁入在当时来说较为平静、安定的福建和广东的粤北和粤东地区，有的进入江西省的中部和南部。

　　唐代之时，客家先民进入广东的，首先是在粤北地区的韶关、南雄、始兴一带。根据统计，唐时广东各州的人口较之隋代增加了30.6倍，各地都有由北方迁来的"流人"或"客户"，但是，人口增加得最快的是韶州，韶关成为客家先民入粤的重要地区。这与大庾岭新路的开凿和武水的通航，便于北方流民进入粤北地区有关。由于唐及五代时北人的南来，致使到了宋代，广东的户口大增，其中是许多外地入南的"客户"。宋代的户口有"主户"与"客户"之分，主户是较长期地在广东定居的居民，也是在当地拥有土地的居民，客户是新徙入的居民。据北宋《元丰九域志》的记载，客户在当时广东各地的户数中占了很大的比重，如广州地区的主户为64796户，客户为78465户，客户比主户还多。广州地区包括南海、番禺、清远、增城、怀集、东莞等地。循州地区（包括龙川、兴宁、长乐）的主户是25634户，客户是21558户，主、客相差无几；潮州地区（包括海阳、潮阳等），主户是56912户，客户是17770户。连州地区（包括桂阳、阳山、连山等）主户是34038户，客户是6540户；端州地区（包括高要、四会等）主户是11269户，客户是13834户，等等。其他各地的客户也不少。这里所说的客户，不单是指客家的先民，也包括潮州或其他方言区的先民，但客家人占多数。有人认为，宋代广东的新客户，是指"流民"，而"新主户"则是指北方南来的"士族"，这种说法不一定可靠。客家人的主流不一定全指士族，而"客户"也不一定全是没有土地的佃农。尽管某些人在北方为主户，有钱有势，但他们移入南方，并不一定仍称"主户"。例如，据《南海志》（元大德残本）所载，宋代广州的"主户"为64796户，而"客户"为78463户，这个"主"、"客"之分，不一定是以"士族"或"流民"来划分的，也不一定是以有无土地或者说是"地主"与"佃户"来划分的。广州的"主户"多至 6 万多，宋淳熙年间增至 72090 户，如果说这个主户主要是指地主或士族，则士族或地主之户数何其多耶？因此，"客家"的"客"与宋代之分"客户"、"主户"有关，但不是所有的"客户"都是客家人的祖先。宋代的客户，其中那些以集团性移动为主要特征的、而且其所用方言与北方话较为接近的、主要来自中原地区的居民群体，演变为后代的客家人。这些在宋代来自江西、湖南等地的客家先民，多是由武水进入韶州，或由大庾岭进入粤北、粤东地区，然后再转往各地。总之，宋代之时，已有大量的客家先民进入广东地区。他们从北方带来了中原汉语。在宋代，其方言还没有从本土方言彻底分化出来，还是使用其原有方言而略有变化。故宋人周去非在《岭外代答》中谈到钦州的居民时说："二曰北人，语言平易，而杂以南音，本西北流民，自五代之乱，占籍于钦者也。"这些"北人"，其中就有一些是客家的先民。这些从北方迁来的居民带着本土中原汉语来到南方，他们形成一个很大的移民集团，有的人保存其原来的方言，有的则与当地的居民杂处，发生了语言的融合，吸收了南方的汉语方言或居于当地的少数民族的语言的某些词语（甚或一些语音特点），因而渐渐地表现出与中原汉语的某些差异，这就意味着方言已经开始分化。宋时，正是这种分化发生发展的关键时期。客家人的族谱，有许多记述了唐末之时因原居地动乱避地入南的情况。如《崇正同人系谱》萧氏条说："三十世孙萧觉，仕唐，值世乱，举族出逃，分居湖广及江西泰和、庐陵等县。"又梅县《刘氏族谱》云："一百二十一世祖讳祥公，妣张氏。唐末乾符间，黄巢作乱，携子及孙，避居福建汀州宁化县石壁洞。"又如江西《罗氏大成谱》说："追下唐僖宗之末。黄巢作乱，我祖仪贞公，致仕隐吉，因家吉丰。长子景新，徙赣州府宁都州，历数十年，又迁闽省汀州宁化县石壁村。"兴宁的《廖氏族谱》说:"唐时我祖由江西于都避乱,迁汀州宁化石壁寨。"江西宁都《孙氏族谱》说:"始祖讳𫖮,乃唐中书舍人讳拙之子。唐僖宗中和三年,因黄巢之乱,充承宣使,引兵游击闽越江右间,以功封东平侯,嗣略至虔化县,民皆安堵,父老遮道请留,遂定居该县。"唐末是客家先民进一步向南方迁徙的重要时期,由于他们的逐渐向南方推进,他们所操的语言已开始出现与中原汉语发生差异的趋向,但尚未彻底从中原汉语分化出来。但是,它却为客家话的进一步分化创造了更加充分的条件。

三、北宋末及元代初年的进一步分化

客家方言的彻底分化,其关键时期是在北宋之末及元代初年。北宋末年,金人南侵,宋室南渡,把京都从河南的开封迁移至浙江的杭州(当时称为临安),这就是南宋的"偏安"时代。南宋之初,康王赵构仓促即位,开始了南迁的行动,这个南迁的过程,历时约 10 年之久。这个期间,中原及大江南北深受战争之苦的居民又进一步向南方迁徙。原来居于北宋都城汴京(开封)的皇族、官僚及富商大贾以及许多平民也随皇室迁至临安。《宋会要·食货》卷三十八说:"临安府自累经兵火之后,户口所存才十二三。而西北人以驻跸之地,辐凑骈集,数倍土著。今之富室大贾,往往而是。"北宋末、南宋初时人庄绰所作的《鸡肋编》记当时金人侵犯江浙各地的状况说:"建炎三年七月,余寓平江府(今江苏吴县一带)长洲县彭华乡高景山北白马涧张氏舍。时山上设烽火,夕举以报平安。……是冬,金人犯杭、越。明年春,由平江以归。白马涧去城十八里。张氏数宅百余区,尽被焚毁。"这是庄氏所记当时张姓居民所受金人蹂躏的情况。庄氏又说:"建炎元年秋,余自穰下由许昌以趋宋城。几千里无复鸡犬，井皆积尸，莫可饮；佛寺俱空，塑像尽破胸背以取心腹中物；殡无完柩，大逵已蔽于蓬蒿；菽粟梨枣，亦无人采刈。"这一幅"千里无鸡犬"的惨景，正是南宋初年中原老百姓遭受战祸之苦的具体写照。因此，大批的中原汉人包括唐末由中原迁至长江流域的客家先民，只好又向南迁移了。

在南宋时期的半壁江山之中，北方已没为金人统治区域，南宋朝廷只靠江浙及闽广一带供给。庄绰《鸡肋编》说："绍兴年间，天下州郡遂成三分，一为伪齐、金房所据，一付张浚，承制除拜；朝廷所有，唯二浙、江、湖、闽、广而已。"因此，许多北方居民，移入江浙及闽广地区。南宋的暂时安定局面，没有持续多久，到了宋代末年，元兵又发起对南宋朝廷的进攻。公元1276年，南宋都城为元兵所陷，南宋官吏将帅弃守，宗室南逃。五月间，宋朝臣子陈宜中等人于福州拥立益王，到十一月间，益王仓皇逃遁入海。这一时期，江西、福建、广东三省交界地区，成为宋室与元兵交锋的地区，各地居民有的起来勤王，从家乡来到这三省交战的地带；有的为了逃避战祸，又奔逃至其他地区。总之，这一个时期，是南方各地居民大动乱、大迁徙的年月。原来的福建居民，有的进入粤东和海南，造成了后来潮汕话和海南话的分化；而原来的客家先民，有的自唐末以来，从北方入居江西或福建的或是定居于粤北韶州地区的，都重又迁徙，觅取新的安身立命之地。这样，许多客家人进入了兴宁、梅县以及潮州地区。罗香林《客家研究导论》说："黄巢造反确曾促成客家先民第二次的迁移运动。""不久又遇着宋高宗的南渡，元人的南侵，客家先民迫于外患，不得不又从事第三次的迁移。"罗氏又说："客家先民最先移居广东东部、北部的，虽说有远在五代以前者，然那时人数无多。……南宋以后，客民向南迁徙的，始一天多似一天。""广东的客家,大半实自宋末到明初才盛起来的。"这些说法,大体上是正确的。许多客家人的族谱,同样证明了宋代的迁移行动。例如梅县《曾氏族谱》说:"洪立十五传孙纡悼,宋政和壬辰年(1112年)由南丰福建宁化石壁,生子仲辉。辉子桢孙,因宋元兵扰,由宁化迁广东长乐县(今五华)。"梅县《沈氏族谱》说;"一世廷辅,南宋高宗时随父入闽……宋南渡后迁居福建省建阳县,生子八:椿、楸……二世椿,移居宁化县贵溪。"梅县《陈氏族谱》说:"到了宋末,传至九十世万顷,迁居福建宁化石壁。"《崇正同人系谱》说:"故陈氏郡望称颖川。宋末中原士族,纷纷南随帝室播迁。有陈魁者,率其族众九十三人,移居福建汀州府之上杭……其族复相率转南而入粤。且当时南来之人,自此九十三人之外,更有或为之先,或为之后,抑或为之同时,故陈氏族属蕃庶,实冠全粤焉。"和平县《徐氏族谱》说:"吾祖德隆,实积之六世孙。王父曰暄,为宋宁宗时都统,扼于权奸,去位,卜居于豫章之吉水,孙男二:道隆、德隆。均先后度宗时提刑。解组未几,元兵南下,道隆起兵勤王,力战而父子俱殁,德隆则随宋帝度岭而南。迨宋祚已绝,义不臣元,遂择龙川乌龙镇居之。"这些从江西等地移入福建的,大多居于宁化的石壁村。后来,他们有的再从宁化迁至粤东等地。如原居于宁化石壁的刁姓居民,"元末明初自福建汀州府宁化县石壁村葛藤坪始迁潮州府揭阳蓝田村第八围小径村"。(见《客家姓氏渊源》)又坪山三河村《江氏族谱》说:"始祖万倾公……胞弟万载授锦衣指挥,同侄铸为义武将军,摄行中军,扶宋帝昺避兵入闽。……万倾公亦授指挥职,为元兵所害。镗铸兄弟由泉州之境界避乱,各迁一处,至老不相往来。"

客家先民由北至南的迁徙,可以说是一个绵延了数百年之久的持久性的移民行动。现代广东客家人的迁徙,从东晋时至

宋末元初，终于有了一个较为稳定的立足点。他们许多族姓，
历经湖北、湖南、江西、福建而后入居广东。他们所操的方
言，本是河南、陕西、山西、甘肃一带的中原汉语，属于北方
方言。由于他们首先至长江流域，与湖北、湖南、江西一带的
方言相处了一段相当长的时间，所以也接受了这些地区的方言
的影响，产生了与原来北方方言的相异之点而带有江淮一带方
言的特点。比如说，长江流域的方言 [əŋ]、[ən] 不分，
[iŋ]、[in] 无别（[-ŋ] 尾并入 [-n] 尾），现代客家话也是如
此。这可以说是客家先民接受两湖及淮浙等地方言影响的结果。

宋代，他们又再向南迁移，又脱离了湖北、湖南、江西等
地方言。在南宋以后，它们又按着本身的语音发展规律发展，
产生了与这些方言的差异。但从总体来看，客家方言是比较接
近于江西的赣方言的（所以从前有人主张把客语与赣语合为
一个大方言）。而较之广东的各种方言（如粤语、潮语等），
它又是比较接近于北方方言的。清人郑昌时在谈到潮州地区的
语言情况时说："潮音仅方偶，其依山而居者，则说客话，而
目潮音为白话……而客音去正音为近。"（见《韩江闻见录》
卷十）从现代客家话的语音系统来看，它保存宋代中原汉语
的语音特点比较多，因而有陈澧关于客家语音多合于《中原
音韵》的说法。元代周德清的《中原音韵》，反映的是南宋至
元代这个历史阶段的中原共同语语音，客家话与它比较接近或
吻合，正可以证明它是在这个时期前后（差不多同时）从中
原汉语分化出来的。总之，宋末元初，是客家话真正从中原汉
语分化出来的历史时期。它一方面保存中原汉语的基本特点，
另一方面又出现新的变异。结果，形成了一种新的汉语方言。

四、明清时代的不断流动

元明之后，本来入居于广东的客家先民又有新的流动。流

动、迁徙的主要原因，是定居地点的重新选择，是新环境的吸引。客家先民在唐代之时，比较集中聚居于粤北地区；宋代，又从福建、江西等地进入粤东一带。但他们所处的地域多半是在山区，因为原来广东各地的较有利于耕种生存的地域已为原住居民所占据，客家先民迁入广东时，大部分人只能定居于耕种条件较差的山区或丘陵地带。而这些地方，本来也有一些少数民族的居民蕃衍生息着。当客家先民入住这些地区以后，生产和生活条件受到一定的限制，而且这些地区，又经常有少数民族居民对汉族统治者的反抗或侵扰，福建西部的客家先民住地以及粤东的客家聚居区，时有畲族、瑶族以及其他民族居民的"叛乱"，所以，这些地区也欠缺一个安宁的生活条件。这种情况，在南宋末年已经出现，而至元、明之间尤甚。文天祥《文山全集》卷八说："潮与漳、汀接壤，盐寇、畲民群聚剽掠。"明代之际，仍有不少原住于江西、福建一带之客家先民因谋生路而进入广东，或者再由广东转到外地。《明实录》卷一二叙述礼科都给事中李孟旸的奏议说："两广边徼重地，军政废弛，行伍缺乏，而广州特甚，然亦不独广州，天下皆然，各卫所军士，差役百出，将领不知抚恤，往往变名易姓，逃避他所。……江西赣州等处盗肆攻劫，曾命抚捕，而根株未拔，此与闽、广、湖楚接壤，盗贼啸聚，多各处逋逃。又韶州各荒地田，江西、福建一带穷民多托此处老户垦田为业，其本处老户又因而先争田土，或者田土既被夺于老户，往往残杀报怨，乞行勘报。果在彼安业者，别设县治，客其编籍；若愿附籍于旁近州县者，亦听其便。原垦田土，量其科税；原系军籍者，查报区处。"可知明代仍有江西、福建等地"穷人"进入韶州为人耕田而入客籍。当然，入居之地，不独韶州，他们往往又迁往广西、四川等地。

因此，客家先民又先后从粤东及粤北地区迁居于广西、湖南、四川、台湾、海南以及广东本省的中部、西部地区。广东的客家人主要是在明初以后大规模迁至广西的。徐杰舜《广西客家的源流、分布和风俗文化》一文（载《客家学研究》第二辑）说："明代以来，由于广西少数民族反抗封建统治的斗争此起彼伏，明政府不断派兵进入广西征讨，不少官兵遂落户广西。明末清初，入桂汉族更是激增，尤以由广东溯西江而上者为多。乾隆五十八年桂平县《粤东会馆序》中就说广西左右江流域到处可见广东汉族。""明末清初，由于清兵入关，清王朝统一了全国，在清初民族压迫之下，汉族南迁激增，加上客家人内部人口的繁衍，耕种所获，渐难供用，遂有一部分客家人从广东的东部和北部分迁到广东的中部及滨海地区，这时就有一部分客家人迁入广西，当时广西的武宣、马平（今柳州市）、桂平、平南、陆川、贵县、藤县等地均有客家人迁入。"这种说法是正确的。《明实录》卷七六引南京户部员外郎周中琦的话说："广西桂林府古田县、柳州府马平县皆山势相连，傜（瑶）、僮（壮）恃以为恶，我军北进，贼即南却；西进，即东走；军退，即复巢穴，如石投萍，随散随集。故兵屡进，贼转多，民困日深，资粮浪费。……照成化元年例，请兵二十余万，四面夹攻，连进三年，使民安堵，方令班师。其系旧僮村者，招抚残僮居住……旧系民村者，招集遁民复业。或地多民少，令各处招发流民填实……广东招发广州等府南海等县砍山流食瑶人……并招南雄、韶州等府江西流住做工听顾（雇）之人……俱发填塞。"许多原住韶州、南雄之客家先民就是这样迁入广西的。这是广东的客家人在较早期迁至广西的情况。

客家人大批迁入四川，主要是在清初康熙年间，据四川仪陇县潘姓客家人的《潘氏宗谱》（刻于清咸丰七年即1857年）说："潘若思自中牟迁江西临川宜黄，四十余世，迁福建上杭县。迨明嘉靖十九年迁粤东乳源县，康熙五十四年迁四川仪陇。"这潘姓客家人的迁徙路线，正反映了大多数客家人从北到南、从广东到四川的迁移路线。许多四川的客家人来自广东的五华县。杨耀林《深港客家源流考》一文（载《客家学研究》第二辑）说："宋元以来，客家族人迁徙广东后，经明朝较长时间的休养生息，人口日繁，而客家所属地域，山多田少，土地贫瘠，不足于养家糊口，于是有向外扩张之举。而明末清兵入关，兵至广东、福建时，客家节义之士与明遗臣举义勤王，迄至义师失败，遂多被迫散居各地。清统一中国后，鉴于兵灾荒废，或迁界所至，四川及广东沿海、台湾等地地旷人稀，向人口密集的客家地区招垦，于是构成了第四次客家的迁徙。深圳、香港客家正是第四次迁徙运动中从嘉应州、惠州属地区迁徙而来。"而有些客家人，则又回迁至江西地区去。"比如（江西）铜鼓的客籍就是清朝康熙至乾隆年间从广东梅县和福建汀州迁来的。"（见颜森《江西方言的分区（稿）》，载《方言》1986年第1期）当然，江西省内，早就有客家居民存在。在前述唐末的黄巢起义，北宋末年的宋、金交兵之时，有许多客家的先民除迁入福建的宁化、汀州、上杭、永定一带之外，一部分人进入广东的循州和惠州，另外一部分就进入江西的中部和南部。在此后的迁徙中，这些江西的客家人民又进一步入居广东。至清代，广东的客家人又有回流江西的现象。

在清朝初期，也有一些居住于粤北地区及梅县的客家人迁到湖南去。如湖南酃县的客家人（分布于东部和南部山区一带），就是在清代康熙至乾隆年间从广东迁移过去的。据《酃县七都朱氏族谱》记载："吾宗世籍粤东乳邑辽水，自法贵公八世下有明公，由粤徙居酃邑上七都军庄房。"又《酃邑初修饶氏族谱·酃邑沔渡及振公开墓志》说："及振公世居粤东平远田兴,于康熙年间同兄及文公迁于江西龙泉,仅住数年,于康熙戊戌年又同兄迁居湖南鄜邑十一都沔渡。"类似的族谱很多。可知湖南省的许多客家人,又是从粤北或粤东地区直接或间接先后迁至湖南的。

台湾的客家人及海南岛上的客家人,基本上也是在清代初期从粤东地区迁入的。

广东的客家人,早期主要聚居于粤北及粤东地域的山区之间。在明、清两代,他们不断向广东的中部及西部迁移。这主要是明、清之际,广东的客家住地已呈现了上文所说的地少人多、耕种无法开展的情况;而另一方面,广东的另外一些地区,却人丁稀少,大有垦殖之余地。如《英德县志》说:"土俗淳朴,颇知诗书,科目代不乏人。明初地无居人,至成化间,居民皆自闽之上杭来立籍,间有江右入籍者,习尚一本故乡,与粤俗差异。"《增城县志》也说:"客民者,来增佃耕之民也。明季兵荒迭见,民多弃田不耕。入版图后,山寇仍不时窃发,垦复维艰。康熙初,伏莽渐消,爰谋生聚。明有英德、长宁人来佃于增,葺村落残破者居之。未几,永安、龙川等县人亦稍稍至。清丈时,山税者占业浸广,益引嘉应州属县人杂耕其间。所居成聚,而杨梅、绥福、金牛三都尤夥。"增城的情况是客家人迁移的一个缩影。而清代初年的"迁海复界"行动,使宝安、深圳、东莞以至九龙、"新界"、香港岛等地,成为客家人的新聚居地。这些地区的客家人,就是在清初以后入籍的。客家的先民,有的是因为原住地耕地不足、人口过繁而觅取他乡以为垦殖之所而迁徙的,有的则是从事商贾而移入他乡的。明人王士性《广志绎》卷四谈到廉州地区的语言状况时说:"曰客户,民城郭,解汉音,业商贾。"这里所说的客户,即指客家人。他们的方言与北方话比较接近,所以说他们"解汉音"。这些地区的客家话,则是在元代以后才传入的。

广东客家人的移入粤西或广西，除上举的早期行动之外，清代乾嘉以后，另有一部分客家人从粤东、粤北等地迁入粤中的台山、开平、四会等县之后，仍因当地人口增长太快、耕地过少，只好向当地的土著居民租赁土地。"由于客家人善于经营，没有几年便从租赁转入收购，引起土著的不满，于咸丰六年（1856年）终于爆发了历史上有名的'广东西路土客斗案'。在相持达12年之久的这场土客之争中，双方死伤散亡的人数约50—60万人。至同治六年（1867年），广东巡抚蒋益沣始议令土客'联和'，划赤溪一厅，互易田地，但赤溪土地贫瘠，难以解决客家人的土地问题，于是官方拨款20万两，加上地方自筹的资金，分给客家成年者每人8两，未成年者每人4两，各户发执照一份，让他们到高州、雷州、钦州、廉州请领荒地开垦，于是大批客家人或循水路沿南流江和西江入桂，或沿陆路交通线入桂。到民国时期，广西的信都、贺县……宁明、明江、绥渌等45县，均有客家人分布。"（徐杰舜《广西客家的源流、分布和风俗文化》）清人龙启瑞《粤西团练述略》说："粤东粤西邻省毗连……外郡地多山场旷土，向招粤东客民佃种，数世后，其徒益繁，客主强弱互易。"这里所说的粤西是指广西。由此可见，粤西及广西各地的客家人，是清代以来较为晚近的年代才从粤中等地移入的。他们的原居地也是梅县、兴宁、大埔、五华一带。

在明清时期，客家话已经形成一支不同于中原汉语的方言。它一方面保存了宋元时期中原共同语的许多特点，另一方面又有新的变化，并且融入了许多南方方言的语音特点和词语。总之，在这个历史时期客家方言最终形成了。因此，在客家人于明清时期再从广东、福建移入其他地区，其居民所操的方言与广东的客家话没有出现什么大的差异，这一方面说明客家话有相当大的内部一致性；另一方面，也是客家人比较重视本方言的保持和运用，即他们坚持"不忘家乡言"的传统观念的结果。

总之，客家方言是在晋代以后由于中原地区的离乱、中原汉人移居南方、形成方言的隔离而逐渐分化形成的。南宋时期，是客家方言分化的关键时期。元代以后，客家话便形成了。它的历史较其他方言为短，而且与长江一带的方言（如湖北的"楚语"、湖南的湘语、江西的赣语）都有较长期的接触，并且没有从人群的迁移之时便脱离北方话，与北方话保持一段相当长期的紧密关系，因而也比较接近北方话。

必须指出，近代有关文献、典籍提及"客语"的，不一定是指现代的客家方言。有的书也把来自福建的闽方言叫做"客语"。"客家话"之成为现代客家方言的专称，是起于近代百数十年间。以前的地方志多把客家话叫做"山话"，因为客家居民多聚居于山区地带。如海南岛的《感恩县志》说："感语有三种：曰军语、客语、黎语。军语与正音相通，客语似闽音，琼属最多此语。惟人殊地异，腔口互有不同耳。黎语与黎峒相似而稍别……清季有儋州人迁居白井、文质等村，其人皆说儋语，故又有儋州语一种。"这里所说的"客语似闽音，琼属最多此语"，这个"客语"显然是指属于闽方言的海南话。明人顾炎武也把闽语称为"客语"。他在《天下郡国利病书》卷一〇二"广东（崖州）"条说："语音州城惟正语。村落语有数种：一曰东语，又名客语，似闽音；一曰西江黎语，即广西梧、浔等处音。一曰土军语，一曰地黎语及本土音也。"《崖州志》也有相似的说法："崖语有六种：曰军话，即官语正音，城内外三坊言之。其初本内地人仕宦从军来崖，因家焉，故其言语尚存而以'军'名。曰迈语，音与广州语相似，附城四厢及三亚里、椰根里言之。曰客语，与闽音相似，永宁里、临川里、保平里及西六里言之，与郡语同。"

第三节 客家话音系

客家话的语音面貌，比较接近于普通话，但与普通话仍有许多差别；它又比较接近于元代《中原音韵》的语音系统，但仍有不少差异。总之，它是一种语音面貌处于南方方言和北方方言之间的"中间型"方言，也是一种处于古代汉语和现代汉语之间的"过渡型"的方言。下面，我们以梅州话为代表，介绍它的语音情况。

一、梅州话的声韵调系统

过去的梅县现在称为梅州市，梅州话的语音是客家话语音的标准或代表。下面从声母、韵母、声调三个方面介绍它的情况。

（一）声母系统

唇音	p 波	p˙婆	m 摸	f 火	v 禾
舌尖音	t 多	t˙拖	n 娜		l 罗
舌尖前音	ts 资	ts˙雌		s 思	
舌根音	k 哥	k˙可	ŋ(ɲ) 我		
喉音	Ø（零）衣			h 河	

声母一共有 17 个。唇音的［v］声母，是一个浊擦音，不过摩擦很轻，几乎近于半元音［w］，因此也有人标为［w］。［ts］组声母发音时，其部位较北京音的［ts］为后，与上腭接触的部位也比较大，接近于舌叶音而与广州话的［tʃ］相近。舌根音声母［k］组如果与高元音［i］等相拼，则近于舌面中音［c］、［c˙］等。客家话的［h］是一个喉部擦音，

其发音部位较北京话的［x］为后，而与广州话、潮州话的［h］相近。

（二）韵母系统

单韵母	a 阿	o 哥	e 鸡	ɿ 资
	i 衣	u 乌		
复韵母	ai 矮	oi 哀	au 拗	eu 欧
	ia 也	iai 界	iau 要	iu 友
	ua 娃	uo 窝	uai 歪	ui 威
声化韵母	ŋ 五			
鼻音尾韵母	am 庵	em 森	əm 沉	im 阴
	an 班	en 恩	ən 真	in 因
	on 安	un 温		
	aŋ 冷	oŋ 江	uŋ 翁	
	iam 淹	ian 烟	iun 允	iaŋ 影
	ioŋ 央	iuŋ 雍		
	uan 弯	uen 耿	uon 碗	uoŋ 王
塞音尾韵母	ap 鸭	ep 粒	əp 汁	ip 邑
	at 八	et 北	ət 质	it 一
	ot 脱	ut 物		
	ak 百	ok 恶	uk 屋	
	iap 接	iat 结	iak 锡	iok 药
	iuk 育			
	uat 挖	uet 国	uok 握	

上表一共列了 63 个韵母，此外，还有［ie］、［ue］、［io］、［m̩］、［uaŋ］、［ion］、［iot］、［uot］、［iut］等韵母，因为管字很少，这里就不收进韵母表里去。如果再加上这些韵母，梅州话的韵母就超过 70 个，这与广东的闽方言比较接近。

合口韵母［ua］、［uai］等如果与［k］、［k·］声母相拼，它的介音［u］实际的发音是［v］（唇齿摩擦音）。因此，有的学者认为，客家话中实际上是不存在［u］介音。［ian］韵母如果与舌根音或喉音声母相拼，其实际音值是［ian］，中间［a］元音的开口度较大；而与其他声母（如唇音声母或舌尖声母）相拼，则其实际音值是［iɛn］，例如"田"［t·iɛn］、"棉"［miɛn］等字的发音就是如此。

（三）声调系统

梅州话的声调共分为 6 类，其类别及调值如下：

调类	阴平	阳平	上声	去声	阴入	阳入
调值	44	11	31	52	1	4
例字	夫班	扶盘	府板	富半	福八	服跋

梅州话的平声和入声各化为阴、阳两类，上声和去声各只有一类。调值则全是平调（平声、入声）和降调（上、去声）。

二、各地语音的差异

客家方言的各个方言点，其语音有颇大的一致性。这是因为客家方言形成的年代还不是很古远，它形成之后各地的进一步分化还不是十分明显。而且，客家话的使用者，普遍抱有坚持使用本乡、本土的客家话，不轻易变更、不轻易放弃或吸纳其他方言的语言成分的观念，所以，各地方音的变异也不很突出。还有，广东境内各地的客家人，多是从一两个较主要的客家聚居区（如粤北的韶州和粤东的梅州）迁徙出去的，他们迁移出去之后，其使用的方言仍保持了与这两个大区语言特点的较大的一致性。因此，广东的客家住地虽然比较分散，但其语音的内部歧异实际上并不很大。当然，各地的客家话仍有不少的差异，这里作一个概括的介绍。

下面，我们选取客家方言各个片中较有特点的、较重要的方言点就其与梅州话的差异作一个简略的介绍。

（一）兴宁话

兴宁县位于梅州市的西南面，西北与龙川县交界，西南面和五华县接壤，它是客方言流行的主要县份之一，常与梅州（梅县）合称兴梅地区。

兴宁话中，有 [ts] 组与 [tʂ] 声母的区别，读 [ts] 组的，是中古的精、庄、知二组声母字，如"兹、此、积、斯"等；读 [tʂ] 组的是章、知三组声母字，如"脂、尸、矢、迟、致、追"等。

中古的晓、匣纽字，其开口细音字（中古时属三、四等韵字）在梅州话中读为 [h]，但在兴宁话中则念为 [ʂ] 声母，如"希、喜、虚、休、晓、香、险、气、弃"等字。兴宁话的这个 [ʂ]，是由 [ç] 变来的，即 [hi>çi>ʂi]。近代中原汉语书纽字由 [ç] 变为 [ʂ] 的过程，正在兴宁话中的晓、匣纽字重演着。

兴宁话韵母系统与梅州话最大的差异，是后者 6 种辅音韵尾齐全，而兴宁话却失去闭口韵的 [-m]、[-p] 尾。这类韵母的字读入 [-ŋ]、[-k] 尾韵，如"担、谈、南、览"等字读为 [aŋ]，"金、禽、林、侵"等字读为 [iuŋ]。

中古的桓韵字"官、棺、观"等，在梅州话中念为 [uon]，而兴宁话则念为 [on]，显然，其语音年代要较 [uon] 为早。《中原音韵》中，本韵字念为 [on]，而明代金尼阁的《西儒耳目资》则念为 [uon]，其发展的情况当是 [on>uon]，圆唇的 [o] 元音之前导生出一个圆唇的介音

［u-］。

中古某些二等韵的见组声母字，在宋末、元初之际产生了［i］介音，如山、删韵的"奸、间、艰、简、眼、雁、颜"等字，它们在梅州话中念为［ian］，但兴宁话不产生［i］介音，仍然保留二等韵原来的读法。从这一点来看，又可表现出兴宁话反映的语音年代较梅州话为早。

梅州话的［eu］韵母，其与舌根音、舌尖音及唇音组声母相拼的字，在兴宁话中读为［iu］，如"斗、走、愁、狗、口、后、偶、剖、某、谋、亩"等字。

兴宁话的［k］组声母所拼的合口呼韵母，多失去［-u-］介音，"瓜、夸、乖、矿"等字多读成开口呼韵母。

（二）大埔话

大埔县东面与福建省交界，东南面是饶平县，西北部与蕉岭县相接，西南面和丰顺县毗邻。全县以讲客家方言为主。

大埔话保存了一套舌尖后音［tʂ］、［tʂ·］、［ʂ］、［ʐ］，读此组声母的，是中古时的章组声母和知组三等声母字，如"终、众、诸、处、深、真、失、书"等和"中、虫、猪、耻、除、沉"等。中古的精组和庄组、知组二等声母字则读为［ts］、［ts·］、［s］。两者形成了［ts］与［tʂ］的区别。大埔话中的这个［tʂ］组声母，可以与［i］元音韵母相拼。例如："沉、深"等字念［tʂ·im］、"真"念［tʂin］、"陈"念［tʂ·in］、"汁"念［tʂip］，等等。这种情况，反映了宋元时期语音的特点。

大埔话中有擦音声母［ʐ］，它所管的字，并不是中古时期的日组字，而是中古念为影组和喻四组的字，如"央、阳"等。

大埔话的唇音组声母，大体上与梅州话一样，有［p］、

［pʻ］、［m］、［v］、［f］等几个，其类别没有什么不同，但它们所管的字不太一样，大埔话的唇音声母可以与［ui］韵母相拼，如"杯、贝、配、每、飞"等字，但梅州话的［ui］却念成［i］；大埔话把其他某些客家话念为零声母的字（如元韵字）也念为［v］，如"园、袁、远、冤"等。

本方言的［k］组声母，如果与中古的合口韵字相拼，多失去［-u-］介音，如"瓜、夸"等字念成［ka］、［kʻa］。

大埔话中有一套以［æ］为主元音的韵母，如：

æu 鸟　æm 添　æn 天　æp 帖　æt 铁

它们主要是中古时属于纯四等韵的萧、添、先、帖、屑等韵的舌尖音（端组）声母字。这些字在梅州话中念作以［a］或［ɛ］为主元音的韵母，并且带有［i］介音，但大埔音这些字不带［i］介音，保存了唐代或更早时期的读法。这些四等韵字，在《切韵》时期，其主元音大体上是［e］，不带［i］介音。大埔保持了《切韵》时的基本特点，但主元音的开口度变大了。

大埔话与梅州话在韵母方面的另一个重要差异，是它把中古时的豪韵字"保、报、毛"等字念为［ɔ］（或标为［o］），这一点与粤东地区的闽方言相同而与其他的客家方言点有异。

在梅州话中，流摄中的尤韵字梅州多念为［u］，如"周、昼、抽"等字，但大埔却读为［iu］，这也与当地附近的闽方言相同。

大埔话中，保存了中古时期的6种辅音韵尾：［-m］、［-n］、［-ŋ］、［-p］、［-t］、［-k］。其中，［əm］、［əp］韵字比较多，这与其他许多客家方言点缺乏［ə］类韵母有颇大的不同。

中古的庚韵二等字，在梅州话中念为［aŋ］韵，但大埔话却读为［ɛŋ］韵，如"冷"字梅州念为［laŋ］，大埔则念成［nɛn］。

中古的灰韵和微韵唇音字，在梅州话中读为［i］韵母，但大埔话则念成［ei］，如"每、尾"等字。

大埔话的声调，与梅州话一样分为6类，调值也大部分与梅州相同，所差异者是去声，大埔念为31调，梅州则是53调。一个低降，一个高降。

（三）五华话

五华县位于兴宁县南面，其县城水寨话是五华话的代表，现据水寨话介绍五华客家话的简略情况以及与梅州话的差异。

五华话与兴宁话一样，有［ts］-［tʂ］两组声母的对立。精、庄、知二组字读为［ts］，知三、章组字念为［tʂ］。"唇"字即念为［ʂ］，"长"字念为［tʂʻ］等。

五华话中，三种鼻音声母［m］、［n］、［ŋ］齐全。唇音组声母中，有［f］和［v］，一些影母字也念为［v］。

五华话中，原中古二等韵的舌根音声母字"间、简、艰"等，也与兴宁一样念为［an］，不产生［i］介音；原一等寒韵相对的合口桓韵字"官、棺"等，也与兴宁一样念为［on］，保留了较早期的读音。

在五华话中，对大埔念为［æn］的四等先韵字"颠、天、田"等念为［en］，其开口度较小，并且不带［i］介音，这种读音，就与《切韵》音系接近。此外，还有其他一些以［e］为主元音的韵母，如［e］、［eu］、［em］、［en］、［ep］、［et］、［ien］、［iet］等。

五华话韵母的重要特点，是没有［y］类韵母，但有与［ts］组声母相拼的［ɿ］和与［tʂ］组声母相拼的［ʅ］。如"资"念［tsɿ］（一些［u］韵字也变成［ɿ］），"支"念［tʂʅ］。

五华话中，没有以［ə］为主元音的韵母，"恩、耿"等字念为［en］，"黑、国"念为［et］而不念为［ə］类韵。但［i］元音系统却相当完整，如：

i 衣　iu 求　im 针　in 因　ip 邑　it 失

此外，以［o］为主元音的韵母也很丰富，如：

o 歌　io 茄　oi 哀　ioi 脆　on 安　ion 软　oŋ 当　ioŋ 羊
ot 脱　iot 撮　ok 恶　iok 雀

这构成了五华话的一大特色。

五华话的韵尾系统，［-m］、［-n］、［-ŋ］、［-p］、［-t］、［-k］齐备。

此外，本方言中还有声化韵母［ŋ̍］、［m̩］。"吾、吴、梧、鱼、五、午"等字念［ŋ̍］，"唔"字念［m̩］。

五华话的声调共有6个，与梅州话一样。各个声调的调值，除阳平念为24调与梅州的11调有异之外，其他各调的具体念法均与梅州话一致。

（四）丰顺话

丰顺县位于梅州市之南，东北部与大埔县相接，南面和揭阳县相连，西南部则与揭西县交界，西北一部分地区则和五华接壤。本县除一部分人讲潮汕话外，大部分人都用客家话。

丰顺话中，有些中古的来母字念为［n］，如"懒"字读成［nan］，这与大埔话一样。

丰顺话和大埔、兴宁等地的话一样，有［ts］组与［tʂ］组声母的对立。

丰顺话中，中古灰及微韵的韵唇音字读为［ui］，不与梅州话一样读成［i］，如"每、美"等字。

梅州话中的［eu］韵字，在丰顺话里，则念成［iau］韵，如"某"字。

丰顺话中，一些梅州话读为 [-ŋ] 韵尾的字，它变为收 [-n] 的韵母，如庚韵二等字，在梅州话中念为 [aŋ]，但丰顺话与大埔话一样，变成 [ɛn] 韵，如"冷"字即读为 [lɛn]。

丰顺话的声调与梅州话一样分为 6 类，调值上却有一些差异。阴平、阳平两者一致，阴入、阳入也没有什么差别，但上声丰顺读为 53 调，梅州则读为 31 调；去声丰顺读为 31 调，梅州则又读为 53 调，两者的读法恰好相反。

（五）饶平客家话

饶平县位于广东省的最东面，与福建省毗邻。其西北面是使用客家方言的大埔县，西面及西南面是闽方言区潮州市和澄海县。本县的北部地区上饶、饶洋、建饶、上善、新丰等区，由于与大埔区接壤，所以也使用客方言。本县讲客家话的约有十六七万人，其余六十多万人使用潮汕话。

声母方面，饶平客家话与梅州话的差异之点是梅州话只有 [ts] 组声母，饶平除有 [ts] 之外，还有一组 [tʃ] 组声母，后者是舌叶音，但其发音比较接近于 [tʂ]，只是舌尖卷起的程度不很后而已。

中古的微纽字在饶平话中念为 [v]，如"文、武、物"等。中古匣、喻三纽字及影纽的合口字，本都念为 [w]，但在饶平话中，它进一步增强了摩擦成分，并略带唇齿成分，也读成了 [v]，如"换、云、雨、芋、袁、往、员、汪、威"等字。

中古的晓、匣纽字，其合口韵字在饶平话中也多念为 [f]，如"薰、核、花、挥、灰、混、环"等。

中古的疑母字，在洪音字中念为 [ŋ]，在细音字中则念为 [ɲ]，前者如"我、傲"等，后者如"愚、严、女、元、月、业"等。

一些中古的影、喻纽字，其韵母如以［i］元音起首，常因为摩擦成分的增强念为［j］，进而念成［ʒ］，这就与原来的日母字读为同音，如"约、欲"等字。

中古的知组声母字有一些在本方言中仍读为舌头音［t］等，如"徵、追、镇、丑"等。这一点与潮汕话相近。

另外，一些中古的轻唇音字，在饶平话中也读为重唇音，如"放、枫、腹、肺"等。

中古全浊音声母字在本方言中全变为送气清音，这一点与梅州话相同。饶平话保持着客家方言这一基本特点。

韵母方面，它有［ɿ］韵母，与［ts］组声母相拼。有［e］韵母，但没有［y］及以［y］为主元音的韵母。

饶平客家话中，与梅州话一样，有以［e］为主元音一类的韵母，如：

　　e　eu　em　en　ep　et

这一点与梅州话相似。但梅州话中有一组以［ə］为主元音的韵母，如［əm］、［ne］等，饶平话却没有。

饶平话中与梅州话一样，［eŋ］、［iŋ］韵母并入［en］、［in］，如"升"字念为［ʃin］，"登"字念为［ten］。

饶平话中有一个［iəu］韵，把中古的鱼、虞韵字"屡、愚、去、女、序、居"等读为此音。这是一个相当突出的特点。

饶平话也有声化韵母，但比梅州话多了一个［m̩］。此外，它还有数量不多的几个鼻化韵母［ã］、［ĩ］、［ãũ］、［ũĩ］。这是梅州话所没有的，这显然是受当地潮汕话影响的结果。

梅州话中，有几个以［u］为介音的韵母如［uen］、［uon］、［uoŋ］等，这在饶平话中并不存在。

中古三等韵的合口字，在普通话多变为撮口呼韵母。但由

于客家话中一般不出现［y-］，所以这一类韵母常念为［i-］
介音韵母，如下列各字在普通话中念为［y-］，但在饶平话中
则念为［i-］：

袁［vien］　　　员［vien］　　　圈［kʻien］

元［vien］　　　月［ȵiet］　　　曲［kʻiuk］

略［liok］　　　屈［kʻiut］　　　橘［kit］

饶平话中，保存中古 6 种辅音韵尾：［-m］、［-n］、［-ŋ］、
［-p］、［-t］、［-k］。这一点与梅州话一致而与兴宁话不同。

声调方面，饶平话与梅州话一样，共有 6 个声调，调类是
一样的，但调值却有出入：饶平的阴平为 11 调，是一个低调，
阳平为 55 调，是高调，这刚好与梅州话相反。饶平的上声是
一个高降调（53），梅州则是低降调（31），这也略有区别，
去声饶平是中升调（35），梅州则是高降调（52），升与降也
刚好相反，阴入和阳入则两个方言差不多，没有大的差异。

（六）花县客家话

花县的客家话，流行于北兴镇及芙蓉嶂一带。其语音状况
与梅州话相近。它们的不同之处概述如下。

声母方面，花县客话有［tʂ］与［ts］组声母的对立。这
个［tʂ］组声母，既可与［ɿ］韵相拼，如"师、狮、侍、
士、事"等字读［ʂɿ］，而"支、至、迟、尸、矢、屎"等
则念为［tʂi］、［tʂʻi］和［ʂi］等。这种情况，与兴宁、大埔
话相近。

花县客话的鼻音声母带有塞音成分，古疑母字"硬、岸、
严、言"等念为［g］或［ŋg］。泥母字的［n］基本上能保
存，但也有一些字念为［g］，它是由［ŋ］（ȵ）变来的，如
"年"字。日母字"日、耳、绕、认"等字也读近［g］。明
母字（如"米"）则读为［b］或［mb］，这些则可能是受当

地粤方言发音的影响。日母字的另一部分读为半元音的 [j]
而与影、喻纽字相混，例如"闰、然、若"等与"延、约、
缘"等同读为 [j]。其他如全浊音声母字几乎全念为送气清
音，保存 [v] 声母；古精组字与庄组字同读为 [ts] 组等，
多与梅州话相似。

韵母方面，本方言的 [i] 介音处于似有似无的状态，这
与梅州话带有明显的 [i] 介音的情况不同，这显然也是受当
地粤方言发音影响的结果。

花县客话的 [iŋ] 韵也合入 [in] 韵之中，但 [ən] 韵
字较为少见。

流摄侯韵字"头、偷、楼、走"等念为 [ɛu]，这与梅州
话的念为 [eu] 很接近。但花县没有 [ɛm]、[ɛp] 韵，这与
梅州话不一样。

花县客话没有以 [y] 为主元音的韵母，也就是说没有撮
口呼韵母，普通话的 [y] 韵字如"雨、虚"等念为 [i]，这
与梅州话相同。

桓韵字"官、短、乱、段、断、管、馆、棺、冠、算、
碗"等念为 [on] 或 [ᵘon]，[u] 介音似有似无，这与兴宁
话相同。

花县客话与梅州一样，6 种辅音韵尾齐全。本方言有声化
韵，也与梅州话一样。

声调方面，花县客话有 6 个声调，类别与梅州一样，具体
的调值，有的与梅州相同，如阴平、阳平、上声、阴入和阳
入，而不同者主要是去声 42（梅州为 52）。

（七）中山客家话

中山市在顺德之南，流行粤方言，还有一部分地区使用闽
方言和客家话。

中山客话在声母方面的特点，有些与梅州话相同，但有些却与梅州话有异。主要表现在：

首先，中古的微母字在梅州话中既有一部分读为［m］，又有一部分字读为［v］，读［m］的字较少，像"无、舞、务、武、雾、晚、文、望、忘、物"等字，梅州话读为［v］，但中山客话则读为［m］。而一些中古的晓、匣母字（合口字）在梅州话中念为［f］的，在中山客家话中却念成了［v］，如"华、画、怀、淮、还、唤、混"等，这些读法，显然是受当地粤方言影响的结果。

其次，中古的溪母字，在梅州话中一般都念为［kˑ］，但在粤方言中，却有一部分字念为［h］，一部分念为［f］，中山客话在这一点上也受到当地粤方言的影响，它把"开、可、去、口、孔、看、康、哭"等字念成［h］；把"库、苦、课、科、宽"等字念为［f］，这与梅州话不同。

还有，古泥（娘）、日、疑母字在梅州话中多念成［ŋ］或［n̠］，中山客家话把属于这些声母的字"人、染、宜、仪、疑、语、迎、月"等念为［j］，这也与梅州话不同。

全浊声母字在梅州话中全变为送气清音，中山客话读送气的较梅州为少。

另外，中山客话中出现了一个与粤方言相同的［ɐi］韵母，它把梅州话念为［i］的字如"闭、批、迷、替、例、际、启"等念为［ɐi］，这显然也是受粤方言影响的结果。

中山客家话把鱼、虞韵的庄组字念为［o］的音，如"阻、助、楚、础、梳"等字，这些字在梅州话中主要是念为［ɿ］（声母是［ts］组）。这一点，中山客话同于粤方言。

中古灰韵字"杯、辈、背、配、陪、倍、每、梅、媒、妹、回、汇、会"等，在梅州话中念为［oi］的音，中山客话则念成［ui］，与粤方言相同。咍韵字"耐、灾、宰、在、

再、裁、菜"等念为［oi］，梅州话念为［ai］，中山客话也为
粤方言所同化了。

（八）惠阳话

惠阳县位于广州以东、东江中游靠南的一侧，与惠州市、
惠东县及宝安县等接壤。县内以使用客家话为主，也有一些地
方讲粤语及潮汕话。惠阳的客家话一般以淡水话为代表，这里
介绍它与梅州话的差异及其特点。

惠阳话中，唇音声母除与普通话及梅州话一样具有［p］、
［p˙］、［m］之外，还有［f］和［v］声母，轻唇音字在惠阳
话中念为［f］之外，还有一些轻唇音字念为重唇，如"粪、
肥"等的白读音念为［p］和［p˙］。读为［v］声母的，包含
有微、影、喻以及匣纽字，如"万、无、文、务、污、为、
位、话、汪、黄、域、弯、温、滑、翁、屋"等。

中古的精、庄、章、知等组声母在惠阳话中合为［ts］
组，其发音的特点，是舌位与上腭接触的部位略宽，舌位也较
靠后，当它们与［i］音相拼时，其实际音值接近于舌叶音。

惠阳话的来、泥两母所管的字，基本上界限清楚，但也有
少量的字两者混读，如古来母字"类、榄、隆"等念为［n］，
而古泥母字"闹、宁、弄"等则念为［l］，这种情况与潮汕
方言相近。

本方言的［k］组声母与［i］类韵母相拼时，发音部位
靠前，其实际音值是［c］组。另外，中古的溪母字在本方言
中，有的念为［h］，如"坑、壳、丘、溪"等字。这是受粤
方言影响的结果。

韵母方面，惠阳话与梅州话一样没有撮口呼的［y］类韵
母。以［u-］为介音的韵母也没有，但有一批以［u］为主元
音的韵母，如：

ui 摧　　iui 锐　　un 遵　　iun 均　　uŋ 重

iuŋ 涌　　ut 佛　　iut 郁　　uk 木　　iuk 肉

惠阳话中，没有梅州话以 [ə] 为主元音的一套韵母，但却有以 [e] 为主元音和以 [i] 为主元音的两套韵母，梅州念为 [ə-] 类韵母的，大多念入 [i-]，如"针、枕、沉、甚"等字；梅州读为 [əm] 而与"金、锦、禁、禽"等念为 [im] 不同，惠阳话都读入 [im]。惠阳话以 [e] 为主元音的韵母有：

e 齐　　eu 头　　em 森　　en 根

但 [em] 韵字比较少，而且多是说话音；[en] 韵字则多是由 [eŋ] 韵变来的。念 [e] 和 [eu] 的则基本与梅州话相同。

[o] 系列的韵母，念 [o] 的是中古的歌韵字和鱼韵的庄组字"初、楚、梳"等；念 [oi] 的主要是中古的哈韵和灰韵字；念 [io] 的字很少，主要是戈韵的合口三等字"瘸、靴"等；念 [on] 的主要是桓韵字，寒韵的晓、匣、影组字"寒、罕、汉、安"等也念为这个韵母；念 [oŋ] 的主要是唐、阳韵字；[ion] 韵所管的字很少；[ioŋ] 韵则是中古阳韵的读音。这些都大体上与梅州话相同。

惠阳话与梅州话的另一个主要差别，是没有 [ɿ] 韵母，它把止摄的精、庄组字念为 [u]（如"资、兹、师、士"等），把章、知组字念为 [i]，如"支、迟"等。

惠阳话保存中古的 6 种辅音韵尾，只是各种韵类所管的字略有变动，梗、曾摄字一部分从 [-ŋ] 变为 [-n]，但字数较梅州话为少。一些 [-m] 尾字也变为 [-n]，如"禀、品、贬、毯、赚"等。[om]、[op] 韵字变为 [-n]、[-t]。

声调方面，惠阳话也与梅州话一样分为 6 种声调，其调值基本相同。所不同者只是个别字的归调不很一致而已。

（九）新丰话

新丰县位于广东省中部地区，是东江、北江和流溪河 3 条河流分流的地方。东北面是连平县，东南与河源交界，南面有从化和龙门，北部与翁源接壤，西面和西南界则是英德和佛冈。周围各县份以讲客家话为主，在新丰流行的，主要也是客家话。全县人口为 20 多万人，其中约 10 多万人使用客家话，另有七八万人使用水源话。水源话流行于东部地区，西部则通行客家话。水源话与当地客家话有一些差别，但从总体特点来看，应该也是客家方言的一种。

新丰话（指客家话部分）与梅州话的差异。主要表现在下述几个方面。

声母方面，新丰话的声母有 16 个，唇音声母有 [p]、[pʻ]、[m]、[f]、[v] 等。中古的微母字多读为 [m]，如"巫、尾、味、望"等字。也有一部分微母字读入 [v]，匣母字和喻母、影母字则读为 [v]。这与梅州话大体相同，如"弯、污、往、枉、皇、环、万、无、威"等。

新丰话有 [n]、[l] 不分的现象，[n] 声母字全读入 [l]，以致现存的声母系统中没有 [n] 声母的痕迹。

中古的精、庄、章、知声母字合流读成 [ts] 组。这与梅州话相同。

新丰话中保存中古疑母字的读法，有 [ŋ] 声母。其齐齿呼字音值是 [ȵ]。[k]、[kʻ] 母与齐齿呼字相拼，有变为舌面中音 [c] 组的倾向。[h] 母是一个喉音，位置较普通话的 [x] 靠后。

中古全浊音声母字在本方言中变读为送气清音声母。这与梅州音相同。

中古的院、匣纽字（合口呼）在新丰话中念为 [f]，如

"胡、怀、挥、惠、火、唤"等。

韵母方面，新丰话与梅州话的差异主要是：

新丰话中没有［e］和［ɿ］这两个韵母。［e］韵母字基本上读入［a］，［ɿ］韵母字则读为［i］，如"资、子、志、死、四"等。但新丰话有［ei］韵母，中古四等韵齐韵字（及少量的脂、支韵字）读为［ei］，如"鸡、溪、计、启、洗、齐、系"等。这与梅州话不同。

梅州话把中古蟹摄的二等韵皆、佳韵字念成［iai］，新丰话则没有产生［i］介音，仍然念为［ai］。

新丰话中有［y］韵母，"鱼、猪、主、书、居、举、语"等字念此音。梅州话没有［y］。不过，新丰话中没有以［y］为介音的韵母。

其他的韵母如［a］、［ia］、［ua］、［ai］、［uai］、［au］、［iau］、［eu］、［o］、［oi］、［ui］、［iui］等，新丰话与梅州话大体一致。不过，新丰话中，［u］元音不作介音。［ua］、［uai］（还有［uan］、［uon］、［uoŋ］）等韵母多念为［v-］或［f］声母。这就造成了与梅州话的差异。

新丰话的辅音韵尾，与梅州话一样，保持得相当整齐，有［-m］、［-n］、［-ŋ］、［-p］、［-t］、［-k］6种韵尾。鼻音韵母中，新丰话与梅州话一样，有［a］、［e］、［i］类韵母，如：

| am 担 | an 产 | aŋ 耕 | ap 甲 | at 瞎 | ak 白 |
| iam 甜 | ian 言 | iaŋ 镜 | iap 叶 | iat 热 | iak 锡 |

本类韵母与梅州话几乎完全一致。

em 森　　en 登　　ep 涩　　et 黑

这几个韵母两者也没有大的差异，只是管字有一些不同。

im 禁　　in 民　　ip 立　　it 直

［-ŋ］尾韵在新丰话中，没有［əŋ］、［iŋ］韵母，它们并入［ən］和［in］，这也与梅州话一致。

但是，新丰话与梅州话有一个重要的差别是梅州话有［ə］类韵母，如：

　　əm 沉　　　ən 真　　　əp 汁　　　ət 质

而新丰话则没有这一类韵母。

声调方面，新丰话与梅州话一样有 6 个声调，调类一样，调值也很相近，有差别者只是阳平的调值，新丰读为 24 调，梅州话则读为 11 调。其他没有什么区别。

（十）紫金话

紫金县在河源市之南，东面是五华县，南面与惠东县交界，西面有博罗和惠阳，本县以使用客家方言为主。

本方言中，有［ts］组（中古的精、庄组声母字）与［tʂ］组（中古的章、知组三等声母字）的对立，如"柱、丈"等字念为［tʂ］。

梅州话中，一些零声母字（以［i］元音起首）在紫金话中带有很强的摩擦成分，以致变为声母［ʐ］，如"养、痒"等字，在紫金话中便念成［ʐɔŋ］。

中古灰、微韵的唇音声母字，在梅州话中念为［i］韵母，但紫金话却读为［ei］韵，这一点与大埔话相同，而与梅州、兴宁等地不同。当然，有些字也与梅州话一样读为［i］韵母，如"每、尾"等字读为［mei］，"美"字读为［mi］。

紫金话韵母方面的重要特征，是保存中古时的 6 种辅音韵尾：［-m］、［-n］、［-ŋ］和相应的入声韵尾［-p］、［-t］、［-k］。这一点与梅州话相同而不同于兴宁话。

紫金话的声调系统，与梅州话大体相同。只是阴平调的调值略有差异。紫金话把阴平念为 45 调，梅州则是 55 调。

（十一）连平话

连平县在河源市之北，东面与和平县交界，西部与翁源县接壤，西南面有新丰县，北部和江西省交会。本县共有人口30 多万人，以使用客家方言为主。

连平话对中古的微母字仍念为 [m]，如"文、网、尾"等字即读为 [m] 声母。在本方言中，一部分字明、微不分。

本方言只有 [ts] 组声母，没有 [tʂ] 或 [tʃ] 组。中古的精、庄、章、知各组声母合一，念为 [ts] 等。但它有一个 [ʑ] 声母，一些日母字及影、喻母字念为这个声母，如"闰、养、野"等。

中古的晓、匣声母字，连平话与梅州一样，有念为 [f] 声母的，但字数较少，梅州念为 [f]（或 [v]）的，本方言仍念为 [h]，如"虎、婚、浑"等字，连本属轻唇音的字也念为 [h]（如"分"念为 [hun]）。

连平话不发生 [k]、[k·]、[h] 组声母在 [i]、[i-] 之前腭化为 [tɕ] 组的现象，[ts] 组也没有这种变化，保持尖团音分开的特点。不过，本方言中，有少量的 [k]、[k·] 等塞音字，变为 [h]，如"开"字读为 [hoi]。

连平话的韵母系统中，存在 [y] 元音，它与梅州话不一样，拥有撮口呼韵母，如"全、权"等字念为 [y-]。

连平话中，一些中古的三、四等韵字其主元音念为 [ɛ]，如"件、辫"等字念为 [iɛn]。

本方言中有一个 [ei] 韵母，如"弟"字即读为 [t·ei]。

（十二）　翁源话

翁源县在始兴县之南，西部与曲江及英德县相接，南面和新丰县交界，连平县在其东面。本县使用的方言以客家话为主。人口约30 多万。

翁源话中，古精、庄、知二组声母字读为 [ts] 组声母；知三、章组声母字读为 [tʃ] 组声母，这与梅州及兴宁话都有差异。

中古的微母字在本方言中有一些字念为［m］，如"蚊、袜"等字即念为［m］。

中古的知组声母字在本方言中有个别仍保存读为［t］组声母，如"知"字读为［ti］的音。

翁源话基本上不发生［k］组声母与［ts］组声母腭化而导致"尖团不分"的现象，前者仍读为［k］组，后者仍读为［ts］组，但［k］组与［i］相拼时舌位略前，近于［c］组。

本方言在韵母方面的一大特点是拥有［y］类韵母，"渔、珠"等字即读为［y］。这一点与乳源话等相似而与梅州话不同。

翁源话［k］组声母与合口韵字相拼，比较容易失去［u-］介音，因此，"瓜、夸"等字都读为［a］而不带［u-］，其他带［u-］介音的字也很少。

中古的流摄侯、尤韵字一些在本方言中读为［eu］和［ieu］，如"厚"字念为［heu］，这与梅州相同，但"球、舅"等字念为［ieu］，则与梅州的［iu］有异。

中古二等韵佳、皆韵字的见组声母字，在本方言中不产生［i］介音，如"皆"字读为［ai］韵，"间"字读［an］韵，而与梅州的读［iai］、［ian］不同。

翁源话中，保存了中古时期的 6 种辅音韵尾，［-m］、［-n］、［-ŋ］、［-p］、［-t］、［-k］齐全。

（十三）乳源话

乳源县在乐昌县之南，东南面是曲江县，西面是阳山县。本县除使用瑶语外，附城、侯公渡、龙南、洛阳、古母水、大市、大桥、大坪、红云等地讲客家话。

乳源客家话中，章、知、精、庄各组声母没有分别，合在一起读为［ts］组的音，这与梅州话一致。古代全浊音声母全读为送气清音，这也与梅州话相同。

乳源的微母字念为［m］（如"袜"）和［v］（如"文"）两个辅音，这与梅州话基本一致。

乳源话的［k］组声母及［ts］组声母不发生腭化现象，原见组声母的细音字仍读为［k］，精组字仍读为［ts］，尖团基本分明。

本方言保存中古疑母的［ŋ］，"瓦"字读为［ŋa］。

乳源话中有［i-］、［u-］、［y-］3种介音，介音的保持较为强固，这是本方言的特点之一。

乳源话韵母系统中存在［y］类韵母，具有撮口呼，如"书、柱"等字的韵母都读为［y］。这一点与梅州话大不一样。

乳源话的歌韵字读为［ɔu］，与梅州话念为［o］不同。

本方言对中古效摄一等韵豪韵字念为［ɔu］，如"高、刀"等字，这与梅州话念为［au］不同。这可能是接受粤语影响的结果。

乳源话中的桓韵字"官、肝、短"等念为［uon］韵母，这与梅州话相同，但其主元音［o］的开口度要较梅州话大一些。

本方言中的鼻音韵尾［-m］、［-n］、［-ŋ］保存完好（有些地方［-m］尾变入［-n］尾），但入声韵的塞音韵尾，则失去［-p］、［-t］、［-k］而变为喉塞音［-ʔ］，入声韵的读法与始兴话相近。

（十四）始兴话

始兴县位于粤北地区，在仁化、南雄县之南，西面是曲江县，东面与江西省接壤，南部则是翁源县。全县人口共有

22 万。

始兴全县基本上使用客家话，但各地的语音略有差别。县城太平镇及城南、顿冈、沈所等地，讲的话与县城话大体相同。马市、澄江、陆源等地则讲马市话；城郊、罗坝、深渡水、都亨、北山、花山等地则兼用太平话与马市话。本县南部地区司前、隘子等地所用的客家话则与曲江、翁源的客家话较为接近。

始兴的客家话的主要特点，在声母上大体与梅州话相近，古全浊音字变读为送气清音，没有 [tʂ] 组声母，[ts] 组声母与齐齿呼声母相拼略带舌面化。[k] 组声母不腭化。

韵母方面，古歌韵字念为 [ɔ]，豪韵字念为 [au]，侯韵字念为 [ɛu]，灰韵字念为 [ɔi] 等，均与梅州话大致相近。

始兴话与梅州话最主要的差异，是 [-m] 韵尾变入 [n] 尾，6 种辅音韵尾中失去闭口韵。

在入声韵尾方面，中古的 [-p] 和 [t] 变为喉塞音 [-ʔ]，"舌、八、十、食"等字都念为 [-ʔ]。

始兴话与梅州话一样，也有一些 [-ŋ] 尾字变入 [-n]，主要是梗、曾摄的字。

始兴话中，一些收鼻音韵尾的韵母变为鼻化韵，如一些仙、先韵字已去韵尾。一些 [-n] 尾韵，则变为 [-ŋ]，如臻摄的一些韵类。

始兴话中的 [k] 组声母，如果与古合口韵字相拼，其 [u-] 介音常常丢失，如"瓜、夸"等字念为开口呼。

始兴话中存在特殊韵母 [ɿ]，它与 [ts] 组声母相拼，如"资"字念为 [tsɿ]。

始兴话韵母的一个重要特点，是存在鼻化韵，如"肝、官、全、权、间、甘"等字，都失去鼻音韵尾而变为鼻化韵。

始兴话中只保存 [-ŋ] 韵，[-n]、[-m] 尾韵都已经消失，入声韵尾则失去［-p］、［-t］、［-k］等而存下一个喉塞音韵尾［-ʔ］。原来收为这三种不同韵尾的字（如［-p］尾的"合"，［-t］尾的"袜"，［-k］尾的"白"），都念为［-ʔ］韵尾。

（十五）曲江话

曲江县大部分地域使用客家话，使用人口约占全县人口的84%。这里以马坝镇为代表介绍一下曲江客家话的特点。

曲江话的声母系统大体与梅州话相同，共有 17 个声母。唇音声母有轻唇音［f］和［v］，［f］除管中古的轻唇音字外，一些晓、匣纽字也读为［f］，如"花、画"等，念［v］的，除中古的微母字外，还有一些影母和匣母字读为［v］，如"娃、滑"等字。

曲江话只有一套［ts］组声母，中古的精、庄、章、知组字合一。这一点与梅州话相同而与兴宁话有异。

本方言中，［n］、［l］两母常合而不分，读为［n］声母。

［k］组声母与［ts］组声母在［i］韵之前不发生腭化，但［k］组舌位略为靠前，念为［c］、［c·］的音。

韵母方面，本方言没有［y］音，缺乏撮口呼韵母。北方话念为［y-］的，多念为［io-］，如"茄"念为［io］，"雀、略"念为［iok］。

豪韵字念为［au］，与肴韵相同，不念为［ou］或［ɔu］，歌韵字"波、窝"等则念为［ou］。

中古的桓韵字有的念为［on］（如"唤"字），有的则念为［uan］（如"官"字）。收［-m］尾各韵消变为［-n］，韵尾辅音只存［-n］、［-ŋ］、［-t］、［-k］。

［iŋ］、［əŋ］韵与其他客家方言点一样，合入［in］、［ən］，但［ən］韵字极少出现。

本方言除［ɛ］、［ɛt］、［iɛt］这几个以［ɛ］为主元音的韵母之外，没有［ɛu］（或［eu］），［iɛn］也合在［ian］韵里面，发音的差别不明显。其他客家话念为［ŋ］的，本方言多念为［m̩］。总之，本方言的韵母系统与梅州话差别不大。

曲江话的声调也分为 6 类，与梅州话一样。阴平、上声、去声、阴入、阳入五调的调值基本上与梅州话一致，有差别者仅是阳平，其调值为 35，而梅州则是 11。

三、客家话语音特点概述

客家话的语音，有异于汉语共同语的地方，也有异于南方各方言的地方。下面谈谈客家话语音的特点。

（一）客家方言的字音，读为送气音的比较多，这主要是因为中古汉语的全浊音声母变为清音声母时，在其他方言里面，基本上是以平、仄声字为变读不同字音的分化条件：平声字变为送气清音，仄声字变为不送气清音，但客家话大体上是平、仄声字一律变为送气清音，"排、徒、同、爬、旗、桥、盘、穷"等平声字读为送气清音，"辨、电、地、住、夺、件、部、昨、捷、别、白"等仄声字，在其他方言中多念为不送气清音，但客家话不分平仄，一律念为送气清音。

（二）梅州话的舌尖塞擦音声母只有［ts］组，不像普通话一样有［ts］、［tʂ］两组舌尖前音与舌尖后音的对立。当然，也没有舌面音［tɕ］组。也就是说，中古《广韵》系统的精组与知、章、庄等组声母合流为［ts］。与梅州话这种情况相同的，有蕉岭、平远、博罗、惠阳、惠东、宝安、佛冈、新丰、龙门、龙川、和平、连平、始兴、仁化等地。其他某些客家方言点就不一定如此。梅州话里有［ɿ］韵母，它与［ts］组声母相拼时，声母就比较接近普通话的［ts］。［ts］组声母又可与［i］韵母相拼，相拼之后，其音值近似于舌叶音［tʃ］组声母，发音与普通话的舌面音［tɕ］组声母略有不同。

（三）客家话中有一些轻唇音字念为重唇，如"斧、肥、浮、飞"等，表现了"古舌轻唇音"的残留现象；另外，它有一个唇音的［v］声母，如"侮、文、务、物"等字的读音，这在汉语方言中比较少见。这个［v］声母存在于元代《中原音韵》音系之中。近代的［v］声母来自三十六字母中的微母。在元代《中原音韵》之时，原来的微母已失去鼻音成分而变为［v］。明代金尼阁所作的《西儒耳目资》对这个声母所管的字也都写作 v。客家话中的这个［v］，可以说正是保存了宋元时代的声母。古微母字在客家话中，如果读为开口或齐齿，则读为［m］，如"亡、网、袜"等字仍读为［m］声母。

（四）中古的知组声母字在客家话中已大多数变为舌尖塞擦音，就梅州话来说，已合入精、章组。但仍有少量的字保存舌头音的读法，如"知"字，梅州及其他许多客家话方言点都读为［t］声母。它与闽方言不一样，后者把知组字读为［t］组的甚多。这就表现了不同的语音时代层次。客家话的分化与形成，显然较闽方言为后。

（五）中古的泥母字在梅州话中分别读为［n］和［ŋ］（其实际音值接近于［ȵ］），开口及合口呼字以及全韵为［i］的字，其声母是［n］，齐齿呼（［i-］韵母）字则读为［ŋ］，如"娘、尿"等，中古的娘母与泥母不分。中古的日母字在梅州话中也读入［ŋ］（当然有的读为零声母），如"人、日、热"等。

（六）中古的晓匣母，其合口字在梅州话中念为［f］和［v］，例如"花、灰、虎、慧、辉、婚、忽"等字念为［f］，"华、胡、坏、话"等匣母字也读为［f］。有少量的字读为

[v]，如"浑"。除读为 [f]、[v] 外，开口呼和某些合口的
三、四等字则与其他方言一样读为 [h]，如"喜、虚、休、
好、晓、喊、训、险、香、兄、胸"以及"嫌、害、限、穴"
等。晓、匣纽字读为 [f]，是客家方言一个较为重要的特点。

（七）客家方言中，多数方言点"尖团音"区分清楚，即
是说，古代的 [k]、[k·]、[h] 声母不发生像普通话那样
[k+i> tɕi]、[k·+i>tɕ·i]、[h+i>ɕi] 的变化，[k] 组声母保持
着与 [i] 相拼的音节结构，精组声母的 [ts] 等也变为
[tɕ]。这种现象叫"尖团不分"。梅州话 [k] 等不变为
[tɕ]，[ts] 组也不变为 [tɕ]，[k] 组与 [ts] 组分开。但在
客家话的某一些方言点中，却有尖团不分的现象。

（八）中古时的疑母字，在本方言中读为 [ŋ]，如"牙、
逆"等字，这是保存宋代读音的另一个表现。

（九）中古的喻三（云）纽字，在梅州话中除一部分字
（古代的开口和某些合口三等字）读为零声母外，还有一些字
念为 [v]，如"王、往、旺、域"等。某些影母字也有读为
[v] 的现象，如"蛙、稳、握"等。

（十）客家方言有一个丰富而复杂的韵母体系，它保持着
中古汉语中存在的 [-m]、[-n]、[-ŋ]、[-p]、[-t]、[-k] 6
种韵尾，相当整齐，这与广东的粤语相同，也与闽方言相近。
这也是客家话保存中古语音特点的一种表现。

（十一）大多数客家话的韵母系统中，没有以 [y] 为主
元音的韵母，也就是说，不存在普通话中属于撮口呼一类的韵
母。中原汉语的 [y]，是在明代才出现的。客家方言在明代
以前便从中原汉语分化出来，所以没有这一类韵母。这一点，
与广东的闽方言相同。普通话中念为 [y] 韵母的字，客家话
常读为 [i]。这也是客家方言语音方面一个比较显著的特点。

（十二）梅州话中没有 [əŋ]、[iŋ] 韵母，它们合入

［ən］、［in］韵之中，这一点反映了长江流域一带方言的
特点。

（十三）梅州话中，有一个［iai］韵母，它是中古二等韵
字在［k］组声母之后产生了［i］介音而出现的。这一类字，
在普通话中，已经从［kiai>kie>tçie］，如"皆、界、介、解"
等字的读音。［iai］韵的存在，表现了宋元时期的语音特色。
在《中原音韵》中，也存在这个韵母。

（十四）梅州话的韵母系统中，存在一套以［e］为主元
音的韵母，如：

e　eu　em　en　ep　et

此外，还有几个以［ə］为主元音的韵母，如：

əm　ən　əp　ət

它们与［im］、［in］、［ip］、［it］相对，这些韵母大都是
来自中古的三、四等韵字。三、四等韵字的元音分读为
［e-ə-i］，这在汉语的各方言中较为少见。

（十五）梅州话中的［ian］韵母实际上包含了［ian］和
［iɛn］两种音值，前者只出现于［k］组声母之后（中古时属
于二等韵字），后者出现于其他声母之后（中古时属于三、四
等韵字）。这两种读法的对立，也是保存宋元时期中原汉语的
特点。中古的桓韵字，梅州话读为［uon］，主元音为［o］，
这与《中原音韵》相合。

（十六）梅州话对中古通摄字的三等韵字，读为带［i-］
介音的韵母，形成了与一等韵字的差别，如下列各组字在梅州
话中是不同的：

聋—龙　　松—嵩

工—弓　　红—胸

鹿—六　　速—粟

但在南方的粤语中，它们却往往混而为一，"龙、嵩、

弓、胸、六、粟"等字的［i-］介音消失了而混同于"聋、松、工、红"等。通摄三等韵字保存［i-］，应该说是客家方言的又一个特点。

（十七）梅州话的声调保存入声，而且有阴、阳之分，这与现代的普通话不同。也是保存中古语音特点的一个表现。这一点，与南方各方言大致相同。

第四节　客家方言词汇和语法的特点

客家方言在词汇和语法方面各有自己的一些特点。

一、词汇的特点

第一，客语的词汇中，单音词比较丰富，如"皮"（皮肤）、"面"（脸）、"毛"（头发）、"翼"（翅膀）、"索"（绳子）、"饥"（饥饿）、"闲"（空闲）、"寻"（寻找）、"被"（被子）、"知"（知道）、"愿"（愿意）、"暖"（暖和）、"吓"（吓唬）、"恶"（凶恶）、"徛"（站立）、"行"（行走）、"惊"（害怕）、"净"（干净）、"阔"（宽阔）、"话"（说）、"食"（吃）、"结"（冻结）、"寒"（寒冷）、"暗"（黑暗）等。

第二，保存比较多的古汉语语词，如"挼"（两手相切搓）、"殕"（食物发霉长出的白毛）、"拗"（折断）、"系"（是）、"颈"（脖子）、"跕"（蹲）、"硺"（揉面或搓洗衣服）、"蚬"（河蚌）、"箸"（筷子）、"镬"（铁锅）、"锺"（茶缸）、"拭"（擦、抹）、"熇"（烤衣服）、"扭"（拧毛巾）、"刮"（划火柴）、"磕"（头被碰撞）、"窒"（东西遗失）、"衰"（倒霉）、"崎"（山陡）、"渠"（第三人称代词"他"）、"陂"（河的堤坝）、"禾"（稻苗）、"地"（坟墓）、

"樵"（柴火）等等。

第三，存在一些表现方言区特有的语词，如"雪"与"冰"不分，这与粤语相似。另外，客家话以"牯"表动物的雄性，以"嬷"表动物的雌性，以"赖"称儿子，用"睡目"表示睡觉，用"猴哥"称呼猴子，用"撞倒"表示碰见，用"笠嬷"表示斗笠，用"鼻公"指称鼻子，用"屎坑鸟"称呼喜鹊，用"蚁公"称呼蚂蚁，用"番豆"表示"花生"，用"出山"指"出殡"，用"细人仔"或"细娃□〔kuai〕"称呼小孩子，用"等郎妹"指童养媳，用"斋嬷"表示尼姑，用"家官"指称家公，用"丈爷老"指岳父，用"四六货"指神经不正常等。客家话里还有一些避讳词语也较有特色，如称报丧为"报生"，治丧叫"做好事"，送丧叫"上岭"或"还山"，二次葬挖尸骨叫"捡金"，棺材叫"长生板"，死人穿戴的分别称为"寿衣"、"寿鞋"、"寿帽"，还有餐桌上的汤叫"顺"（因为"汤"与"刲"同音），猪血叫"猪红"或"猪旺"。

第四，客家话由于与广州话和潮汕话等方言区比邻或混杂，所以也借用了（或者说是"共用"）一些其他方言的语词，如"车大炮"（吹牛）、"番枧"（肥皂）、"呷哗"（箱子）、"大褛"（大衣）、"行街"（逛街）、"洗身"（洗澡）、"看衰"（瞧不起）、"打理"（料理）、"恼"（憎恨）、"戆"（呆）、"抵"（便宜）等。此外，客家话也有一些外来语借词，而对于外来的东西，多加"洋"或"番"表示，如"番薯"（地瓜）、"洋油"（煤油）等，有的则加"红毛"或"荷兰"表示，如"红毛泥"（水泥）、"荷兰葱"（洋葱）、"荷兰薯"（马铃薯）等。

二、语法上的特色

第一，在构词法上，客家话有一些词的词素次序与普通话不一样而与南方其他方言相同，如"闹热"（热闹）、"人客"（客人）、"菜干"（干菜）、"紧要"（要紧）、"尘灰"（灰尘）、"欢喜"（喜欢）等。表示动物的性别词也常常放在中心词素之后，如"鸡公"（公鸡）、"鸡嫲"（母鸡）、"狗牯"（雄狗）、"猪哥"（公猪）等。

第二，客家话的词头、词尾比较丰富。词头有"阿"，加在亲属称呼或其他人称之前，如"阿爸"、"阿妹"、"阿三"等。还有"老"可以用在对一般人（主要是平辈或晚辈）或姓氏之前，如说"老妹"、"老陈"等。词尾有"头"，常常用于无生命及时间名词之后，如说"镬头"（锅）、"上昼头"（上午）、"夜晡头"（晚上）等；也可用于身体各部位名后，如"膝头"（膝盖）、"肩头"（肩膀）等。还有词尾"公"，可以加在身体上某一部分的名称之后，如"耳公"（耳朵）、"鼻公"（鼻子）等；又可以加在某些动物名之后，如"蚁公"（蚂蚁）、"猫公"（猫）、"虾公"（虾）等；还可以加在动物名称之后表示性别，如"鸟公"（公鸟）、"鸭公"（雄鸭）、"鸡公"（公鸡）等（这表示性别的，不属于词尾）。词尾还有一个［e］，相当于普通话的"子"或"儿"，如"妹［e］"（闺女）、"细赖［e］"（小孩子）、"妻舅［e］"（小舅子）、"饺［e］"（饺子）、"筷［e］"（筷子）、"手套［e］"（手套）、"芋［e］"（芋头）等。有时这个［e］接受前面音节收音（韵尾）的影响，发生增音的现象，念成［ne］、［ŋe］、［me］等，如"间［ne］"（屋子）、"蒜［ne］"（大蒜）、"蚊［ne］"（蚊子）、"细店［me］"（小店子)、"榄〔me〕"(橄榄)、"后生〔ŋe〕"(小伙子)、"聋〔ŋe〕"(聋子)等。此外,客语中还有"牯"、"嫲"两个近似于词尾的词素用以表示动物的性别,如"牛牯"(公牛)、"猪嫲"(母猪)等。

第三,客语的人称代词也有它的特色。一是所用的词语与普通话颇为不同,复数的表示方法也不一样,如:

人称	单数	复数
第一人称	偓 (ŋai)	偓兜 (ŋai teu)
第二人称	你 (n̨i)	你兜 (n̨i teu)
第三人称	佢 (ki)	佢兜 (ki teu)

也可以在人称词之后加"等"〔ten〕表示复数。由于客家话的第一人称代词用"偓"听起来较为特别,与其他方言的发音相差较远,所以有人也称客家话为"偓话"。

第四,客语的指示代词在区别近指与远指上也有它的特点,近指、远指都同用〔ke〕这个词表示,只是用声调的不同来区别远、近。近指的〔ke〕读为上声,远指读为去声,如"这里"读为〔ᶜke ᶜle〕,"那里"读为〔keˀ ᶜle〕等。这种形式,也属语言的"屈折变化"。

第五,客家话用特定的词尾来表示动词的"体",这与普通话的表示形式不同。如以〔e〕加于动词之后表示动作已经完成,如说"佢食〔e〕药"(他吃了药),这个〔e〕相当于普通话的"了"。表示动作正在进行的,用加"等"〔ten〕或"唐逮"〔tˈaŋ tˈi〕表示,如说"偓看〔ten〕书"(我看着书),"阿妹食唐逮饭"(妹妹吃着饭)。表示对某种动作行为进行尝试的,在动词之后加"阿哩"〔a li〕或〔a e〕表示,如说"看阿哩"(看一看)、"〔e〕块大石头你来搬〔a e〕"(这块大石头你来搬搬看)等。其他表示"体"的方式,客家话与普通话差不多,这里就不叙述了。

第六，客家话某些副词在修饰动词时，常常置于动词之后，如说"买多点"（多买点）、"着少两件衫"（少穿两件衣服）等。这一点与粤语、潮州话都一样。

第七，客家话的比较句，与粤语、潮语不太一样，用"甲+比+乙+过+形容词"，比如"狗比猫过大"（狗比猫大）、"𠊎比佢过肥"（我比他胖）。它既使用普通话的"甲比乙如何如何"的格式，又吸收粤语等加"过"的格式，可以说是两种格式的结合。

第八，客家话的"双宾语句"，两个宾语的位置比较灵活，可以是直接宾语在前，间接宾语在后，也可以相反（普通话基本上是间接宾语在前），如说："佢分钱𠊎"（他给钱我），也可以说"佢分𠊎钱"（他给我钱）。普通话虽然也可以说成"直接宾语+间接宾语"，但在两者之间一般必须加"给"，如说成"他送钱给我"，客家话这个"给"可以不出现，这是两者不同的地方。

第九，客家话的被动句，不用"被"或"给"表示，而用"分"，这一点跟潮州话相同。如说"𠊎分狗咬［e］"（我被狗咬了）。

第十，客家话与广州话一样，用副词"添"加于句子的末尾表示动作范围的扩展，如说"食一杯茶添"（再喝一杯茶）。

第六章　广东的方言岛和归属未定的土话

　　上面各章我们已经介绍了广东省几种主要的方言。除了这些流行在大片地区的主要方言之外，广东省还有一些方言流行的范围比较狭小，有的则是处于一些大的方言区的包围之中。这种情况的方言，我们称为"方言岛"，广东的方言岛大大小小有好几个，但主要的和比较出名的是中山市的闽方言岛和陆丰、惠东一带的北方方言岛（军话）。此外，由于方言流行区域的相互交叉，长期的方言之间的相互影响，造成一些方言发生比较大的差异，比较难于确定其系属。我们这一章就主要地介绍这两方面的情况。

第一节　分布于各地的重要"方言岛"

　　广东省的几种主要方言，如粤、闽、客几种方言，它们大体有连结成片的流行区域。粤语流行于珠江三角洲及粤西、粤北等地区，闽方言流行于粤东和粤西这广东的两翼，而客家方言则主要流行于粤东和粤北，粤中、粤西各县市也有客方言的分布。客家话的流行范围相对来说较为分散。但它们都有流行的大片地域。在各地流行某一种方言为主的范围内，往往杂入其他的方言。特别是在各方言的接壤地区，不同的方言犬牙交错，彼此互相插入。这种情形，在惠州地区与韶关地区等地尤为突出。这些小片方言插入其他地域的情况，在各地经常出现，无法仔细描述。如在使用粤语及客语的乐昌县河南乡塔头、乳源县桂头镇的连塘以及英德县的浛洸、鱼嘴一带，却有闽南话在这些小片地区流行，形成小小的方言岛；粤语区清远市龙塘、洲心、石角、源潭等地也有3万多人讲"福佬话"；客语区的曲江县也有属于闽方言的"连滩话"方言岛；而在使用粤语的从化，也有吕田这个地方流行客家话，也出现一个方言岛。东莞本是粤语的流行区域，但其樟木头、清溪等地，也杂有客家话的使用。在粤北连州、乐昌一带，却有"湖南话"的小方言区存在。而在广州新市区的白云区内，也有小片地区使用潮州话和福建闽方言。这种情形，随处可见，不必一一列举。但是，在广东各个大方言区之中，却还有较为大片的方言岛存在。这些方言岛经历过较长的历史时期，仍然保持着本方言的流通、使用，而不与周围的大片方言融合，不被它周围的大方言"吃掉"，这在方言使用的历史上，不能不说是一种比较特殊的现象。这里，我们简略介绍一些杂在其他大方言区中间的方言岛。

一、中山的闽语

中山市是流行粤方言的区域，但在市区周围东北面以至南面的平原地区和沿海地带，即沙溪、大涌、张家边和南蓢几个区镇所在的地域范围内，还有处于南部山区的三乡地区，都流行着属于闽方言的"村话"。这些村话所流行的区域，为粤语区所包围，形成一个颇大的方言岛。

流行在这些地方的"村话"，各地又略有差异，因此，又可以按流行地域的不同，称为隆都话、南蓢话和三乡话。它们虽有不同的叫法，但都同属闽方言，一般以隆都话为代表。

流行于这些地方的闽方言，使用人数在15万左右，约占中山市全市人口的七分之一。

中山市之所以出现这样一个闽方言岛，主要是数百年来，福建的闽人移入该地聚居的结果。

自宋代以来，中原离乱，大批的北人迁至南方的福建、广东一带。而在福建的居民，在宋代以后，也不断有人移入广东。这些入居广东的闽人，有的是来自闽西操客家话的居民，也有的是来自闽中、闽东、闽南的操闽方言的居民。这些不同地区的闽人，在不同的年代（有的是在北宋，有的是在南宋末年，有的是在元末明初）分别迁至中山，他们带来的闽方言在新住地不断融合、同化，终于形成了一种新的闽方言在本地流行。这个方言，既有闽南方言的特点，又有闽东及闽中方言的某些成分，它融合成一种表现闽方言总体特征又吸收了粤语的某些特点的方言。但它的较为明显的特点，则是比较接近于闽南方言，有的学者认为它接近于闽东或闽中方言，这些看法不妨并存，以待将来作进一步的研究。

中山闽方言的代表点隆都话，其语音系统表现出闽方言（特别是闽南方言）的许多特点。

声母方面，隆都话有 17 个声母，其中的特点主要是：

1. 鼻音声母 [m]、[n]、[ŋ] 在不同程度上带有同部位的塞音，念为 [ᵐb-]、[ⁿd-] 或 [ᵑg-]。并且存在由鼻音声母发展而来的 [b]、[d]（带鼻化）和 [g] 声母，这一点与闽南方言是大体一致的。

2. 中古时的知组声母（舌上音）字在本方言中有许多字念为 [t] 组，与端组声母字相混，如"猪、绸、郑、丈、茶、陈、中、转、箸"等知、澄组字读为 [t]，"虫、拆"等彻、澄组字读为 [tʻ]，这与闽方言相同。

3. 本方言的舌尖塞擦音声母只有 [ts] 组一套，不分舌尖前、舌尖后及舌面音，而舌尖擦音声母字（即中古的心、市、邪、禅等纽字）在本方言中念为送气或不送气的塞擦音，如"水、叔、少"等字念为 [ts]，"手、笑、粟、树、深、醒"等字念为 [ts·]。这都表现了闽方言的特色。

4. 中古时《广韵》系统中的唇音字，在白读中基本上保持读为重唇音，表现了"古无轻唇音"的特征，如"飞、肥、浮、扶、粪、分、放、匏"等字都念为双唇的 [p]、[p·] 声母。这也是闽方言特点的表现。当然，有少量的字，其文读音受当地粤方言的影响读为 [f] 声母，这是后来的变异，例如"非、副、富、父、否、方"等字都念为 [f]。

5.《广韵》系统中的匣纽字"厚、汗、含、县"等字读为 [k] 声母（阳调），这也是闽方言的特点。

6. 中古的全浊音声母並、奉、定、澄、床等所管的字，其平声字在普通话中念为送气清音，而闽方言多念为不送气音（多数是白读），中山的闽语也是如此，例如"婆、盘、饭、铜、茶、郑、陈"等字便读为不送气清音。其读为送气音者，也与闽方言大体一致。

韵母方面，本方言共有常用的韵母 80 个。这个韵母系统，既反映了闽方言本来的特点，又表现了它所受的当地粤方言的影响。

1. 中古《广韵》系统的效摄二等肴韵字"饱、教、绞、骹"等字念为 [a]，一等豪韵字"毛、告"等字念为 [ɔ]；流摄一等侯韵字"兜、斗、豆、偷、头、投、透、楼、走、沟、狗、够"等字念为 [au]，流摄的三等韵尤韵字"留、刘、流、昼、九、阄"等字也念为 [au]，这与闽南方言相同。

2. 本方言保存了中古的 [-m]、[-n]、[-ŋ] 三种鼻音韵尾，还保存了 [-p]、[-t]、[-k]、[-ʔ] 四种塞音（入声）韵尾，这也表现了闽南方言的特点。中山闽语的 [-ʔ] 尾字已经不多，但它的保存，表现了与闽南方言很大的一致性。

3. 中山闽语有一套以 [ɐ] 为主元音的韵母，如：

ɐi	妻			uɐi	亏
iɐu	幽				
ɐm	锦				
ɐn	宾	iɐn	任	uɐn	军
ɐŋ	静			uɐŋ	宏
ɐp	及				
ɐt	疾	iɐt	逸	uɐt	倔
ɐk	积			uɐk	役

这显然是受粤方言影响、吸收了粤方言这个 [ɐ] 系列的韵母的结果。

此外，本方言中还存在一套以 [e] 为主元音的韵母：

e	齐	ie	鸡
eu	箫	ieu	烧
em	甜	iem	兼
en	填	ien	箭
eŋ	铜	ieŋ	听
ep	十	iep	帖
et	八	iet	裂
ek	贼	iek	劈
		ieʔ	摘

这些韵母所管的字，属中古《广韵》系统的三、四等韵字（主要是四等韵字，还有少量的二等韵字）。这些则是保存了中古的读音，属于本方言保存下来的古读。

4. 中山闽语的韵母系统中，有一套以 [ɔ] 为主元音的韵母，如：

ɔ	婆

ɔi　　改

ɔn　　酸

ɔŋ　　丈　　iɔŋ　肠　　uɔŋ　光

ɔt　　夺

ɔk　　作　　iɔk　桌　　uɔk　国

ɔʔ　　托

这些韵母应是接受较早期（如宋元时期）粤方言语音影响的结果。这些韵母表现了粤语韵母系统的前期特征（例如保存〔i〕、〔u〕介音）。

总之，中山闽语的韵母接受粤语的影响要比声母方面大些。

声调方面，中山闽语有 7 个声调，平、去、入各分为阴、阳两类，上声则不分阴、阳，浊上变成了阳去。这个声调系统跟闽方言很相近。

从整个语音系统来观察，中山闽语与粤东的闽方言确有一些较大的差异。比如说，中山闽语没有鼻化韵母，保存〔-n〕、〔-t〕尾韵（粤东闽方言大部分地区已经消失），文白异读的现象不很突出，以及接受粤方言的影响而出现的某些音类，都表现了它不会是从粤东的闽方言演变而来的，而是从福建直接移入的，它与粤东的闽方言表现为"兄弟"的关系，而不是"父子"的关系。

中山的隆都话在词汇和语法上也都表现了与福建闽方言大同小异或同中有异的特点。

词汇方面，它所使用的许多基本词汇或古词语都与闽方言相同。如：

囥（藏）　　　　　箸（筷子）

厝（屋、家）　　　囝（子、儿子）

眠床（睡床）　　　跋（跌倒）

瘦（瘦）　　　　　　鼎（锅）

食（吃）　　　　　　骹（脚）

冥昏（黄昏、晚上）　藻（浮萍）

曝（晒）　　　　　　鉎（铁锈）

鼓（展开）　　　　　潘（米泔水）

当然，粤方言的语词对中山闽语也有很大的影响，许多粤语词也在闽语中使用着。如：

孻（末尾）　　　　　孖（一双）

嘢（物，东西）　　　呃（骗）

谂（想，思考）　　　揾（寻找）

跛囝（跛子）　　　　成日（整天）

猪脷（猪舌）　　　　细蚊囝（小孩）

倾解（谈天）　　　　闹交（吵架）

手袜（手套）　　　　冲凉（洗澡）

唔该（麻烦别人做事的客套用语）

这表明，中山的闽语正经历着一个双方言强烈融合的过程。

语法方面，也一样是既有闽方言原有的特点，也吸收了一些粤语的特点。

中山闽语的代词系统，基本上保持了闽语的特征，如用"我、你、伊"表示三身人称代词，但表示复数时则吸收了粤语加"哋"（念为 $[\text{ti}^{55}]$）的形式；指示代词中的近指代词用 $[\text{tsi}]$，远指代词用 $[\text{hi}]$，这是闽语的说法；疑问代词用 $[\text{ti}]$（或 $[\text{tei}]$），则与闽方言所用的"底"（$[\text{ti}]$）相同。

名词的词尾有"头"（如"砖头、日头"），"佬"（如"剃头佬、外江佬"）和"囝"（相当于"子"、"儿"，如"哑囝、牛囝、姨囝"），这与闽语有相同的表现。动词用"过"表示动作、行为已成过去，用"有"表示动作、行为的曾经出现；用加"好"于述语之后表示动作已经完成，这与闽方言相同，而用加"紧"表示动作正在进行（如"睇紧书"），则是接受粤语的影响。形容词的重叠，则兼取两种方言的形式，ABAB 式是与其他的闽方言相同的，它表示"稍微、略为"的意义（如说"甜［mit⁵］甜［mit⁵］"）；用ABB 式表示事物状态达到很高的程度（如说"长［lai²²］［lai²²］"），或用加"哋"的方式以表示程度的轻微（如说"痛痛哋"），则是粤方言所用的格式。副词方面，它与其他闽方言一样，用"无"、"唔"、"唔曾"表示对名词或动词的否定，这大体也与粤方言相似。

中山闽语的一些句式，保留了闽方言固有的表示方式，如比较句用加"过"于形容词后（如说"伊悬过我"——他比我高）或加补语于比较两项之后（如说"我悬伊个头"——我比他高出一个人头）以表示超比；被动句中用"分"表示被动（如说"伊今日分人拍"——他今日被人家打了）；疑问句中用"啊"［a⁵］以表示"选择问"（如说"伊来啊无"）等，都与广东省其他的闽方言相同。当然，也有些语法特点是来自粤方言的，如上举的用"紧"表示动作正在进行之外，还用"重"（相当于"还"，读为［tsoŋ¹¹］）作时间副词；用"埋"［me²²］于述语之后作补语以表示范围或靠近（如"食埋只碗饭"、"行埋"），用"晒"作范围副词表示"完了"（如"食唔晒只稄饼干"），等等。总之，在语法上，两种方言的特点也正汇合在一起。这些，都与该方言所处的周围环境有关。

二、陆丰、惠东一带的军话

广东的另一个比较著名的"方言岛"，就是流行于陆丰、惠东一带的"军话"。"军话"就是古代军队带来的并且在南方地区继续使用的、有异于当地方言的话。海南岛上的儋县也流行着一种军话，其来源是广西士兵于明代带来的话。而陆丰、惠东一带的军话，也是明代由浙、闽及湖广等地调来陆丰、海丰、惠东一带的"卫所"屯集的军队带来的。它们经过几百年来的发展，到现代仍然保持着祖先所操的方言，形成流行在上举这些地方的军话。

陆丰、惠东一带本是流行闽方言、客方言和粤方言的交界地区。这些地方的数种方言，其流行区域犬牙交错地相互接壤。但陆丰以流行闽方言为主，山区地带也使用客家话。惠东县（原属惠阳）以使用客家话为主，也有些地方使用粤语。所以说，闽、客、粤是这些地方流行的主要方言。但是在陆丰、惠东这些闽、客语区之中，却包围着一小块地方使用属于北方方言的"军话"，这样就形成一个小小的"方言岛"。

陆丰的军话主要分布在大安区的坎石潭村，人数有300多，西南乡的青塘有4000多人也讲军话（青塘的西北是客家话区），还有溪云乡安云村约有1000人，其祖先是从青塘分化出来的，也讲军话，安安村、马鞍山也有两三百人使用军话，此外，河西区的大埔村约有三四百人也说军话（与青塘的军话差不多）。旱田乡新厝村讲军话的，也有100人左右。总计陆丰县中使用军话的人数约有6000人。使用军话的区域主要是在陆丰县的县城东海镇的西北部地区。这个"方言岛"被闽方言和客方言包围着。

此外，海丰县县城海城镇的东北角公平镇的围团乡也有1000多人使用军话；海丰海城镇的西南角梅陇镇，其所属的南沙罗村也有几百人讲军话。总计也有近2000人使用这种方言。惠东县军话的使用区域，是在最南端的平海镇及所辖的洞上村、畲背村、径口村、火水坑村、佛岭村、佛元村、麦园村、大林村、奎坑村等地，人数约有1800人。军话的使用人数虽然不多，但却颇有代表性。它代表着北方方言在南方方言群包围着的情况下顽强地生存着。

这一带的军话，是由明代的军队从北方话区或南方的其他方言区（如江浙一带）带来的。陆丰、海丰一带的碣石及惠东（明代时称为归善）的平海镇，在明代曾设立"卫所"，驻守着外地来的军人，这些军人的来源比较复杂，一些是明初随朱元璋"举义"的军队，有些是元兵失败后投降的战俘，有的是因犯罪而调遣到南方来的官兵，有的是征调平民充任的"垛集"的士兵。这些人奉派在当地长期驻守，成为"军户"。军户可以世袭，其后代也编入军籍。这些军人世代居此，他们带来了原住地的方言，但他们在行伍之中也使用当时流行的中原共同语，这些共同语很可能杂有南方方言的某些特点，而成为军人之中流行的"蓝青军话"。陆丰、惠东一带流行的"军话"，正可能是这种蓝青军话的遗留和演变。

明代陆丰、惠东一带之所以有军人长期驻守，一方面是明代建立了卫所制度，有经常性的军士驻守各地；另一方面，也是由于明代之时，广东各地包括惠州府、潮州府属各地，时有当地及外地少数民族居民聚义反抗统治者，也有一些是山寇、海寇四出侵掠无辜百姓。有明一代，广东的动乱几乎是此起彼伏。因此，明室朝廷多在广东各地派兵驻守和镇压。《明实录》卷一七载：癸未年，"建立广东惠州府和平县，仍添设捕盗主簿一员。先是，都御史（王）守仁奏：'惠州府龙川、河源、都浰头等处，皆深山穷谷，屡为盗据，今幸剿平，宜建立县治，以绝祸萌。'报可。"当时惠东和陆丰一带，也和河源、和平、龙川等地差不多，到处有"盗贼"为乱，所以从外地调兵入粤剿围及镇压的事甚多，各处有外来的军人驻守。《明实录》卷五八又说："壬寅，广东惠、潮与福建汀、漳，江西南、赣接壤，万山盘错，为盗贼渊薮。时岭东道金事施儒申明法令，简练士卒，擒渠魁龚良凤等。贼稍解去。会儒升福建参议，其党仍复啸聚，于是，士民咸赴所司，乞留儒久任。抚按官以闻，乃改升广东按察使，仍整饬惠、潮等处兵备。"又《明实录》卷二四说："（乙亥），总督两广军务、侍郎张翰会巡按广东都御史熊桴奏：'广东山寇七十二巢，海寇四种，而林道乾、曾一本最为陆梁，不一大创之，恐岭南之乱终不能已，谨条具其事如左。……全广有官兵、乡兵、俍兵、募兵、抚兵，又加以闽、浙之兵，多而不精，何以应率？……诏裁革惠、潮参将耿宗元，而以浙江把总潘吉调补惠、潮，如桴言；以宗元补调琼、廉，如瀚言。"《明实录》卷二八又载："（辛未），以广东惠州府河源县、归善县（按，即惠东县的旧称）地广多盗，增建长宁县于鸿雁洲，永安县于安民镇。长宁设坭坪、长吉、黄峒、象冈巡检司四，割河源、英德、翁源田粮三千三百七十六石与之；永安设训雉、宪仁巡检司二，苦所驿一，割归善、长乐田粮四千二百四十七石与之。"据此所云，惠州府"地广多盗"，自然就必须派兵驻守，或加以屯垦。因此，惠、潮一带之士兵众多。《明实录》卷三载湖广道御史陈堂的话说："且广州各县则有打手、刀手，惠、潮则有各处壮快、海夫，琼州则有黎兵，皆强悍足任驱使。今地方残敝，民益亡赖，增一土兵亦减一土贼也。"《明实录》卷四载李学一谈到惠州的情况时又说："海、倭二寇，去来有时，山寇常在境内，为害最甚，琼、肇、惠、潮诸郡皆然。顾诸郡间曾用兵，惠被贼十五年，向未大征，残破最甚。故今日征剿，论盗贼当先山贼，论地方当先惠州……或谓山寇繁多，势难尽灭。以臣所见，则惠州之寇窟穴虽不下二十余，徒党虽不下二、三万，直草窃乌合之众耳。……盖从贼之人，多穷而无以为生者也。……有司尤当曲为存恤。如系流民，势不能归，亦当分散所在乡村，令其佃田耕种。如此则一劳永逸，后患可除。"明代官府对这些从"贼"流民有所安置，而且也使剿"贼"之士兵存驻镇压。由此可知广东潮、惠地区盗寇之多，而官府设置的士兵种类之繁。因此，潮、惠一带有由外地（如浙、闽等地）调来驻防的士兵及由他们带来的"军话"就很自然的了。《嘉靖惠州府志》和《归善县志》载：曾任碣石卫平海守御千户所正千户的王楠为常州武进人，副千户翁熙为浙江丽水人，副千户杨天民为湖广汉阳人等，都表明这些在陆丰、海丰的碣石镇和惠东的平海镇任军官的人都来自外省，他们在广东惠州一带驻守，子孙世袭为军户，他们的情况与《明实录》所载正可以相互说明。因此，这一带的"军话"是由明代的军人传播而来是确定无疑的。

笔者曾于 1987 年 1 月到陆丰进行调查，现将所调查的青塘军话的情况（结合惠东平海话）作一个简略介绍。

青塘话的唇音声母，有 [b] 母，中古的微、疑、匣、喻、影等声母字读为此音。这些字本应读为 [v] 或 [w]（惠东平海话即读为 [v]），后来，[v] 进一步变为 [b]，如"武、侮、舞、物、稳、晕、换、丸、缓、弯、湾"等字即读成 [b]。这显然是受当地闽方言影响的结果。青塘话中有轻唇音声母 [f]，如"夫、府、付、赴、附"等。坎石塘没有 [f]，平海与青塘一样有 [f]。

青塘话声母系统的重要特点之一，是有 [ts] 组声母与 [tʂ] 组声母的对立。[ts] 是舌尖音，发音时舌位较普通话略后，舌尖抵上齿龈。中古的精、庄（部分）组字读这组声母；本方言中另有一组舌尖后音声母 [tʂ]、[tʂʻ]、[ʂ]，发音时舌头往后缩，舌根团起，舌尖指向上腭，其发音时舌尖部位比普通话略前一些，但其音值无疑是 [tʂ] 等。这个 [tʂ] 组声母在青塘话中可与 [i] 韵母相拼，脂、支、之数韵之知、章组字如"支、枝、翅、是、脂、至、示、失、视、止、齿、市、试"等即念为〔tʂi〕、〔tʂʻi〕、〔ʂi〕。

青塘话的泥、来母字分别读为〔n〕、〔l〕,基本分用不混。

青塘的舌根音声母〔k〕在齐齿呼之前不腭化,仍念为〔k〕等,所以没有〔tɕ〕组声母。〔k〕组的合口呼字〔u-〕介音与声母的结合很紧,而且很轻,很接近粤方言的〔kw〕、〔kwʻ〕。

青塘话中保存疑母的〔ŋ〕,发音时略带同部位的塞音,念为〔ᵑg〕。其细音字念为〔ȵ〕,与日母字相混,"语、御、鱼、虞、遇、愚、惹"等念为〔ȵ〕。

青塘话的韵母系统,其主要特点是:

没有普通话的〔ɤ〕(或标作〔ə〕),中古歌戈韵字念为〔o〕而不念〔ɤ〕;麻韵二等字念〔a〕,三等字念为〔ia〕(在〔tʂ〕组之后念〔a〕)和〔ie〕,也不念〔ɤ〕。

青塘话不存在〔y〕及以〔y〕为介音的韵母。中古的模韵字念为〔u〕,鱼韵字绝大多数念为〔i〕,庄组声母字念为〔o〕,如"阻、助、初、楚"等。虞韵字除唇音字读为〔u〕外,其余的字基本上也念为〔i〕。这一点与客家话相似。平海话则有〔y〕韵母。

中古支、脂、之三韵中,其精组声母〔ts〕组,与之相拼的韵母念为〔ɿ〕。这与普通话相同。但知、章组声母字则念为〔tʂ〕,与之相拼的韵母是〔i〕,其他声母字也念为〔i〕,微韵的开口韵字也念为〔i〕。这几个韵母的合口字,则大多数念为〔ɐi〕,如"累、随、吹、瑞、规、毁、追、虽、锥、谁、醉、翠"等。这个韵母中的主元音,与广州话的〔ɐ〕极相近,所以本韵可以标为〔ɐi〕。这一点,与当地的闽方言大不相同。

青塘话有一个［oi］韵母，中古咍、泰韵字多数念这个音，如"台、代、袋、才、在、该、开、海、爱、来、亥"等，少数字念为［ai］，如"戴、带、太、泰、灾、赛、孩"等，灰韵字则一部分字念［oi］，一部分字念［ɐi］，前者如"杯、背、配、佩、培、倍、枚、煤、梅、妹、堆、对、蜕、内"等（主要是帮、端组字），后者如"催、罪、碎、最、盔、魁、块、灰、回、汇、外、会"等（主要是精、见、晓组字）。皆、佳韵字则多念为［ai］，一、二等韵的读音有较明显的区别。三等祭韵（合口）和四等齐韵字则多念为［ɐi］，如"税、赘、废、吠、抵、帝、第、洗、计、契、系"等。

青塘话把中古豪、肴韵字都念为［au］，一、二等相混。三、四等宵、萧韵字则多念为［eu］，如"猫、锚、梢、稍、秒、标、表、飘、票、漂、鳔、苗、描、藐"和"刁、貂、钓、吊、挑、跳、条、调、瞧、消、小、笑"等。宵韵字也有念［iau］的，如"绍、邵、烧、少、饶、绕、骄、娇、乔、侨、桥、轿"等，［tʂ］、［tʂ]声母字"朝、超、潮、赵、兆、召、照、招、昭、诏"等则念为［au］。

侯韵字在青塘话中念为［ou］；尤韵字则念［iu］，尤韵中的"谋、浮"则念为［ou］（或［u］），中古的知、章组字如"肘、昼、抽、丑、绸、稠、筹、纣、宙、周、舟、洲、州、咒、臭、收、手、首、守、兽、仇、受、寿、售"等，则念为［ɐu］；零声母字则念为［iou］，如"忧、优、尤、邮、友、又、右、由、游、悠、诱"等，幽韵字大体上也是如此。

青塘话中保存有［-m］、［-p］、［-n］、［-t］、［-ŋ］、［-k］6种辅音韵尾。中古的覃、谈、咸、衔韵字都念为［am］，其相配的入声韵字则念为［ap］。三等盐韵字念为［iɛm］，"廉、镰、帘、敛、殓、尖、歼、签、渐、脸"等字念这个韵母。

而［tʂ］组声母之后，韵母中的［i］介音失去念为［am］，如"粘、瞻、占"等，个别字念成［ɛn］，如"险"字。严韵字也念为［iam］，添韵字则多念为［iɛm］，如"点、店、添、鲇、念、嫌"等，入声字念［iɛp］，如"帖、贴、叠、牒、蝶、谍、协"等。当然，也有个别念为［iam］的，如"兼、谦、歉"等。值得注意的，是凡、乏韵字的唇音字，本方言仍读为［-m］，如"泛、凡、帆、范、犯"等，这些字在别的方言中多变为［-n］。侵韵字多数念为［im］，少数念为［iɛm］（入声韵也是如此）。

寒韵字与曷韵字多念为［on］、［ot］。仙韵字念［iɛn］，知、章组字读为［an］，如"缠、战、颤、扇"等。桓韵字的唇音字及、端、精组字念为［on］（这些字粤方言念为［un］或［yn］），如"般、搬、半、潘、判、盘、伴、叛、瞒、满、端、短、断、缎、团、段、暖、鸾、卵、乱、钻、窜、算"等。这保存了近代汉语中原共同语（如元代《中原音韵》的桓、欢韵所表现的）的读音，奇怪的是，其喉、牙音字"官、棺、观、冠、管、馆、贯、灌、冠、宽、玩、欢、唤、焕"等则又念为［uan］；"完、丸、缓"等字读为［ien］，"换、豌、碗、腕"念为［ban］（［b］由［u］变来）。入声末韵字的读音与此相应。山韵的合口字也有少数念为［on］的，如"恋、篆、喘、串"等，元韵合口韵除唇音字念为［uan］外（如"藩、反、贩、翻、番"），其余的字读为［ien］。

青塘话把痕、真、殷等韵字念为［ən］、［in］和［ian］、［ien］等，而魂韵字则念为［ɐŋ］，如"奔、本、喷、盆、笨、敦、顿、屯、钝、嫩、论、尊、村、寸、存、孙、蹲、损、逊"等，［k］组字则其声母读为［kw·］。谆韵字则念为［ən］或［in］。念［ən］的，如"轮、俊、荀、循、巡、准、春、蠢、唇、盾、顺、舜、纯"等；念［in］的，如"迅、均、钧"等。文韵的读音也是如此。

青塘话把唐、铎韵字念为［oŋ］和［ok］，阳、药韵字念为［ioŋ］（［tʂ］组字念为［oŋ］）和［iok］（多数失去［i］介音），江摄字也念为［oŋ］，江、唐、阳合一。这与《中原音韵》的并韵是一致的。

曾摄和梗摄各韵字在青塘话中多念为［əŋ］、［ək］、［aŋ］、［ak］等，一部分字则读为［ɐŋ］，如"冰、征、澄、惩、蒸、证、称、秤、乘、绳、升、承、兴、凝"等，入声字读为［ɐk］，如"逼、力、直、侧、测、色、翼、极"等。这是一个明显的特点。庚三及清、青韵字除读为［əŋ］外，有许多字则读为［iaŋ］，如"丙、柄、坪、病、镜、饼、名、领、睛、井、请、姓、轻、声、圣、城、盛、颈、钉、顶、铭、瓶、听、厅、青、星"等，入声字则念为［iak］，如"璧、迹、惜、石、益、易、劈、壁、锡"等。这情况与客家话很相似。

青塘话把通摄各韵字都念为［oŋ］和［ok］。其中值得注意的，是某些中古的轻唇音声母字，在本方言中读为［h］，这个［h］与［oŋ］韵母相拼，却读成为［hŋ̩］，如"风、疯、讽、丰"等字。它们的读音，大概原来是［huŋ］（［hoŋ］中的［o］元音舌位高化），后来，［u］元音变为［ə］或直接消失，这个音节遂读成［hŋ̩］了。

青塘话中，不见有鼻化韵的迹象，但在坎石塘话中，保留了少数几个鼻化韵，如［ãĩ］、［ĩ］等，这显然是受邻近闽方言影响的结果。

青塘话的韵母系统，与坎石塘及惠东的平海话均有一些不同，这是与它们的来源不同及所受其他方言的影响不同有关，但其总体特征还是大体一致的。

从青塘军话的韵母系统看来，与明代初年反映当时共同语读音的《韵法直图》或《韵法横图》的语音系统很接近，也与元代的《中原音韵》相接近。不过，从保存韵尾系统的情况来看，它更接近于《直图》和《横图》。可以认为，军话的语音面貌，大体上是明代南方官话的遗留。当然，由于军话处于南方各种方言如粤、闽、客的包围之中，也不可避免地受到它们的一些影响。各地军话韵母系统上的差异，既有本来特点的遗留，也有因所接近的南方方言的不同，所受的影响也不一样的原因。

青塘军话的声调系统，共有 5 类，即：

阴平 38　分　　　阳平 11　魂　　　上声 42　粉

去声 55　饭　　　入声 5　佛

阴、阳、上、去四声，与现代的普通话相同，但它保存有入声，所以一共是五个声调。这个声调系统，与明、清之际的许多韵图、韵书所反映的语音体系是一致的。

从词汇和语法方面的特点来看，陆丰及惠东的军话有一些词语是与北方话相同的，如第三人称代词用"他"而不用粤、客的"佢"（渠）或潮汕的"伊"；人称代词的复数也与三种方言不同；否定副词用"不"而不用"唔"，远指代词用"那"而不用南方三种方言的说法；疑问代词用"什么"也不用"乜个"或"乜野"；指人的脸部用"脸"不用"面"；用"耳朵"而不用"耳"或"耳仔"、"耳公"；用"眼睛"不用"目"；等等。动词方面，用"回"而不用"转"，用"看"不用"睇"；用"站"不用"徛"；用"知道"不用"知"；用"寻"不用"揾"（粤）或［ts'ue］（潮）；等等。这些都表明军话的词汇底层是属于北方话。但是，在军话使用的词语中，显然有许多吸收自广东的三种方言。陆丰的军话接受潮汕闽语的多一些；惠东的接受客语和粤语的多一些。例如平海军话称鼻子为"鼻公"，称瓢为"瓠勺"，称外婆为"姐婆"

等，都同于客家话；陆丰的军话称亲戚为"亲情"，称睡床为"眠床"，称气喘为［ha¹ku¹tʃ'ou¹］，称头发为"头毛"，称跳蚤为［ka¹tʃau²］，等等，则又用的是潮汕话的词语；青塘把菜肴叫"馃"，把苍蝇叫"乌蝇"，把家叫"屋企"等，则又同于粤语。此外，各地方方言有许多词语是与南方两种或三种方言相同的，如说"刚好、恰好、合适"用"啱"，说"翅膀"用"翼"，说"口吃"用"大舌"等。总之，从用词的情况看来，军话显得比较复杂，这是由于它接触和吸收周围其他方言的不同词语造成的。

从语法特点上说，军话吸收当地各南方方言的表现格式更多一些。如构词法上，表示动物性别的词置于名词之后，如说"狗公、鸡公、牛牯、狗牯"等，这与普通话不同；形容词的重叠方式及所表示的语法作用或词汇意义（如程度的减弱或加深）也与潮汕方言或粤语相近；"多"和"少"用作状语时常置于述语（动词）之后，如说"吃加一碗饭"（多吃一碗饭）、"穿加二件衫"（多穿两件衣服）等。句式方面，也有许多与南方方言相似的地方。如比较句中，"平比"句式用"□"［lau¹］（和）置于比较的两项中间，然后于形容词之前加"平"表示，如说"我□［lau¹］你平大"（我跟你一样大，岁数一样多），"差比"则采用"甲+形容词+过+乙"的格式表示，如说"猪大过狗"。这与潮汕话是一样的。处置句也与潮汕话一样，用"□"［ka¹］把宾语提前，如说"撮地豆□［ka¹］他收起来"（把花生收起来）。［ka¹］相当于潮州的［kaʔ］。双宾语句中，指物的宾语可以放在指人的宾语之前，这一点也与闽、粤、客等方言相同。如说"分一件衫佢"（给他一件上衣）。被动句的表示方式，也与南方三种方言相近，都用表示"给予"义的动词表示，如说"我分狗咬到"（我被狗咬了）。惠东平海军话则与粤语一样用"畀"表示。

总之，粤东地区的军话，其语法格式多受到当地其他方言的影响，这表明各地的军话与其邻近的方言有相当深度的融合。从总体看来，这个军话除与明代的共同语较接近之外，就南方的几种方言来说，它与客家话最为接近。

第二节　粤、客难分的惠州话

　　流行于东江流域惠州市的惠州话，是一种归属未定的方言。在惠州市周围，既有粤方言的流行，又有不少地方使用客家话。流行于惠州市内、当地人称之为"本地话"的惠州方言，到底是属于粤方言，还是归于客家话，学术界有不同的看法。熊正辉《广东方言的分区》一文（载《方言》1987年第3期）把惠州话归属于客家话区，把它分作一个独立的"惠州片"，与"粤台片"、"粤中片"和"粤北片"并列。黄雪贞的《客家话的分布与内部异同》（载《方言》1987年第2期）也是作这样的区分。詹伯慧、张日昇主编的《珠江三角洲方言综述》（广东人民出版社1990年版）在提及惠州话时说："惠州市基本上通行客家方言。惠州市内的客家别具一格，不同于粤东及省内其他地方的客家话，是一种长期受粤方言影响，带有些粤语特点的客家话。"（第4页）他们也是把惠州市划入客家方言区的范围。刘若云的《惠州方言志》也抱着相同的看法。但是，刘叔新在《惠州话系属考》一文［刊于《语言学论辑》（一），天津人民出版社1993年版］中则认为惠州话应划归粤方言。总之，这个问题目前也未得到共同一致的结论。

　　下面，我们简单地介绍惠州话的有关情况。

　　声母方面，惠州话把中古微母字"无、武、舞、侮、文、闻"等字念为［m］，这与广州话相同，而与梅州市的念为

[v]（梅州有少数的字念为[m]）不同。中古的轻唇音字，在梅州话中，有一些念为[p]组，保存"古无轻唇音"的残迹，如"肥、辅、釜、符、缝"等字有许多客方言点念为重唇音，惠州话念为[f]，与广州话相同。惠州话不存在梅州话[k]组声母在齐齿呼韵母之前读为[c]（舌面中音）的现象，刘叔新认为这是它与广州话相近而与客家话不同的一种表现。中古的溪母字客家话念为[k·]，基本上不念为[f]，惠州话把"课、科、苦、裤、快、块、奎、宽、款"等念为[f]，近于广州话。中古的全浊音声母字，惠州话全读为送气清音，这与客家话相同。

在韵母方面，一些主元音为[i]的韵母，在广州话中读为[ɐ]，如"巾、人、金、心、急、笔"等，但惠州话读为[i-]，与客家话相同，而不同于广州话。一些以[a]或[ɛ]为主元音的字，在广州话中读为[i-]，如"篇、建、剑、廉、甜、店、业、跌、列、揭"等惠州话念为[a]（或[ɛ]），不与广州话一样念为[i-]。

中古梗摄字的文读音，惠州话念为[-n]尾，如"成、姓"等字，这与广州话不同，梅州话将这些字也都念为[-n]。曾摄字"冰、兵、蒸"及其相应的入声韵字"色、力、绩"等也都念为[-n]、[-t]韵，这一点与客家话相同。

止摄的三等韵支、脂、之、微等韵字，广州话读为[ei]，惠州话则读为[i]，这也与客家话相同。不过，粤语区也有许多方言（如中山）也是这样的。应该指出，粤方言的[i]韵字之所以念为[ei]，是在较为晚近的时期由[i]变来的，我们称之为韵尾的"繁衍化"，即：[i>ei]。

惠州话中，同样也没有[y>ɵy]的变化。惠州有[y]韵母，大多数客家话没有。[y]可以用为介音，有[yɛn]、[yɛt]（古代的仙、先、元及相对的入声韵念此音），也有

［yɔŋ］、［yɔk］韵母（古阳韵和江韵的庄组字及其相对的入声韵字念为此音）。

惠州话中，没有像梅州话那样的［ɿ］韵母。这些韵字念入［i］，这一点与广州话相同。

中古的咍、泰韵字（除"戴、态、乃、猜、孩"等字外）"台、才、在、彩、耐、再、奈、蔡、盖"等念为［ɔi］，这一点惠州话也与广州话相同。客家话这两韵念［ɔi］的字较少。

据刘叔新先生说："现代惠州话的声调同客家方言声调的差异比较大。客家方言无论是可作为代表的梅州话还是广东其他各地的客家话，都只有 6 个调类，上声和去声不分阴阳。……惠州话的声调却是另一种模式……这里不仅以去声分阴阳，有七个调类而别于客家方言……重要的是，上声、阴去的调型分别和客家的上声、去声完全相反，两个入声调值的高低又正同客家的相反。如果说，惠州话属于客家方言，那么在它周围各地客家话的声调十分近同之中，竟然有它这种殊异的声调格局，是难以解释的。惠州话的声调却与邻近的、作为粤方言代表的广州话有许多重要的近同处。"

刘文又指出："通过上面声调、声母、韵母的观察，可以看到惠州话的语音既有近同于客家话的成分，又有近同于广州话的成分。两种方向的近同都是规则的现象。"他认为惠州话与广州话相近之处更多，因此，他说："惠州话的语音略向广州话倾斜，与广州音近些，距客家话语音较远，在话语声音的语感上，尽管惠广之间同惠客之间有着差不多同样大的差距，但是惠州话与粤语四邑系的台山话却很相像。这一点也是值得注意的。"

刘叔新除了从语音上论证惠州话略近于广州话之外，还从它与广州话及客家话 423 个较为特殊的基本词语的比较中得出结论，说："在惠州话和广州话里，它们含义一致，语音形式近似或相同，充分表明了历史来源上的同一。这些特殊的基本词语，已占了惠州话、广州话常用词语中相当大的比例数，成为两种话的基本词汇特色的主要体现部分；它们包括的类别又很广，除了大多数是动、形、名性的单位之外，还有时间词、副词、代词和量词。如此数量和性质的特殊基本词语的近同，对两个一般邻近的（非互相融合的，非一方包围另一方的）方言来说，不可能由搬借所造成。"当然，惠州话中也有一部分的词语与客家话相同，但刘氏认为这相对来说比较少。

刘文进一步从惠州话所用的词缀及句法结构等方面与粤、客方言作了比较，得出结论说："惠州话的词缀和广州话的相当一致"，"不仅构词法体系，构形法体系也表明惠州话和广州话的极相近而和客家方言的距离较远。惠州话有着和广州话大体一致的体范畴——有同样类别和语法意义内涵的'体'，而且这些体的构形法成分又在语音形式上和广州话十分接近；而无论体的类别还是体的构形法成分，都和客家话大不一样（只有小部分一致）。"

刘叔新最后下结论说："惠州话同广州话接近而与客家话疏远，它是一种粤方言可以没有疑问。大量特殊基本词语、大量语法成分和语法结构同广州话的一致和近似，不仅否定了惠州话属于客家话的可能，而且也排除了把惠州话看作一种不属粤方言和客家话的独立方言的可能性。"

刘叔新先生的结论虽未能说是绝对正确，但大体上是可信的。惠州话的归属问题，当然还可以进一步研究，但目前看来，已经出现了较有说服力的说法。我们对这个问题现在仍持谨慎态度，但有些资料似乎有助于刘氏的说法，不妨引证如下。明人王士性在《广志绎》一书中说："潮州为闽越地。自秦始皇属南海郡，遂隶广至今。以形胜风俗所宜，则隶闽为是。……潮在南支之外，又水自入海，不流广，且既在广界山之外，而与汀、漳平壤相接，又无山川之限，其俗之繁华既与漳同，而其语言又与漳、泉二郡通，盖惠作广音而潮作闽音，故曰潮隶闽为是。"这里，王氏拿潮汕话来与"惠"（即指原来的惠州府）音比较，认为惠州的方言"作广音"，这个广音显然是指流传较为广泛的粤方言，不会是指客家话，因为福建的汀、漳之间也有大量的客家居民存在，他们讲的也是客音，"广音"应该是指与"闽音"有较大差距的粤方言语音，不会是指福建与广东共有的客家音。从王氏的话来看，惠州一带在明代大概还是使用特点比较明显的粤方言而不是客家话。《广东通志·舆地略十》也说："省会（指广州）音柔而直，歌声清婉可听，而东、新各邑，平韵多作去声；韶南、连州地连楚豫，言语大略相通，其声重以急。惠之近广者，其音轻以柔，唯齐与灰、庚与阳四韵音同莫辨。兴宁、长乐（指五华）音近于韶。"这里所说的韶南、连州所用的方言，显系客家话，所以兴宁、五华一带的语音与之相近。而惠州之音则近于省城之音，其声较为轻柔，与客家话之"重以急"不同。由清人的这段叙述可知，当时的惠州话可能也是接近于省城话，也就是比较接近于粤方言。

第三节　身份不明的韶州土话[①]

广东省另一种归属不定的方言是韶州土话。此种土话流行于广东北部地区。分布于韶关市的郊区及北江一带，当地人称

---

① 本节内容可参考庄初升《粤北土话音韵研究》（中国社会科学出版社 2004 年版）和《中国语言地图集（第 2 版）》（商务印书馆 2012 年版）"汉语方言卷"B1-22 及第 152—159 页（说明部分为覃远雄所撰）。

此种土话为"老韶关话"或"曲江话",有人又称之为"虱嫲话"。据余伯禧、林立芳的调查,曲江县的白土、白沙、重阳、黎市、梅村等乡镇的大部分人以及龙归镇的一小部分人使用这种方言。乳源县桂头镇也约有1万人使用这种话;仁化的长江、扶溪、城口、闻韶等地约6万人使用的"长江话",仁化镇以及丹霞北部约2万人使用的"附城话",石塘和丹霞南部约1万人使用的"虱嫲话"等也属韶州土话;乐昌县长来、安江两个乡处于武江之东约3万人使用的"长来话",北乡约2万人使用的"北乡话",黄圃、白石、庆云以及罗家渡乡的北部约5万人所讲的"黄圃话",坪石、老坪石约3万人所讲的"皈塘话"和"老坪石话",也都是韶州土话的分支。南雄县的县城城关镇以及全安、黎口、元田、古市的一部分地区共约6万人所用的"南雄话",本县东部地区乌迳、孔江、黄坑、新龙、南亩、水口、坪田等地以及大塘、邓坊、江头、油山等地共约15万人所讲的"乌迳话",珠玑、湖口、梅岭等地约5万人所使用的"珠玑话",百顺、巷石、帽子峰以及全安、黎口、元田、古市的一部分共约12万人所讲的"百顺话"也都可以归入韶州土话的范围。此外,连县星子、清江、大路边、山塘、潭岭以及清水(部分人)共约12万人所用的"星子话",麻布水口村约1千人所用的"水口话",东坡、丰阳等地约4万人所用的"蛮话",也是韶州土话在各地的分布;还有,连山县县城吉田镇(部分人)、吉田、大富、上草、太保、永和等地所讲的"连山话"(共约5万人),也在韶关土话的范围之内,总计使用韶州土话的地域共有8个县市、约87万人。(参见余伯禧、林立芳《韶关方言概说》,载《韶关大学韶关师专学报》1991年第3期)

这个分布相当广泛、使用人口众多的方言,到底是属于哪一种方言?是属于粤方言呢,还是客方言?抑或是独立于两者之外的另一种方言？目前，语言学界还没有下明确的结论。

韶州土话是流行于本土的一支历史久远的方言，这一点应是无可置疑的事实。但在近数百年来，由于韶关地区所处的地理位置相当特殊，它是广东省与北部省份交界的地区，又是古代从北往南的交通要道，中原地区的民众要进入广东，在唐代以后，大部分人是经由此地进入的。因此，在历代中原发生离乱的不同时期，有许多中原地区的百姓迁入粤北地区分散在武江、浈江等流域定居，他们所带来的中原汉语逐渐分化为南方的方言。广东的粤语和客家话以至闽方言的分化、形成和发展，许多是经由这个过程。但是，现见的韶州土话，它所表现出来的语言特点，较难把它划属粤方言或是客家方言，因为它表现了与上举两种方言各不相同的特点。

当然，这些不同地区流行的韶关土语，也受到当地流行的粤方言或客家话强烈的影响，所以有人说它既有粤方言的特点，又有客方言的特点。正因为如此，要判定它的归属也就不那么容易了。

现见的韶州土话可以按其接近程度分为连乐片（西北部地区）、曲江片（中部地区）和南雄片（东北部地区）。

韶州土话一般称为"韶关话"，它独立于当地时下流行的粤语和客家方言之外。而人们因其所受粤、客方言影响的深浅程度以及它本身发展变化的不同面貌而分为"老派"与"新派"两种韶关话。老年人所说的多是"老派"，青年人所讲的多是"新派"。老派韶关话保存传统的语言特点更多，反映的基本上是该方言本来的面目；而新派韶关话则更多地表现了发展、变化的痕迹以及所受的广州话的影响。

老派韶关话的声母系统，在唇音声母方面，有 [p]、[pʻ]、[m]、[f]、[v] 等声母。中古的微母字在本方言中多念为 [m]，如"武、无、文"等，也有少量念作 [v] 的。

中古的全浊音声母字，在韶关话中不论平仄，都读为送气清音，这与客家话相同。

中古的泥、来两母所管的字分别清楚，没有相混的现象。舌尖塞擦音（及擦音）有 [tʂ] 组声母，这与兴宁话相同而不同于梅州话。中古的溪纽字多念为 [k·]，不同于广州话多念为 [h] 或 [f]，这一点也与客家话相同。匣母字则有的念为 [k]，如"核"字和"匣"字；有的念 [h]，如"贤、悬"等字；有的念 [v]，如"幻、滑"等字。这各种声母，念 [k] 的保存了更古的语音状况。这一点却与广州话不同。此外，中古的疑母字其细音字仍然念为 [ŋ]，如"研"和"义"等字；而中古的日母字念为 [ȵ]，如"人、让"等字。上举这些情况，都不同于现代的广州话。

韵母方面，老派韶关话有一个与 [tʂ] 组声母相配的 [ɿ] 韵母。

据黄家教、崔荣昌的调查，"老派语音的一大特色，就是在韵母的中间出现个喉塞音，这种现象几乎遍及各类韵母。其发音的情况是发了韵母的主要元音之后，声门突然关闭，然后再发韵尾"。例如"妇"字念 [fuˀu]，"票"字念 [p·ɛˀu]，"典"字念 [tiˀŋ]。其发音特点是"喉塞音之后仍有余音"。

老派韶关话韵母系统的特点主要是 [-m] 尾韵的消变，它多变为开尾韵，[-m] 尾丧失；收 [-n]、[-ŋ] 尾的韵母也有此种现象。例如"感"字念为 [uɛ]，"晚、环"等字也念为 [uɛ]，"行、杏"念为 [ɛ]，"耿"字念为 [iɛ]，等等。[-m]、[-n]、[-ŋ] 尾之间也有互相转化的现象，如 [-n] 尾字新派话念为 [-ŋ] 尾，如"欢、观、贤、典、卷"等字；[-n] 尾字有的仍然保留着，如"均、熏、芹、盾、菌"等臻摄字仍念为 [-n]；有的 [-m] 尾字变读为 [-n]，如"饮、今、吟"等。

老派韶关话的入声韵尾，除少量的韵母收［-t］、［-k］之外，大多数入声韵收喉塞音［ʔ］尾。这个［-ʔ］有使阴声韵、入声韵以至阳声韵互相转化的作用。有些阴声韵字在本方言中念为收［-ʔ］的韵母，如"鄙、季"等字。

老派韶关话的声调系统，共分为 7 个调类，除上声之外，其余三声各分为阴、阳两类。但是各个调类所管的字，随着阴声韵与入声韵之间的转变，也与传统的分法不同了。

新派韶关话与老派韶关话的差异，主要表现在声母方面，［n~l］不分的现象比较显著，泥母字多念为［l］。对于老派韶关话的［tʂ］组声母，新派念成接近于广州话的舌叶音［tʃ］组。中古的溪母字，新派念为［k·］的不如老派的多，它们有许多已同于广州话念为［h］了，如"肯、轻、克、确"等字。而中古的匣纽字，除读为［h］与广州话不同之外，也有一些字已读为［j］而与广州话相同，例如"丘"字老派念为［k·ɛu］，新派则念为［jɛu］。

此外，中古疑、日纽字的细音字，在老派口中念为［ŋ］［ȵ］的，已多念为［j］，向广州话靠拢。

新派韶关话里，也接受了广州话的［ɐ］类韵母，真、文等韵字也念为［ɐn］，但它没有形成与［an］的严格对立。这显然也是受粤方言影响的结果。

新派话里，中古的韵尾也不齐全，［-m］尾消失（但留有痕迹），而梗摄字本收［-ŋ］尾的，本方言有的念成［-n］尾，如"行"、"孟"等字读为［an］，这与客家话的并［iŋ］入［in］的趋势有关，因此，新派韶关话也有此种现象，本来收［-ŋ］尾的"磬、铭"等字念为［in］。相反，中古音［-n］尾的字，在本方言中却又念为［-ŋ］尾，如山摄各韵的字，有的也念成［-ŋ］。韵尾乱杂，是与老派韶关话相同的现象。

新派韶关话与老派韶关话的另一个重大差异，是前者在鼻音韵尾之后带上一个同部位塞音，如"门"字读为［man¹］，"网"字读为［mɔŋ^k］。（参见黄家教、崔荣昌《韶关方言新派老派的主要差异》一文，载《中国语文》1983 年第 2 期）

新派韶关话与老派韶关话一样，都有丢失韵尾的现象，原来的阳声韵字变为阴声韵，鼻音韵尾丧失，如本读［-n］尾的"演"字变为［jiɛ］，本读［-m］尾的"赚"字变为［tʃuɛ］，本读［-ŋ］尾的"拼"字变为［piɛ］，等等。入声韵尾也有消失的现象，如"屑"字在老派话中收［-ʔ］尾，新派念为开尾；"酷"字的情况也是如此。

老派念为［a］、［ɔ］元音的字，在新派口中多念为［ɛ］或［ɛ-］类韵母。

综观老派与新派韶关话的差异，主要是保存本方言的面貌与受粤方言新的影响表现出来的不同。新派韶关话不断向粤方言靠拢，但还不成为粤方言；新派韶关话，显现了相当多的客家话的特点，但也与客家话有比较大的差异，也不宜径直归之于客家方言的一支。因此，在目前尚未对本方言作更深入的调查研究之前，不宜对它的归属问题作进一步的判定。